"이 책에서 선교사가 되는 프로그램을 찾으려고 하지 마라. 이 책은 하나님의 선교에서 당신만의 독특한 역할을 찾는 데 도움을 줄 실제적인 내용들로 구성되었다. 자신만의 사역의 길을 찾아가는 사람들의 이야기를 읽다 보면, 여정을 찾아 나선 사람이 당신만은 아니라는 사실을 알게 될 것이다. 또한 이 책은 다른 사람들이 하나님의 목적을 위해 효과적인 삶을 살도록 지도하는 데에도 필수적이다."

스티븐 호돈(Steven Hawthorne)
퍼스펙티브스(Perspectives on the World Christian Movement) 공동 저자

"이 책에 견줄 만한 다른 책은 없다. 주제는 물론 여러 필자의 글들과 접근법 등이 어우러져 타문화 사역에 관한 최고의 포괄적 개론서라 할 만하다. 「글로벌 미션 핸드북」은 준비와 참여 단계에 따라 독자들을 인도해, 예수님의 이름으로 세상을 섬기는 일에서 우리에게 맞는 고유한 방법을 발견하도록 도와준다. 인생에서 보다 큰 일, 즉 하나님의 세계적인 목적에서 우리에게 맞는 부분이 어디인지 알기 원하는 모든 사람들에게 이 책을 추천한다."

폴 보스윅(Paul Borthwick)
국제개발협회(Development Association International) 수석 자문위원

"하나님은 여전히 사람들을 선교사로 섬기도록 부르신다. 그러나 그 과정은 혼란스럽고 두렵기까지 할 수 있다. 이 책은 선교사로의 부르심을 쉽게 설명함은 물론 그것의 영적 본질을 훌륭하게 탐구하고 분석한다. 또한 세계 도처에 있는 선교사들의 풍부한 의견들을 통해 건전하고 실제적인 조언과 심오한 통찰을 담았다. 추수해야 할 들판에서 섬기려는 사람들에게 최고의 준비서가 될 것이다."

제이슨 맨드릭(Jason Mandryk)
세계기도정보(Operation World) 편집자

"목회자와 조직 리더나 훈련가, 선교사 후보생, 선교기관 실무자에게 이 책 「글로벌 미션 핸드북」을 추천하게 되어 매우 기쁘다. 이 책의 주 저자인 스티브 호크와 빌 테일러는 경험 많고 존경과 사랑을 받는 우리 세대의 현역 선교사들이다. 그들은 타문화 섬김에 필요한 진지한 종합 안내서를 마련해 주었다 이 책은 선교사가 되기를 꿈꾸는 사람들을 위해 처음 준비부터 현장까지 이르는 많은 단계들을 10개 과정으로 나누어 철저하게 하나씩 안내한다. 단연 최고의 책이라고 하지 않을 수 없다. 교회, 학교, 선교기관의 선교사 훈련 절차에서 부족한 부분을 이 책이 잘 메워 줄 것이다. 다음 세대가 그들의 삶을 드려 하나님을 영화롭게 하는 선교사가 되는 과정에 이 책이 지속적으로 사용되기를 기도한다."

먼로 브루어(Dr. Monroe Brewer) **박사**
전국선교목회자협회(The National Association of Missions Pastors) 총재

글로벌 미션 핸드북

IVP(InterVarsity Press)는
캠퍼스와 세상 속의 하나님 나라 운동을 지향하는
IVF(InterVarsity Christian Fellowship)의 출판부로서
생각하는 그리스도인을 위한 문서 운동을 실천합니다.

Originally published by InterVarsity Press
as *Global Mission Handbook* by Steve Hoke and Bill Taylor.
© 2009 by Steve Hoke and Bill Taylor.
Adapted, translated and printed by permission of InterVarsity Press,
P.O. Box 1400, Downers Grove, IL 60515, USA.

Korean Edition © 2014 by Korea InterVarsity Press,
156-10 Donggyo-Ro, Mapo-Gu, Seoul 121-838 Korea.

글로벌 미션

타문화 선교, 어떻게 준비할 것인가

핸드북

스티브 호크 · 빌 테일러 · 한철호 | 양명호 옮김

IVP

차례

012 　서문

여정의 시작: 개인 적성 평가

018 　**서론: 타문화 선교사가 되기 위한 준비** | 스티브 호크 · 빌 테일러 · 한철호
022 　0.1 　이 책은 당신을 위한 것이다! | 스티브 호크 · 빌 테일러
027 　0.2 　이 책을 효과적으로 사용하기 위해 | 한철호
028 　0.3 　세계의 캔버스: 하나님의 이야기에 당신 이야기는 어떻게 어울릴까 | 빌 테일러 · 스티브 호크
035 　0.4 　주의 영광의 이야기에 참여하라 | 빌 테일러
039 　0.5 　어떤 선교사를 보낼 것인가 | 한철호
042 　0.6 　고통 속에서의 선교 | 빌 테일러
044 　0.7 　선교 개념의 변화에 따른 바람직한 선교 운동 방향 | 정민영
048 　0.8 　여정의 기초 다지기: 4가지 개인 적성 평가 | 스티브 호크
050 　0.9 　**평가 1** 　오늘날 필요한 선교사 | 스티브 호크
052 　0.10 　이 훈련 프로필이 어떤 도움이 될까 | 빌 테일러
056 　0.11 　타문화 사역자의 훈련 프로필 | 스티브 호크
059 　0.12 　**평가 2** 　실제 사례 연구로 준비 상태 평가하기 | 빌 테일러
067 　Global Perspectives 0.13 | 정마태
071 　My Journey 0.14 | 김승호

1단계: 탐구하기

074 　**1 개인 영성 형성** | 스티브 호크 · 빌 테일러
078 　1.1 　성숙한 영성의 길목으로 들어서라 | 이태웅
080 　1.2 　선교의 심장은 하나님을 향한 '갈망' | 빌 오바이런 · 톰 애쉬브룩
085 　1.3 　개인 사명 선언문 작성하기 | 스티브 호크 · 게리 메이스 · 테리 월링
093 　1.4 　선교사로의 '부르심'에 대한 회상: 제임스와 마리아에게 보낸 편지 | 빌 테일러
095 　1.5 　선교로 부르심 | 폴 보스윅
098 　1.6 　한국에서 여성 선교사가 된다는 것: 그 의미와 성장에 대해서 | 조명순
103 　Global Perspectives 1.7 | 변진석
104 　My Journey 1.8 | 토니카 반 데어 미르
106 　Work Sheet 1.9 | 스티브 호크

| 109 | **2 그리스도의 몸에서 사역 정체성 발견하기** | 스티브 호크 · 빌 테일러 |

113	2.1	**평가 3**	삶의 청사진 발견하기	폴 포드
117	2.2	최선의 결과를 위해	스티브 호크
119	2.3	왜 시작할 때까지 기다리는가	마라 말스테드
123	2.4	선교 헌신자로서 지역 교회와 관계 맺기	송기태
125	2.5	'번성' 전략을 개발하라	스티브 호크 · 마이라 페린
130	2.6	선교 헌신자와 가족	김동화
131	2.7	한국에서의 타문화 유학생 사역	지문선
133	**Global Perspectives** 2.8	박경남
135	**My Journey** 2.9	정민영
137	**Work Sheet** 2.10	스티브 호크

| 141 | **3 타문화 접하기** | 스티브 호크 · 빌 테일러 |

143	3.1	타문화의 이해: 누구의 룰을 따를 것인가	손창남
146	3.2	새로운 단기 선교 여행을 위해	한철호
151	3.3	당신에게 가장 적합한 단기 선교를 발견하라	스티븐 호돈
156	3.4	감옥, 순례자, 변화: 문화 능력 이해하기	서우드 링겐펠터
159	3.5	선택안을 추려 내는 5가지 방법	스티브 호크
161	**Global Perspectives** 3.6	커크 프랭클린
162	**My Journey** 3.7	유기남
164	**Work Sheet** 3.8	스티브 호크

| 167 | **4 교육과 후원 모집에 대한 주요 사안들** | 스티브 호크 · 빌 테일러 · 한철호 |

171	4.1	사역 학습에 대한 은유	스티브 호크
174	4.2	배움의 기회: 타문화 섬김을 위한 정규 교육	스티브 호크 · 빌 테일러
178	4.3	개인 후원 모집의 열쇠	스티브 샤드락
182	4.4	선교사와 자녀교육	김동화
186	4.5	선교사 지망생들이 가장 많이 하는 질문 14가지	존 맥배이
187	4.6	타문화권 생활을 위한 건강관리	박상은
189	**Global Perspectives** 4.7	한정국
190	**My Journey** 4.8	김요한
192	**Work Sheet** 4.9	스티브 호크

2단계: 준비하기

5 교회 및 선교기관과 관계 맺기 | 스티브 호크 · 빌 테일러 · 한철호
196

198   5.1   파송 교회나 선교기관을 선택하는 법: 라켈과 데이비드에게 보내는 편지 | 빌 테일러
202   5.2   파송 교회와 선교기관이 당신에 대해 알고 싶어 하는 것 | 김태정
204   5.3   장기 사역자가 필요하다 | 빌 테일러
209   5.4   선교사에 대한 전인격적 돌봄 | 김동화
212   5.5   독신 여성 선교사의 도전과 기회 | 조명순
216   5.6   한국 선교의 좋은 소식과 나쁜 소식 | 한철호
220   Global Perspectives 5.7 | 임태순
222   My Journey 5.8 | 문창선
224   Work Sheet 5.9 | 스티브 호크

6 사역 역할과 과제 찾기 | 스티브 호크 · 빌 테일러
227

231   6.1   선교사 준비 도표 | 스티브 호크
232   6.2   다양한 선교사 유형: 우리가 꿈꾸는 선교적 교회 | 손창남
235   6.3   가난한 사람들 섬기기: 구제와 개발 사역의 단계 | 새뮤얼 부허스
238   6.4   당신의 전문 기술은 하나님 나라에 영향력을 끼칠 수 있다 | 란다 쿰
241   6.5   비즈니스, 하늘의 언어로 다시 쓰다 | 조샘
244   6.6   의료 선교의 기회 | 박준범
246   6.7   두려움의 요인 제거하기 | 스티브 호크
253   6.8   의사결정 점검표 | 스티브 호크
254   Global Perspectives 6.9 | 이태웅
255   My Journey 6.10 | 장영호
257   Work Sheet 6.11 | 스티브 호크

7 선교사 실습 훈련 | 스티브 호크 · 빌 테일러 · 한철호
261

266   7.1   선교지에서의 선교사 훈련이 효과적인 이유 | 박종승
269   7.2   자신에게 맞는 사전 훈련을 하라 | 스티브 호크
273   7.3   현지 훈련: TIMO 사례 연구 | 데이비드 헤닉
277   7.4   영성과 선교학 | 이태웅
279   7.5   선교사 리더십 개발 | 한철호
283   7.6   생명력 있는 선교사를 위한 역할 개발 | 브렌트 린드퀴스트
285   Global Perspectives 7.7 | 유병국
287   My Journey 7.8 | 이대행
289   Work Sheet 7.9 | 스티브 호크

3단계: 시작하기

294   **8 견습과 인턴 과정** | 스티브 호크 · 빌 테일러

- 295   8.1 현지 인턴 과정 첫 해의 사례 | 스티브 호크
- 297   8.2 첫 걸음, 현지에서의 첫 해 | 스티브 호크
- 299   8.3 수하물 찾기 연습 | 테드 워드
- 303   8.4 수하물 신고서
- 304   8.5 선교지에서의 첫 언어 배우기 | 이용웅
- 306   Global Perspectives 8.6 | 해리 호프만
- 308   My Journey 8.7 | 말콤 · 리즈 맥그리거
- 310   Work Sheet 8.8 | 스티브 호크

313   **9 평생 학습** | 스티브 호크 · 빌 테일러

- 316   9.1 관점 갖기: 타임라인 작성 연습 | 스티브 호크 · 테리 윌링
- 318   9.2 과거의 어두움 받아들이기 | 브렌트 린드퀴스트
- 319   9.3 대기석에서 앉아서: 고립 중에 하나님이 빚어 가시다 | 셸리 트레베슈
- 320   9.4 선교지에서 배운 가정 사역의 정도(正道) | 정민영
- 323   9.5 안식년 휴가를 중요하게 여기라 | 스티브 호크
- 326   Global Perspectives 9.6 | 피터 타란탈
- 328   My Journey 9.7 | 피어스 밴더
- 329   개인 개발 계획 9.8 | 스티브 호크

332   **10 강건하게 잘 마치기** | 스티브 호크 · 빌 테일러

- 341   10.1 중도 포기를 어떻게 해야 하나 | 빌 테일러
- 342   10.2 잘 마치는 리더들의 6가지 특징 | 데이비드 도허티
- 344   10.3 개인 효과성 점검표 | 스티브 호크
- 345   10.4 개인 멘토 찾기 연습 | 스티브 호크 · 테리 윌링
- 351   Global Perspectives 10.5 | 문상철
- 352   My Journey 10.6 | 김병선

- 354   마치는 말, 그리고 당신의 여정: 뒤를 돌아보고 전진하기 | 스티브 호크 · 빌 테일러
- 355   선교사가 되기에 앞서 선교적 삶에 헌신하라 | 한철호

- 358   부록 1 | 자료   부록 2 | 참고문헌   부록 3 | 소그룹 리더를 위한 4가지 지침
- 385   감사의 말

필자 소개

- **Ashbrook, Tom / 톰 애쉬브룩:** CRM(Church Resource Ministries) 영성 형성 디렉터, 미국.
- **Borthwick, Paul / 폴 보스윅:** 국제개발협회(Development Association International) 수석 자문위원, 미국.
- **Cope, Landa / 란다 콥:** 예수전도단 열방 대학교(University of the Nations) 커뮤니케이션 대학의 창설 국제 학장, 현재 남아프리카 거주.
- **Dougherty, E. David / 데이비드 도허티:** 국제 OMF(Overseas Missionary Fellowship) 리더 개발 전문가, 미국.
- **Ford, Paul / 폴 포드:** CRM 리더십과 팀 구축 전문가, 미국.
- **Franklin, Kirk / 커크 프랭클린:** 위클리프 성경번역선교회 국제 회장, 미국.
- **Hawthorne, Steven C. / 스티븐 호돈:** 「퍼스펙티브스」(*Perspectives on the World Christian Movement*, 예수전도단) 공동 저자.
- **Hennigh, David / 데이비드 헤닉:** TIMO 디렉터, 탄자니아.
- **Hoffman, Harry / 해리 호프만:** 예수전도단, 아시아.
- **Lindquist, Brent / 브렌트 린드퀴스트:** 링크케어센터(Link Care Center) 총재, 미국.
- **Lingenfelter, Sherwood / 셔우드 링겐펠터:** 위클리프 성경번역선교회 자문위원, 인류학자, 미국.
- **Malmstead, Mara / 마라 말스테드:** 선교지에서 자란 프리랜서 작가.
- **Mayes, Gary / 개리 메이스:** CRM 부회장.
- **McGregor, Malcolm & Liz / 말콤·리즈 맥그리거:** SIM(Serving in Mission), 스코틀랜드, 나이지리아, 에티오피아, 미국.
- **McVay, John / 존 맥베이:** 인히스이미지(In His Image)의 가정의학 레지던트 과정과 의료 선교 과정의 수석 스태프.
- **O'Byrne, Bill / 빌 오바이런:** CRM 러시아 선교사.
- **Perrine, Myra / 마이라 페린:** CRM 스태프, 미국.
- **Shadrach, Steve / 스티브 샤드락:** CMM(Center for Mission Mobilization) 대표.
- **Tarantal, Peter / 피터 타란탈:** OM 선교회, 남아프리카.
- **Trebesch, Shelley / 셸리 트레베쉬:** 국제 OMF 선교사 개발 디렉터.
- **Voorhies, Samuel J. / 새뮤얼 부히스:** 약 30년 동안 타문화권에서 비정부 구호 및 개발 기구 책임자로 사역.
- **Walling, Terry / 테리 월링:** 리더 브랙스루(Leader Breakthru) 리더 코치.
- **Ward, Ted / 테드 워드:** 미시간 주립 대학교(Michigan State University), 트리니티 복음주의 신학교(Trinity Evangelical Divinity) 교수 역임.
- **Vander, Piers / 피어스 밴더:** 시더스프링스 장로교회(Cedar Springs Presbyterian Church) 세계 선교 디렉터, 미국, 짐바브웨, 프랑스, 남아프리카.
- **Van Der Meer, Tonica / 토니카 반 데어 미르:** EMC(Evangelical Missions Center) 총장, 브라질.

- **김동화:** 한국해외선교회(GMF, Global Missionary Fellowship) 대표, 한국.
- **김병선:** GP(Global Partners) 선교회, 코디아(KODIA, Korean Diaspora with a Mission) 대표, 인도네시아.
- **김승호:** OMF 한국 본부 대표, 일본.
- **김요한:** GMP(Global Missions Pioneers), 터키, 영국, 한국.
- **김태정:** HOPE 선교회, 한국.
- **문상철:** KRIM(Korea Research Institute for Mission) 원장, 한국.
- **문창선:** 위디국제선교회(WiThee Mission International), 로잔 디아스포라, 한국, 인디아.
- **박경남:** WEC(Worldwide Evangelization for Christ) 한국 본부장, 중앙아시아.
- **박상은:** 안양 샘 병원 원장, (사)아프리카미래재단 상임대표.
- **박종승:** GP 선교회 훈련원장, 말레이시아.
- **박준범:** 인터서브코리아(Interserve Korea) 대표, 중동.
- **변진석:** 한국선교훈련원(GMTC, Global Missionary Training Center) 원장.
- **손창남:** OMF, 인도네시아.
- **송기태:** 인터서브코리아 교회 관계 팀.
- **유기남:** OMF, 알타이 선교회, 일본.
- **유병국:** WEC(Worldwide Evangelization for Christ) 국제동원 대표, 감비아.
- **이대행:** 선교한국대회 상임위원장, 한국.
- **이용웅:** GP 선교회 연구개발원장, 태국.
- **이태웅:** 글로벌리더십포커스(Global Leadership Focus) 원장, 한국.
- **임태순:** GMP 대표, 태국.
- **장영호:** GP 한국 대표, 러시아.
- **정마태:** 인터서브코리아, 중앙아시아.
- **정민영:** 국제위클리프(Wycliffe Global Alliance) 부대표, 인도네시아.
- **조명순:** 한국형선교개발원, 일본.
- **조샘:** 인터서브코리아, 캐나다.
- **지문선:** 국제학생회(ISF, International Student Fellowship) 총무.
- **한정국:** 한국세계선교협의회(KWMA, The Korea World Missions Association) 사무총장, 인도네시아.

서문

많은 사람들이 「나를 보내소서」(한국 IVP) *Send Me! Your Journey to the Nations*의 개정판을 만드는 이유를 묻는데, 대답은 비교적 간단하다.

첫째, 세계가 급격히 변했다. 우리가 첫 번째 책을 쓸 때는 아직 세계화에 대한 이야기가 활발하지 않을 때였다. 뉴스에서 세계 테러에 대해 듣지 못했고, 아직 9·11이 발생하지 않았던 때였다. 문명 간에 충돌이 일어날 수도 있다는 것은 비교적 새로운 생각이었다. 이제 막 풍토병과 세계적인 유행병의 엄청난 영향력이 뉴스의 화면에 등장하고 있었다. 인터넷 기술도 시작 단계였다. 그러나 이제는 글로컬 glocal 세상이다. 세계와 지역이 모든 영향력을 끼치며 우리에게 몰려든다.

기술은 폭발적으로 발전해 세상을 변화시켰다. 나는 내 컴퓨터의 백업 하드 드라이브에 31페이지짜리 매뉴얼을 16개 언어로 저장한다! 우리는 인터넷 기술로 위키피디아 Wikipedia, 아이팟 iPod, 아이맥 iMac, 아이튠즈 iTunes, 유투브 YouTube, 페이스북 Facebook, 마이스페이스 MySpace, 트위터 Twitter, 클라우드 The Cloud, 프랜스터 Friendster, 블로그 blogs, 바이오스피어 biosphere 같은 새로운 언어를 갖게 되었다. SNS 같은 새로운 영역이 생겼고, '기독교 순교'를 구글 google 했다는 새로운 말이 생겼다. 이 책을 읽을 때쯤에는 이런 새로운 언어가 구식이 될 수도 있다. 중요한 것은 인터넷이 우리를 똑똑하고 지혜롭게 만들거나 혹은 더 문명화시키는가 하는 것이다. 꼭 그렇지는 않은 것 같다.

우리의 세상은 더 위험하다. 단기, 중기, 장기 선교를 진지하게 고려하는 사람이라면 고통과 박해, 순교에 대한 실천적인 신학을 가져야 한다(앞으로 이 문제를 다룰 것이다). 간단히 말해 우리는 20세기와 21세기 사이에 「나를 보내소서」를 썼다. 그래서 변화가 필요하다.

둘째, 세대의 구분이 변했다. 북미에서는 다음과 같이 최소한 4세대에 대해 언급한다.

- 빌더 Builders: 1945년 이전 태생으로 제2차 세계대전, 냉전, 시민 평등권 운동을 경험한 세대.

- 부머^{Boomers}: 1946-1964년 태생으로 베트남 전쟁, 워터케이트, 시민 평등권과 여성 참정권 운동을 경험한 세대.
- X세대^{Generation X}: 1965-1976년 태생으로 레이건 대통령 정권, 소련 연방과 베를린 장벽의 붕괴, HIV/AIDS의 도래, 세계화를 경험한 세대.
- 밀레니얼 세대^{Millennials}: 1977-1994년 태생으로 쓰나미, 클린턴, 부시, 오바마 정권, 9·11 테러, 이라크 전쟁, 허리케인 카트리나와 같은 것들을 경험한 세대.

이러한 미국의 세대별 구분은 어느 정도 한국에도 적용될 수 있다. 특별히 오늘날 한국의 젊은 세대는 이전 세대와 여러 가지 면에서 다르다. 새로운 세대가 이전 세대와 다른 것은 당연하다. 그러나 최근 한국 사회의 급격한 변화는 새로운 세대와 이전 세대 사이에 연속성보다는 비연속성이 더 많아지게 만들었다. 가장 큰 요소는 불확실성의 증대다. 1970년대부터 이어지는 30여 년 동안의 놀라운 경제 성장과 발전을 만들어 간 세대, 즉 한국의 부머 세대들에게 미래는 기회와 성취를 의미했고, 그들은 경제적·사회적으로도 만족을 누렸다. 그러나 오늘날 젊은이들에게 미래는 꽉 짜인 현실 속에서 최소한의 기회를 놓고 수많은 동료 경쟁자들과 싸워야 하는 불확실함의 어두운 시간이다. 그 결과 젊은이들은 큰 그림을 보기보다는 개인적 생존이라는 현실에 파묻혔다. 그런 젊은이들이 미래에 대한 소망을 다시 발견하고, 세계를 품은 그리스도인으로서 그들의 은사를 사용해 세계 선교의 장으로 나아갈 수 있도록 구체적으로 도와야 한다. 젊은이들뿐 아니라 이러한 변화의 시대를 사는 모든 세대들에게 이 개정판이 도움이 되기를 바란다.

셋째, 교회와 선교의 지형이 급격히 변했다. 세계 그리스도인의 대부분이 남반구에 있는 현실에서 이제 더 이상 선교는 서구(북반구)만의 일이 아니다. 모든 민족에서 모든 민족으로 가는 것이다. 우리는 서로에게 배워야 한다. 또 그렇다고 '남반구에서 온 것은 모두 좋은 것'이라고 순진하게 믿지도 말고, '북반구의 선교사가 더 이상 필요하지 않다'고 설불리 판단하지도 말아야 한다. 옛날처럼 '국내'와 '해외' 선교, 원거리와 근거리, 자국 문화와 타문화, 전도와 사회 참여로 양분하는 것은 시대에 뒤떨어진 생각이다.

여러 분쟁의 결과 끊임없이 난민이 발생하는 현실과 세계적인 이주로 인해 이제 세계의 많은 사람들이 '본국'에서 떨어져 산다. 이들은 타국에 자신들의 언어와 문화, 음식, 신앙을 가지고 와서 거주한다. 이들 중에는 회교도, 불교도, 힌두교도, 정령 숭배자, 그리고 유럽과 북미의 약화된 교회의 희망이 되는 생동력 있는 그리스도인들이 있다. 우리는 새로운 세계 속에 살고 있다.

일반적으로 생각하는 것과 달리 선교기관을 통한 북미의 장기 선교사 파송은 쇠퇴하지 않았다. 오히려 천천히 성장하고 있다. 선교사 파송은 1980년대 말에 절정을 이루고 제2차 세계대전 후 파송된 많은 선교사들의 은퇴로 인해 1990년대 초에 하락했다. 이것은 마르크스주의 러시아 중유럽 체제의 붕괴와 일치한다.

선교사 파송은 1990년대 중반에 뚜렷한 증가세를 보였고, 그 추세는 지금까지 계속된다. 이것은 세계적으로 일어나는 주요 새로운 추세, 즉 폭발적인 기술 혁신, 세상을 품은 세계화된 젊은 그리스도인 세대의 등장과 이에 대한 많은 요구와 맥을 같이 한다. 그러나 종국적으로 선교사 파송이 증가하는 일은 성령의 역사하심으로 일어난다.

한국의 경우 지난 1980년 이후 놀라운 속도로 선교사 파송 수가 증가했다. 1979년 93명이던 선교사가 오늘날에는 2만 명을 넘어섰다. 그러나 2010년 이후에는 한국 교회의 성장이 주춤하며 이것이 서서히 선교 동원에까지 영향을 미치기 시작했다. 여전히 파송되는 선교사의 수는 늘어 가지만 증가 속도가 주춤해졌다. 지금 한국 교회의 선교에서는 더 많은 선교사를 보내는 것도 중요하지만 일정한 준비 단계를 거쳐 잘 구비된 좋은 선교사를 보내는 것이 더 중요해졌다.

선교의 용어와 정의, 범주가 변했다. 선교*mission*라는 용어가 폭넓게 사용되고 선교적 *missional*이라는 단어가 새롭게 등장했다. 그리스도인들이 세상에서 하는 거의 모든 일에 이 두 단어가 사용되고 있어서 유감스럽게도 이 단어의 핵심 의미를 잃을 위험이 있다. 또 일반 세계와 기독교 세계에서 지역과 세계 무대에 관련된 것을 가리킬 때 글로컬*glocal*이라는 용어를 점점 더 많이 사용한다. 2014년 7월 구글에서 'glocal'을 찾았을 때 77만 4000개의 정보가 검색되었다. 글로컬 선교가 시작되었다!

미국은 2005년도에 160만 명이 단기 선교에 참여할 정도로 단기 선교가 아주 많이 이루어졌고, 장기 선교의 비전이 변화하고 있다. 북반구 선교는 비용이 점점 더 많이 들어서 자금 모금 방법과 구조가 바뀌어야 하는 상황에 이르렀다. 많은 지역 교회들이 세계 선교의 유형과 초점을 결정하고 예산을 세운다. 아주 많은 북미인들에게 '선교주의력결핍장애'가 있다. 즉 선교에 주의를 기울이는 기간이 아주 짧다. 어떤 교회들은 선교 정책의 초점을 지혜롭지 못하게 급격히 바꾸어 때로 '10년 선교 정책'이 되고 말거나, 현 선교팀 리더의 열정에 따라 계속 바뀌기도 한다.

이런 현상은 한국에서도 유사하게 나타난다. 미국만큼은 아니지만 한 해 10만 명 이상이 단기 선교 여행에 참여한다고 한다. 처음에 한국에서 단기 선교는 장기 선교를 준비하는 한 과정이었다. 그러나 이제는 단기 선교 자체가 하나의 사역으로 자리 잡았다. 많은 교회들이 단기 선교에 참여하는데, 좋은 열매를 맺는 경우도 있지만 대개 한 번의 행사로 그치는 경우가 많다. 단기 선교가 장기적인 효과를 내거나 장기 선교를 위한 과정으로 이해되지 않고 있다.

그러므로 어떻게 단기 선교가 장기적인 효과를 낼 수 있을지 고민해야 한다. 또한 많은 비용이 드는 단기 선교가 비서구권에서 얼마나 지속될 수 있을 것인가도 고민해야 한다. 선교는 그저 멀리 가는 것이 아니라 타문화에 가서 복음을 나누는 일이다. 따라서 해외로 가는 단기 선교만을 고집하기보다는 국내에 와 있는 타문화권 공동체를 찾아가는 단기 선교와 같은 새로운 방식들을 찾아낼 필요가 있다.

넷째, 우리가 10년 전에 말했던 것 중 많은 것들에 대해 더 명확하게 잘 말해야 한다. 우리는 그렇게 하기 위해 세계 순례의 여정에 있는 많은 사람들의 의견을 포함했다. 그들은 열방을 향한 그들의 여정 이야기, 북반구 선교사의 변화된 역할, 그리고 필수 사안에 대해 말해 주었다.

끝으로, 첫 번째 책을 만든 우리(빌과 스티브)가 변했다. 우리는 분명 더 나이 들어 상처들이 생겼고, 그리고 바라기는 더 지혜로워졌다. 우리가 나이 듦으로써 얻는 유익이라면, 많은 삶과 많은 세상, 많은 선교, 그리고 그만큼 많은 실수도 경험했다는 것이다. 우리는 살아 계신 하나님과 친밀한 관계를 유지하기 위해 개인적으로 분투했다. 우리가 기도하고 응답받지 못한 것들이 있다. 그러나 우리 안에 변하지 않은 것이 있는데, 그것은 하나님에 대한 열정, 유일한 구원자이신 예수 그리스도를 중심에 모신 삶, 그리고 기독교 신앙의 유일성이다.

우리는 삶을 변화시키는 예수님의 복음에 깊이 헌신했다. 모든 세대의 모든 사람이 적어도 한 번은 예수 그리스도의 말씀을 모두 듣고 이해할 수 있는 기회를 갖게 되기를 열망한다. 우리는 그리스도 안에서 하나님 나라가 온전히 도래하기를 열망한다.

이것이 우리가 이 개정판을 내는 이유다. 특별히 이번 개정판에서는 한국 교회를 위해 추가의 편집 과정을 거쳤다. 이 일을 위해 한철호가 한국어판 편집 작업을 주도했다. 우리 셋은 오랜 토론을 거쳐 영문판의 기본적인 흐름과 내용은 유지하되 한국 상황에 적절하지 않은 내용은 삭제하고, 관련된 주제에 대해 한국 저자들의 글과 정보를 싣도록 했다. 아직 부족하지만 이미 한국 선교에도 선교 동원의 경험과 방법들이 어느 정도 모아졌고, 한국의 선교 관심자들에게 한국 선교사들의 경험과 지식을 공유할 필요가 있다고 생각했기 때문이다. 이 일을 위해 미국 IVP와 한국 IVP가 판권 문제 등 기술적인 부분에 효과적으로 협력해 주었다. IVP가 예수님의 세계적인 목적에 모든 창의력과 헌신을 다해 이 일을 맡아 준 것을 기쁘게 생각한다. 살아 계신 선교의 삼위 하나님을 향한 당신의 열정을 드러내는 일에 이 책이 보다 효과적으로 사용되기를 바란다. 온 인류를 위한 하나님의 영원한 목적에서 당신이 맡은 역할을 알고 참여하게 되기를 간절히 원한다.

계속 읽고, 깊이 생각하고, 이 책이 당신을 사로잡게 하라.

여정의 시작

: 개인 적성 평가

서론 : 타문화 선교사가 되기 위한 준비

이 책은 선교사의 여정을 시작하기 전에 생각해야 할 준비와 훈련 과정을 크게 세 단계로 나누어 다룬다. 각 단계는 다시 여러 과정으로 구성된다.

1단계: 탐구하기

선교사의 여정을 시작하기 전에, 당신이 누구이며 지금 어디에 있는지 잠시 생각해 보아야 한다. 선교사의 여정을 시작할 준비가 얼마나 되었는지 알아보기 위해 기본적인 '개인 적성 평가'('여정의 기초 다지기: 4가지 개인 적성 평가'를 보라. 48-50페이지)를 해 보는 것이 도움이 될 것이다. 이 평가는 3가지 단계, 즉 자기 인식, 민감성, 그리고 실제적인 기술들을 척도로 현재 당신이 어떤 상태에 있으며 얼마나 준비되었는지 가늠한다.

이 책의 첫 부분은 타문화 선교사란 누구인가에 대해 깊이 다룰 것이다. 이것을 통해 오늘날에도 여전히 필요한 타문화 선교사의 특징적인 몇 가지 역할에 대해 뚜렷한 윤곽을 갖게 될 것이다.

1장: 개인 영성 형성

당신이 누구인가 하는 것, 즉 예수 그리스도의 제자로서의 성품과 영성은 선교에서 감당해야 할 역할과 사역의 효과성에서 아주 중요한 요소다. 왜냐하면 사역이란 내가 누구인가 하는 존재의식에서 오는 것이기 때문이다. 당신의 기본적인 헌신과 '부르심', 영적 은사들이 무엇인지 명확히 하고 영적 기반을 든든히 다져 놓는 것이 선교사의 여정을 효과적으로 걷는 기본적인 단계가 된다. 이 여정을 잘 시작하기 위해 초기 단계에서 멘토를 찾는 것이 매우 중요하다.

2장: 그리스도의 몸에서 사역 정체성 발견하기

다른 문화 속으로 교회를 확장시켜 가는 일을 효과적으로 해 나가기 위해, 당신이 속한 교회나 믿음 공동체의 고유한 선교 비전을 이해하고 그 비전 안에서 당신의 위치와 역할을 찾는 것이 매우 중요하다. 당신의 문화 속에서 제자 삼는 일을 하며 하나님의 능력을 경험할 수 있다면, 타문화 섬김을 시작하기에 앞서 사역 기량을 연마하고 효과적으로 영적인 향상을 이룰 수 있을 것이다. 당신은 그리스도의 몸의 어느 부분에 있을 때 영적으로 강한지, 그리고 어느 부분에 다른 사람들이 필요하게 될지 배우게 될 것이다. 이 단계에서 선교를 배우기 위해 재정 투자를 시작하면 효과적인 교육을 통한 성장이 가능하며 학습이 일평생 동안의 습관이 될 것이다.

3장: 타문화 접하기

한 문화에서만 성장하면 다른 문화를 이해하고 다양성을 인정하고 언어를 배우는 능력에 제한을 받는다. 솔직히 한 문화에서 사는 것은 다원적 문화 사회에서 살아가는 현대 세계 시민에게 아주 지루한 일이다. 그러니 일찍부터 타문화를 접하도록 하라. 익숙한 영역을 넘어서 여러 다른 문화의 사람들과 관계를 맺어 보라. 지금 살고 있는 곳에서 다른 문화권의 사람들과 사귀어 보라. 그것으로 당신의 정신적·신체적·영적 근육은 신축성을 가지게 될 것이고, 타문화 사람들을 이해하고 수용하는 데 도움이 될 것이다.

여러 문화들 간에는 차이가 존재하고, 그것은 문화적 차이를 넘어 관계를 맺을 때 걸림돌이나 혹은 다리가 될 수 있다. 또한 타문화 접하기는 당신이 장기 헌신에 적합한 은사와 열정, 꿈과 능력이 있는지 시험할 수 있는 귀중한 장이 된다.

4장: 교육과 후원 모집에 대한 주요 사안들

장·단기 사역을 위해서는 기본적인 학문 준비가 필요하다. 그것은 당신의 경험과 기술, 은사에 적절한 것이어야 하며 앞으로 섬길 곳에서 필요한 것이어야 한다. 효과적으로 타문화 사역을 하는 선교사들이 모두 대학 교육을 받은 것은 아니다.

선교를 위해 직업 교육이든, 전문 교육이든 어떤 종류의 정규 교육이 당신에게 필요한가? 정규 교육이 당신의 사역에 효과적으로 기여하게 될 때는 언제일까? 당신의 세계관을 넓혀 주고, 기본적인 교육 배경을 강화해 주도록 현 시점에서 밟아 갈 수 있는 과정들을 자세히 살펴볼 것이다. 그리고 타문화 사역을 위한 특정 훈련에 대해서도 알아볼 것이다.

2단계: 준비하기

5장: 교회 및 선교기관과 관계 맺기

혼자만의 노력으로는 최고의 일을 해낼 수 없다. 어떤 파송 조직이나 '팀'(교회나 단체)이 당신에게 가장 잘 맞는가? 적합한 선교기관과 연결하는 것은 구애하는 과정과 비슷하다. 양자가 서로를 알아 가는 과정이다. 당신은 어떤 선교기관을 찾는가? 그리고 그들은 어떤 사람을 찾는가? 어떤 필수 지원 시스템을 세워야 하는가? 어떤 유형의 팀이 당신을 가장 효과적이고 잘 성장하도록 도울 수 있을까? 어떤 팀 리더가 당신을 사역에 집중하고 효과적으로 일할 수 있도록 도울 수 있을까? 선택할 수 있는 옵션은 어떤 것들이 있으며, 또 그것들을 어떻게 충분히 고려할 것인가?

6장: 사역 역할과 과제 찾기

선교지, 선교 대상, 그리고 하나님이 당신에게 복음을 들고 다른 사람들에게 가서 이루라고 부탁하신 특정 임무는 당신이 어떤 선교 조직과 관계를 맺어야 하는지 결정하는 데 중요한 요소다.

당신이 해야 할 일이라고 부담을 느끼는 사역이나 열정은 어떤 것인가? 당신이 가서 복음을 전할 사람들은 누구인가? 그들은 어디에 있는가? 현지 교회를 세우는 데 당신의 은사들이 어떻게 사용될 수 있을까? 하나님의 전체 계획에서 당신에게 부여된 첫 과제는 무엇일까?

7장: 선교사 실습 훈련

언어와 문화를 배우는 것은 선교사의 '기초 훈련'의 한 부분이다. 교실 밖에서 배울 수 있는 가장 실제적인 사역 훈련에는 어떤 방법들이 있는가? 우리는 적시에 필요한 훈련을 위해 최근의 다양한 모델들을 살펴볼 것이다. 이 훈련은 당신에게 부여된 첫 과제를 해낼 수 있도록 준비시켜 줄 것이다.

3단계: 시작하기

8장: 견습과 인턴 과정

효과적으로 사역하는 선교사들은 교회나 교육을 통해 완전히 갖추어져서 그냥 만들어지는 것이 아니다. 본국이나 현지에서의 견습 과정은 그동안 무엇을 배웠는지 시험해 보고, 사역에 적용할 모델들을 제공해 주고, 또한 '복음 전하는 일과 생명력이 넘치는 믿음 공동체를 세워 가는 데 있어 자신의 접근법을 개발하도록 돕는다. 사역의 초기 단계에서 멘토링을 받으면 건강하게 출발할 수 있다. 함께 동행하는 멘토링 come-alongside mentoring은 이제 흔한 일이 되었다.

9장: 평생 학습

선교사들이 배우는 것을 멈추면 시들어 버리거나 아무것도 할 수 없는 고착 상태에 빠지기 쉽다. 많은 시간과 노력이 드는 선교 사역을 잘 마치는 데는 시작부터 평생 배우려는 자세로 그것을 위한 패턴을 만들어 놓는 것이 아주 중요하다. 당신을 지속적으로 앞서 가게 하는 당신만의 의도적인 연간 학습 프로젝트를 어느 정도나 실천하며, 또 그 일에 얼마나 안목이 있는가?

10장: 강건하게 잘 마치기

결코 쉽지 않은 타문화 사역의 길을 걷다 보면 우리의 성품은 자연스레 다듬어진다. 무엇보다 사역을 잘 마친다는 의미를 이해하는 것이 중요하다. 과업의 성과와 활동을 중시하는 행동주의자 그리스도인 하위문화 subculture에서는 특히 그렇다.

어째서 그렇게 많은 리더들이 잘 마치지 못하는가? 그렇게 될 위험을 어떻게 예상할 수 있을까? 당신은 사역으로부터 from, 그리고 사역 안에서 in 약해지는 것이 아니라 강하게 성장해야 한다. 그렇게 하기 위해 우리는 당신이 계획적인 영적 개발을 할 수 있도록 돕기 원한다. 그래서 당신이 선교 사역을 하고 있을 때든지 그렇지 않을 때든지 당신의 그리스도인 순례의 전 기간 동안 한 방향을 향한 긴 순종의 길을 걷게 되길 바란다.

선교의 항해를 계획하는 일은 휴가 계획을 세우는 것과는 다르다. 이 일은 하나님의 외교 정책 팀에 의도적으로 합류하는 것이다. 어떻게 적극적으로 참여할지에 대해 시간을 들여 기도하고 계획해야 한다. 동료나 가족, 또는 직업에서 받는 압력에 이리저리 휘둘리는 것이 아니라 성령과 하나가 되어 구체적인 단계들을 밟아 나가는 것이다. 이것은 관중석에서 경기장으로 옮겨 준비를 갖추거나 달려가는 것이다.

당신의 여정은 당신만의 유일한 것이다. 계획을 세우는 일은 삶을 변화시키는 과정이 될 것이다. 3단계에 걸친 이 열 개의 과정은 성령의 도우심을 받아 당신의 생각과 헌신이 영적인 변화를 위한 강력한 계획으로 바뀌도록 도와줄 것이다.

우리는 꿈꾸고 기도하며 이 책을 준비하면서 다른 문화권에 있는 친구나 선교사들의 이야기를 듣기 원했다. 그 내용이 11편의 'My Journey'와 4가지 주요 질문에 답한 'Global Perspectives'에 담겼다.

📔 My Journey

한국 선교사들과 세계 여러 사람들의 이야기들 중 대표적인 몇 개를 선별했다. 각각의 이야기는 하나님이 그들을 타문화 선교로 어떻게 이끄셨는지 알려 준다. 그들이 받은 특별한 영향, 도전, 갈등, 그리고 섬김의 현장에서의 남녀노소들의 이야기다. 특히 은퇴한 선교사들이 인생의 황혼기에서 삶을 돌아보는 이야기는 더욱 인상적이다.

🌐 Global Perspectives

우리는 우리의 시각으로 세계를 보려 하고 다른 것에 대해서는 거의 모른다. 이 근시를 교정하기 위해 한국 선교와 세계의 교회에서 중요한 역할을 했던 사람들에게 4가지 주요한 질문에 대한 견해를 부탁했다.

각 장 끝 부분에 수록된 'Global Perspectives'를 통해 하나님이 전 세계에서 하고 계시는 일에 대한 이해의 폭이 넓어질 것이다. 'Global Perspectives'을 위해 리더들에게 답변을 요청한 4가지 질문은 다음과 같다.

1. 오늘날 급증하는 한국을 비롯한 **비서구권 출신 선교사의 역할**은 무엇이며, 이들은 서구 선교사들과 현지 교회와 어떻게 협력해야 하는가? (국제 리더들에게는 서구 선교사의 역할은 무엇인지 질문했다.)
2. 오늘날 **다음 세대**(청년과 중장년)**가 선교에 관심을 갖도록 하는** 지구촌의 사역은 무엇인가?
3. 서구 세계의 다음 세대가 선교지로 가기 전 받아야 할 **사전**prefield **훈련**은 무엇인가?
4. 그들이 갖추어야 할 주요 **성품과 영성 자질**은 무엇인가?

이 질문들에 모두 답한 사람들도 있고 두세 개의 질문에 집중해서 답한 사람들도 있다. 이들이 자신의 경험을 통해 당신의 인생과 미래를 향해 들려 주는 말을 경청하라. 그들의 글을 읽으며 세계를 향해 자신의 길을 걸어갔거나 걸어가는 형세자매들과 동질감을 느껴 격려가 되리라 믿는다.

0.1

이 책은 당신을 위한 것이다!

스티브 호크 · 빌 테일러

워크북 형식의 이 책은 두 부류의 사람들을 위한 것이다. 즉, 자신이 사는 지역이든, 그 지역을 벗어난 곳이든 타문화권 사역을 통해 하나님을 섬기기 원하는 사람들과, 그들에게 투자하기 원하는 사람들이다. 이 책은 선교사가 되라고 설득하지 않는다. 그보다는 이미 당신에게 '초기 관심'initial interest이 있다고 전제한다. 당신은 아마도 마음속에 하나님이 당신을 적극적인 선교의 삶으로 부르셨다는 감각을 지니고 있을 것이다. 그것은 오래된 열망일 수도 있고, 최근에 생겨난 열정일 수도 있다. 우리는 당신이 현재의 삶과 생활방식에 거룩한 불만을 느끼면서도 단순히 그 삶과 개인적인 문제에서 벗어나려 하지는 않는다고 전제한다. 또한 당신이 처음으로 당신 앞에 놓인 여러 가능성들을 진지하게 탐구하리라 전제한다. 우리는 다양한 독자들을 겨냥하지만, 주로 미래에 대해 열린 마음을 지닌 청년(학생들과 직업을 가진 젊은 남녀)들과 조기 은퇴나 커리어 변화의 도전을 맞은 장년들을 염두에 두었다.

당신은 하나님이 당신을 세계 선교로 부르셔서 문화와 나라, 언어, 지역, 세계관이 다른 곳에서 하나님을 섬기게 하실지도 모른다고 (어쩌면 어린 시절이나 청소년 시절부터) 느껴 왔으며, 이제 헌신해 그 미래를 찾아 나서고 싶은 열망이 생겼다. 이 책은 바로 그런 당신을 위한 것이다.

또한 우리가 제시하는 내용은 교회는 물론 각종 선교 '컨퍼런스', 학생 선교 단체, 학교, 선교 훈련 센터, 선교기관들이 선교하시는 하나님의 음성에 응답하는 사람들과 함께 장·단기 계획을 구상하며 기도할 때 도움이 될 것이다. 우리는 근본적으로는 단기 선교(2년 이하)에 초점을 맞추지만, 동시에 은사가 있고 이동성이 있는 청년들이 장기 선교에 헌신하도록 도전한다. 이 일을 위해 이 세대를 주도하는 가치관들에 맞서야 하는 사람들도 있다. 마태복음 28장과 요한계시록 5:9-10이 예언하는 최종적인 수확은 실질적이고 장기적인 사역에 자신의 은사를 기꺼이 투자하려는 사람들 없이는 이루어지지 않을 것이다.

그 외에도 우리는 다음과 같은 독자들을 염두에 두고 이 책을 썼다. 먼저 어바나 학생선교대회Urbana Student Missions Convention나 한국의 선교한국대회에 참가해 선교에 대해 중대한 결단을 한 사람들과, 세계를 향한 하나님의 목적에 헌신하고자 하는 각종 청장년 집회에서 하나님을 만난 사람들이다. 그리고 퍼스펙티브스the Perspectives 훈련을 통해 하나님의 마음과 선교의 역사와 현대 선교의 여러 전략적 이슈들을 배운 사람들과, 한두 가지 경력을 마무리하고 복음을 위해 다른 문화권에서 하나님께 쓰임 받기를 갈망하는 노년 세대의 종들도 염두에 두었다. 그 외에도 출입이 제한적인 국가에 가서 교사, 엔지니어, 사업가로서 일하며 그 나라의 개발과 일자리 창출에 기여하고자 하는 사람들도 이 책을 유익하게 활용할 수 있을 것이다. 마지막으로 선교 동원 팀, 선교적 교회, 파송 조직(선교 단체), 타문화 선교사의 장기적이고 효과적인 사역 준비를 돕는 학교나 훈련 센터에서 사용할 수 있도록 구성했다. 타문화 선교에 진지하게 헌신한 사람들이 타문화권에서 섬김의 삶을 살아가는 데 이 책이 도움이 될 것이다.

주요 항목

첫째, 단기인가 장기인가?

선교 사역의 기간에 대한 용어는 논의의 여지가 있다. 많은 선교 단체들이 2주(혹은 그 미만)간의 선교여행을 '단기 선교'라고 부르지는 않지만, 교회의 선교 프로그램에서는 아마도 이 용어가 가장 많이 사용될 것이다. 다음은 선교 연구가 마이클 제프리안Michael Jaffarian이 보내 온 편지다.

장기 선교사들이란 4년 이상 사역할 것을 생각하는 사람들이다. 단기라는 말은 최소 2주에서 1년의 기간을 예상하는 사역을 의미한다. 사실 '단기' 사역으로 간주되는 사람들은 거의 모두 최소 1개월 동안 사역한다. 대부분 선교 단체들은 「글로벌 미션 핸드북」에 보고할 때, 1-2주 선교 여행에 참여한 사람들을 단기 선교의 범주에 넣지 않는다. 중기Middle-term는 1년 이상 4년 이하의 사역 기간을 의미한다.

우리는 보통 단기는 2년 이하, 중기는 2년에서 4년, 장기는 4년 이상으로 생각한다.

종종 이 책이 단기 선교사를 위한 것인지 장기 선교사를 위한 것인지 질문을 받을 때가 있는데, 어떤 의미에서는 둘 다라고 볼 수 있다. 우리는 모든 사람들에게 그리스도께 응답할 기회를 주기 위해, 인생의 10년 혹은 그 이상을 헌신할 다양한 타문화 장기 선교사들이 필요하다고 확신한다. 우리는 모든 백성과 방언과 족속과 나라들에서 그들과 함께 예배하는 것을 꿈꾼다. 이 일은 부분적으로는 단기 사역자들의 사역과 섬김, 그리고 후에 있을 중보와 동원을 통해 이루어질 것이다.

그러나 역사적으로 볼 때, 이 땅에서 그리스도의 나라가 확장되고 세계의 민족과 문화 가운데 주님의 교회가 세워지는 일의 대부분은 기꺼이 자신의 가정을 떠나 언어와 문화와 지역적인 장벽을 넘어 그리스도를 전하고 주의 교회가 성장하는 것을 보고자 하는 사람들에 의해 이루어진다. 그래서 우리는 당신과 함께 최선봉에 서 있어야 한다. 그렇다. 우리는 단기 선교사에 집중해서 이 책을 썼지만 젊은이와 노인 할 것 없이 수많은 새로운 동역자들이 타문화에서 장기 사역자로 섬기게 되기를 바란다.

둘째, 전통적인가 비전통적인가?

어떤 사람들은 이 책이 '전통적인' 교회 개척 선교사를 위한 것인지 아니면 '비즈니스 선교'business as mission나 구호relief와 개발 같은 다른 유형의 타문화 사역을 위한 것인지 물었다. 우리는 이 책이 모든 범주의 가능성에 소중하게 사용되는 도구가 되기를 희망한다.

당신에게 맞는 타문화 사역은 무엇이며, 이 책이 어떤 도움이 될 수 있을까? 다음의 사역들 중 하나를 기대한다면, 이 책 「글로벌 미션 핸드북」이 실제적인 도움과 격려가 될 것이다.

- 당신의 모국어를 사용하는 지역이지만 문화가 다른 곳에서의 중기 사역.
- 새로운 언어와 문화를 배워야 하는 교회 개척 팀의 일원으로서의 장기 사역.
- 일자리를 창출하고 국가의 개발에 기여하는 비즈니스 선교.
- 다른 문화권에서의 선교 동원과 훈련.
- 의료 선교와 훈련.
- 글을 가르치는 일과 (또는) 성경 번역.
- 예술과 선교, 민족 음악학 또는 창조적인 표현과 관련된 사역.
- 구호와 개발 또는 변혁에 관한 사역.
- 현지 교회 협력과 대중 섬김.
- 현지 사역을 위한 첨단 설비 개발.
- 리더십 개발 혹은 훈련 사역.
- 교육이나 기술로 텐트메이커(전문인) 사역.
- 멘토링과 비정규 리더십 형성.
- 수십 개의 다른 범주의 사역.

셋째, 무엇이 또는 누가 참 선교사인가?
'선교사'라는 용어는 여러 가지로 정의할 수 있으므로 이 문제에 대해 고심할 필요가 있다. 어떤 사람은 '모두가 선교사'라고 한다. 모두가 선교사라면, 아무도 선교사가 아니라는 말이다. 만약 모두가 교사라면, 아무도 교사가 아니다. 어떤 사람들은 영성이 깊은 선별된 사람들만이 영광스럽게 선교사로 불러야 한다고 주장하고, 또 어떤 사람들은 이 명칭을 완전히 버리고 대신 '사도적 메신저'나 '타문화 동반자'로 부른다.

우리는 부분적으로는 직업과 재능과 영적 은사는 모두 성부, 성자, 성령으로부터 온다는 성경 신학을 따른다.

이 책에서는 **선교**라는 용어를 넓은 의미, 즉 하나님이 이 세상에서 성취하도록 주의 교회에 주신 가장 광범위하고 총체적인 과업을 말하는 것으로 사용한다. 이 용어는 세계 선교 과업에 헌신한 사람들이 사용하는 주요 기술어(記述語)다.

신약에서 헬라어 '아포스텔로'*apostello*는 주로 두 가지 범주로 사용된다. 첫째는 널리 사용되는 동사로서, 어떤 형태로든 다른 파송자에 의해 파송되는 것을 의미한다(132회). 둘째는 특정하게 사용되는 명사로서, 사도적인 사람이라는 뜻을 내포한다(80회). 신약의 개념은 파송하는 것, 경계를 넘는 것, 파송되고 있는 사람, 이미 파송된 사람들, 즉 열두 제자나 혹은 사도적 권위나 기능으로 섬기는 사람들에 관련된 것을 가리킨다. 신약에서는 '사도적 메신저'(선교사)를 하나님과 교회가 이방인, 즉 '열방'에 특별한 메시지를 전하도록 사명을 부여해서 보낸 사람이라고 분명히 밝힌다. 앨런 허쉬 Alan Hirsch 같은 저자들은 이 성경의 역학을 정확하게 파악하고 '초대교회의 사도적 특성'에 대해 언급한다. 사도적 동기 유발은 초대교회의 '선교적인 DNA'의 일부분이었다.

유대 기록에서는 이 용어가 특별한 임무를 띠고 히브리 디아스포라에게 파송된 공인된 메신저를 가리킨다. 신약은 이런 생각들뿐만 아니라 '신의 인정' divine authorization이라는 폭넓은 그리스 문화의 개념을 수용해서 사도들의 사역에 새로운 의미를 더했다. 즉 예수님

안에서 하나님 나라의 확장이라는 선교 과제에 초점을 맞춘 다양한 장기 섬김, 그리고 성령의 능력을 받은 사역을 말한다. 신약은 이 용어를 첫 열두 제자들에게 사용하지만, 사도 바울과 그 외의 다른 사람들을 비롯해 공인된 다른 메신저들에게까지 사용할 수 있게 한다.

속사도post-apostolic 시대에는 순회 사역자들을 가리킬 때 **아포스텔로**가 사용되었다. 주후 596년 그레고리 대제Gregory the Great는 베네딕트 수도사 아우구스티누스the Benedictine monk Augustine를 보내 '선교사 대표단'을 영국제도British Isles로 인도해 가도록 했다. 로마 가톨릭은 이 '보냄을 받은 사람들'sent ones이라는 용어를 그들의 수도승을 가리키는 말로 사용한다.

라틴어가 서구 교회의 일반적인 언어가 되면서 라틴어 동의어인 '미토'mitto가 널리 사용되었는데, 이 용어는 영어 '선교사'missionary의 어근이다. 그렇게 해서 언어 역사적 '우연'accident으로 풍부하고 깊은 원래 헬라어의 개념이 바뀐 것이다.

종교개혁에서는 로마 가톨릭에 대한 부분적인 반작용으로 '선교사'라는 용어와 개념이 축소되었다. 종교개혁가들은 과도한 것들을 제거하려는 열정으로 외부 사역을 유지하는데 가장 본질적인 구조와 언어, 즉 로마 교회의 선교 수도승 직을 가볍게 내던졌다. 18세기 초 선교사라는 용어를 광범위하게 사용했던 모라비안 교도들을 시작으로 개신교회에 선교의 바람이 다시 일어났다. 이것이 개신교 선교의 선구자들인 윌리엄 캐리William Carey, 데이비드 리빙스턴David Livingstone, 그리고 1790년대 후반과 1800년대 그들의 후계자들에 의해 계속되었다.

선교사란 단순히 교회가 하나님 나라를 위해 행하는 일을 하는 모든 그리스도인을 가리키는 일반적인 용어가 아니라고 우리는 확신한다. 이 용어의 풍부한 의미, 그리고 은사와 직업의 신학을 지나치게 단순화해서 보편적으로 사용함으로써 우리는 이 용어에 해를 끼쳤다. 모든 신자는 증인이며 하나님 나라의 종이지만, 모두가 선교사는 아니다. 모든 신자가 선교에 헌신하고 관여해야 하지만, 모두가 선교사는 아니다. 우리는 선교사를 미화하거나 칭송하거나 영광을 돌리지 않고 인위적인 지위도 만들지 않는다. 선교사에 대한 낡고 오래된 이미지를 벗기 위해 '협력자'partner와 '타문화 사역자'crosscultural servants와 같은 새로운 용어를 도입하는 사람들도 있다. 주된 용어와 개념을 확실하게 정의만 한다면 문제 될 것 없다!

논의를 마치면서 우리는 다음의 세 가지를 분명히 한다. 성경적인 **직업 신학**, 즉 하나님이 우리에게 다양한 직업을 주셨는데, 모든 것이 거룩하다. 그러나 모든 직업이 다 똑같지는 않다. **은사 신학**, 즉 모두가 사도는 아니며 모두가 기적을 행하지는 않는다(고전 12:29). 그러므로 모든 그리스도인이 다 선교사는 아니다. **소명 신학**, 즉 주권자이신 삼위 하나님이 어떤 사람들을 이 직분과 임무로 부르셨다. 이 사람들은 하나님께 순종함으로 언어, 지역, 문화의 장벽을 넘어 자신들의 국경 안팎에서 섬기는 타문화 사역자들이다.

순례 계획 세우기

타문화 사역자가 되는 것은 쉬운 일이 아니다. 거주지, 문화, 언어, 장거리 여행에 대한 선호, 그리고 남녀노소에 관계없이 효과적인 타문화 사역의 길에는 장애물이 많고, 우회도로와 처음부터 잘못 들어선 길도 많다. 좌절하기 쉽다. 그래서 '여기부터 열방까지' 가는 과정의 계획을 돕기 위해 '여정'이라는 본보기를 제공한다.

일생의 계획은 워크북이나 프로그램을 가지고 혼자 혹은 여러 명이 팀을 이뤄 최신의 무선통신 기술[아이채트iChat, 트위터, 페이스북 또는 다른 세계적인 소셜 네트워킹social-networking]을 이용해 한자리에서 세울 수 있는 것이 아니다. 물론 이용 가능한 정보를 파악해 앞으로의 일을 대략적으로 알 수는 있지만, 살아 계신 하나님과 밀접한 관계를 유지하며 능력을 주시는 성령의 인도하심을 받아서 하나님이 당신을 위해 예비하신 미래로 들어가야 한다. 이 책은 이것을 개략적으로 설명하려고 한다. 또한 여러 점검표와 워크시트를 제공함으로써 목표 기준점에 도달한 날짜를 기입할 수 있도록 했다. 주기적으로 여정을 평가하며 하나님이 뭐라고 하시는지, 무엇을 배우며 어떤 사람이 되어 가고 있는지, 어떻게 성장하며 준비하고 있는지 기록하도록 할 것이다.

이 책은 선교사가 되기 위한 세 단계와 각 단계별로 마쳐야 할 기본 구성 요소들에 대해 설명한다. 이 구성 요소들은 순차적으로 되어 있지만 개인의 상황에 맞게 순서를 재조정할 수도 있다. 또 저마다 다른 경력과 재능, 상황에 창의적인 아이디어를 통합해 전혀 다른 방법으로 진행해도 된다.

형식은 간단하다. 각 구성 요소의 배경에 대해 논의한 후, 여러 질문들을 통해 그것들을 해 볼 수 있게 한다. 당신이 생각해 오던 것들에 대해 돌아볼 수 있도록 지도해 줄 것이고 이 순례에서 어느 지점에 있는지 계속 기록해 가도록 도울 것이다. 각 요소마다 사용할 수 있는 외부 자료들이 있다.

그리고 세계의 동료들이 자신의 이야기를 전하는 글이 있다.

타문화 선교를 향해 나아가는 것은 솔직히 매우 어려운 일이다. 특히 장기로 헌신하는 일은 더욱 그렇다. 이 길은 길고 꾸불꾸불한 길이요, 미지로 가는 순례다. 그러나 그것이 바로 인생이고, 급변하는 세상에서 성령과 함께 걷고자 하는 것이 바로 그리스도인의 인생이다.

• 주요 용어에 관한 더 깊고 포괄적인 내용은 크리스토퍼 라이트(Christopher J. H. Wright)의 「하나님의 선교: 하나님의 선교 관점으로 성경 내러티브를 열다」(*The Mission of God; Unlocking the Bible's Grand Narrative*, 한국 IVP), pp. 22-25를 보라.

0.2
이 책을 효과적으로 사용하기 위해

한철호

이 책은 선교 헌신자나 선교 관심자들이 선교사로 나가기 위해 준비하는 첫 단계에서부터 선교 사역을 마치는 단계까지에서 일어날 일들에 대한 구체적인 준비와 안내를 위해 워크북 형태로 쓰였다. 따라서 이 책은 선교 헌신자가 선교지로 나갈 것을 결심한 단계에서 생각하고 준비해야 할 일들부터 선교 현장에 갔을 때 적응하고 사역하는 일, 그리고 사역을 마친 후 은퇴에 이르기까지의 과정을 다룬다.

이런 전 과정을 크게 3단계로 나누고 단계별로 3-4개의 핵심 과제로 구분해 전체를 10개 단원으로 공부할 수 있도록 구성했다. 각 단원에는 그 단원의 주제를 설명하는 몇 개의 핵심 읽을거리가 있는데, 이것을 통해 독자들은 각 주제에 대한 전체적이면서도 세부적인 내용을 경험하게 된다. 그리고 선교사들의 간증My Journey과 세계를 보는 관점Perspectives이 이어진다. 이 부분을 통해 독자들은 한국과 다른 나라 선교사들의 개인적인 시각과 삶의 이야기를 들을 수 있다.

각 단원의 마지막 부분은 단원의 내용을 전체적으로 정리하고 토론할 수 있는 자료인 '워크시트'와 '평가 자료'로 구성되었다. 각 단원을 공부한 후 워크시트와 평가 자료를 건너뛰지 말고 이를 사용해 관련된 주제에 대한 자신의 생각과 구체적인 실천 방안을 개인적으로 묵상하거나 그룹으로 토론하면 크게 도움이 될 것이다.

세 가지 차원에서의 활용

개인의 경우

먼저 각 단원의 읽을거리를 읽고, 마지막에 있는 워크시트를 통해 읽은 것에 대해 묵상하고 주제와 관련된 구체적인 실행 방안을 생각하고 실천하는 것이 좋다. 각 단원의 주제를 반드시 순차적으로 할 필요는 없고, 관심 있는 주제를 먼저 읽어도 된다. 그러나 가능하면 순서대로 읽는 것이 좋다. 선교사로 준비하는 전 과정을 살펴볼 수 있기 때문이다. 좀더 구체적인 선교 관련 정보나 안내를 원한다면 다양한 선교 단체를 접촉해 보거나 선교한국파트너스www.psp.or.kr, partners@missionkorea.org에 도움을 요청해도 필요한 도움을 받을 수 있다(02-889-6800).

그룹의 경우

공동체나 교회에서 혹은 선교 관심자나 헌신자들이 그룹으로 모여 함께 공부하면 더욱 효과적일 수 있다. 그룹으로 모일 경우 먼저 각자 집에서 각 단원의 읽을거리를 읽고, 함께 모여서는 워크시트를 가지고 토론하고 의견을 나누는 방식으로 하면 된다. 혹은 각 주제에 대해 강의할 수 있는 강사나 선교사를 초대해 강의를 듣고, 워크시트를 가지고 토론하는 것도 한 방법이다.

선교한국파트너스에서 각 주제와 관련된 강사들을 소개해 준다.

선교 단체의 경우

선교 단체에서는 이 책을 선교 헌신자나 예비 선교사들을 위한 모임에서 사용할 수 있다. 모임을 진행하는 방법은 위의 그룹의 경우에 제안한 방식대로 하면 된다. 혹은 이 책을 이용해서 예비 선교사를 위한 프로그램을 개발할 수도 있다.

0.3

세계의 캔버스 : 하나님의 이야기에 당신의 이야기는 어떻게 어울릴까

빌 테일러 · 스티브 호크

끊임없이 변화하는 환경 속에 사는 것은 신나기도 하지만 불안하고, 도전하고 싶은 마음을 갖게 하면서도 지치게 한다. 급변하는 세상에서 영원한 진리를 마음껏 누리며 사는 것은 신나는 일이다. 우리가 살아 계신 하나님의 독생자 예수 그리스도를 섬기고 있음을 알 때 큰 기쁨이 있다. 그러나 우리에게는 알아야 할 것, 경험해야 할 것, 그리고 결정해야 할 것들이 너무 많다. 때로는 우리 삶과 역사가 예측할 수 없이 소용돌이친다. 삶은 도무지 통제할 수가 없다! 변화에서 오는 자극은 흡수할 수도 없을 만큼 너무 눈부셔서 우리를 지치게 하는데, 그 의미와 중요성을 분류해 내는 것은 말할 나위도 없다.

이 시대를 사는 사람으로서 우리가 직면한 현실에 대해 생각해 보자. 컴퓨터 디자이너이자 혁신가인 데니 힐스$^{Danny\ Hills}$는 구글이 우리의 사고방식을 바꾸었다고 하며 이렇게 말했다. "무엇에 관한 지식을 갖는 것은 20세기적인 것입니다. 우리에게 필요한 것은 그 무엇을 찾아낼 수 있는 능력입니다."

그런데 이게 정말 전부 다인가? 그렇지 않다. 폭발적으로 성장하는 기술과 인터넷이 우리가 생각하고, 읽고, 정보를 찾고, 배우고, 결정하고, 행동하는 방식에 상당히 많은 영향을 끼친 것은 사실이다. 배심원은 인터넷의 힘에 밀려났다. 그런데 이것이 우리를 더 지혜롭게 만드는가 아니면 더 바보가 되게 하는가? 구글과 위키피디아는 우리에게 지식과 지혜를 주는가, 아니면 그저 정보원에 불과한가?

우리는 젊은 세대와 기성세대 모두에게 집중한다. 우리는 생명과 환경의 보존과 보호에 대한 약속, 예수님의 복음에 대한 명확성, 현대인들은 하나님을 다르게 접근한다는 것에 대한 이해, 종교의 자유에 대한 보장, 인종간의 화합, 이민정책의 개혁, 세계의 기근과 빈곤 완화에 대한 갈망, 결혼과 가족에 대한 옹호에 젊은 세대가 폭넓은 관심을 가졌을 것이라 장담한다.

우리는 이런 여러 관심사에 함께하시는 살아 계신

하나님을 기뻐한다. 그러나 빌립보 감옥에 갇혀 있던 사람과 함께 우리는 '구원을 얻으려면 어떻게 해야 하는가?'라고 질문한다. 복음을 지나치게 단순화하지 않도록 하자. 모든 세대와 모든 문화에, 예수님 안에 있는 변화시키는 능력을 가진 하나님의 위대한 이야기가 무엇인지 희미해지지 않도록 하자. 우리의 이야기stories와 위대한 하나님의 이야기the Epic를 말할 때에도 진실과 진리에 대해 말하는 것을 두려워하지 말자.

세계 선교 사업은 그 과정과 내용이 계속해서 변하고 있다. 그러므로 사려 깊은 그리스도인으로서 세계적이고 지역적인glocal 문제issues와 추세trends들을 붙들고 씨름해야 한다. 아래에 나열한 문제와 추세들에 대해 숙고하고, 그것들이 세계 선교에 헌신하고 그리스도를 따르는 당신에게 어떤 영향을 끼치게 될지에 따라 등급을 매기고 분류해 보라. 최고 등급은 5, 최저 등급은 1이다.

첫 번째 다룰 문제: 지구에 사는 인류로서 우리가 세계 사회에서 직면한 **거시적인 문제**에는 어떤 것들이 있는가?

그룹 1

승자와 패자가 있는 **세계화의 현실**(하나가 된 세계, 전 세계적인 상호관계의 강화). 북미에 사는 사람들은 인도에 사는 사람들에게 일자리를 잃고, 인도에 사는 사람들은 새로운 일자리를 얻는다. 그런데 나이지리아와 니카라과는 어떤가? 세계화는 거대한 방해자로서 많은 얼굴을 가진 히드라Hydra다. 경제, 문화, 기술, 미디어, 공포, 그리고 신앙 시스템은 그 얼굴의 몇 가지 모습에 불과하다. 세계화는 좋고도 나쁜 것이고, 도움이 되고도 방해가 되는 것이고, 활기를 북돋아 주는 것이기도 하면서 동시에 기운이 빠지게 하는 것이기도 하다. 그래서 반세계화 반응이 실제로 일어나고 있다.

9·11은 **문명의 충돌**이 현실에서 더 심각하다는 것을 보여 주는 예다. 종족, 종교, 경제, 정치적인 '첨예한 대립'으로 인해 이 세상의 문명은 서로 긴장과 전쟁을 겪게 될 것이다. 종족 중심주의의 끝은 어디인가? 그 위험요소가 세계 기독교 선교 운동을 점점 더 위협할 것이기 때문에 우리에게는 고통과 박해, 그리고 순교의 신학과 실천이 필요하다.

심각한 위협을 받는 나라와 지역의 아주 많은 사람들이 매일매일 **전쟁과 불공평함** 속에서 살아간다. 또 노예 매매가 성행한다. 50달러만 있으면 오늘 당장 어린 아이티 소녀를 살 수 있다. 그러나 평화를 되찾은 어떤 나라에서는 그리스도인들이 국가적인 화합과 치유, 회복과 개발에 기여할 소중한 기회를 찾을 수 있다.

그룹 2

조금도 수그러들지 않고 계속되는 **폭발적인 기술 성장**이 우리를 개인적·세계적으로 (바라기는 선하게) 형성해가고 있다. 이것이 정보의 흐름과 경제, 커뮤니케이션과 여행, 의학과 인간관계, 교육과 오락, 개인과 가족의 삶, 고용과 미래에 대한 의식을 재정의하고 있다.

근대주의에서부터 포스트모던주의, 현재의 포스트 포스트모던주의에 이르기까지 **세계관의 거대한 변화**가 전 세계에 영향을 끼친다. 진보와 과학에 의문이 제기되고 영성이 유행하는 가운데 재미삼아 잠시 초월적인 것에 관심을 기울이는 사람들이 너무 많다. 포스트 모던주의는 라이프스타일의 수준, 예술과 문학, 과학과 기술, 영성과 종교에 중대한 영향을 미쳤다. 인생은 유동적이고 헌신은 미약하다. 모든 신앙 체계는 똑같이 타당하거나 혹은 그렇지 않다. 거대 담론metanarrative은 받아들이지 않지만, 거대한 기독교의 이야기에 대해 말하는 진정한 진리를 들을 여지와 기회는 있다. 사람들은 여러 번에 걸쳐 회심의 '문턱'에까지 이르는 경험을 통해 예수님을 믿게 될 것이다.

쓰나미건, 지진이건, 혹은 사막이 점점 더 넓어져 가는 것이건, **분명 무작위로 일어나는 자연 물리적인 재앙**들은 통제할 수 없는 혼돈을 불러일으킨다.

그룹 3

말라리아, 에이즈, 에볼라, 혹은 닥치는 대로 생명을 앗아가는 다른 여러 바이러스의 위협 등 우리는 **풍토병**에 직면하고 있다. 말라리아는 퇴치할 수 있는 병인데 에이즈보다 더 많은 사람의 생명을 앗아간다. 젊은 세대들은 이런 현실을 변화시키기 간절히 원한다.

그 규모가 작든 혹은 세계적이든 관계없이 **인구가 폭발적으로 증가하고 도시에 두드러지게 밀집한다**. 특히 사람들이 먹고, 양육되고, 교육받고, 일자리를 갖고, 건강을 유지할 자연자원과 경제자원이 제한된 국가에서 더욱 그렇다.

전 세계 그리스도인들은 지속적으로 **조직적인 불공평과 불균형적인 부의 분배, 그리고 빈곤**을 해결하기 위해 노력한다. 그들은 '내가 무엇을 해야 하나?' 생각한다. 이런 것들이 젊은 세대의 관심 사안이다.

그룹 4

경제 변동과 정치 폭력으로 인해 **역사적인 민족의 이동**이 일어나고 있다. 중국에서만도 1억 5000만 명의 노동자들이 도시로 몰려들었다. 세계적인 이주에 대해 생각해 보자. 한 나라가 세계 어느 곳에나 있다. 서구의 작은 마을에서도 세계 여러 나라에서 온 사람들이 모여 사는 것을 볼 수 있다. 그들 중 많은 사람들이 그들의 관습과 문화, 신앙, 언어를 고수한다.

무슬림 인구가 유럽과 그리고 그 정도가 낮기는 하지만 우리나라에서도 계속해서 각 나라의 역사에 변화를 가져올 것이다. 그곳은 기독교 교회가 활력을 되찾고 갱신하고자 애쓰는 나라들이다.

세계를 상대로 한 테러의 체계가 새로워지고 정교해져서 모든 나라를 위협한다. 누구도 어디에서든 안전할 수 없다.

그룹 5

한 지역의 **경제 위기**가 필연적으로 전 세계로 퍼져 가면서 국경 없는 경제에 연결된 세계 가족에게 영향을 끼친다. 이것이 세계화의 또 다른 한 면이다.

다시 소생하는 종교, 즉 이슬람이나 혹은 힌두교와 불교처럼 새로이 노골적으로 포교하고 있는 종교들이 활기를 띠고 있다. 이주와 높은 출생률, 그리고 개종을 통해 '서구를 차지하기 위해' 매력적인 방법들을 사용한다.

특히 **이슬람**은 세계적인 종교가 되어 기독교의 선교와 존재에 정면으로 대응하며 경쟁한다.

또 다시 말하지만, 참여하라!

다음에 나열하는 문제들에 대해 숙고해 보고, 그것들이 세계 선교에 헌신하고 그리스도를 따르는 당신에게 개인적으로 어떻게 영향을 끼치는지에 따라 등급을 매겨 보라. 최고 등급은 5, 최저 등급은 1이다.

세계를 보는 렌즈를 바꾸고 세계의 기독교 공동체가 직면한 **거시적인 문제**에 초점을 맞추어 보자. 여기서 우리는 우리 자신과 우리가 가진 기독교 신앙을 점검해 보고, 기독교 신앙의 그 다양한 공동체와 선교 운동을 평가해 보아야 한다. 지역과 나라마다 각각의 특수성이 있기 때문에 각자의 나라에 초점을 맞추어 평가해 본다.

그룹 1

오늘날 **예수의 교회**는 유례없이 **세계화되었고** 이와 함께 선교에 대한 마음도 전 세계에서 일어났다. 세계화의 이런 모습은 전 세계 그리스도 가족의 귀중한 본질을 보여 주는데, 즉 자원과 열정, 분투와 승리로 서로 연결되어 있다는 것이다. 하나님은 역사를 움직이고 계시며, 세계는 붕괴의 출발점에 있든지 아니면 역사의 중대한 마지막 단계로 접어들었을 수도 있다는 느낌이 점점 더 커지고 있다.

무기력하고 분열된 북반구의 교회가 엄청난 강점과 자원뿐만 아니라 구조적인 결함들도 섞인 집합체라는 사실을 이제 인식하고 있다. 무언가 잘못되었다. 세계를 보는 우리의 시각은 진정한 변화를 경험하지 못했다. 우리는 남반구의 교회로부터 듣고 배우려는 마음을 가져야 할 뿐만 아니라 철저하게 성령을 따라야 한다. 또한 우리는 남반구 교회의 모든 것이 다 좋고 건강한 것은 아니며 현재 그들 또한 그들만의 고유한 어려움을 겪고 있다는 사실을 알아야 한다.

우리는 **철학적이고 종교적인 다원주의**와도 씨름한다. 특히 젊은 그리스도인들은 하나의 진리를 붙들고 있지만, 부드럽고 설득력 있는 보편구원론universalism도 지지하는 것처럼 보인다. 모든 타문화 사역자들은 모든 이름 위에 뛰어난 그 이름으로 인해 고통당하고, 박해당하고, 심지어 순교할 준비를 해야 한다.

그룹 2

전 세계 약 2억 명의 그리스도인들, 특히 이슬람, 힌두교, 불교, 정령 숭배가 범람하는 지역이나 교전 지역에 거주하는 그리스도인들에게 **괴롭힘과 박해**는 일상의 현실이다. 무장한 이슬람, 힌두교, 불교 과격 단체들이 면밀하게 그리스도인들을 겨냥하고 있고, 순교는 계속될 것이다.

많은 사려 깊은 선교 협력자들과 리더들은 **신학을 경시하고** 은혜로운 보편구원론에 문호를 개방하는 위험한 **복음주의의 동향**을 염려한다. 코카콜라나 펩시콜라나 스프라이트 중에서 하나를 선택하는 것처럼 예수님이 하나의 선택의 대상인가? 아니면 예수 그리스도 같은 분은 없는 그런 유일한 분인가?

젊은 세대들은 열정적으로 **정의의 편에 서고**, 빈곤과 현대판 노예제도와 전 세계의 불법 거래, 소비주의와 환경에 관심을 가지는데, 마땅히 그래야 한다.

오래도록 계속되는 오늘날 급진적인 변화의 세상에서 우리는 경기 선수들처럼 살고 있다. 그 변화에 해당하는 것에는 어떤 것들이 있을까?

그룹 3

기성 그리스도인 세대에서 젊은 세대로의 **창의성, 책임, 권위의 이전**은 전례 없는 부의 이전까지를 포함하고 있다.

이 세상에서 예수님을 따르며 초자연적인 역사를 일으키기 간절히 원하는 **새로운 물결인 젊은 리더들**은 예수님을 따르는 데 있어 위험성이 높은 게임도 기꺼이 감수한다. 그들은 또한 예수님의 이름으로 새로운 그리스도인의 모험을 창의적으로 시작한다. 그들에게 그런 기질이 굳어져 있지만, 시작한 일을 잘 마치기 위해서는 장기적인 헌신이 반드시 필요하다.

기독교가 북반구에서 남반구로 구조적인 변화를 일으킨 것은 성령이 북반구를 포기하지 않으시면서 남반구로 움직이고 계시다는 것을 우리에게 가르쳐 준다. 새로운 세계 선교의 부르심은 '열방이 열방에게로'다. 진실로 우리의 세계 선교 협력자는 '모든 족속과 나라와 방언, 민족으로부터'라는 사실을 일깨운다.

그룹 4

세계의 열방이 우리 가운데 와 있다. 이것은 그들에게 그리스도의 위대한 이야기를 전해 줄 엄청난 기회다. 또한 서구에 이주해 살고 있는 젊은 그리스도인 공동체의 가족과 의식에 대한 가치관에 서구의 교회가 영향을 받을 수 있는 기회이기도 하다.

보잘 것 없는 사람들, '역사의 이면,' 합법적이든 아니든 세계를 떠돌아다니는 그리스도인들을 통한 '**변두리로부터의 선교**'는 선교의 놀랄 만한 모습이다. 그들은 자유와 일자리, 그리고 가족을 위해 보다 나은 곳을 찾아 움직인다. 그들은 복음을 가지고 간다. 유럽 교회가 다시 활력을 얻게 된 원인 중 하나는 이주민들, 특히 아프리카와 남미에서 온 사람들의 생명력 있는 신앙과 회심이다. 여러분 중 어떤 사람은 가난한 자와 억압받는 자를 대표해 역사와 사회의 변두리에서 이런 특이한 일꾼들과 함께 섬기도록 예수님의 이름으로 부르심을 받았을 수도 있다. 어린아이처럼 순진하지 말고, 혼자 힘으로 하지 말라.

선교 운동의 주체가 선교기관에서 교회로 **이동하고** 모든 종류의 협력관계가 생겨났다. 이것은 교회가 선교 팀의 선발과 심사, 시험과 준비, 후원과 중보, 전략 수립과 목양에 더 많이 참여해야 한다는 것을 의미한다. 또한 교회, 훈련학교, 그리고 현지 중심의 선교기관 간의 전략적인 연합이 있어야 함을 의미한다. 맥도널드처럼 '맥미션드' McMissioned 식으로 예수님의 대위임명령을 다양하게 즉석으로 선교할 수는 없다는 것을 깨닫는 교회가 가장 지혜로운 교회다. 그런 교회는 선교사 사전 훈련, 파송 조직, 그리고 목양과 전략 수립의 현장 시스템에 대한 전략적인 협력에 관여한다.

그룹 5

수많은 사람들에게 타문화권의 현실과 타문화 사역을 미리 맛보게 하는 중대한 일인 **단기 사역이 폭발적으로 증가했다.** 그들 중 어떤 사람들은 영원히 변화될 것이고, 또 어떤 사람들은 그들 인생의 오랜 세월 동안 선교할 것이다. 2005년, 160만 명의 미국 그리스도인들이 단기 선교를 다녀왔다. 한국에서도 연 10만 명 이상이 단기 선교에 참여한다.

그런데 여기에 많은 의문이 제기되었다. 이런 타문화 선교 여행이 단기 선교 참석자들의 가치관과 행동양식, 그리고 장기 선교에 대한 헌신에 커다란 변화를 주었는가? 또 그들이 속한 교회의 선교 비전에 영향을 끼쳤는가? 이 선교 여행으로 인해 씀씀이와 생활방식에 변화가 생겼는가? 한국에서 한 해 동안 나가는 10만 명의 단기 선교 여행 참가자들이 쓴 자금이 장기 사역자들과 사역을 위한 예산에 영향을 끼쳤는가?

또한 전통적인 의미의 '사역 용어'에서 보다 광범위한 지역에서 사용될 수 있는 의미를 가진 용어로 바꾸고, 인생에서 직업 변경에 대해 보다 많은 융통성을 갖고, 팀에 더욱 초점을 맞추고, 연속적인 사역 기간과 사역을 위한 준비와 회복을 위해 '본국'에 더 오래 머무를 수 있도록 **선교 언어와 정의에 대한 재작업**이 필요하다.

비즈니스 선교와 다양한 전문인 사역자들이 접근 제한 국가는 물론 개방된 나라에서 사역하기 위해서는 창의적인 기술과 은사가 있어야 한다. 장기 사역을 위한 새로운 '창의적 접근 발판'을 개발할 독창성이 필요하다. 비즈니스 선교 모험을 시작하기에 앞서 반드시 본국의 문화에서 그것을 할 수 있어야 하며, 직업과 사역에 대한 탄탄한 신학은 물론 기술이 필요하다.

마지막 그룹

우리는 복잡한 선교 현실에 대한 지나친 단순화[환원주의reductionism]를 피해야 한다. 대위임명령은 단순한 전도 이상이다. 미전도 지역과 최소 전도 지역, 전도하기 어려운 세상이 어마어마하게 넓다. 종족별로 나누어 생각하는 것은 단지 하나의 패러다임에 불과하다. 단기 선교가 중요하지만 장기 타문화 선교의 대체가 되지는 않는다.

앞으로 멀리 타문화권에 가서 장기로 사역할 사람들은 점점 더 다문화화 되는 환경에 익숙해야 한다. 새로 이주해 오는 사람들은 물론 포스트모던 시대에 성장한 젊은 세대들은 영성, 관계, 그리고 진실성에 대해 자유롭다. 젊은이들은 여러 번 회심의 '문턱'에까지 다다른 후 불신에서 신뢰로, 무사안일주의에서 호기심으로, 변화를 거부하던 태도에서 열린 마음으로, 목적 없는 삶에서 추구하는 삶으로 변화를 겪으며 그리스도에게 올 것이다. 그리고 나서야 그들은 그리스도 안에서 하나님 나라의 문턱을 넘어설 것이다. 자신이 속한 문화권에서 복음의 이야기를 지혜롭게 전할 수 없다면, 세계의 다른 어느 곳에 가서 전할 수 있겠는가?

다음 세대의 선교사들은 다른 문화와 언어권의 리더들과 함께 섬기고 그들의 리더십 아래 섬길 수 있는 종으로서 가야 한다. 다른 사람들과 과제를 공유하며 그들과 함께 섬겨야 한다.

우리는 미래의 선교 자금 마련을 위해 노력하면서 현실과 여러 요구 사항들, 일상들과 씨름할 것이다. 계속해서 예전의 방법으로 개인 후원을 모집하겠지만, 창의적이고 현실적이고 실용적인 새로운 방법이 필요하다. 이것은 사업 이윤의 상당 부분을 세계 선교에 후원할 하나님 나라 기업kingdom companies, 전문인 선교사bivocational와 비즈니스 선교사business-as-mission, 혹은 교회와 선교기관 간의 전략적인 협력이 더 많아져야 한다는 것을 의미할 것이다. 어쨌든 우리는 새로운 방법을 찾아야 한다. 누가 이 일을 위해 인큐베이터 역할을 할 것인가?

이제 모든 것을 알았다. 이것이 하나님의 이야기 안에서의 우리의 역할과 역사에 대한 이해다. 하나님의 이야기가 어딘가로 진행되어 가고, 당신의 삶도 그렇게 되어 가고 있음으로 인해 하나님께 감사한다. 어떤 사건들과 추세들이 임의로 뒤죽박죽 일어난다고 보는 사람들도 있겠지만, 우리는 시간을 들여 이것들의 관계를 연결시켜 보아야 한다.

그림 마무리하기

결국 영원하신 하나님과 당신만이 점들을 연결해 당신의 삶과 미래의 풍경화를 그릴 수 있다. 당신의 경기장에 당신이 공을 가지고 있다. 하지만 당신 혼자 있는 것이 아니다. 성령의 권능을 받고 하나님의 사람들에게 조언을 들으며 당신의 가치관과 헌신에 기초를 두어야 한다. 교회가 어떻게 해서 이 지점에 다다르게 되었는지에 대한 지식은 물론 다른 사람들의 경험에서 나오는 지혜가 당신의 여정에 도움이 될 것이다.

그러므로 다른 사람들과 이 프로젝트를 함께 해야 한다. 하나님이 자신을 나타내시기를 진정으로 원하시는 곳은 바로 공동체다. 우리는 서로를 필요로 한다. 당신의 이야기에 친구, 가족, 배우자, 영적 리더, 베테랑 선교사와 타문화 사역자들을 초청하라.

평생 같은 방향으로 세계 순례의 긴 순종의 길을 걸어가라. 분명 역사의 큰 영적인 수확을 목격하게 될 것이다. 그러나 쉽지는 않을 것이다. 그러니 상상하지도 못할 고통을 당하면서 섬길 준비를 하라. 사악하게 공격하는 악한 영을 만날 것에 대비하라. 병이 들고 회복되지 않을 수도 있다는 것을 각오하라. 죽을 준비, 즉 잘 죽을 준비를 하라. 당신과 같은 사람들이 타문화 순례의 이 장대한 하나님의 이야기에 이미 셀 수 없이 많이 참여하고 있다. 그들이 모두 북미인이나 유럽인들은 아니다. 오늘날의 선교 운동은 아프리카, 아시아, 라틴아메리카, 카리브 해 지역, 중동, 남태평양에서 온 일꾼들이 함께 모여 만든 진정한 세계 모자이크다.

세계의 캔버스 위에 이렇게 여러 가지를 그리다 보니 박해받은 목회자요, 사도요, 시인이요, 감옥에 갇힌 자가 박해받는 그리스도인들에게 써 보낸 요한계시록이 떠오른다. 참으로 예수님을 따르는 자들이 가장 끔찍한 일을 겪고 있는 중에도 하나님은 다스리고 계셨다. 성도들은 예배할 것이고, 고통 받을 것이고, 악은 심판받을 것이고, 이 혼란한 역사가 마침내 승리로 마칠 날이 올 것이다.

그러므로 요한계시록에서 본 그 살아 계신 삼위 하나님을 만나고, 이 땅을 위한 우리의 선교 이야기를 시작하자. 다음 세대의 역사는 당신 손에 있다!

0.4

주의 영광의 이야기에 참여하라

빌 테일러

이 이야기는 영원히 내 기억에 남을 경험이다. 그날 저녁 이본과 나는 뉴질랜드 오클랜드 교외의 예수전도단Youth With A Mission 기지에 쳐 놓은 큰 천막 안에 서 있었다. 그곳에서 남태평양기도모임South Pacific Prayer Assembly의 저녁 집회가 진행되었다. 우리는 영광스럽게도 남태평양 8개 국에서 온 성도들과 함께 일주일간의 행사에 참여했다. 예배는 풍성했고 기도는 능력이 있었다. 다양한 민족, 언어, 문화, 그리고 교파들의 모임은 참으로 아름다웠다.

그날 밤, 마음을 완전히 사로잡는 이야기꾼인 솔로몬제도에서 온 마이클 마엘리우Michael Maelieu가 하나님이 솔로몬제도에서 행하신 역사적이고 놀라운 일에 대해 이야기하면서, 고립된 그들의 땅에 복음을 전해 주고 자신의 생명까지 바치는 고귀한 희생을 했던 서구인들의 선물에 감사했다. 그는 복음이 자기 민족에게 극적으로 전파되는 이야기를 전해 주었다. 그 민족은 100년 전에는 복음을 전혀 듣지 못했던 식인종이었다.

그리고 나서 마이클은 주제를 바꾸었다. "이제 서희 솔로몬제도의 성도들은 여러분이 그토록 사랑하는 마음으로 우리에게 전해 준 타오르는 선교의 횃불을 호주와 뉴질랜드의 형제자매들인 여러분과 공유하도록 하나님이 부르시는 것을 들었습니다." 그는 파푸아뉴기니와 남태평양제도의 성도들을 모두 앞으로 나오라고 한 후, 그들에게 호주와 뉴질랜드 리더들을 불러내서 에워싸고 그 서구 동료들을 축복하며 기도하도록 했다.

기도하고, 찬송하고, 울고, 방언하고, 경배하는 소리가 뒤섞여 울리는 소리는 믿을 수 없이 절묘했다. 그들은 호주와 뉴질랜드 사람들을 위해 열렬히 기도했다. 예전에 선교지였던 곳이 '통나무배 선교운동'the deep sea canoe mission movement이라 불리는 방식으로 세계 복음화를 위한 기도와 파송 기지로 바뀌었다. 우리는 마음속 깊은 곳에서 이것이 그 지역의 역사에 급진적인 변화를 가져오는 일이 될 것이라고 느꼈다.

천국의 장면이 스쳐가다

내 마음은 17개가 넘는 그 웅대한 예배 시나리오들이 펼쳐지는 요한계시록의 드라마 속으로 들어갔다. 요한계시록 4-7장에서 사도요, 감옥에 갇힌 자요, 목회자요, 시인이요, 예인자였던 요한은 우리에게 장대한 장면을 보여 준다. 그 장면은 우리의 주권자이신 영광의 하나님과 그의 아들에게 초점이 맞춰진다. 그 장면 속에는 신비한 네 생물체에서부터 이십사 장로까지, 천사들에서부터 모든 피조물까지, 그리고 천상의 성가대에서부터 전례가 없는 예배 행렬이 등장한다. 요한은 이렇게 기록한다.

이 일 후에 내가 보니 각 나라와 족속과 백성과 방언에서 아무도 능히 셀 수 없는 큰 무리가 나와 흰 옷을 입고 손에 종려 가지를 들고 보좌 앞과 어린 양 앞에 서서 큰 소리로 외쳐 이르되 구원하심이 보좌에 앉으신 우리 하나님과 어린 양에게 있도다 하니.(계 7:9-10)

그런데 이 모든 사람들이 어떻게 거기에 왔을까? 하나님의 영광의 이야기는 거룩하신 삼위 하나님의 신비에 싸여 창세 전부터 시작된다. 이 이야기는 창세기의 첫 몇 장에서 극적으로 펼쳐진다. 우리의 첫 부모는 하나님의 형상으로 창조된 모든 인류의 원형prototype이다. 아버지께서 그들을 사랑하셔서 성령의 능력으로 아들을 통해 구원하신다. 성경의 모든 기록은 하나님이 지으신 모든 피조물, 하나님의 형상으로 만드신 모든 사람들을 그들의 반역에도 불구하고 사랑하시는 하나님의 열정적인 마음을 이야기들 속에서 점차적으로 드러낸다.

하나님이 택하신 백성 이스라엘은 열방의 빛이 되고 오직 한 분이신 참 하나님을 온 세상에 증거하라고 선택받고 구별되었다. 그들은 이 일을 그들의 민족, 그들의 땅, 그들의 언어, 그들의 거룩한 도시와 성전 안에서 하도록 되었다. 그들이 본을 보이고 증거하는 삶을 통해 다른 민족들에게 '와서 보고' 살아 계신 하나님을 만나라고 초청하도록 되었다. 그러나 슬프게도 그들은 순종하지 않아서 심판을 받고 열방으로 흩어졌다. 하나님은 아직 하나님의 계획을 마치지 않으셨다.

하나님의 아들 예수 그리스도가 성육신하셔서 이 땅에 오심으로 이스라엘과 그 주변국들이 메시아를 만났다. 그는 고통당하시는 구세주셨다. 주께서 죽으시고, 부활하시고, 하늘로 오르신 후에 신실한 제자들이 모인 곳에 성령이 능력과 권세로 임하셨다. 신약 성경의 나머지는 새롭게 복음을 전하고자 하나님의 사람들(유대인과 이방인)이 일어나는 것을 기록한다. 이 운동은 모든 민족과 언어, 지역, 도시, 나라에서 일어나는 일이다. 초대교회는 이내 다중심적이고 다방향적이 되었다. 이것이 오늘날 우리가 전 세계에서 보는 일의 시작이었다.

사랑의 하나님은 주의 원대한 구원 계획에 주와 함께 참여하라는 초청장을 그 마음속에 품고 계신다. 어린아이와 청년, 어른들이 하나님이 그들에게 그들의 문화와 가족을 떠나 장벽을 넘어가라고 요청하신다는 것을 '부르심,' 즉 초청을 통해 확신한다. 그들은 그리스도가 다시 사셨다는 것을 전하고, 세계 모든 민족 가운데 예배 공동체를 세우기 위해 이 일을 한다.

주의 부르심에 순종함으로 그들은 도시든 시골이든 힘들고 위험하기까지 한 상황 가운데서 섬기기 위해 고향과 가족을 떠나야 하는 값비싼 대가를 기꺼이 지불하고자 했다. 예수님은 주를 따르기 위해서는 기꺼이 주의 십자가를 져야 한다고 분명히 말씀하신다. 하나님 나라가 확장되고 주님의 교회가 세워져 가는 2000년의 역사에는 엄청난 용기와 실패, 고통과 영광스러운 승리의 이야기들로 가득하다. 사탄은 그가 사로잡은 자들이나 그의 능력을 포기하지 않고 쉽게 지배한다! 선교사들의 전기를 읽어 보면 기쁨과 승리는 물론 힘든 시간들, 비통의 눈물과 기쁨의 눈물, 속이 뒤틀리는 듯한 고통과 상실, 어둠과 절망이 도처에 있음을 알게 된다. 그러나 이 종들은 사랑하기 때문에 모든 찬양과 경배를 받으시기에 합당하신 어린양이, 모라비아 교도들의 말을 빌자면 "주께서 받으신 고통의 보상을 받으시도록" 인내한다.

요한이 본 비전의 중심에는 박해라는 현실이 있고, 어떤 사람들은 그리스도로 인해 순교를 당한다. 신약성경은 박해당하는 그리스도인들이 박해당하는 그리스도인들에게 쓴 것이라는 것을 기억하라.

다섯째 인을 떼실 때에 내가 보니 하나님의 말씀과 그들이 가진 증거로 말미암아 죽임을 당한 영혼들이 제단 아래에 있어 큰 소리로 불러 이르되 거룩하고 참되신 대주재여 땅에 거하는 자들을 심판하여 우리 피를 갚아 주지 아니하시기를 어느 때까지 하시려 하나이까 하니 각각 그들에게 흰 두루마기를 주시며 이르시되 아직 잠시 동안 쉬되 그들의 동무 종들과 형제들도 자기처럼 죽임을 당하여 그 수가 차기까지 하라 하시더라.(계 6:9-11)

고대 켈트 그리스도인들은 순교를 다음과 같이 세 가지 색으로 잘 표현했다. 흰색은 마음과 집, 종족과 나라를 떠나서 그리스도를 위해 추방당하는 것을 의미하고, 녹색은 개인의 거룩함으로 인도하는 자기 부인과 참회를 의미하고, 적색은 박해, 피흘림, 즉 순교를 의미한다.

예배의 중요성

천국에서 행하는 가장 중요하고 궁극적인 일은 예배다. 존 파이퍼 John Piper가 했던 말이 우리의 마음속에서 울려 퍼진다. "선교는 교회의 궁극적인 목표가 아니다. 예배가 목표다." 그렇다면 우리는 왜 아직도 선교하는가? 존 파이퍼는 이렇게 말한다. "예배가 없기 때문에 선교가 있다." 하나님과 그의 어린양을 위해 예배자들을 일으키는 일은 아직 끝나지 않았다. 우리는 예배와 선교가 합해져서 그 무엇보다도 중요한 열정을 만들어 내고, 천국을 예배자로 가득 채우기 위해 힘을 쏟을 수 있도록 우리에게 동기를 부여해 그 일을 계속할 수 있도록 한다는 것을 알게 된다.

2000년대의 미지의 미래로 들어가면서, 우리에게는 그 옛날 선지자들이 그토록 보기를 갈망했던 것, 즉 하나님의 계획과 목적이 열매를 맺고 완성되는 것을 볼 수 있는 특권이 있다는 사실에 놀란다. 엄청난 역경에도 불구하고 예수 그리스도의 교회는 확장되어 갔고 진정으로 세계화되었다. 하나님의 선교는 이제 모든 나라에서 from 흘러나와 모든 나라로 to 흘러들어간다. 우리는 믿을 수 없을 만큼 중대한 기로에 섰다. 이것은 '카이로스' kairos 의 순간이다. 우리에게는 이 순간에 동참할 특권이 있다. 수많은 신실한 제자들이 우리를 앞서 가며 추수에 참여했다. 성령이 말씀과 행동과 능력으로 사역하라고 우리를 부르시고, 그 일을 감당하도록 우리에게 성령을 채워 주신다.

마지막 추수를 통해 모든 민족과 나라에서 예배자를 모아 천국을 가득 채우기 위해서는 활기차고 담대한 장기 타문화 사역자들의 새로운 물결이 일어나야 한다. 어느 곳에서나 살고자 하며, 억압받는 자, 과부, 고아, 인신매매되는 여성과 어린이들과 하나가 되어 우리의 챔피언이신 승리자 그리스도 Christus Victor의 이름으로 공의를 외칠 철저히 헌신한 다음 세대의 종들과 협력자들을 찾아서 준비시키고 내보내야 한다. 그들은 다국적 팀에서 일하면서 언어를 잘 배우고, 문화를 이해하고, 사람들을 사랑할 수 있는 만큼 머무르게 될 것이다. 하나님이 그들에게 완전한 구원의 이야기를 전하는 법, 교회가 세워지고 강성해질 수 있도록 그들의 삶 속에서 복음이 살아 역사하도록 하는 법을 알려 주실 것이다. 그들은 회심하는 자들뿐만 아니라 권능을 주시는 성령으로 인해 세계관이 변화된 성숙한 제자들을 보게 될 때까지 머물 것이다. 그들은 자신이 섬긴 자들이 하나님의 보좌 앞에 모인 셀 수 없이 많은 무리들 속에 동참해 어린양을 경배하는 것을 보고 말로 형용할 수 없는 기쁨을 누릴 것이다.

우리는 모두 전에는 복음을 듣지 못했던 사람들을 우리 주님께 찬양의 제물로 드릴 수 있는 특권을 갖게 될 것이다. 역사는 그렇게 흘러가고 있다. 그리고 그것이 하나님의 영광의 이야기에서 우리가 해야 할 일이다.

마지막 이야기

몇년 전 이본과 나는 아주 작은 이오나^{Iona} 섬에서 바람이 몰아치는 추운 모래사장에 서 있었다. 그곳은 켈트 기독교와 선교의 중심지였으며, 아일랜드의 성 콜롬바 St. Columba of Ireland가 563년에 140명으로 구성된 그의 선교 팀과 함께 도착한 곳이다. 이오나를 시작으로 영국의 홀리아일랜드$^{Holy\ Island}$, 그리고 영국제도의 다른 수많은 센터들이 복음과 공동체, 교육과 예술, 자연보호와 선교 팀의 모판이 되었다. 켈트족은 영성과 순례를 합해서 '페레그리나티오'(외지 순방)^{peregrinatio}라는 하나의 개념을 발전시켰다. 이것은 알려지지 않은 곳에 다니면서 복음을 듣지 못한 사람들에게 복음을 전하는 것이다. 그들은 기러기를 성령의 상징으로 삼고 성령의 능력으로 복음을 전했다. 스코틀랜드에 사는 사나운 픽트 사람들에게 복음을 전했고, 영국, 프랑스, 이탈리아, 스위스, 그리고 멀리 우크라이나와 비잔티움의 많은 사람들에게 복음을 전했다.

이오나 섬에서 지내면서 우리는 그리스도의 위임명령에 순종함으로 세계로 흘러나갔던 이 고대 그리스도인들의 삶의 능력에 감동받았다. 이것은 우리의 신앙과 선교의 순례에서 또 다른 역사적인 본보기가 되고 영감을 주었다. 우리는 모든 곳에 그리스도가 전해지고 영광을 받으시도록 성령이 인도하시는 대로 어디든가며, 희생을 치러야 하는 제자의 길을 기꺼이 걸어가면서 우리의 삶을 성령께 맡기고 거룩한 삶을 살겠다고 굳게 결심했다.

타문화 선교사로 헌신해서 섬기기로 한 일을 진행해 나가면서 충실하게 살고, 최악의 경우에까지 유혹받고, 건강과 영성이 도전받게 되고, 믿음을 의심하게 되는 일(당신의 의심을 의심하라!)에까지 대비하라. 당신이 하는 바로 그 일이 적절한 일인가, 가치 있는 일인가 하는 생각이 들 때도 있을 것이다. 견뎌 내라. 배우고 성장하라. 결혼 서약을 지키고 자녀를 사랑하라. 웃고 예배하라. 친구를 사귀고 깊은 우정을 키워 가라. 사람과 교회를 섬기라. 당신이 한 일의 열매를 볼 수 있을 때까지 오래 머무르라.

이오나 이야기로 다시 돌아가 보자. 바람이 불고 추운 3월의 어느 어두운 밤에 침묵예배가 끝나고 수도원에 남아서 기도하고 있을 때, 우리는 머나먼 곳에 그리스도를 전하라는 성령(기러기)의 부르심을 따랐던 옛 켈트족 성도들이 우리와 함께 있는 듯한 신비한 체험을 했다. 그 순간 우리는 시간의 벽을 넘어서 그들과 깊이 연결된 것을 느꼈다. 우리도 그들처럼 열방으로 가라는 그리스도의 부르심에 '예'라고 대답했다. 존귀하신 왕을 따르는 헌신한 사람으로서 우리 모두는 오순절부터 오늘에 이르기까지 고대로부터 끊이지 않고 이어져 오는 찬란함에 동참하고 있다. 그것을 통해서 하나님의 나라가 확장되고 이 세상의 인류 속에 퍼져 나갔다.

하나님이 창세기에서 시작해서 요한계시록에서 막을 내리는 이 영광의 이야기 속에 주와 동참하라고 연약하고 깨진 인간을 초청하시는 것은 아름다운 신비다. 우리 각자의 이야기가 하나님의 이야기에 속해 있기 때문에 우리는 분명한 결말을 맞게 될 원대한 모험의 일부가 된다. 이런 모든 이유와 그 외의 다른 이유들로 인해 우리가 맡은 일을 이 땅 위에서 다 이룰 때까지 우리는 계속 매진해 나갈 것이다. 그리고 나서 우리는 앞서 간 모든 사람들의 대열에 합류할 것이다. 그곳에서 주의 영광의 이야기는 영원토록 계속될 것이다. 아멘.

0.5

어떤 선교사를 보낼 것인가

한철호

오늘날 세계 선교 환경이 그 어느 때보다 급속히 변화하고 있다. 예전엔 지리적·공간적 제한을 받던 선교가 세계화로 인해 이제 '모든 곳에서 모든 곳으로' from everywhere to everywhere 가는 선교로 바뀌었다. 또 서구권 중심의 선교에서 비서구권이 참여하고 나아가 주도적인 역할을 하게 되는 상황으로 선교의 내용 또한 변화를 시도하고 있다. 그 결과 선교 전략뿐만 아니라 선교사의 정체성 자체도 새롭게 생각해야 하는 시점에 왔다.

지난 30년 동안 한국 교회 선교는 엄청난 속도로 발전했다. 1979년, 한국에서 나간 선교사의 수가 93명이었는데 현재는 2만 명을 넘어섰다. 이 통계가 가지는 의미는 두 가지다.

첫째, 하나님의 은혜다. 이렇게 짧은 시간 동안 그렇게 많은 선교사를 내보낼 수 있었던 것은 분명 하나님의 은혜다. 1970년대 이후 한국 교회는 강력하게 부흥했고, 특히 1990년 이후 대학생 선교 운동이 활발하게 일어나면서 많은 선교 헌신자들이 배출되고 파송되었다. 이런 흐름은 2000년대 중반까지 가파르게 이어졌다. 하나님의 큰 축복이 한국 교회에 임한 것이고, 이것은 감사할 일이다. 동시에 이런 발전이 의미하는 또 다른 측면은 큰 책임이다. 이제 한국은 세계의 상위권 선교사 파송 국가고, 전 세계 어느 곳에 가든 한국 선교사들이 활동하고 있다. 이런 상황에서 한국 선교사들의 선교적 역량은 결국 세계 선교의 흐름과 내용을 결정하게 된다. 따라서 이제는 더 많은 선교사를 보내는 일도 여전히 중요하지만, 세계 선교를 효과적이고 긍정적인 방향으로 이끌어 갈 수 있는 역량 있고 좋은 선교사를 파송하는 것이 더욱 중요한 일이 되었다.

오늘날 세계 선교 상황과 환경의 변화는 전통적인 선교사를 전통적인 방법으로 보낼 수 없게 한다. 이전 선교의 대상인 미전도 종족들의 위치는 지리적 거리와 거의 동일했다. 그러나 오늘날 그들은 바로 우리 문턱에 와 있다. 세계화의 결과다. 선교지와 보내는 교회 사이의 거리가 거의 존재하지 않게 된 것이다.

선교사와 선교 대상자와의 문화 및 외형적 거리도 축소되었다. 이전에 선교사는 문명화된 힘 있는 서구에서 온 신비스러운 사람들이었던 반면 오늘날 선교사는 더 이상 대접받는 사람들이 아니다. 현재 남겨진 대부분의 미복음화 지역에서는 선교사를 의심의 대상 혹은 자신들에게 개종을 강요하는 외부 세력으로 인식한다.

또한 서구 선교사 중심에서 비서구 선교사 중심으로 선교사의 수가 이동하면서 비서구 선교사들은 더 이상 많은 재정과 프로젝트를 가지고 갈 수 없게 되었다. 파송 교회로부터 보내지고 정기적으로 재정 지원을 받고, 그 막강한 재정을 가지고 프로젝트를 진행하는 형태의 선교사 파송은 이제 재정적인 한계를 드러낼 수 밖에 없게 되었다. 게다가 남겨진 선교지는 전통적인 선교사 비자를 가지고 들어갈 수 없는 지역이 대부분이다.

한편 선교사로 나가는 자원들의 환경도 변했다. 전통적인 선교사들은 대개 신학을 전공하고 목사로서 준비된 이들이었다. 물론 미래에도 이런 선교 자원은 지속적으로 필요하다. 그러나 오늘날에는 선교가 모든 성도들의 사역임을 자각하면서 많은 수의 평신도 자원들이 선교에 참여하게 되었다. 청년들뿐만 아니라 장년들 혹은 은퇴한 이들까지 기꺼이 남은 인생을 선교에 드리기 위해 나오고 있다. 청소년들 가운데에서도 벌써부터 선교에 대한 꿈을 꾸는 이들이 일어나고 있다. 변화된 세계 환경은 청소년 시절부터 세계의 구석구석을 밟고, 영어를 배우고, 세계를 품은 그리스도인으로 성장하도록 촉진한다. 바로 이런 자원들을 선교에 동력화 하고 세계 복음화의 삶을 사는 충만함을 경험하도록 도와야 할 것이다.

그러나 다른 한편으로 2000년대 후반에 들어서면서 한국 교회는 여러 측면에서 어려움을 겪었다. 교회의 성장은 주춤해졌고, 세상 안에서 그 신뢰까지 잃어 갔다. 대학이 자본의 논리에 예속되면서 젊은이들은 더욱 세속주의와 개인주의에 빠져들어 민족과 세계를 생각하기보다 개인의 가까운 미래에 대한 염려에 포로가 되었다. 이런 상황에서 과연 더 많은 선교사를 배출할 수 있을지에 대해 회의적인 입장을 가지는 경우도 많다. 실제로 지난 20년 동안 빠른 속도로 늘던 선교사 파송 수의 성장 비율이 점차 낮아지고 있다. 선교사로 헌신하는 연령층은 넓어졌지만, 반대로 젊은이들의 선교사 헌신은 급속히 축소되고 있는 것이다. 최근 선교사로 파송되기 직전의 마지막 훈련 과정에 들어오는 사람들의 연령이 엄청나게 높아진 것을 볼 수 있다. 장년 자원들은 선교에 관심을 가지지만 정작 헌신해야 할 젊은이들은 주춤거린다. 이런 다면적인 변화들로 인해 오늘날 우리는 선교사에 대한 정의를 다시 내려야 할 시점에 왔다.

선교 현장과 선교사 동원에는 상반되어 보이는 두 가지 필요와 현상이 있다. 오늘날 일반적인 선교 형태로 가서 복음을 전할 수 있는 곳은 이미 대부분 복음화

되었거나 교회가 존재하는 지역이다. 남겨진 과업은 최전방 지역인데, 이런 지역을 돌파하는 것은 결코 쉬운 일이 아니다. 최고의 내용과 전략을 가지고 있어야 한다. 즉 잘 준비된 최고의 전문성$^{high\ profile}$을 가진 자원을 필요로 한다. 반면 다른 측면에서 교회 현장에서는 세계화와 풀뿌리 운동으로 인해 더 많은 사람들이 직접 선교를 경험하고 싶어 한다. 선교에 대한 깊은 고민이나 준비를 하기보다는 직접 선교를 경험해 보기를 원한다. 상반된 이 두 가지 방향성 중 어느 하나도 포기할 수 없다.

한편 지금 선교지는 두 종류의 사람들을 요청하고 있을 것이다. 하나는 전문성을 가진 사람들이다. 특별히 개척 선교의 상황에서는 더욱 그렇다. 복음이 들어가기 어려운 지역은 그만큼 직업적 전문성을 가진 사람들의 접근을 더 쉽게 허용하기 때문이다. 그들에게 필요한 자질을 가진 사람들이 그들에게 환영받는 것이다. 이 경우 그 지역에 접근하기 위한 비자 문제는 큰 문제가 되지 않는다.

다른 하나는 선교지라는 삶의 현장에 가서 겸손하게 성육신적 삶을 통해 그들을 섬기며 복음의 가치를 그대로 드러내는 사람들이 필요하다. 즉 오늘날 선교는 선교적 내용과 실천에서 모두 더 나은 준비와 가치를 가진 선교사를 요청하고 있다.

그런데 현재 대부분의 선교 헌신자들은 중간 정도의 영역에 있는 사람들이다. 그들은 최고의 전문성과 능력을 갖추지 못했고, 선교지의 삶의 현장으로 내려가 성육신적인 삶을 살 만한 용기 또한 가지지 못했다. 때문에 어정쩡한 상태에서 선교라는 낭만을 즐기며 시간만 흘려보낼 수 있다. 젊은이들은 또 결혼, 직업 경력, 취업 등의 문제와 겹쳐 선교사로서의 경쟁력을 갖추기 어려운 상황에 직면한다.

적당한 방법으로 복음을 전할 지역은 이제 거의 없어지고 대부분 남겨진 지역은 복음에 강력히 저항하는 세력으로 바뀌고 있다. 이런 곳에 나아가기 위해서는 더 강력한 준비와 삶의 헌신이 필요하다. 과연 오늘날 선교 관심자들이 이를 돌파해 낼 수 있을까? 여기에 우리들의 고민이 있다.

결국 우리는 이제 어떤 선교사를 보낼 것인가라는 질문을 다시 해야 할 시점에 왔다. 한국 교회의 선교는 이제 짧지 않은 역사를 가지게 되었다. 지난 30년 동안 많은 선교사를 보낸 것만으로도 만족스러울 수 있다. 그러나 이제는 많은 선교사를 보내는 일보다 더 잘 준비된 선교사를 보내는 것이 중요하다는 사실을 깨달아야 한다.

0.6
고통 속에서의 선교

빌 테일러

세상은 점점 더 위험해지고 있다. 특히 예수 그리스도만이 유일하고 주의 위대한 이야기만이 유일하다고 주장하는 사람들에게는 더욱 그렇다. 대략 추산하기로는 오늘날 약 2억 명의 그리스도인들이 심한 박해가 있는 지역에서 산다. 어느 나라든지 우리 주님으로 인해 과격한 이슬람교와 힌두교, 불교, 정령 숭배, 혹은 세속주의로부터 고통 받는 사람이 없는 곳이 없다. 현대 순교자에 관한 최근의 통계에 의하면 터키와 요르단, 멕시코와 인도네시아, 아프간과 나이지리아, 인도와 스리랑카, 소말리아와 파키스탄, 그리고 미국에 순교자들이 있다. 요한복음 15:20에서 예수님이 "내가 너희에게 종이 주인보다 더 크지 못하다 한 말을 기억하라. 사람들이 나를 박해하였은즉 너희도 박해할 것이요…"라고 하신 말씀을 기억해 내 연구할 필요가 있겠는가.

2008년 태국에서 세계복음주의연맹의 선교위원회가 개최한 세계 회담에서 마빈 뉴웰Marvin Newell이 이 주제에 대해 조사한 것을 발표했다. 그는 마태복음 10장을 들어서, 전 세계적으로 균일하지는 않지만 수그러지지 않고 일어나는 그리스도인에 대한 박해에 대해 여러 번 소견을 말했다. 마태복음 10장에서 예수님은 제자들을 사역하도록 보내신다. 이 일은 이스라엘에서 시작하지만 궁극적으로는 온 세상을 향해 간다. 변화를 일으키는 제자도를 경험한 사람들 모두를 위한 철저한 사전 훈련이었다.

저항의 강도를 주목해 보라.

- 거부(14절)
- 구금(17, 19절)
- 폭력(17절)
- 박해(23절)
- 순교(21, 28절)

누가 박해하는지 주목해 보라.

- 가족(21, 35-36절)
- 사회와 세상 권력층(18절)
- 종교 권력층(17절)
- 마귀의 권세(28절)

다음의 질문에 대해 생각해 보자.

- 그리스도의 이름으로 인해 받는 육체적인 고통에 대해 어떻게 생각하는가?
- 고통, 박해, 순교에 대해 어떤 신학을 갖고 있는가?
- 이런 주제에 대해서 생각할 때 가장 도움이 되는 성경 말씀은 어떤 것들인가?
- 우리에게 이 주제를 가장 잘 가르쳐 줄 수 있는 사람은 누구인가?

※ 27개 국 40명의 저자가 쓴 「커넥션스: 세계복음주의연맹 선교위원회 저널」(Connections: The Journal of the WEA Mission Commission)최근호는 이 도전적인 주제에 도움이 될 만한 정보를 제공하는 세계적인 금광과도 같다. 박해와 순교의 신학에서부터 최선의 관행 규정, 그리고 터키 같은 나라에서의 박해와 순교의 이야기까지 다룬다. 자료와 정보는 웹사이트(http://www.worldea.org/images/wimg/files/Suffering%2C%20Persecution%20and%20Martyrdom.pdf)를 참조하라. 이곳에서 뉴웰의 글과 그의 책 「순교자의 은혜」(A Martyr's Grace(Moody Press, 2008)에 대한 서평을 읽을 수 있다.

0.7

선교 개념의 변화에 따른 바람직한 선교 운동 방향

정민영 (국제위클리프 부대표, 인도네시아)

21세기 세계 선교의 주요 동향 중 상호연관된 4가지 흐름―선교하는 교회에서 선교적 교회로, 이원론적 선교에서 총체적 선교로, 동원에서 참여로, 과업 중심 파트너십에서 하나님 나라 파트너십으로―을 중심으로 선교 운동의 개념과 방향이 어떻게 바뀌었고, 어떤 변화가 요구되는지 간략히 논해 본다. 처음 두 흐름은 교회와 선교의 본질과 연관된 것이고, 나중 두 흐름은 파생적·적용적 관점이라 할 수 있다.

선교하는 교회에서 선교적 교회로

선교적 교회는 교회연합운동 쪽에서 이미 오랜 기간 논의된 이슈인데, 복음주의 진영에서는 최근 들어서야 본격적으로 초점을 맞추기 시작했다. '선교적 교회'라는 용어는 매우 광범위하게 사용되는데,[1] 이 글의 관점은 선교 행위(실천)보다 교회의 선교적 본질 및 자질에 초점을 맞추는 시각이다.

선교적 missional 이라는 형용사를 사용함으로써 특정 지역 교회가 선교사를 몇 명이나 보내고, 예산의 몇 퍼센트를 선교 헌금에 할애하며, 얼마나 많은 선교 현장 프로젝트를 진행하는지에 초점을 맞추기보다―물론 그것도 중요하지만―그 교회의 관점과 태도, 가치관, DNA가 선교적인지 여부에 주목하는 접근이다.

이런 접근이 중요한 이유는 무엇보다 이것이 신학적으로 올바른 관점의 교회론이기 때문이다.[2] 선교는 제도 교회가 특별한 사람을 특별한 곳에 보내 행하는 특별한 일이 아니라, 하나님 나라의 완성(사명)을 위해 세상에 보냄 받은 사명적(선교적) 공동체가 곧 교회의 정체성이기 때문이다.[3] 파송하는 교회 sending church 의 관점 이전에 파송받은 교회 sent church 의식이 먼저 요구되는 이유다.

상황적으로 냉전 종식 이후 지구촌의 인구 이동이 급증하며 나타난 세계화 현상이 선교지와 선교사 파송국의 경계를 무너뜨리면서, 지역 교회는 주변으로 다가온 땅 끝에 대한 '문밖의 선교' world mission at your doorstep 의 책임을 피할 수 없게 되었다. 마치 바울과 바나바가 선교사로 파송되는 사건(사도행전 13장) 이전에 예루살렘 교회의 지도자 베드로가 로마 백부장 고넬료를 다가온 땅 끝으로 인식하고 선교적으로 끌어안는 일(사도행전 10장)이 선행되어야 했던 것과 유사하다.

실천적으로 지역 교회가 건강한 선교적 존재 being 가 되지 않은 채 선교적 행위 doing 에 몰두하는 것은 오히려 선교에 해가 될 수 있기 때문이다. 선교라는 명목으로 아무나 무슨 일이든 아무렇게나 해도 된다는 식의 행동 지상주의는 청산되어야 한다.

이렇게 변화된 상황에서 지역 교회 선교 운동은 어

떻게 달라져야 할까?

- 더 많은 선교 행위와 더 큰 선교 외형을 추구하기보다 건강한 선교적 자질을 갖추는 데 초점을 맞추고 전략적 선교에 집중해야 한다.
- 특정 지역 교회가 처한 독특한 선교적 기회와 도전을 분석하고 대처하는 데 투자한다.
- '해외'라는 지리적 관점보다 '타문화'라는 관점을 개발한다.
- 해외 선교와 주변 타문화 사역이 균형 있게 병행되도록 힘쓴다. 주변의 타문화 사역은 그 자체로 전략적인 선교일 뿐만 아니라, 지역 교회의 선교적 근육을 키워—타문화 지수 향상, 타문화 사역 경험 축적 등—해외 선교의 성취도를 높여 주는 양약이 될 것이다.

이원론적 선교에서 총체적 선교로[4]

증거 witness는 전도 evangelism를 포함하지만 보다 근원적이고 포괄적인 개념이다. 그간 일부 복음주의 교계는 '증인의 사명'을 '전도의 책임'으로 축소하는 오류를 범했다. 우리가 외치는 복음의 신뢰도는 우리가 구현하는 삶을 통해 뒷받침되며, 단순한 '말'이 아닌 '말과 행실'을 통해 증거되는 것이다. 그래서 로잔언약 Lausanne Covenant은 세상의 빛과 소금으로 구현되는 우리의 현존이 복음의 선포와 병행되어야 한다고 선언하며, 로잔언약을 기안한 존 스토트는 증인의 사명을 감당하기 위해 선포 proclamation와 현시 demonstration의 두 기둥이 반드시 필요하다고 역설한다.[5] 선포가 증거의 원심적 측면이라면, 삶을 통한 현시는 증거의 구심적 측면이다.

여기서 파생된 개념이 '선교로서의 사업' Business as Mission이다.[6] 그리스도인이 사업을 선하고 정의롭고 진실되게 운영한다면 악하고 불의하고 거짓된 대부분의 세상 사업과의 차별화(거룩)를 통해 복음을 효과적으로 증거하는 셈이고, 세상으로 하여금 복음의 탁월성에 주목하게 하는 영향력을 발휘할 것이다. 즉, 언어와 비언어를 망라한 총체적 메시지로 복음을 증거해야 하는 것이다. 그리스도인 사업가가 입을 열어 복음을 전하든 입을 다물고 일에만 열중하든 모종의 의사전달이 끊임없이 일어나는 셈인데, 세상과 동일한 기준과 방식으로 사업하면서 성경공부나 직장 예배를 추가한다고 기독교 사업이 되는 것은 아니다. 어떤 유형의 사업을 할 것인지도 중요하지만, 어떤 자세로 사업을 운영할 것인지가 더욱 중요하다.

총체적 선교의 개념이 요구하는 선교 운동의 방향은 무엇일까?

- 남은 과업의 이슈는 양이 아닌 질임을 인식하고 다다익선의 무차별 동원 개념을 떠나 진지하고 신중한 접근으로 전환해야 한다. 준비 안 된 100명보다 준비되고 검증된 한 명을 선교 현장으로 보내야 한다.
- '예수 천당, 불신 지옥' 식의 무례한 일방통행이나 타종교권에 대거 몰려가는 '땅 밟기' 식 동원을 자제하고, 지역 사회와 신앙 공동체에서 빛과 소금으로 검증된 일꾼들을 적재적소로 보내는 방향으로 전환해야 한다. 이런 면에서 다중 문화, 언어, 인종 상황에 처한 디아스포라 교회의 선교적 역할과 책임이 막중하다.

- 종교 행위로서의 전도/선교보다 삶과 신앙인격이 뒷받침되는 총체적 증거에 대한 강조가 필요하다.[7] 위에서 거론한 선교적 교회는 이 문제와 직결된 핵심 이슈인 셈이다.
- 선교/교회 지도자의 통합된 성품과 언행일치integrity가 건강한 선교 운동의 관건이다.

동원에서 참여로

지역 교회의 체질이 선교적으로 변하는 것보다 세계 선교의 완성에 더 전략적인 일은 없을 것이다. 교회의 선교적 무관심에 대한 대안으로 시작된 선교 단체 중심의 서구 선교 패러다임이 20세기 말 새롭게 시작된 비서구 선교 운동에 전이되는 것을 피하기는 힘들었지만,[8] 그것이 결코 바람직한 현상은 아니었다. 지난 30여 년간 어정쩡하게 서구 선교를 따라가던 비서구 교회는 지역 교회와 분리된 선교 운동의 한계를 절실히 깨닫게 되었다.

한편 급속히 쇠퇴하는 서구 선교의 대안으로 비서구 선교 운동의 급부상을 기대하던 서구 교회 역시 서구식 선교 운동의 문제를 통렬히 인식하게 되었다.[9] 결국 교회에 선교적 회심이 일어나지 않은 채 선교 단체들끼리 단합하고 노력한다고 지상명령이 완수될 수 없다는 사실을 깨닫고, 지역 교회의 영적·인적·물적 자원을 끌어들여 선교 단체가 사역을 주도하던 동원mobilization의 개념을 내려놓고 지역 교회의 선교적 DNA를 강화해 함께 과업을 완수하는 참여engagement 모델로 선회하는 동향이 현저해졌다.

이런 상황이 요구하는 선교 운동의 변화를 아래 도표를 중심으로 설명해 본다.[10]

동원	참여
지역 교회로부터 자원 끌어내기	지역 교회를 섬김
초점: 지역 교회가 선교 단체와 함께/위해 할 일	초점: 지역 교회의 선교적 열정
선교 단체 강조	교회와 하나님 나라 강조
프로그램 및 프로젝트	협력과 동역의 과정/여정
비인격적 목표 지향성	관계 중심적 선교 공동체

- 교회에서 자원을 뽑아 가는 틀에서 교회를 섬기는 틀로 전환한다.
- 선교 단체에 대한 교회의 책임보다 교회의 선교적 열정과 헌신에 초점을 맞춘다.
- 선교 단체 중심에서 교회 및 하나님 나라로 강조점을 이동한다.
- 수많은 프로젝트를 이끌어내기보다 동역과 참여의 과정을 중시한다.
- 비인격적 목표 지향성을 포기하고 지역 교회와 신뢰의 관계를 쌓는다.[11]

과업 중심 파트너십에서 하나님 나라 파트너십으로

선교를 특정 단체나 지역 교회가 추구하는 과업으로 정의하고 그 완성을 추구하는 틀은 자칫 본질을 상실한 인본주의적 열심으로 전락할 위험이 높다. 주님을 위해 열심히 일했지만 처음 사랑(본질)을 버린 것 때문에 책망받은 에베소교회(계 2:1-5)를 기억해야 한다. 개혁자들이 '항상 개혁하는 교회'를 주문한 이유다. 전통적 과업 중심 파트너십은 (혼자 하는 것보다는 훨씬 바람직하지만) 바로 이런 오류에 빠질 위험에 노출되었다.

산업혁명 이래 사람의 능력과 자원에 과업의 성패를 의존하는 비즈니스 패러다임이 교계와 선교계에도 깊이 들어와, 결과 중심 사역으로 인해 공동체의 가치가 실종되고, 미래와 변수를 통제하는 운영 방식으로 인해 성령님께서 개입하고 역사할 여지가 사라져 버렸다. 최근 부쩍 열기를 더해 가는 '하나님 나라 파트너십' 논의는 바로 이 문제에 대한 성경적 해법을 찾으려는 공동체적 노력이다. 청지기로서 우리의 최선을 다해야 하지만, 사람의 계획을 뛰어넘는 하나님의 섭리에 의존하고, 단기적·가시적 성과보다 공동체의 하나됨을 중시하며, 배타적 통제보다 하나님 나라의 관점에서 개방적 파트너십을 추구하는 모델이다.[12]

이런 상황이 요구하는 파트너십 개념과 방향의 변화를 아래 도표를 중심으로 설명해 본다.

과업 중심 파트너십	하나님 나라 파트너십
비지니스 모델	한몸(공동체)
하나됨은 과업에 종속되는 개념	과업은 하나됨에 종속되는 개념
결과 중심: 파트너십은 편의적 요건	협력의 당위성
경쟁적: 타인/타 단체와 분리	그리스도 안에서 우리의 정체성 반영
'파워보트' 비유: 사람의 힘과 자원에 의존	'세일보트' 비유: 성령의 역사(바람)에 의존
토착 교회는 사역 대상	토착 교회는 동반자

- 특정 선교 단체나 지역 교회의 과업보다 큰 궁극적 목표, 즉 그리스도의 우주적 몸의 완성을 추구한다.
- 협력의 효율성보다 협력 자체가 갖는 공동체적 가치를 강조한다.
- 다양한 전문성이 유기적으로 협력해 시너지를 창출하는 동역 모델을 지향한다.
- 기획과 시행에 최선을 다하지만, 미래를 통제하기보다 공동체가 열린 마음으로 성령의 개입을 감지하고 분별하도록 힘쓴다.
- 토착 교회를 선교의 대상으로 보지 않고 선교의 파트너로 인식하고 동역한다. 선교(사)의 역할은 지도력과 사역을 차지하는 게 아니라, 현지 그리스도인들과 교회로 하여금 선교 파트너의 역할을 감당하도록 격려하고 역량을 구축하는 데 있다. 선교(사)는 처음부터 출구 전략을 가지고 사역을 시작해야 한다.[13]

한국 교회의 선교 운동이 본격화된 지 어언 40년을 헤아리는 시점에서 더 이상 선교의 질을 제쳐둔 채 외형만 추구하는 행동주의적 시행착오를 계속해서는 안 될 것이다. 하나님께서 주권적 섭리 가운데 세계 교회의 선교적 시각을 교정하셔서 성경적으로 더 온전한 선교 개념을 정립하게 하시는 차제에 한국 선교의 수준과 질도 유아가 아닌 중년의 연륜에 걸맞은 성숙한 단계로 진입하는 멋진 모습을 꿈꿔 본다.

1. 그간 선교적 교회론에 관한 수많은 자료들이 나왔는데, 2012년 12월 한국 선교연구원(KRIM)이 발행한 부정기 간행물 「현대선교」 14호에서 그간의 흐름을 잘 요약해 주고 있다. 문상철 편, "선교적 교회", 「현대선교」 14 (한국선교연구원, 2012).
2. 이 관점에 도움이 되는 참고 도서들이 많지만, 이 논의의 효시가 된 책을 추천한다. Leslie Newbigin, *The Household Of God: Lectures on the Nature of the Church* London(SCM Press, 1953). 「교회란 무엇인가」(한국 IVP, 2010).
3. 뉴비긴은 위에 소개한 책에서 이렇게 주장한다. "우리는 교회가 선교적 정체성을 상실하면 신약 성경이 말하는 그 찬란한 호칭들을 받을 자격을 잃게 된다고 단도직입적으로 말해야 한다."
4. 총체성의 다양한 영역들(참고: www.lausanne.org/docs/2004forum/LOP33_IG4.pdf)을 논할 수 있지만, 여기서는 총체적 증인의 이슈만 한정적으로 다룬다.
5. John R. W. Stott, *Christian Mission in the Modern World*(IVP, 1975). 「현대기독교선교」,(성광문화사, 1981).
6. 자세한 개념은 2004년 로잔운동(LCWE)이 발행한 *The Business As Mission Menifesto*(Occasional Paper No. 59)를 참고하라.
7. '우리가 이 일의 증인이라'는 주제로 모인 선교한국 2012 대회는 이런 관점에서 '증거 행위'보다 '증인 됨'에 초점을 맞추는 중대 전환을 이룬 대회였다. 2010년 대회에서 성경 강해로 섬긴 니링기에(David Zac Niringiye) 감독은 동일한 맥락에서 선교 운동이 '가는 패러다임'(go paradigm)에서 벗어나 '따르는 패러다임'(follow paradigm)으로 전환해야 한다고 주장했다. (참고: We Need to Rethink, http://www.christianitytoday.com/globalconversation/january2010/response2.html?start=1)
8. 비서구 선교 운동이 태동하면서 참고할 만한 유일한 모델이 서구 선교였기 때문이다.
9. Patrick Johnstone, *The Church is Bigger Than You Think: The Unfinished Work of World Evangelization*(Christian Focus, 1998). 「교회는 당신의 생각보다 큽니다」(WEC출판부, 1999)를 참고하라.
10. 이 도표는 국제위클리프(Wycliffe Global Alliance)가 동원에서 참여로 이동하는 과정에서 논의한 개념적 모델의 초안이다.
11. 그래야 마지막 꼭지에서 다루는 하나님 나라 파트너십(Kingdom partnership)이 가능해질 것이기 때문이다.
12. "Sailing Friends" Blog: http://sailingfriends.wordpress.com/; Alex Araujo. *To Catch the Wind: A New Metaphor for Cross-Cultural Partnership*. Unpublished article presented at the 2008 COSIM(Coalition on the Support of Indigenous Ministries) Conference; 정민영, "세일보트 패러다임: 글로벌 선교 시대가 요구하는 왕국적 파트너십" 「설악포럼」 2009 발제문을 참고하라.
13. 이 논의에 대해서는 '한국 선교의 출구 전략'이란 주제로 모인 2010년 방콕포럼, 그리고 그 결과물로 출판된 동일한 제목의 책자를 참고하라.

0.8

여정의 기초 다지기: 4가지 개인 적성 평가

스티브 호크

등산이나 배낭을 메고 하이킹을 하는 것처럼, 장기 선교는 잘 계획하고 준비해야 한다. 바르게 '훈련받고' 짐을 잘 '꾸리면' 예기치 못했던 일을 더 잘 처리할 수 있고 어려운 일들도 무사히 헤쳐 나갈 수 있다. 시작하기에 앞서 개인 적성 평가를 소개한다. 이 검사는 3가지 단계, 즉 자기인식, 민감성, 실제적인 기술로 구성되었다. 자기 인식이 높을수록 민감성도 커진다. 그리고 그 결과 자신에 대한 더 큰 통찰력을 개발하고 실제적인 사역 기술 연마에도 도움이 된다.

자기인식 단계

당신은 인식하든 인식하지 않든 당신의 문화를 지닌다. 진정한 자신의 모습을 보기 전에는 자신뿐만 아니라 다른 사람들도 왜곡된 관점으로 볼 것이다. 개인 준비 과정의 첫 단계는 중요한 몇 개의 간단한 도구를 사용해서 균형 있는 시각을 갖도록 하는 것이다.

1 | 다면적으로 관찰하기

오늘날 필요한 중대한 역할에 대한 프로필.

누구에게나 대중이 인식하는 신분과 임무, 혹은 선교에서 담당하는 구체적인 기능이 있겠지만, 첫 번째 자기인식 도구(평가 1: 오늘날 필요한 선교사, 50-51페이지)는 현재 자신의 모습이 선교에서 요구하는 중대한 역할 중 하나인 타문화 교회 개척가의 프로필과 어떻게 어울리는지 보여 준다.

교회 개척가는 현대 선교에서 요구하는 중요한 역할들, 즉 몇 개만 들자면 성경 번역가, 기술 서비스 지원가, 멘토 겸 코치, 사업가, 구제와 개발 사역자, 영상 제작자, 혹은 전문인 선교사와 같은 역할 중 하나에 불과하다. 새롭게 요구되는 역할에는 조력자, 훈련가, 지도자 양성가, 함께 있으면서 격려해 주는 사람이 있다. 우리는 핵심적인 역할인 교회 개척가를 기본적인 프로필로 택했다. 왜냐하면 이 역할이 가장 중요한 개인 영성 형성과 인격적 특성, 반드시 알아야 하는 사역 기술과 지식 영역을 고려하기 때문이다.

각 개인은 현지에서 하게 될 자신의 역할에 맞게 이것을 맞추는 특권과 동시에 어려움을 갖게 될 것이다. 그러니 당신이 교회 개척을 하지 않을 것이고 또 그 일을 하는 사람들과 비교가 되지 않는다 하더라도 놀라지 말라. 이 프로필은 당신이 다른 문화권 사역을 준비해 가면서 어느 정도의 태도와 기술과 지식이 있어야 하는지 알려 주어 그것을 위해 기도할 수 있도록 하려는 것이다.

2 | 준비 상태 평가하기

두 번째 자기인식 도구(평가 2: 실제 사례 연구로 준비 상태 평가하기, 59-66페이지)에서는 다른 사람들이 그들의 여정을 준비했던 사례 연구와 함께 여러 질문들로 구성되었다. 그들의 이야기와 제기된 문제점들을 통해 갖게 된 틀을 보며 현 시점에서 준비 상태가 얼마나 중요한지 알 수 있을 것이다.

3 | 영적 은사 알아 보기

'평가 3: 삶의 청사진 발견하기'(113-116페이지)에서는, 세 번째 도구인 영적 은사 목록을 소개한다. 영적 은사는 하나님이 당신을 통해 능력을 나타내시는 영역이다. 영적 은사 평가는 온라인으로 해 볼 수 있다. 하나님이 당신에게 어떤 부분을 강하게(그리고 약하게) 해주셨는지 평가해서 당신에게 어떤 사람이 필요하고 어떤 은사가 필요한지 시작할 때부터 알 수 있도록 돕는다.

이것은 당신이 무엇을 잘하는지에 대한 것이 아니라 성령이 당신에게 무엇을 하도록 권능을 주셨는지에 대한 것이다. 영향력을 미치는 것은 타고난 능력이나 기술에 있지 않다. 당신 안에서 그리고 당신을 통해 역사하시는 하나님의 역동적인 능력에 있다. 그러므로 당신이 아니라 하나님이 영광을 받으신다.

영적 은사는 사역을 하면서 나타나는데, 본국 문화권과 본국 교회에서부터 시작된다. 그곳에서 사역하면서 다른 사람들을 통해 당신이 어떤 부분에서 효과적인지 확인하게 된다. 이런 능력은 당신이 믿음의 공동체 안의 다른 사람들과 관계를 맺을 때에만 작동하는 관계적인 은사다. 당신의 믿음의 여정에서 어디쯤 와 있는지 그리고 그리스도의 몸 안에서 얼마나 많은 사역을 해보고 경험했는지에 따라 이 간단한 은사 목록을 통해 당신에게 가장 효과적인 서너 개의 사역 영역을 찾는 데 도움을 받을 수 있을 것이다.

4 | 워크시트 사용하기

네 번째 자기 평가 도구는 이 책의 매 장마다 마지막에 있는 워크시트인데, 서로 연관된 3가지 영역, 즉 자기 인식, 민감성, 그리고 실제적인 기술들에 대해 생각하고 기도할 수 있도록 유도하는 질문들로 구성되었다. 하나님과 대화하면서 주의 음성을 듣고 현재의 자신에 대해 정직하게 평가해서 적어 놓으면, 영적·정신적·관계적으로 성장해 갈 때 유용한 기준이 된다. 초기 단계에서 자신에 대해 철저하고 정직하게 평가할수록, 선교를 향한 첫 단계들을 밟아 가는 중 다른 사람들의 질문에 정직하고 사려 깊게 대답할 수 있게 잘 준비될 것이다.

이 단계들을 밟고 나면 짐을 거의 다 꾸리고 떠날 준비가 되었다고 생각하게 될지도 모른다. "그것에 대해 이미 생각하고 기도했다. 다음 단계로 넘어가 보자" 하는 생각이 들겠지만, 겸손해야 한다!

0.9

평가 1 | 오늘날 필요한 선교사

스티브 호크

여정을 시작하기에 앞서, 오늘날 요구되는 선교사의 유형에 대해 살펴보면 도움이 될 것이다. 과거에는 많은 선교사들이 대학이나 신학교에서 정규 교육을 받고 나서 선교기관에 의해 파송되었다. 지식, 즉 선교 사역에서 필요할 수 있는 유용한 정보와 방법론의 축적이 강조되었다. 중요하다고 생각되는 것들을 모두 미리 준비해 놓는 것이다. 졸업하고 현지에 나가면 이 정보 비축물을 끄집어낼 수 있을 것이라고 생각했다. 또한 앞으로는 교육받는 것이 어렵고 번거로울 것이므로 나가기 전에 배워야 한다고 생각했다. 설득력 있는 주장이다. 50년 전에는 그랬다. 그러나 우리가 사는 세상은 1950년대 이후 변했다.

이런 접근법의 문제점은 선교사에게 필요 이상으로 많은 것을 요구한다는 것이다. 타문화 선교는 광범위한 지식의 바탕이 있어야 하지만, 한 사람의 인격을 시험하고 영성을 파헤치고 사역 기술을 함양하는 시련의 장이다. 건전한 선교사 훈련 교육 과정을 개발하는 가장 좋은 방법은 기대하는 결과로부터 시작하는 것이다. 즉, 선교사는 어떤 사람이 되어야 하는가, 무엇을 알아야 하고 무엇을 해야 하는가를 생각하고, 그 목표를 달성할 수 있도록 거꾸로 교육 과정을 기획하는 것이다.

지식knowing, 존재being, 사역doing 간에 균형이 있어야 함을 유의하라. 자질과 역량들에 대해 설명해 놓은 것이 프로필인데, 인격 자질(영성 형성 포함), 사역 기술, 그리고 효과적인 사역에 필요한 지식에 특별히 초점을 맞추어서 전체적인 면에서 목표들을 정의한다. 이것은 배우는 사람을 전인격체로 대하며 선교를 그 3가지 면을 가진 관계적인 일로 보는 접근법이다. 이 접근법을 통해 중요한 변화가 이루어졌다. 즉, 훈련 결과의 관심이 개인이 알아야 ^{know} 하는 것에만 있었는데, 그들이 어떤 존재 ^{are} 이며 어떤 것을 할 ^{do} 수 있는가로 바뀌었다.

주의해야 할 것이 있다. 효과적인 선교 사역은 세상이 말하는 '능력'과는 관계가 없다. 이것은 무엇을 아는가, 어디에서 무엇을 공부했는가, 그리고 어떤 기술을 개발했는가 하는 것 이상의 일이다. 사역은 존재에서 나온다. 타문화 사역은 그리스도 안에 있는 바로 그 정체성에서 생기는 것이지 학업이나 전문기술에서 생기는 것이 아니다. 성령의 임재와 능력으로 권능을 받은 생동력 있는 영성이 언제나 가장 중요한 요소다. 아무리 훈련을 잘 받았다 해도 그의 삶에 성령의 임재가 없다면 단지 시늉만 하고 말게 될 것이다.

지난 수년간 선교사 훈련 분야 관계자들 사이에서 의견의 일치를 보인 것이 있는데, 그것은 선교사로 섬기는데 필요한 자격 요건들을 가장 잘 발견한 사람들이 효과적인 선교사들이라는 것이다. 그래서 자질과 '역량 프로필'은 경험이 풍부한 이런 선교사들의 조언을 토대로 디자인 되었다. 선교사, 훈련가, 선교기관 리더, 파송 교회 목회자, 현지 교회의 리더들이 모여 토론하고 기도하며 바람직한 선교사 프로필을 만들었다. 지면 관계상 한 가지 역할의 프로필을 일반화해서 타문화 멘토 겸 코치나 텐트메이커를 비롯한 그에 상응하는 역할들에 필요한 가장 중요한 요소들을 보여 주었다. 이 책에서는 세계 선교 사업에서 그리스도인이 참여할 수 있는 역할 중의 하나인 교회 개척가에 대한 단축된 형태의 프로필을 제시한다.[1] 교회 개척가는 텐트메이커, 멘토 겸 코치, 성경 번역가, 기술 서비스 제공자를 포함해서 현대에 필요한 많은 중요한 선교사 역할 중 하나에 불과하다. 그렇다. 앞으로 타문화권에서 섬기는 리더 $^{servant-leader}$ 로 사역할 그리스도인은 다른 역할을 수행해 나갈 것이다. 조력자, 훈련가, 리더십 개발가, 그리고 전문가 역할이 새로이 등장하게 될 것이다. 대부분은 다른 나라의 동료들과 나란히 사역할 것이다. 서구인이 아닌 사람들의 지도 아래 일할 사람들도 있을 것이다.

많은 사람들이 팀으로 사역할 것이라는 사실은 좋은 소식이다. 당신이 교회 개척 프로필에서 요구하는 자질들을 모두 갖추지 않아도 된다는 뜻이기 때문이다. 그러나 사역에 꼭 필요한 주요 기술과 지식은 물론 인격과 영성은 잘 갖추어야 한다. 이런 프로필들을 평가하며 당신이 하려고 하는 특정한 역할에 비추어서 점검해 보라.

---

1. Robert W. Ferris, ed., *Establishing Ministry Training*(Pasadena, Calif.: William Carey Library, 1995)를 보라. Robert Brynjolfson and Jonathan Lewis, ed., *Integral Ministry Training: Design and Evaluation*(Pasadena, Calif.: William Carey Library/WEA Missions Commissions, 2006)에서 개정되었음.

0.10

이 훈련 프로필이 어떤 도움이 될까

빌 테일러

타문화 장기 사역자의 프로필을 소개하겠다. 이것은 선교에서 요구하는 가장 중요한 특징들을 세 가지 영역, 즉 인격 자질, 사역 기술, 그리고 지식 목표에 초점을 맞추어 모아 놓은 것이다. 이 프로필에 대해 세 가지를 먼저 언급하겠다.

첫째, 내용이 상세해 보인다고 당황하지 말고 마음을 편하게 가지라. 이 프로필은 전 세계의 여러 훈련 프로젝트를 통해 만들어진 것이다. 이것은 미국식이 아니다. 필리핀, 한국, 나이지리아, 아르헨티나, 그리고 미국에서 시험해 본 것이다.

둘째, 각 사역의 역할마다 필요한 역량들을 하나의 프로필에서 모두 다 나타내기는 불가능한데, 특히 글을 가르치고 성경을 번역하는 일, 지역 사회 개발, 신학 교육, 선교로서의 사업, 유행병 구제 사역, 의료, 기술, 예술과 다른 특수 사역 같은 영역에서 필요한 특정한 기술의 경우 더욱 그렇다. 그러나 역사를 보고 미래를 내다보면서 대부분의 선교사들에게 요구되는 핵심 역량들이 무엇인지 알려 주고 있다.

셋째, "나는 교회 개척 사역을 하지 않을 것이기 때문에 이것이 내게는 적용되지 않는다"고 말하는 사람들도 있다. 이것을 다른 각도에서 보도록 하자. 내 친구 켄트 팍스 Kent Parks는 복음화가 많이 되지 않은 민족에 중점을 둔 매우 창의적인 한 선교기관의 리더다. 그 선교기관에는 인도에서 '버림 받은 사람들'인 장애인들을 위한 사역에 헌신한 선교사들이 있다. 그들은 저항적인 민족들 속에서 영적인 혁신을 일으킬 중대한 '구속적 유사'redemptive analogies를 찾고 있다.

그러나 내 친구가 그의 팀에게, 그리고 "내가 함께 일하고 싶은 사람은 이 사람이다"라고 말할 미래의 사역자들에게 말할 때에는 보다 폭넓은 비전을 표현한다. 켄트는 이렇게 말한다.

"당신의 열정은 무엇인가? 그것을 이야기해 달라. 태국에서 억압받는 사람들, 노예 매매상에 붙잡힌 어린이들로 인해 심장이 뛰는가? 달리트(인도의 불가촉 천민)Dalit들에 대해서는 어떤가? 현지 개발, 선교로서의 사업, 영어를 가르치는 일TESL, teaching english as a second language에 삶을 쏟기 원하는가? 훌륭한 일이다! 다음과 같은 종합적인 비전을 제시한다.

궁극적으로 우리는 이런 상황 속에서 예수님의 제자들의 예배 공동체를 보기 원한다. 우리는 그리스도의 마음은 사람들이 물질적·영적·육체적·감정적 속박에서 자유를 누리는 것을 보는 것이라는 것을 아는 사역의 혁신가를 원한다. 예수님은 예배 공동체인 주의 교회에 대해서도 열정을 갖고 계신다. 당신이 사랑하고 섬기는 민족 가운데 새로운 공동체들이 세워지는 것을 보는 일이 얼마나 좋은지 생각해 보라고 도전한다. 이것은 보다 넓은 시각이고 우리가 보기 원하는 궁극적인 모습이다. 즉, 이 땅에서 예수님을 따르고 예배하는 자들이 종국에는 천국에서 예배하는 무리들 속에 동참하는 모습이다. 그러므로 가장 힘든 지역으로, 가장 사랑받지 못한 곳으로, 가장 가기 힘든 곳으로, 세상에서 가장 복음화가 안 되어 있거나, 조금 되어 있거나, 최소 전도/미전도 종족에게 the least-less-unreached peoples 가라. 그들을 온전히 섬기고 전략적으로 기여해 예수님의 변화된 제자들의 창의적인 믿음 공동체를 세우라."

최근 이본과 나는 기억에 남을 저녁시간을 보냈다. 몇몇 친구들의 집에서 40대에 헌신한 한 독신 여성에게 혼신의 힘을 쏟아 축복하고 기도하는 시간을 가졌다. 로이스Lois는 여러 지역 사회의 학교에서 교사 겸 멘토로 섬기기 위해 르완다로 떠났다. 그 학교의 학생들은 대량 학살에서 빠져나온 사람들이다. 로이스는 텍사스에서 수준 높은 사립 기독교 학교의 성공적인 교사 경력을 내려놓고 선교사의 첫 2년 임기에 등록했다. 그 미래가 어떻게 될지는 전혀 알 수 없다.

나는 이렇게 위험을 각오하는 일을 보기 원한다. 이 일은 그녀가 처음으로 어바나 학생선교대회에 참석했을 때, 성령이 그녀를 감동케 하신 후 약 24년이 지난 후 일어났다.

이것을 염두에 두고, 우리는 이 프로필을 통해 유익을 얻게 될 사람들을 최소 6개 그룹으로 나누어 살펴보겠다.

1 | 장기 타문화 사역을 계획하는 사람들

이들은 선교사 후보생들이다. 장기 선교를 생각하고 있는 젊은 부부 라켈Raquel과 데이비드David가 프로필의 초안을 보았다. 그 자료를 읽기 시작하면서 데이비드가 이렇게 말했다. "이게 바로 지금 내게 필요한 것이다! 내가 어떤 인격과 기술과 지식을 갖추어야 하는지 점검하는 데 큰 도움이 될 것이다. 우리가 타문화 사역을 하기 위해 준비하는데 있어서 우리 교회가 감당할 중요한 역할을 우리 목사님이 알게 될 것이다."

궁극적으로는 주권자이신 하나님이 그들에게 목양의 직분을 감당하도록 이끄셨는데, 그들의 특정한 은사들과 맞았다. 그러나 그들의 심장은 온 땅의 사람들을 향한 하나님의 심장으로 뛰었다. 그들은 정말로 세계적이면서 지역적인 사람이었고 매우 세속적인 도시에 있는 활기찬 지역 교회의 사람이었다.

당신은 미래의 타문화 사역자로서 자신의 발전과 효과적인 사역에 대해 일차적인 책임이 있지만, 이것을 상호 책임지는 영적인 공동체 안에서 하기를 바랄 것이다. 소속 교회나 선교기관을 통해 파송될 것이라면, 이 프로필은 타문화 사역을 준비하는 과정을 평가하는 데 매우 도움이 되는 도구가 된다. 잠재적인 텐트메이커나 비즈니스 선교를 하려는 사람들에게도, 그런 특유의 역할에 구체적으로 적용되지는 않더라도 일반적으로 필요한 역량을 알아내는 데 도움이 될 것이다. 모든 선교사에게 기본이 되는 인격 자질을 함양하는 데 주의를 기울여야 한다.

2 | 파송 교회

근본적으로 새로운 사고방식으로 교회가 변화되면서 선교사 후보생의 선발, 심사, 준비, 파송, 현지에서의 후원에 관한 교회의 본질적인 역할을 인식하고 재확인하고 있다. 그와 동시에 많은 교회들이 혼자 씨름해서는 안 되는 일들이 있다는 것을 깨닫고 다른 교회, 학교, 선교기관, 그룹, 주요 인물들과 다양하게 전략적으로 연합하고 있다.

전문화된 훈련(언어학, 테솔, 선교로서의 사업, 인류학, 기술과정)과 보다 실질적인 성경적·신학적·선교학적 연구(예를 들면, 타문화 커뮤니케이션과 상황화, 비교 종교 혹은 특정 종교의 연구, 그리고 어려운 지역에서의 교회 개척) 같은 일들은 위임하는 것이 가장 지혜로운 방법이 될 수 있다. 준비가 미흡한 상태에서 선교사를 파송하기보다 가능한 모든 자원을 활용하는 것이 지혜로운 교회가 할 일이다.

3 | 선교기관이나 파송 조직

파송 그룹의 유형과 관계없이, 선교 조직이 비평적으로 생각해서 어떤 유형의 선교사를 파송할지 아주 신중하게 결정할 필요가 있다. 선교기관들은 선교사 파송 교회와 정중하게 대화하고 서로 의존하면서 일해야 한다. 프로필을 특정한 역할에 맞게 수정해서 사용하면 도움이 될 것이다. 각 기관에서 각자의 특정 요소와 요구 사항에 맞게 수정해야 한다.

4 | 선교 동원가

격려하고, 비전을 제시하고, 관심을 불러일으키고, 동기를 부여하는 은사를 가진 사람들을 위한 별도의 도구가 있다. 이 도구는 그리스도께 순종함으로 미래를 향해 나아갈 때 세상이 요구하는 선교사의 유형에 대해 점검해 봄으로써 균형 있는 열정을 갖도록 도와줄 것이다.

5 | 선교사 훈련 학교와 프로그램

선교사를 보내는 문화권에 있든 받는 문화권에 있든 동일하다. 프로필을 통해 리더와 교수진들은 보다 통합적인 교육을 제공해야 한다는 도전을 받는다. 즉 필요한 타문화 사역자가 되도록 학교가 정규(교실 중심, 시험, 학위), 비정규(현장 중심, 학교 외 교육), 혹은 삶의 경험 등에서 자연스럽게 배우는 비공식적 교육을 통해 올바른 교육을 제공하는 것을 말한다. 또한 교수들이 초점을 맞추어야 하는 교과과정과 학습 목표를 찾는 데도 프로필이 도움이 될 수 있다. 동시에 학교와 훈련 프로그램은 선교사 후보생과 그들의 소속 교회, 그리고 파송 선교기관과 협력관계에 있다는 것을 깨달아야 한다.

6 | 현지에서 선교사를 받고 협력하는 교회나 사역

선교사를 받는 교회가 있거나 같은 지역에서 헌신하고 있는 사람들이 이미 있는 곳에서는 선교사의 전 준비 과정에서 그 리더들이 중요한 역할을 담당한다. 당연히 교회가 존재하지 않는 나라나 종족에게는 적용되지 않을 것이다.

전반적으로 볼 때, 위의 여섯 그룹에 속한 모든 사람들이 그들의 역할을 이해하고 서로 대화하며 의존하는 관계가 될 때 프로필을 통해 가장 큰 유익을 얻을 수 있다.

프로필을 개인의 필요에 맞추라

56-59페이지의 프로필은 당신이 타문화 사역자로서 섬길 준비가 되었는지 또 그 사역에 어울리는지 가늠해 보기 위해 디자인되었다. 이것은 인격 자질, 사역 기

술, 지식 목표 등 세 가지 부문으로 나뉘었다.

각 열에는 왼쪽 행에 나열된 각 부문에 대한 세부 역량subcompetencies 혹은 자질들이 나열되었다. 왼쪽 1행에 있는 초급 단계의 자질에서 시작해 오른쪽 행으로 가면서 점차 고급 단계의 자질이 나열되어 있다. 기본 프로필을 천천히 읽어 보라. 이것은 스스로 평가하도록 만들어진 도구다.

프로필을 마치고 각 부문을 다시 살펴보면서, 이 프로필이 당신의 영적 경험과 성숙도, 그리고 사역 기술의 정도에 대해 어떻게 평가하는지 보라. 그리고 다음의 질문에 대해 생각해 보라.

1. 내가 강한 영역은 어떤 것들인가? 교회 경험과 사역 기술 영역이 연결되는 패턴이 있는가? 강점을 보인 어떤 영역을 계속해서 발전시킬 수 있을까?
2. 앞으로 발전시켜 가야 할 내가 약한 영역은 어떤 것들인가? 어떤 것을 먼저 시작해야 하는가? 현재 어떻게 향상시킬 수 있을까?

각 부문에서 향상되어 가는 것을 평가할 수 있도록, 선교사 준비 기간 동안 주기적으로 다시 평가해 보라. 향상도를 평가할 때마다 성장한 영역에 체크 표시를 해 두고, 총점과 준비 단계를 기록하라.

0.11
타문화 사역자의 훈련 프로필

스티브 호크

이 프로필은 예수님을 따르는 자들의 예배 공동체, 즉 교회를 효과적으로 세우는 사람이 되는 특징들을 점검하지만, 이것이 당신이 누구인가 그리고 성령이 당신을 어떻게 사용하기 원하시는가에 대한 것을 제한하고 구속하는 것으로 생각해서는 안 된다. 여기에 있는 대부분의 자질들은 타문화 장기 사역에 깊이 헌신한 모든 사람들에게 전반적으로 적용된다.

지침: 이 프로필은 당신이 타문화 교회 개척가로서 섬길 준비가 되어 있는지, 그리고 그 사역에 어울리는지 가늠하는 데 도움이 되도록 디자인되었다. 이것은 세 부문으로 나뉘었다.

- 영성 형성/인격 자질
- 사역 기술
- 지식 목표

각 열에는 왼쪽 행에 나열된 각 부문에 대한 세부 역량 혹은 자질들이 나열되어 있다. 왼쪽 1행의 초급 단계 자질에서 시작해 오른쪽 행으로 가며 점차 고급 단계의 자질이 나열되어 있다.

1. 각 칸의 설명을 읽어 보고, 자신이 성장하고 있거나 혹은 역량이 있다고 느끼는 영역의 칸에 1점을 써 넣으라. 상당한 성장이 필요한 곳은 빈칸으로 남겨 두라.
2. 각 열의 점수를 더해서 오른쪽 끝에 있는 '합계' 란에 기입하라.
3. 각 열의 합계를 더해서 표 하단의 오른쪽에 있는 총계 란에 기입하라. 이것은 기준점을 세우는데 도움을 주는 다소 임의적인 수치인데, 개인 성장이 필요한 영역뿐만 아니라 현재 강점이 있는 영역을 나타내 준다.

훈련 영역	1	2	3	4	5	6	합계
영성 형성·인격 자질 선교사는…							
영성 형성	하나님을 알고 사랑하며, 성령의 열매를 맺는다.	자발적으로 하나님을 예배하고, 개인 예배와 공동 예배, 그리고 능력이 성장한다.	하나님의 인도하심에 반응해서 인내하며 개인적으로 변화해 간다.	하나님의 주되심과 리더십을 인정한다. 순종과 복종을 나타낸다.	세계 복음화에 헌신하고 분명한 부르심이 있다.	영적 은사의 사용과, 기도, 금식, 사랑, 말씀 묵상을 비롯한 영적 실천이 성장한다.	
사역에서의 영적 능력	하나님이 관계에 있어서 질과 향기의 근원임을 지속적으로 경험한다.	은혜를 주시고 받아 주시는 하나님의 용서를 경험한다.	지속적으로 성령의 열매를 나타내고 관계에서 그리스도의 향기를 풍긴다.	다른 사람들에 대한 상한 마음과 용서의 마음을 나타낸다.	하나님의 음성을 분명하게 지속적으로 듣고 사역의 방향을 분별하고 지혜를 함께 나눈다.	기도와 사역에서 영적 권위와 능력이 성장하고 있음이 나타난다.	
가족의 온전함 (부부에 해당)	배우자가 서로 복종하고 사랑의 섬김을 실천한다.	감정을 자유롭게 표현하고 상대방과 공감한다.	자녀를 사랑으로 양육하고 훈련한다.	가족을 위해 계획된 휴일과 여가 시간을 지킨다. 여유 있게 계획한다.	영적 성장과 사역의 성장을 이룰 수 있도록 가족들을 격려한다.	다른 선교사 가족, 공동체와 관계를 맺는다.	
독신으로서의 온전함 (독신에 해당)	독신인 것을 받아들이지만, 변화에 대해서 열린 마음이다.	감정을 표현하고 다른 사람들과 공감한다. 친구들과 해결되지 않은 갈등이 없다.	양육 관계에서 주고받을 줄 안다.	계획된 시간과 여가 시간을 지킨다. 여유 있게 계획한다.	타문화권에서 독신으로 살므로써 겪는 특별한 어려움에 대해 알고 있다.	타지에서 온 사람이든 현지인이든, 독신자, 기혼자들과 건강한 관계를 유지한다.	
종의 마음	하나님의 사랑과 용서를 받아들이고 은혜 안에서 자라 간다.	그리스도의 주되심에 신뢰와 순종으로 복종한다.	다른 사람을 나보다 높이 여기고, 다른 사람들의 필요를 충족하기 위해 적극적으로 섬긴다.	근면, 기쁨, 신실함으로 다른 사람들을 섬긴다. 쉽게 용서할 수 있다.	빈곤한 사람들에게 마음이 간다.	그리스도의 본을 받아 산다.	
적응성	하나님의 주권을 인정한다.	어려운 상황을 기꺼이 받아들인다.	새로운 상황에 유연하고 빠르게 적응한다.	다양한 성격과 리더십 스타일을 인정한다.	다양한 환경에 만족한다.	'틀린 것'과 '다른 것'을 분별한다.	
문화에 대한 민감성	선교지 문화를 인정하고 가치 있게 여긴다.	선교지 문화의 기대에 민감하다.	선교지 문화의 학습과 리더십 모델에 민감하다.	언어 학습을 사역으로서 중요하게 인식한다.	책임감을 가지고 평생 언어를 배운다.	사회 구조, 문화적인 구속과 근거지를 인식한다.	
교회에 대한 헌신	본국의 소속 교회와 선교지에 있는 교회에 적극적으로 참여하는 본을 보인다.	예수님을 따르는 자들의 공동체인 교회를 향한 그리스도의 사랑을 나타낸다.	현지 교회와 협력하고 현지 교회를 섬긴다.	재생산하는 창의적인 믿음의 공동체(교회)를 세우는 데 최대한 장기적인 영향력을 끼칠 수 있도록 관계와 활동을 잘 유지한다.		민족과 교회의 유산을 가치 있게 여기고 과거로부터 배운다.	

훈련 영역	1	2	3	4	5	6	합계
사역 기술 선교사는…							
언어 학습	언어 학습의 중요성을 인식한다.	언어를 적극적으로 듣고, 발음과 언어 형식을 파악한다.	규칙적으로 연습하도록 스스로 훈련한다. '유대'관계를 키워 간다.	책임감을 가지고 평생 언어를 배운다.	실패를 인정하고, 실수를 하더라도 웃어넘길 줄 안다.	생활, 학습, 사역에 언어를 효과적으로 사용한다.	
문화 적응과 상황화	선교지 문화의 여러 측면을 인정하고 가치 있게 여긴다.	문화적인 차이를 극복하고, 문화에 맞추어 산다(성육신적인 삶).	도시, 문화, 지역 사회의 본질을 이해한다.	사역을 위해 기도했던 대상의 요구와 관심사를 잘 알고 있다.	관련 있는 자료들을 수집해서 정확하게 분석하고 해석한다.	행동양식을 맞추고, 적절하게 '상황화한다'.	
전도와 제자훈련	문화적으로 적절한 방법으로 그리스도를 전한다.	사람들을 그리스도께 인도하고 현지 셀 그룹이나 교회에 속하게 한다.	새신자에게 말씀, 기도, 전도, 교제를 훈련한다.	성도들에게 재생산하고 지역 사회에 있는 사람들에 대한 마음을 갖도록 준비시킨다.	다른 사람들에게 그들의 영적 은사를 사용하도록 동기를 부여한다. 영적 전쟁에 참여한다.	제자들이 개인 사역을 하도록 권한을 부여하고 내보낸다.	
교회 개척과 성장	전략적으로 기도한다.	사회적 환경을 분석한다.	관계를 구축한다. 새신자들의 셀 그룹을 성장시킨다.	효과적인 전도 전략을 개발한다.	소그룹 리더를 훈련해서 그들로 하여금 다른 사람들을 훈련하고 셀을 증식시키도록 한다.	재생산적인 셀 그룹이나(과) 믿음의 공동체를 세운다.	
리더십 개발	리더가 될 수 있는 사람을 찾고, 선택하고, 양육하고, 준비시킨다.	신자들이 하나님의 말씀을 해석하고 그들의 상황에 적용할 수 있도록 돕는다.	신자들에게 적절한 성경공부 방법을 갖출 수 있게 한다.	다른 사람들에게 권한을 부여해서 책임을 맡긴다. 협력관계를 구축한다.	현지 리더들과 협력하여 리더십 이양을 계획하고 준비한다.	성경적인 리더십 스타일을 현지에 맞게 적용한다.	
리더십 팔로워십 기술	새로운 사역을 구상하고 다른 사람들을 비전에 참여하게 한다.	역사적인 통찰력을 가지고 교회를 가르친다.	다른 사람들이 공헌하도록 동기를 부여하고, 그 공헌을 인정하고 축하한다.	상황에 맞는 적절한 성경적 리더십 스타일을 찾는다.	팀 사역자와 섬기는 리더로서의 역할을 다한다.	말씀, 행동, 그리고 삼위 하나님의 능력의 사역자가 된다.	
대인관계	다른 사람들을 지지한다. 독점하거나 권력을 휘두르지 않는다.	기꺼이 들으려고 한다. 특히 잘못을 지적당할 때는 더욱 그렇다.	책임 있는 관계를 구축한다. 영적 권위를 존중한다.	문화에 맞추어서, 현지인들이나 이성 동료와 적절하게 관계를 맺는다.	공동체 생활을 경험하며 감정의 폭발 없이 갈등을 처리했다.	성격이 다르고 문화 배경이 다른 사람들과 잘 어울린다.	
전문적인 직업 능력과 기술, 즉 텐트메이커	직업, 사역, 윤리에 대해 견고한 성경적인 신학을 갖고 있다.	선교지에서 할 수 있는 일에 맞는 적절한 전문 자격 요건을 갖추었다.	직업과 사역을 통합한다. 선교지 문화에 적용할 수 있는 사고방식을 가졌다.	자신을 효과적으로 관리한다. 일을 효율성 있게 조직한다.	개인과 조직에 대한 책임감을 갖고 있다.	동시에 여러 일에 적절히 참여한다.	

훈련 영역	1	2	3	4	5	6	합계
지식 목표	선교사가 파악하고 있어야 하는 것은…						
기본적인 성경 진리	성경 이야기의 흐름과 성경의 선교적인 특징.	성경적인 통합주의, 예수님의 삶과 사역, 교회의 '사도적 특성'.	성경공부와 해석의 원리와 방법.	하나님, 그리스도, 성령; 영적 은사; 인간의 본성과 운명.	구원(성화, 그리스도 안의 승리, 윤리 등을 포함).	그리스도인의 삶의 원리; 교회; 변증론 등.	
사역과 선교	교회/선교 협력의 이론과 전략.	전도 방법과 전략.	영적 성장과 형성의 발달원리.	교회 개척, 성장 이론과 전략의 이해.	대상 민족의 종교 역사; 선교 역사.	기독교 영성 고전; 종교적 역학 관계; 다원주의.	
리더십과 섬김의 정신	성경적인 기초, 가치관. 리더십 개발.	영적 성장과 능력 부여의 원리.	멘토링 과정; 동기부여 전략.	팀 구축과 협력 전략.	관계의 청지기 직; 특별한 상황이나 사건에서.	섬기는 자와 따르는 자의 정신.	

오늘의 개인 총점

0.12

평가 2 | 실제 사례 연구로 준비 상태 평가하기

빌 테일러

나는 오랫동안 데이비드David와 크리스틴Christine, 카알Karl과 수잔Susan, 마크Mark와 메리Mary, 진Jean, 미셸Michelle과 스탠포드Stanford, 제이Jay와 앤Anne을 알고 지냈다. 이들은 서로 다른 세대를 대표하는 사람들이다. 처음 두 사람은 40년 넘게 사역했고, 그 다음 두 사람은 19년, 그 다음은 수년 동안, 그리고 다른 사람들은 오랫동안 기다려 온 현지 사역을 위해 출발하려고 한다. 이들은 극히 어려운 상황에 도전해서 사역하는 뛰어난 타문화 일꾼들이다. 이들은 아시아, 라틴아메리카, 아프리카에서 섬긴다.

몇 가지 질문을 해 보자. 이들이 어떻게 그곳에 가게 되었나? 이들의 이야기를 어떻게 비교할 수 있나? 서로 어떻게 다른가? 이들은 현지로 가기 전에 어떤 준비를 했나? 이들은 아직도 처음에 하려고 생각했던 일을 하고 있는가? 선교하시는 하나님과 함께 당신의 미래를 향해 나아갈 때, 이들의 이야기가 당신에게 어떤 격려가 될 수 있을까?

궁극적으로 개인적으로나 상황적으로 위험이 높은 장기 사역으로 우리를 이끌어 가신 분은 찾으시고 보내시는 주권자 하나님이시다. 그 하나님이 주일학교, 수련회, 단기 선교여행과 마찬가지로 어린 시절이나 청소년 시절의 경험도 사용하신다. 퍼스펙티브스 과정을 사용해 세상을 향해 마음과 생각을 열게 하신다. 선교대회와 컨퍼런스 같은 현장을 사용하신다. 대학 캠퍼스 사역을 통해 우리에게 도전하시고, 제자훈련을 시켜 기본적인 전도와 영적인 성숙을 갖추게 하신다. 정규 혹은 비정규 대학교, 대학원과 신학교를 사용하신다. 지역 교회를 사용하신다.

이런 과정 중에, 위에서 언급한 사람들은 온 우주의 주님이 그들이 타문화 장기 사역을 하기 원하신다는 굳은 확신을 갖게 되었다. 어떤 사람들은 이것을 '부르심'이라고 한다. 데이비드는 그가 받은 훈련과 은사를 리더십 개발에, 크리스틴은 예술에 사용했다. 카알은 인류학자로, 수잔은 의료 기술자로 섬겼다. 마크는 엔지니어가 되어 생존 가능성이 높은 사업을 성장시켰다. 메리는 교사로 섬겼다. 데이비드와 마크는 몇년 동안 학생 사역을 하며 성숙해지고 경험을 얻었다. 메리는 젊은 여성을 제자훈련시켰다. 진은 참으로 대단한 종이다. 스탠포드는 의사이고, 미셸은 엄마이자 중보기도자이고, 제이는 영화와 대중매체 전문가이고, 앤은 대학에서 지역사회 개발을 공부했다. 모두 다양한 방법으로 타문화 섬김을 준비했다. 모두 교회 사역에 상당한 경험이 있고, 소속 교회에서 파송받았고, 대부분 인정받는 선교기관을 통해 섬기고 있다. 모두 살아 계신 하나님에 대한 열정이 있고, 진실되게 행하고 잘 마치기를 바란다.

대학과 신학교를 마친 후, 데이비드와 크리스틴은 현지 사역에 나가기에 앞서 언어 공부에 1년을 투자했다. 그들의 자녀들은 남미에서 태어났고 지금은 선교지 출신 성인들이다. 진은 성경 연구를 마치고 그녀의 '모국 문화'의 일반 대중들과 관계를 맺고 있다. 스탠포드와 미셸은 막 대학을 마친 독신들이었는데 헝가리에서 2년 동안 영어를 가르치며 그때 결혼했다. 스탠포드가 의학 공부를 마치는 동안 그들은 여러 번의 전략적인 단기 선교, 독서, 공부, 교회 활동을 통해 열심히 미래를 준비했다. 제이와 앤은 불안한 지역에서 문화 적응과 언어 학습이라는 힘든 길을 걷고 있다.

마크와 메리는 하나님이 그들의 마음에 두신 복음에 극도로 저항적인 종족에게 팀과 함께 가기 전 아시아에서 2년 동안 쉬지 않고 집중적으로 언어 공부를 했다. 그리고 나서 오랜 시간이 걸리는 신뢰 관계를 구축하기 시작했고 점차 현지 문화에 젖어 생활하게 되었다. 그들이 섬기는 나라에서 세 자녀를 낳았다. 그러나 여러 가지 요인들로 인해 하루하루 사는 것이 극도의 스트레스가 되었다. 그런 요인들과, 그 지역의 극심하게 어두운 영적 상황과 영적 전쟁으로 인해 그곳에 더 이상 머무를 수 없게 되었다. 이런 모든 것에도 불구하고 그들은 머물러 있기를 원했지만, 자녀들의 건강이 몹시 위태롭게 되어 본국으로 돌아갈 수밖에 없었다. 그들은 상심했다. 이 모든 일의 여파는 오래갔고, 그들이 겪은 정신적인 상처를 치료하는 데 어려움이 있었다. 좋은 소식이라면, 그들이 심은 '씨앗들'이 그 호전적인 환경 속에서 잘 자랐다는 것이다. 그들이 가서 한 일이 살아남았을 뿐만 아니라 자라서 꽃을 피웠다. 신실한 이 두 종은 현재 미국에 있는 그들의 본부에서 계속해서 세계 타문화 사역에 헌신하고 있다.

내 모든 친구들은 현지에 나가기 전과 현지에서 초기 단계 준비에 많은 시간과 재정을 투자했다. 우리가 여러 나라에서 선교사 중도 포기와 정체에 관해 연구한 결과에 의하면, 선교 사역을 조기에 마치고 돌아오게 되는 주 원인은 다음과 같다.

- 영성의 부족과 선교에 대한 검증된 헌신의 부재.
- 다른 사람들과 어울리는 능력인 '관계성'을 비롯한 사역 역량의 부족.
- 사전 준비와 훈련의 부족, 특히 정규·비정규·비공식의 교육이 결합된 훈련.

즉, 사전 준비를 철저히 하라는 말이다. 그러면 결코 후회하지 않을 것이다.

당신의 이야기가 위에서 언급한 친구들의 이야기와 어떤 면에서 비슷하거나 혹은 다른가?

이들이 타문화 사역에 장기로 헌신하게 된 이야기를 통해 무엇을 얻었나?

이들의 여정에서 당신의 훈련과 준비에 어떤 통찰력을 갖게 되었나?

장기 사역을 위해 준비하기

당신의 사역 목표에 적용할 수 있는 준비와 훈련 방법을 찾으라. 전도자, 교회 개척가, 구제와 개발 사역자, 리더 개발가, 청소년 사역자, 텐트메이커, 교사, 코치 멘토, 작가, 간호사, 의사, 의료 기술자, 그래픽 예술가, 컴퓨터 전문가, 라디오/텔레비전 프로듀서, 일반 사역자 등 어떤 것이든 사역을 선택하라. 어떤 일을 하든지 오랫동안 효과적으로 신실하게 섬기기 위해서는 준비해야 하고 훈련해야 한다.

데이비드와 크리스틴이 사역의 목표를 이루기 위해서는 대학 이상의 훈련이 필요했다. 이런 이유로 그들이 찾은 것은 대학원과 선교 과정이 강한 신학교였다. 수잔은 생활비와 카알의 학비를 마련하기 위해 오랜 시간 병원에서 일했다. 카알은 도장과 도배 일을 하면서 그의 아내가 1년간 집중적으로 성경공부를 할 수 있도록 했다. 그들은 이슬람권에서 사역할 것이기 때문에 선교지에서 일을 시작하기에 앞서 성경, 신학, 선교에 대한 실용적인 지식을 갖기 원했다. 나는 카알이 내게 한 말을 잊지 못한다. "아랍어를 유창하게 구사하려면 10년은 걸릴 겁니다. 그리스도의 이야기를 효과적으로 전하기 위해서 코란을 철저하게 알고 싶습니다."

당신의 미래 사역에 관계없이 충분히 준비하라. 교회 개척가가 되고자 한다면 소속 교회에서 전도와 제자훈련(교회 개척도) 경험이 있어야 한다. 또한 은사와 훈련을 잘 갖춘 팀을 찾으라. 모든 팀원들에게 강력한 교회 경험이 있어야 한다. 여기에는 각자의 문화에서 감독자의 지도하에 받는 인턴 과정도 포함된다. 어떤 사람에게는 본국에서든지 선교지 문화권에서든지 1년에서 4년가량 견고한 성경, 신학, 선교학 연구를 하는 것이 유익이 될 것이다. 비즈니스 선교를 하기 원하면 다른 나라에서 이 일을 해본 경험이 있어야 하고 준비를 해야 한다.

우리 친구들 중에 준비하느라 보낸 시간을 후회하는 사람은 아무도 없다. 특히 그런 준비가 현지에서 여러 방법으로 적용이 되는 것을 볼 때 더욱 그렇다.

하나님이 당신을 어떤 사역에 인도하고 계신다고 느끼는가? 왜 그렇게 느끼는가?

어떻게 그런 결론을 내리게 되었는가? 이미 받은 확신은 어떤 것인가? 이런 방향과 열정에 대해 지지해 줄 사람이 있는가?

교회와 대학교, 성경 대학이나 신학교에서의 생활이 선교 사역에 대한 준비를 다 해줄 것이라고 생각하는 사람들이 많다. 그렇지 않다. 굳이 있다고 하자면, 대부분의 교회에는 비정규적인 준비 과정이 있다. 대부분의 정규 학교는 우선 지식에 초점을 맞추고, 그 다음에 사역을 위한 기술에 초점을 맞추는 경향이 있다. 인격 개발, 영성, 그리고 관계성에 집중하는 학교는 거의 없다.

효과적인 사역을 위해서는 지식적인 요소를 잘 갖추어야 한다. 그러나 거룩한 삶, 인격 형성, 영성, 그리고 사역 기술을 갖출 수 있도록 이끌어 줄 수 있는 멘토링도 있어야 한다. 소속 교회의 목회자나 영적 멘토에게 어떻게 하면 스트레스와 타문화 생활에서 요구되는 것들에 대해 가장 지혜롭게 준비할 수 있을지 물으라. 앞 페이지에 있는 프로필에 덧붙여, 염두에 두어야 할 '역량의 범주'를 소개한다.

- **인격**: 하나님과의 개인적인 동행, 영적 훈련, 자기 훈련, 개인적 영적 성숙, 윤리적 순결, 개인과 가족의 온전함, 종의 자세, 교육 능력, 적응력, 불쌍히 여기는 마음, 영적 은사.
- **사역 역량**: 관계 능력, 전도와 제자훈련 은사, 교회 개척과 개발 기술, 언어와 문화 훈련, 커뮤니케이션 소질, 리더십과 팔로워십 능력, 실용적인 재능, 직업적인 전문성.
- **지식**: 성경과 신학적 진리, 문화에 대한 기초, 커뮤니케이션과 언어 학습의 원리, 사역과 선교에 대한 기초, 리더십과 팔로워십 개발, 세계 협력 관계에 대한 이해, 성격과 건강 문제에 대한 기본적인 이해, 직업 훈련과 전문인 선교에 관한 문제.

위에서 언급한 **인격** 특성 중 현재 어떤 것에 비교적 강한가?

어떤 것을 강화해야 하는가?

사역 기술 특성 중 현재 어떤 것에 강한가?

어떤 기술을 강화해야 하는가?

지식 영역 중 어떤 것에 강하다고 느끼는가?

어떤 지식 영역을 강화해야 하는가?

　마크와 매리는 사역하기 위해 회사에서 일하는 전문인으로 들어가야 했다. 그들의 직업 신학은 잘 개발되었고, 한 사람은 엔지니어로 한 사람은 교사가 되려고 준비한 학문을 통해서 문이 열렸다. 수월하게 비자를 받고, 합법적으로 그들의 '일'을 하게 되었다. 모두 그들의 삶에 대한 하나님의 부르심 안에 있는 일이었다. 실제적인 사역을 몇 년간 하면서 그들의 영적 기술과 인내가 다듬어졌다. 몇년 동안 준비함으로써 선교지에서 2년간 공부할 수 있는 준비가 되었다.

　정규, 비정규, 비공식적 환경에서 준비하고 훈련할 방법을 찾으라. 우리는 정규 학교 과정을 통해 훈련해야 한다고 생각하는 경향이 있지만, 학습에서 이 3가지 영역은 모두 매우 중요하다.

- **비정규**Nonformal **교육**이란 교실 밖에서의 학습을 말하지만, 기획되어 있고 목적이 있다. 지도자가 있는 현지 탐방, 인턴 과정, 멘토링 관계가 여기에 해당된다. 이런 교육은 가르침을 통해 이루어지기도 하고, 단순히 '알게 되기도' 한다.
- **비공식**Informal **교육**이란 지역 사회 안에서의 생활, 관찰, 배움의 역학을 말한다. 이것의 대부분은 '알게 되는' 것이다.
- **정규**Formal **교육**은 우리가 가장 잘 알고 있는 것이다. '학교'라고 부르는 것인데, 계획되고, 지도를 받고, 학문적이고, 주로 이론적이고, 교실 중심적이고, 시험으로 평가받고,

졸업과 학위를 받고 마치는 것이다. 지식의 어떤 요소들은 정규 교육 방법을 통해 가장 효과적으로 잘 전달된다.

필요한 교육적인 균형을 어디에서 이룰 수 있을까? 아래의 워크시트를 사용해서, 자신이 받은 최고의 교육과 경험에 대해 생각해 보고, 그것들이 어떤 범주(비정규·비공식·정규 교육)에 속하는지 알아보라. 어떤 것은 2가지 혹은 3가지 범주에 모두 중복되는 경우도 있을 것이다.

미래의 선교사가 형성되는 7가지 다른 상황에 대해 생각해 보라.

- 가정이 우리를 형성한다.
- 일을 통해 기술을 배우고 연마한다.
- 교회가 인격 개발과 장기적인 영성 형성, 사역 기술, 그리고 중요한 지식을 활성화시킨다.
- 정규 학교는 지식과 약간의 기술에 초점을 맞춘다.
- 선교기관은 인격, 역량, 기술, 그리고 지식을 신중하게 살펴본다. 선교기관의 특정 준비 과정을 제공하거나 요구한다.
- 당신이 섬길 현지 교회는 삶의 모든 영역에서 당신을 형성한다. 오늘날에는 선교지에도 성경적인 사역과 선교사 훈련을 할 수 있는 기회가 많다.
- 우리의 대인관계도 우리를 형성한다.

이제 인격, 사역 기술, 그리고 지식의 영역으로 돌아가자. 위에서 언급한 7가지 학습 상황과 관련된 것들을 어디에서 가장 잘 배울 수 있는가? 선교에 대해 고려하면서 최적의 준비와 훈련 과정을 결정할 때 다음의 연습이 도움이 될 것이다.

1. 어떤 **비공식적인** 상황에서 중요한 교훈을 배웠나?

배운 교훈 두세 가지를 써 보라.

2. 어떤 **비정규적인** 상황이 중요한 학습의 장이 되었나?

   어떤 영역인가?

3. 유치원부터 시작해서 공부한 **정규** 학교를 적고 그 기간을 합해 보라. 그것이 '제도화된 환경'에서 보낸 당신 인생의 일부다.

   어떤 면에서 이것이 당신에게 유익했거나 혹은 유익하지 않았는가?

4. 타문화 사역을 준비할 때, 다른 어떤 종류의 **정규** 학습 상황이 당신에게 유익이 될 수 있을까?

마치는 말

세상은 이성을 잃고 불공평하고 폭력적이고 갈수록 엉망이 되어 가는데, 이 과정이 너무 많은 시간과 자원을 요구하고 너무 복잡한 것 같은가? 걱정하지 말고 마음을 편하게 가지라. 대중 사역을 시작하시기 전에 예수님은 몇년 동안 일하면서 사셨는지 생각해 보라. 사도 바울은 또 어떤가?

　현지로 가기 전에 준비하는 것을 평생을 위한 투자로 생각하라. 후회하지 않을 것이다. 그러나 그것을 간단히 마쳐 버리면 후회하게 될 것이다. 평생을 위해 개발하는 이 중요한 과정을 단축하지 말라.

Global Perspectives 0.13

정마태(인터서브코리아, 중앙아시아)

1. 급증하는 비서구권 출신 선교사의 역할과 서구 선교사 및 현지인들의 협력

세계의 큰 변화와 그에 따른 세계 선교 환경의 변화에 따라 선교사의 역할 또한 적절히 변화되어야 하는데, 특히 비서구권 출신 선교사의 역할을 재정립한다는 것은 그 자체로서 큰 도전이다.

나는 21세기의 선교사를 간단히 '**하나님의 선교에 참여하는 글로벌 제자**'로 재정의하고 싶다. 전임 선교사와 평신도 자비량 선교사를 포함해 '글로벌 제자'가 주는 분위기가 전통적인 '선교사'의 인상보다 오늘날 선교 환경에 (부분적이지만) 더 어울리기 때문이다. 21세기 글로벌 시대에는 '협력'보다는 상호의존Interdependent이란 말이 더 어울린다. 예를 들면 '선교지'를 전방위적 개념From everywhere to everywhere으로 이해해야 한다. 선교지 사람들이 우리 문턱에도 와 있고 거의 모든 나라에 현지 교회가 있으므로, 전통적으로 '선교사를 보내는 나라'와 '선교사를 받는 나라'라는 개념이 점점 더 희박해지고 있기 때문이다. 상호의존적 관점에서 '비서구 글로벌 제자들'의 역할들을 간단히 정리해 본다.

친구 역할

예수님이 우리의 친구가 되어 주었듯이 현지인들이나 서구 선교사들이나 모두 동등하게 예수님의 친구로서 서로 친구가 되는 역할. 우리 모두는 그 무엇보다 어디서나, 언제나, 그리스도의 신실한 친구로서 상호의존적 공동체의 일원임을 명심해야 한다. 또한 "많은 사람들이 나를 제자 양육하고 훈련해 주길 원했지만 어느 누구도 나의 친구가 되려고 하지는 않았다"라는 현지 무슬림 회심자의 말을 기억하자. 예수님의 사랑이 그 인격에 구체화 되는 예수님의 제자가 되는 필수 과정(일)은 지식을 주는 것만이 아니라 진정한 친구 관계의 인격적 만남을 통해 일어나기 때문이다.

촉매자 역할

촉매를 통해 두세 개의 화학 요소가 만나서 또 다른 생산적인 개체로 탄생되듯이, 기존의 서구 선교사들과 현지인들과 함께 고민하며 그 지역에 필요한 것을 생산하는 역할을 담당하는 일에 비서구, 특히 한국 글로벌 제자들에게 열린 문들이 많다.

훈련자/무장자 역할

한국 교회에 주신 축복과 전문성을 (영적 영역이든, 일반 영역이든) 가지고 현지인이나 서구 사역자들을 겸손히 교육/무장시켜 전수해 주는 역할.

전문 개발자 역할

훈련 자료 개발, 지도자 개발 등을 위한 역할. 낙후된 나라나 예수님을 떠난 (서구) 선진국들의 장기적인 영적 진보를 위해 개발하는 역할.

나누는 역할

현지는 물론 서구에도 자원들(기도, 물질, 전문 인력 등)이 부족하다. 지난 한국 현대 선교의 실패를 바탕으로 겸손히 대화하므로 자원들을 가지고 나누어야 한다. 이 나누는 과정을 통해 상호보완적으로 예수님의 제자로서 자라 가는 것을 배우게 될 것이다. 과거의 '갑을'('주는 자'와 '받는 자') 방식으로 다시 돌아가서는 안 된다. 이 나누는 일에는 많은 기도와 지혜가 필요하다

2. 다음 세대(청년과 중장년)의 지구촌 사역

21세기 한국 선교에 매력을 주는 기본 사역들은 총론적으로는 상식적으로 인정되고 존중 받는 사역들(선교라는 명분으로 엉뚱하게 튀는 사역은 금물), 국제적으로 호환이 되는 사역들, (현지나 자국 내에서도 상용되는 일들, 특히 한국적 개성이 있으면서 국제 호환이 가능한 것들), 전문성이 있는 사역들, 자기 개발을 지속적으로 해서 자신도 살고 타인도 살리는 재미있고 건설적인 사역들, 미래 지향적인 사역들, 사람들을 살리고 지구 공동체를 살리는 통합적인 것들 (문화, 예술, 환경, 가난 퇴치 등), 가정과 공동체를 살리는 사역들(세계가 개인주의로 큰 폐해를 받고 있으므로)이며 구체적으로 몇 가지를 살펴보면 다음과 같다.

- **현지인 지도자를 세우는 일**: 학교에서 교수나 교사, 가르치는 역할, 가나안 농군학교나 새마을운동 등을 통해 통합적인 현지인 지도자들을 키워서 가난한 현지 사람들을 살리고, 한 사회와 국가를 살리는 통합적 (정치·경제·사회·문화 등 여러 분야에서) 리더들을 키우는 역할.
- **스포츠 문화 사역**: 각종 스포츠와 미술, 음악, 연극, 문예 등 예술 분야의 창작 활동들.
- **미디어 사역**: 라디오, TV, SNS, IT를 통한 미디어 사역들.
- **언어 사역**: 한글과 영어 등을 교육하고 번역(성경 번역, 현지 문화를 번역해 소개하는 사역 등).
- **교육, 병원 사역**: 학교를 짓고 병원을 세우는 일은 필요한 사역이지만 여러 자원과 돈이 많이 드는 사역이므로 검증된 현지인들 중심으로 협력하는 것이 바람직하다.
- **비즈니스**: 사업/무역 등의 일은 얼핏 그럴 싸하게 좋아 보이지만, 많은 함정과 도전이 있으므로 고국에서 성공적인 열매를 경험한 글로벌 제자들이 신중하게 시도해야 한다.
- **교회 개척, 신학교 사역, 교회 지도자 양성**: 현지인 교회를 세우되 현지인들과 함께 출발하고, 신학교에서 현지 지도자들을 키워 그들이 할 수 있도록 섬기는 일.

3. 다음 세대가 선교지로 가기 전에 받아야 할 훈련 prefield

3I's(정체성, 국제성, 상호호환성) Identity, International, Interdependent가 잘 준비되는 일

한국인으로서 정체성을 가지고 한국인의 장·단점과 자신의 장·단점(성격, 은사 등)을 잘 파악하고 준비하는 일, 그리고 국제적으로 활동하는 일에 준비되는 일, 어디서나 상호의존이 일어나도록 준비하는 일.

제자 되고 제자 삼는 준비

글로벌 지구촌 사역에서 가장 중요한 핵심은 사역('무슨 일')에 앞서 먼저 제자가 되는 일(어떤 제자)이다. 고국에서 복음을 전해 불신자를 예수께 인도해 본 경험, 그리고 그를 예수님의 제자로 세우는 일을 먼저 경험해 보는 것은 핵심적인 사전 준비요, 평생 실천해야 할 일이다.

전문성/실력을 갖추는 준비

내가 기여할 것이 무엇인지를 깊이 기도하고 준비하고 갈고 닦아서 기여하도록 해야 한다. 글로벌 시대에 다른 나라에서 기여하려면, 비자를 받는 일과 자기 정체성을 위해 공식적인 자격증이나 학위, 공식적인 명분이 필요한 경우도 있다. 지구촌의 일원으로 무슬림과 힌두교도들과도 재미있게 일할 준비가 되어야 한다.

의사소통을 위한 준비
복음은 일방적인 하나님의 사랑이지만, 일방적인 그 사랑을 전달하는 방식은 쌍방이어야 한다. 불통이 아니라 소통되어야 한다. 소통이 되면 영원한 소망이 생긴다. 글로벌 시대에 글로벌 제자는 영어는 말할 것도 없고 현지 언어를 잘 배워 의사소통의 좋은 기초를 닦아야 한다.

4. 갖추어야 할 주요한 성품과 영성 자질

2002-2009년 필자가 28개 나라의 189명 선교 사역자와 지도자들을 리서치한 결과 나타난 가장 중요한 3가지 자질을 우선순위로 열거하면 다음과 같다.

- **열린 마음과 배우려는 마음**: 다른 문화에 대해 열린 마음으로 배우려 하고, 다른 이들의 의견을 기꺼이 들으려는 마음. 이런 마음으로 다른 문화를 존중하고 감사하며 그 문화에 적응하려는 열린 자세(예를 들어, 힌두교/이슬람을 이해하기 위해 공부하고 노력하는가? 힌두인/무슬림이 좋은가? 무서운가?).
- **의사소통을 효과적으로 할 수 있는 적절한 기술**: '의사소통 문제'가 한국 사역자들이 서양 사역자나 현지인들과의 관계에서 문제/충돌이 일어나는 가장 큰 원인으로 나타났다.
- **다른 나라 사람들**Multi-national Team**과 함께 기꺼이 일하려는 자세**: 글로벌 시대에는 어떤 형태로건 다른 나라 사람들과 함께 일하는 것을 피할 수 없다.
- **가장 필요한 영성은 무엇인가**라는 질문에 겸손, 사랑, 융통성, 성숙의 순으로 답했다.

무엇보다 3Cs$^{Crisis,\ Changes,\ Chaos}$가 넘치는 글로벌 시대에 가장 중요한 영성은 단연코 하나님과의 깊은 관계다. 이는 자신의 개인 (골방) 기도 생활과 성경 말씀에 대한 올바른 이해와 말씀에 순종하는 일에 정비례한다.

My Journey 0.14

김승호(OMF 한국 본부 대표, 일본)

나는 불신 가정에서 태어났지만 어릴 때부터 동생들을 데리고 교회에 다녔다. 청소년 때에는 교회의 여전도사님께서 "너는 장차 목사가 되고 우리 아들은 장로가 되면 좋겠다"라고 몇 번이나 말씀하셨다. 군대를 다녀오고 부자가 될 꿈으로 세무사 고시를 준비하며 직장생활을 하던 1980년의 여름 한 주간, 나는 휴가를 내어 세계복음화성회에 참석했다. 거기서 CCC 총재였던 김준곤 목사님의 세계 선교의 필요성에 대한 불타는 도전의 메시지를 받고 선교사로 헌신했다. 이후 선교사로 나가기까지 주님께서 나를 준비시켜 가셨다.

먼저 전도하는 훈련이다. 수년 동안 매주 토요일 시립 병원의 행려환자들을 방문해 섬기며 함께 예배를 드리고 복음을 전했다. 또 음악 선교단을 3년 가까이 섬겼는데, 평소에는 단원들과 소그룹으로 성경공부를 하고, 찬양 집회가 있을 때면 단원들의 찬양이 끝나고 복음 전도 메시지를 전했다. 3분에서 7분 내에 알기 쉬운 예를 넣어 복음의 핵심을 전하고 사람들을 예수 그리스도를 믿는 믿음으로 초청했다. 수많은 사람들이 결심하고 주께 나왔다.

그리고 하나님의 공급만을 의지하는 훈련이다. 음악 선교단에 몸담고 있을 때 약속된 후원금은 극히 적었다. 그러나 뒤돌아보니 하나님께서 귀한 몇 사람의 천사들을 통해 필요들을 꼭 맞게 공급해 주셨다. 장차 선교지에 나가서도 오직 위로부터의 공급하심을 절대적으로 신뢰하는 데 큰 힘이 되었다.

말씀을 가르치고 양육하는 훈련이다. 교회에서 주일학교와 청년부, 남전도회 성경공부와 청소년 선교 제자훈련, 장년 여제자반 훈련을 섬기면서 한 영혼이 주님의 말씀 안에서 자라 가며 기뻐하는 모습을 보게 되었다. 소금처럼 스며든 이 경험은 선교지에서도 어린이와 청소년, 청장년 남녀 구도자와 신자들을 소그룹 성경공부로 양육하는 일에 큰 도움이 되었다.

공동체 삶을 통한 대인관계의 갈등을 해결하는 훈련이다. 선교사 훈련원에서 30여 명의 문화와 언어와 가치관이 다른 사람들과 함께 배우고 살며, 일하고 교제하는 가운데 즐거움과 함께 갈등의 시간들을 경험했다. 후에 선교지에 도착하니 이 경험이 예방주사를 맞은 것처럼 선지식이 되었고, 서로 이해하고 품고 원만하게 팀 사역을 해 나가게 해주었다.

선교지에 도착해 언어와 문화를 배우는 시간이 장차 장기 선교사로서의 사역에 큰 도움이 되었다. 1년간 하루 12시간을 언어 공부에 집중했다. 언어 선생님과 3시간, 예습과 복습 각 3시간, 일상생활 가운데 테이프와 TV뉴스를 틀어놓고 듣는 시간 3시간이었다. 언어 과정 중에 출석하는 현지 교회의 수요 기도회에 가게 되면 현지 목사님과 성도들이 기도하는 내용을 잘 듣고 있다가 새로운 표현과 은혜로운 표현이 나오면 한쪽 눈을 뜨고 미리 준비한 수첩에 재빨리 기록했다가 집에 와서 노트에 옮겨 적기도 했다. 언어 과정을 마치고 교회개척 팀에 배치되어 사역을 시작했을 때, 상담을 들어주고 기도를 해주면 사람들이 울곤 했다. 아마 두 가지 이유가 있었으리라. 첫째, 선교사를 위한 고국 성도들의 기도가 있었기 때문이고, 둘째, 외국인이 짧은 시간 동안 자신들의 언어를 배워 이렇게 은혜롭게 잘 표현하는가를 느꼈기 때문이리라. 언어를 충실히 배우는 것은 현지의 영혼들을 사랑하는 최상의 표현이다. 현지 언어는 '누구나 들으면 생명을 얻는 하나님의 복음'을 담아 전하는 그릇이기 때문이다.

탐구하기

1

1

개인 영성 형성

당신은 성장하는 그리스도인이다. 예수 그리스도를 당신의 구세주로 알며, 인생의 주인이요 세상의 소망으로 알아 가고 있다. 당신은 그의 제자이며, 세계적인 그리스도인으로 성장하기 원한다. 세계를 마음에 품고 모든 민족에게 복음을 전하고자 하는 열정을 가진 세계적인 그리스도인으로 성장하고자 한다.

당신은 헌신했다. 하나님을 사랑하고 섬기기 원한다. 세상에서 가장 가치 있는 일의 하나를 맡도록 하나님이 당신을 인도해 가신다고 믿는다. 그 일은 타문화 일꾼이요, 메신저요, 선교사가 되는 것이다.

그러나 헌신과 열성만으로는 충분하지 않다. 강력한 영적 은사들이 있어도 마찬가지다. 우리는 그리스도와의 친밀함 속에서 계속 자라 가야 하고, 실수가 없으신 성령의 변화시키는 능력을 우리 삶에서 경험해야 한다.

우리는 그리스도 안에서 변화된 삶에 관심을 갖는다. '변화'는 우리의 마음을 하나님의 관심으로 향하게 한다. 하나님의 관심은 사람과의 관계에 있다. 우리는 우리 자신과 다른 사람들 속에서 어떻게 그런 변화가 일어나게 할 수 있을지 이해하기 원한다. **변화**는 하나님을 향해 변화해 가는 과정을 가리키는데, 하나님과의 관계에서 흘러나온다. **영성 형성**은 그 관계에서 사람에게 속한 일을 가리킨다. 이것들을 통해 우리는 성령이 '시작하신' 변화를 '이루기를' 추구한다.[1]

바울은 빌립보 성도들에게 뒤돌아보지 말고 앞을 바라보아야 한다고 했다. 바울은 그들이 뒤에 있는 것은 잊어버리고 그리스도를 더욱 친밀하게 아는 일을 푯대로 하여 정진하라고 촉구한다(빌 3:12-14를 보라). 그리스도 안에서의 성장은 기도, 하나님 말씀 연구, 영적 훈련, 전도, 그리고 교회 공동체에서 다른 그리스도인들과의 교제를 통한 신앙 관계의 양육으로 일어난다.

관계가 가장 중요하다. 그것은 삼위 하나님, 그리스도와 그의 제자들, 그리고 오늘날 교회 안의 관계에서도 그렇다. 우리가 무엇을 하는가보다 우리가 누구인가가 더 중요하다. 그 이유만으로도 처음부터 관계의 우선순위를 명확히 하는 것이 중요하다. 온 우주의 주와의 올바른 관계 속에서 자신을 준비할 때, 사역은 당신의 존재, 즉 내면의 영적 성품과 하나님 아버지와의 친밀함에서 나온다는 것을 알게 될 것이다.

영성 형성은 주로 훈련, 영적 성장, 성화와 동의어로 사용된다. 성경적으로 "영성 형성은 성령이 우리 안에서, 우리 가운데서, 그리고 우리를 통해서 어떻게 일하시는지의 역학관계dynamics에 우리의 관심을 집중한다." 하나님의 능력을 강조한다는 면에서 이것은 **역동적이고**, 인간 심성의 내적 성장에 초점을 맞춘다는 면에서 이것은 **깊다**. 이것은 근본적으로 "하나님 아버지의 뜻에 따라 우리를 그리스도의 형상으로 변화시키기 위해 성령이 빚어 가시는 일이다. 삼위 하나님의 사역이 로마서 8:27-29에 명확히 나타난다."[2]

영성 형성은 우리 스스로 할 수 없다. 성령이 하신다. 성령이 우리 영 깊이 능력으로 역사하심으로 우리 삶의 모든 부분, 즉 마음과 영과 행동을 변화시킨다. 성령의 능력으로 일어나는 이 변화는 우리의 성품과 행동까지 포함한다. 바울은 이것을 이렇게 표현한다. "오직 성령의 열매는 사랑과 희락과 화평과 오래 참음과 자비와 양선과 충성과 온유와 절제니…만일 우리가 성령으로 살면 또한 성령으로 행할지니"(갈 5:22-23, 25). "성령의 열매는 본래 개인적인 것이 아니라 관계적인 것"이 분명하다.[3]

하나님 안에 거하며 하나님을 즐거워하기를 배우고 있는가? 이 말은 성령이 우리를 은혜의 환경 속에 두어 성장하게 하시지만, 영적 성장을 위해서 주와 함께 홀로 있으며 개인 경건의 시간을 갖는 것이 절대적으로 필요하다는 것을 잊지 말아야 한다는 뜻이다. 예수께서 이른 아침 제자들을 떠나서 개인적으로 아버지와 함께하기 위한 시간을 가졌던 것처럼, 우리도 홀로 있는 시간을 가져야 한다. 그것이 없이는 타문화 사역에서 꼭 필요한 하나님과의 친밀한 관계를 개발할 수 없다.

전 세계 많은 나라에서 가르치는 퍼스펙티브스 과정은 성경이 '하나님의 영광의 이야기'라는 것을 알 수 있도록 돕는다. 창세기에서 요한계시록까지 펼쳐지는 성경의 이야기는 하나님이 한 민족을 그에게로, 즉 사랑과 용납과 용서의 관계로 이끄시는 이야기다. 유진 피터슨Eugene Peterson은 예배에 대해 더 분명한 어조로 이렇게 표현했다. "하나님은 우리가 즐거워해야 하는 인격적인 존재이다. [주께]구속된 우리는 능히 하나님을 즐거워할 수 있다."[4] 그의 은혜가 우리의 감사를 불러 일으킨다.

리처드 애버벡Richard Averbeck은 다음과 같이 예배의 중요성을 강조한다. "예배는 우리가 그리스도인으로서 참여해야 하는 것으로서 우리를 가장 변화시키는 행위들 중의 하나이다." 그 변화는 점차적으로 때로는 극적으로 일어난다.

우리가 하나님께 충분히 감동될 때 우리의 삶이 변한다. 왜냐하면 우리에게 중요한 것들이 변하기 때문이다. 참 예배는 우리가 하나님이 어떤 분이신지 알고 하나님을 경외함으로 서 있을 때 일어난다. 그곳에서 우리는 하늘 아버지의 놀라운 영광을 봄으로써 우리 존재의 가장 깊은 곳에까지 감동되고 변화된다.[5]

그렇다면 선교는 '그의 이야기'his-story, 즉 모든 나라에서 제자들을 부르셔서 하나님을 따르고 참된 예배자로 하나님께 영광을 돌리게 하시는 과정이다. 그러므로 우리가 가서 제자 삼을 때, 우리의 본질적인 임무는 세계의 민족과 열방을 불러서 그들도 하나님을 예배하게 하는 것이다. 그리스도께서 다시 오실 때, 그를 따르는 우리 모두는 요한계시록 5:7에서 미리 보았고 지금도 계속되는 예배, 즉 모든 민족이 모이는 거대한 예배의 자리에 참여하게 될 것이다!

당신은 기도하는 것을 배우는가?

성경은 무엇인가 되고to be, 어디론가 가고to get, 무엇인가 하기to do 위한 길은 기도하는 것이라고 한다. 기도하는 사람들은 열렬한 예배자가 되고, 사랑하는 사람이 되고, 행동하는 사람이 된다. 추수할 일꾼들을 위해 기도하라고 예수님이 명령하신(마 9:37-38을 보라.) 제자들이 바로 추수하라고 예수님이 보낸 그 제자들이다.

역사 속에서 선교가 크게 일어날 때마다 먼저 활발한 개인 기도와 갱신이 있었다. 파송받는 것을 진지하게 고려한다면, 복음을 들어야 할 사람들에 대한 생각으로 인해 그들과 선교사들을 위해 기도하게 될 것이다. 혼자 기도하라. 다른 사람과 함께 기도하라. 기도합주회concert of prayer, 땅밟기기도prayerwalking,⁶ 기도 서미트Prayer Summit 같은 세계 선교를 위한 전 세계 기도 운동에 동참하라.

기도는 열정과 현실로 유지된다. 적절한 정보로 당신의 기도에 연료를 공급하라. 하나님이 사랑하시는 이 세상에 무엇이 필요한지 계속해서 찾으라. 「세계기도정보」OperationWorld나 "매일 기도일지" 같은 자료들을 사용해서 민족과 열방을 위해 기도하라. 사실에 의미를 부여하는 가장 좋은 방법 중의 하나는 당신이 아는 사람들에게 그 사실을 전달하는 것이다. 국내나 국외 거주 선교사들을 지원하는 일에 참여하라. 그들의 기도 편지를 읽거나 그들과 연락하면서 그들을 알아 가라. 그들과 이메일로 연락하거나 그들이 본국에 올 때 대화할 기회를 만들라. 그들의 사역을 위해 기도하라.

기도는 단지 세상의 엄청난 필요를 위해 간청하는 것이 아니다. 기도의 핵심은 마음과 마음으로 당신의 사랑하는 아버지Abba와 의사소통하는 것이다. 당신의 개인 대화에서 아버지가 피난처가 되지 못하고, 홀로 오랜 시간 묵상하며 기쁨을 찾지 못하고, 침묵으로 기도하면서 힘을 얻지 못하면, 기도를 통해 이룰 수 있는 영성 형성의 모든 것을 아직 배우고 있는 중이라고 할 수 있다.

당신은 주는 것을 배우는가?

미지근한 마음을 뜨겁게 해주는 가장 빠른 방법 중 하나는 하나님의 나라에 투자를 시작하는 것이다. 하나님이 마음에 두신 일에 당신의 지갑을 여는 것은 "너희를 위하여 보물을 하늘에 [쌓아 두는 것]"(마 6:20)으로 가는 첫 단계다.

하나님 나라의 확장을 위해 더 많이 드릴 수 있도록 지금 더 단순하게 사는 것을 고려해 보았는가? 선교하는 누군가를 위한 지원을 시작했는가? 친구의 사역에 경제적인 후원을 하는가? 사역의 일선이나 후방에 있는 사람들을 돕는가? 선교사의 수입으로 그 예산 내에서 살아야 할 때까지 기다릴 필요 없다. '믿음으로 사는' 선교사는 다른 사람들로부터 받은 선물의 청지기가 된다. 예측 가능한 수입을 창출하는 호화스러움을 포기하고 하나님의 전 세계적인 목적에 참여한다. 지혜로운 청지기로 살겠다는 표현으로 선교사는 필요에 따라 사는 '전시'wartime 생활방식을 받아들인다.

하나님의 말씀을 공부하는가?

하나님의 말씀 안에서 하나님의 임재 안에 거하는 기쁨을 발견해 보았는가? 시인 다윗은 "주께서 생명의 길을 내게 보이시리니 주의 앞에는 충만한 기쁨이 [있나이다]"(시 16:11)라고 했다. 성경이 말하는 것뿐만 아니라 행하라고 하는 것에 당신 자신을 동일하게 내놓았는가? 다른 사람들의 생각이나 설교에 의지하지 않고 오랜 시간 동안 하나님의 말씀으로 자신을 채울 수 있는가? 말씀이 요구하는 것에 삶을 맞추어 가는가? 하나님의 말씀을 공부함으로써 자신을 향한 하나님의 뜻을 이해하려고 하는 사람들과 함께 성경공부에 참여하는가? 순종하도록 서로 책임을 지는가? 하나님이 당신에게 보낸 사랑의 편지를 기억해 두고 있는가? 기본적인 것을 이해하는가?

하나님의 부르심을 어떻게 의식하는가?

부르심이라는 말은 흔히 사용되지만 보통 잘못 이해하는 용어다. 성령은 다양한 길을 통해 우리를 선교로 이끄신다. 당신은 사역의 부담감이나 열정을 분명히 느끼는가? 우리의 마음이 전문인 텐트메이커에 있든 장기 직업 선교에 있든, 우리는 우리를 사랑하시고 친밀히 아시며 우리 각자의 고유성에 맞추어 우리와 함께 일하기 원하시는 하나님과 관계를 맺는다. 다음에 제시한 문제들을 숙고함으로써, 하나님이 당신의 마음에 어떤 부담감과 열정을 두셨는지 알기 위해 하나님을 기다리며 하나님으로부터 듣고 분별하는 과정을 걷게 될 것이다.

자신들의 부르심이 무엇이며, 그것을 어떻게 다루어야 할지에 대해 명확히 알기 원하는 젊은 부부에게 실제로 답변한 편지를 뒤에 제시한다(93-95페이지).

당신은 다른 그리스도인들과 관계를 가지는가?

고린도전서 12장은 우리가 그리스도인이 될 때 하나님의 가족으로 입양될 뿐만 아니라 그리스도의 몸이라고 불리는 놀라운 유기체의 일원이 된다고 말한다. 우리 각자는 다른 사람들을 세우도록 은사를 받았다. 그리스도인들은 다른 그리스도인들 없이는 살 수 없다.

그리스도인들의 교제를 어떻게 경험하는가? 당신은 지역 교회에 진지하게 속해 있으면서 그리스도의 몸에 헌신하며 성장하는가? 셀 그룹에 참여하는가? 은사를 사용해 섬기는가? 이 내용이 나중에 다룰 그리스도의 몸에서 자신의 위치를 발견하는 핵심이 될 것이다.

당신은 삶을 통해 그리스도의 실재를 전하는가?

복음을 가장 효과적으로 전달할 수 있는 방법은 그리스도가 당신에게 하신 일을 다른 사람들에게 이야기하는 것이다. 기본적으로 스토리텔링이다. '여기에서' 다른 사람들에게 하나님을 전하지 않으면서 '다른 곳에서' 그리스도를 선포하기 원한다는 것은 솔직히 말해 모순이다.

이야기하는 기술과 전달하는 기술은 연습을 통해 개발된다. 당신의 행동이 당신의 가치를 강화하고 의미 있게 만든다. 당신이 하는 것이 당신이 된다. 타문화에 가서 증인이 되는 것은 지금 이곳에서 증인이 되는 것

을 의미한다. 당신의 증거가 지금 더욱 타문화와 어울리는가? 그리스도인으로 살아가면서 하나님이
릴수록 앞으로 다른 문화의 사람들과 교류하는 데 더 당신의 삶을 만지시는 것이 매년 더욱 분명해지는가?
쉽게 준비할 수 있는 토대가 될 것이다.

사람의 마음을 끄는 향기로운 삶은 성육신적인 사역의 기초다. 이것이 휴 헐터$^{Hugh\ Halter}$와 매트 스매이 Matt Smay가 '만질 수 있는 나라'the tangible kingdom[7]라고 부르는 것인데, 학교든, 시장이든, 국제관계든, 이웃이든, 당신이 속한 어느 곳에서든 성육신적인 공동체를 만들어 가는 것을 말한다. "우리가 사는 도시의 작은 지역들에서 신실한 교회가 **되는** 것이다."[8]

**당신의 삶에 하나님의 임재에 대한
틀림없는 증거가 있는가?**

기독교 선교의 역사는 뜻은 좋았으나 방향이 잘못됨으로 인해 선교를 **관계**로서가 아니라 운동, 전도, 사역과 같은 과업으로 생각했던 사람들의 삶으로 산재해 있다. 그들은 자신들의 삶에 다른 사람들의 마음을 끄는 **인격** 자질을 갖추기 전에 바로 **사역**을 시작했다. 바울은 고린도후서 3:2에서 그의 독자들에게 바로 그들의 삶이 그들 주변 사람들이 읽게 될 살아 있는 '편지'라는 것을 상기시켜 주었다. 우리를 통해서 그리스도가 그의 지식과 다른 사람들에 대한 사랑의 향기를 퍼뜨린다고 기록한다(고전 2:16을 보라).

당신의 삶이 점점 더 향기롭고 마음이 끌리는 삶이 되고 있는가? 최근에 예수님에 대해 더 알고 싶은 마음이 생기도록 당신의 마음을 끌었던 사람은 누구인가? 당신이 살아가는 방식이 이 세상의 마음을 끄는 메시지

1. Evan Howard, "Reflection on the Study of the Christian Spiritual Life," *Journal of Spiritual Formation and Soul Care 1*, no.1(spring, 2008), pp. 11-13.
2. Richard Averbeck, "A Biblical Theology for Spiritual Formation," *Journal of Spiritual Formation and Soul Care1*, no.1(spring, 2008), p.28.
3. *Ibid.*, p. 35.
4. 유진 피터슨, 「한 길 가는 순례자」, 김유리 역(*A Long Obedience in the Same Direction*, 20th Anniv. ed., 한국 IVP), p.198.
5. *Ibid.*, p.38.
6. 국내에서 '땅밟기기도'로 번역되어 통용되지만, 공격적인 인상을 줄 수 있어 '기도산책'으로 바꿔 사용하기로 했다.
7. Hugh Halter and Matt Smay, *The Tangible Kingdom*(SanFrancisco: Jossey-Bass, 2008)을 보라.
8. *Ibid.*, p. xxi.

1.1

성숙한 영성의 길목으로 들어서라

이태웅(글로벌리더십포커스 원장)

존 스토트 목사님이 87세 되던 해에 은퇴했다는 소식 을 들었을 때 일이다. 그의 고별 설교는 케직^{keswick}에

서 이루어졌으며, 그 내용은 우리가 그리스도의 형상을 얼마나 닮았는가에 관한 것이었다. 나는 그 간단한 설교 메시지의 요약을 읽은 후 심각한 고민에 빠졌다. 40여 년간 신앙생활을 하고 영적 연마를 한다고 했지만 현재 내가 그리스도의 형상을 얼마나 닮았는가를 평가해 보았을 때는 심히 실망스러웠기 때문이다. 산에서 운동을 하면서도 집에서 쉴 때도 이 생각이 뇌리에서 떠나지 않았다. 경건의 시간을 가지면서도 빈약하기 짝이 없는 내 모습을 놓고 통탄하지 않을 수 없었다. 경건의 시간에 졸음이 몰려오는 내 영적 현주소에 크게 실망했다. 하나님께서는 이 노(老)종을 통해 그의 평생 동안 그랬듯이 또 다시 세계 교회에 큰 선물을 안겨 주셨다. 나 역시 꼭 들어야 할 경종을 듣게 하셨다. 나는 지금 이 책망을 듣고 깊은 씨름을 하며 슬럼프에서 벗어나기 위해 몸부림치고 있다.

이처럼 영적 성숙이란 매우 도달하기 힘든 것 같다. 시간은 속절없이 가지만 마냥 제자리에 있을 수도 있는 것이 곧 영적 성숙이다. 그러나 영적 성숙이 멈췄을 때 오는 결과는 너무나 비참하다. 수년 전 복음주의계의 큰 기둥과 같은 분이 쓰러졌고, 그 여파는 가공할 만했다. 바로 미국 콜로라도 주 뉴 라이프 교회의 최고 지도자이며 미국복음주의협회NAE를 대표했던 테드 해거드Ted Haggard의 이야기다. 그는 조용한 시간을 갖기 위해 홀로 호텔에 머물곤 했다고 한다. 그런데 공적인 자리에서는 심각하게 동성애의 죄성에 대해 질타했던 그가 호텔에서 한 청년과 수년에 걸쳐 동성 성관계를 가져왔다는 것이다. 그 청년은 우연히 TV에서 자신이 지난 3년 동안 주기적으로 만났던 그 남자가 복음주의계의 엄청난 인물이며 이중인격자라는 사실을 알았다. 청년은 미디어에 이를 폭로했고, 그 결과는 이미 보도된 바대로다.

이처럼 성숙은 한때 성숙했다고 해서 지속되는 것이 아니다. 인스턴트 라면처럼 빨리 끓여지는 것도 아니다. 성숙은 때로 제자리걸음을 하는 것처럼 보이며, 또 아무리 성숙을 위한 지침을 오랫동안 좇아 실행했다고 해도 보장할 수 없는 것이 곧 성숙이다. 하지만 성숙 없이 우리는 이 세상에서 다른 사람들에게 영향을 주기는커녕 자신의 영성을 유지하는 것조차 어려울 수 있다. 유명하면 할수록 더욱 큰 소리를 내며 넘어질 수 있고, 주위의 많은 사람을 다치게 할 수 있다.

현대는 깊은 영성을 요구하기보다 아름답고, 그럴듯하고, 매력 있는 영성을 요구하는 시대다. 쇼맨십이 있는 사람은 이런 종류의 영성을 갖기가 수월한 편이고, 그런 사람들 주위에 많은 사람들이 찬사를 보내며 함께 가기를 원한다. 하지만 하나님의 영성에 관한 기준은 4000년 전이나 2000년 전이나 지금이나 똑같다. 하나님께서는 하나님의 사람을 원하신다. 그리고 지금도 그런 사람을 찾아 온 땅을 두루 살피신다. 우리는 이런 영성을 향해 순례자의 길을 가야 할 것이다. 나처럼 침체를 경험하고 한탄하던 사람도 다시 일어나 순례자의 길을 가는 많은 사람들과 같이 나아가야 한다.

아무리 관록이 많이 쌓인 사람일지라도 그 관록을 믿지 말고 계속 더 깊은 영성을 향해 가야 한다. 그러기 위해서는 자기를 복종시키는 연단이 필요하다. 시간을 들이는 것이 필요하다. 침묵을 지키는 것이 필요하다. 몸부림을 치는 것이 필요하다. 하나님의 말씀을 열망하는 것이 필요하다. 기도로 하나님과 만나는 것이 필요하다. 공적으로 하나님의 임재를 경험할 수 있는 예배를 드리는 것이 필요하다. 자기 육신에 대한 절제가 필요하다.

우리는 중세로 돌아갈 수 없고 돌아갈 필요도 없지만, 영성을 유지하기 위해 몸부림친 그들의 경험은 공유할 필요가 있다. 우리의 영성이 그때와는 다르게 표현될지라도 제대로 된 영성이라면 그 본질은 같을 것이다. 지금 우리는 그런 영성의 본질을 발휘해야 할 때다.

2007년, 평양 대부흥 100주년을 기념하는 행사가 있었다. 그러나 본질적인 영성의 회복 없이는 평양 부흥을 기념하는 행사들도 자칫 잘못하면 실속 없는 빈 껍데기가 되어 그 의미가 흐려질 가능성이 있다. 부흥도 필요하다. 하지만 부흥이 있을 때나 침체된 길을 감으로써 말미암아 외롭고 메마를 때에도 우리의 영성을 위한 행보는 끊을 수 없다. 이런 영성의 행보들이 각 목회의 터와 선교지에서 이루어질 때 한국 교회는 다시 한 번 민중들에게 존경받게 되고, 한국 교회는 또 민중들을 향해 예언적인 사역을 할 수 있을 것이다.

존 스토트 목사님은 90세의 나이로 소천했고, 더 이상 이 세상에서는 그 얼굴을 볼 수 없게 되었다. 그러나 그가 공인의 자격으로 우리에게 남겨 준 마지막 메시지를 우리는 들어야 한다. 그는 마치 초대교회 당시 사도 요한이 "귀 있는 자는 들을지어다"라고 일곱 교회의 영성에 대해 도전한 것처럼 우리에게 도전했다. 과연 우리의 영성은 그리스도의 형상을 닮아 가야 한다는 기준에 비추어 볼 때 어디까지 왔는가? 이 질문이 우리 모두에게 끊임없는 영성 성숙의 필요성을 일깨우는 뇌관 역할을 하기 간절히 바란다.

1.2

선교의 심장은 하나님을 향한 '갈망'

빌 오바이런(CRM 러시아) · 톰 애쉬브룩(CRM 영성 형성 디렉터)

깊은 부르심 분별하기

하나님을 위해 큰 일을 하고자 하는 우리의 열망은 아주 쉽게 하나님을 아는 일을 대체해 버린다. 1990년대 초 공산주의가 몰락한 러시아에 도착했을 때, 우리는 무수히 많은 선교 단체들의 헛된 노력을 목격했다. 큰 반응과 기회들이 있었지만, 그것이 기대한 만큼 뚜렷한 교회 개척이나 성장으로 나타나지 않은 것에 우리는 실망했다.

1995년 선교사 기도 서미트를 개최한 후, 우리 팀은 이 지역과 사역에 대한 하나님의 마음을 알고자 도시 전역에 걸쳐 월례 기도 모임을 인도했다. 이때 우리는 하나님께서 우리에게 무엇을 **해야** 할지 보여 주시기보다는 **우리를** 하나님께 더 깊이 이끄시기 원하신다는 사실을 깨달았다. 하나님은 우리로 하여금 우리의 마음과 죄, 하나님을 향한 사랑에 주의를 기울이도록 하셨다. 그렇게 함으로써 우리에게 넘치는 사랑을 부어 주셨다.

많은 선교사들처럼 우리는 우리가 누구이며 어떤 존재가 되도록 *to be* 만들어졌는지에 대한 것보다 우리가 해서 *to do* 성취할 일에 의미를 두고 있음을 알게 되었다. 성취와 행동 지향적인 기독교는 금방 공허해질 수 있는데, 특히 우리가 기대했던 만큼의 환대를 받지 못하거나 선교 단체나 후원자, 그리고 파송한 나라에서 우리의 노력과 희생을 그다지 알아주지 않을 때 그렇다.

하나님을 위해 섬기는 일에 앞서 하나님의 사랑을 간직하는 것을 어떻게 배울 수 있을까? 우리는 하나님과의 관계에 의해 정의되어야 하며, 하나님의 사랑 안에서 우리의 평안과 힘을 찾아야 한다(신 30:6; 롬 5:5를 보라). 공동체 안에서, 성령을 통해, 그리스도 안에서, 하나님과의 깊은 삶을 추구할 때 선교사들은 어려움들을 이겨 내며 사역에서 오는 좌절과 외로움을 참아 낼 수 있다.

갈망을 통해 갖게 되는 1단계 부르심

하나님과 친밀한 관계를 갖도록 하는 이 '1단계' *first-order* 부르심은 '2단계' *second-order* 부르심인 섬김을 위한 참된 원천이다. 하나님은 사람의 마음을 아시고 드러내는 분이시므로(삼상 16:7을 보라) 우리가 "복음을 위탁 받은"(살전 2:4) 주의 종임을 계속해서 우리에게 드러내실 것이고, 그의 자녀로서 하나님을 향한 우리의 마음을 드러내실 것이다. 하나님이 우리 안에 두신 하나님을 향한 갈망이 사역을 제자리에 있게 한다. 이 갈망에서 진실되고 능력 있는 섬김, 즉 정신없이 부산하면서도 외로운 세상에 하나님의 사랑을 비춰 주는 섬김이 나온다.

우리의 갈망은 하나님을 더욱 사랑하기를 간절히 원하는 것이다. 이 갈망은 지속적인 영성 형성을 통해 이루어지는 삼위 하나님과 우리의 친밀함으로 더욱 깊어진다. 하나님은 이 갈망을 사용해 우리가 하나님을 사랑하고 하나님과 관계를 갖도록 하신다. 갈망은 현상을 유지하려는 기독교에 대해 거룩한 불만족을 느끼게 할 수도 있지만, 언제나 더욱 하나님에 대한 배고픔과 목마름을 갖게 한다.

아우구스티누스는 다음과 같은 말로 「참회록」 *Confessions*을 시작한다. "하나님이 당신 자신을 위해서 우리를 만드셨습니다. 그래서 우리의 마음이 당신 안에서 안식을 찾기까지는 쉴 수 없습니다." 이 갈망을 분명히 이해해야 매일의 삶에서 하나님이 하시는 일과 목적을 더 잘 깨달을 수 있고, '가서 제자 삼으라'는 '2단계' 부르심을 좇아가며 하나님께 더 온전히 협력할 수 있다.

하나님을 향한 갈망은 더 깊은 친밀함으로 이끈다

하나님이 우리 안에 하나님의 사랑을 충만히 경험하기를 원하는 갈망을 두셔서 우리를 더 깊은 관계 속으로 이끌어 가신다. 이 갈망이 성경 곳곳에서 표현되는데, 선교 사역을 감당하는 종의 영적인 생동력을 잘 나타내 준다.

모세는 하나님이 이스라엘과 함께하시는 것으로는 충분하지 않아서 "주의 영광을 내게 보이소서"라고 말했다(출 33:18). 다윗은 그의 마음이 가장 간절히 원하는 것 자체가 하나님으로부터만 오고, 하나님께만 있으며, 하나님 안에서만 만족을 누릴 수 있음을 인정했다(시 37:4를 보라). 많은 시편이 갈망을 나타내는 이미지와 언어로 가득하다(시 23:1; 42:1; 61:4; 131:2를 보라). 이사야는 "밤에 내 영혼이 주를 사모하였사온즉 내 중심이 주를 간절히 구하오리니"(사 26:9)라고 하면서 그가 공의를 바라는 원천이 하나님이심을 인식한다. 우리와 친밀함을 원하시는 예수님의 갈망도 하나님의 함께하심만이 제공할 수 있다(요 17:24).

하나님은 그 갈망이 하나님과 우리의 관계에서 더 커져 가는 실체가 되기를 원하신다. 바울은 이 개념에서 한 걸음 더 나아가 그의 제자들이 "지식에 넘치는 그리스도의 사랑을 알아⋯하나님의 모든 충만하신 것으로 너희에게 충만하게 하시기를 구하노라"(엡 3:17-19)고 하면서 갈망을 불어넣는 기도를 한다. 바울에게는 영적으로 형성된 선교의 갈망이 있는데, 이것은 갈망 그 자체에 있는 마음에서 생긴다. 하나님을 향한 깊은 사랑과 갈망은 언제나 영적으로 더욱 성숙하게 하고, 보다 진실하고 겸손하고 오래 참으면서 효과적으로 하나님을 섬기도록 이끌어 준다.

갈망은 선교의 기반이다

사역을 시작할 때 이 1단계 부르심에 주의를 기울이고 계속해서 이 부르심을 상기하는 것이 중요하다. 왜냐하면 하나님은 이렇게 해서 하나님을 향한 우리의 마음이 성장하고, 성숙하고, 확장되게 하시기 때문이다. 사역으로의 부르심, 특히 '땅 끝까지' 가도록 부르시는 일을 따르고자 열심을 내다 보면, 하나님과 더 깊이 교제하도록 끊임없이 부르시는 것을 대수롭지 않게 생각하거나 무시해 버리기가 아주 쉽다. 우리 영의 깊은 곳에 있는 하나님을 향한 갈망은 자주 자극제가 되는데, 하나님은 개인의 갱신을 조장하고 부흥을 일으키기 위해 그것을 사용하실 뿐만 아니라 거기에 반응하신다. 그러나 하나님은 다른 목적을 이루기 위한 수단도, 하나님 나라의 확장을 위해서도 아니라 바로 하나님 자신을 위해 사랑받으셔야 한다.

성령이 우리의 마음에 두신 하나님을 향한 갈망에 우리가 의식적으로 주의를 기울일 때, 우리가 다른 사람들에게 주어야 하는 것이 하나님이 우리 안에서 행하시는 일이라는 것을 알게 된다. 하나님이 바라시는 것은 모두가 구원받고 하나님을 아는 지식에 성숙하고 친밀해지는 것이다. 이것은 성령의 갈망에 귀를 기울이는 것을 의미하고, 다른 사람들 안에 있는 주의 임재와 그들을 향한 성령의 열망을 느끼는 것을 뜻한다. 우리가 우리의 갈망에 주목하고 그것에 반응할 때, 하나님은 우리에게 이 모든 것을 가르치신다.

하나님의 온전한 부르심에 따라 살아가기

간단한 연습을 통해 하나님이 우리 마음에 두신 하나님을 향한 갈망을 알아볼 수 있다. '이마고 크리스티'(그리스도의 형상)Imago Christi라는 영성 훈련 프로그램은 '갈망 리트리트'longing retreat에 가서 '갈망 선언문'longing statement을 만들어 보라고 한다(83페이지의 '갈망 리트리트'를 보라). 하나님을 향한 우리의 갈망은 우리가 성숙해 가면서 계속 발전하지만, 이 연습을 통해 현재의 갈망을 가장 잘 표현해 볼 수 있다. '그리스도의 형상 발견'

Imago Christi's Discovery 과정은 당신의 갈망이 무엇인지 알아볼 수 있는 기회가 되며, 그것을 전체 영성 형성 여정에 접목시킨다.

그리스도를 섬기고 '땅 끝까지 가기' 위해 2단계 부르심에 대해 알아보거나, 그것을 따라가거나 재평가하는 과정에 있는 사람들은 삼위 하나님과의 친밀함이 깊어지는 1단계 여정을 진행하도록 우리의 마음에 주의를 기울이는 것을 배워야 한다.

하나님이 우리의 마음에 두신 하나님을 향한 갈망이 무엇인지 알아보고, 표현하고, 그것에 참여하는 것은 타문화 사역을 식별하는 과정, 직업 선교의 영적 여정, 그리고 선교의 비전과 활동을 형성하는 데 있어 중요한 요소로 인식되어야 한다.

다음의 '갈망 리트리트'는 이마고 크리스티에서 3일간 집중적으로 진행되는 영성 형성 과정인 '지도자를 위한 영성 형성 발견'Spiritual Formation Discovery for Leaders의 내용을 이 책에 맞게 수정한 것이다. 이 과정은 참가자들이 그들의 여정과 역사적인 영성 형성의 전형적인 모범을 서로 연관시켜 봄으로써 하나님의 일꾼들을 향한 하나님의 갈망에 더욱 의도적으로 협력하도록 만들어진 프로그램이다.www.imagochristi.org

| 갈망 리트리트

준비하라

우리의 갈망을 이해하기 위해 깊이 생각하고, 그것을 소화할 시간이 필요하며, 그것을 받아들일 믿음도 필요하다. 여러 일정과 걱정으로 어수선하고 마음이 분주한 상태에서는 하나님을 향한 우리의 갈망을 인식할 수 없다.

- 조용한 장소를 택해 하루 정도 오랜 시간을 내서 하나님을 향한 갈망을 탐구해 보라. 가까운 영적 친구나 멘토에게 기도를 부탁하라.

들으라

갈망이 무엇인지 이해하는 것은 듣는 연습을 하는 것이다. 하나님을 향한 당신의 열정과 당신을 향한 하나님의 열정의 본질을 알아보기 위해 당신 마음에 귀를 기울이고, 잠잠히 말씀하시는 하나님의 음성에 귀를 기울여야 한다.

- 과거에 하나님이 당신을 어떻게 하나님께 이끄셨는지 깊이 묵상해 보고 깨달은 것을 기록하라.
- 기록한 것을 기도하는 마음으로 하나님께 아뢰라. 그것들을 떠올리려고 하지 말고 하나님의 음성에 귀를 열고 하나님이 당신의 마음을 움직이시는 대로 두라. 하나님께 "너희 마음의 눈을 밝히사" 하나님을 알기 원하는 것이 드러나기를 구하라(엡 1:17-18).

기록하라

준비가 되었다고 느끼면 기록을 시작하라.

- 마음에 떠오르는 이미지를 먼저 기록하라. 그것은 성경에서 떠오르는 것일 수도 있고, 하나님과의 친밀함에 대해 그려지고 느껴지는 이미지일 수도 있

다. '나는 하나님과 … 관계를 갖기 원한다' 또는 '나는 … 되기를 원한다'라고 기록한다.
- 그 이미지를 가지고 은유를 만들어서 당신이 바라는 관계의 특성을 기술해 보라. 펜을 들고 쓰려고 해야 비로소 무언가가 떠오를 때가 있다. 이 과정 중에 계속해서 하나님께 기도하면서 듣는 자세를 취하는 것이 도움이 되는데, 특히 어떤 생각에 갇혀 있거나 다 됐다고 느낄 때 그렇다. 하나님이 지금 당신 마음속에 있는 하나님을 향한 갈망의 본질에 대해 보여 주시도록 하라. 이런 방법이 쉽지는 않다. 마음속 깊은 생각과 느낌을 말로 표현하는 것이 우리 모두에게 자연스러운 일은 아니지만, 우리의 정체성에 가장 중요한 마음의 관계에 참여하는 데 도움이 된다.

아래에 두 개의 갈망 선언문이 있는데, 하나님과의 친밀함을 바라는 마음을 표현할 수 있는 이미지의 다양성을 보여 준다.

- 나는 주의 정원에 피는 꽃처럼 되기를 갈망한다. 매일 아침 떠오르는 주의 영광과 장려한 아름다움에 반응하며, 하나님께 얼굴을 향하고 마음을 열며, 하루 종일 하나님이 움직이시는 대로 따라가며, 주의 뜻에 따라 움직이며 나의 길을 가고, 휴식을 취하는 밤에는 하나님이 부으시는 사랑에 뿌리를 내리고 지탱하는 그런 꽃처럼 되기를 갈망한다.
- 주님, 주 안에 살기를 갈망합니다. 주의 빛나는 성전에 거하며, 주의 아름다움을 보며, 주의 사랑을 맛보고, 주께서 원하시는 것을 기다리며 살기를 갈망합니다. 주를 즐거워하기 원합니다. 오, 거룩한 불이신 주께서 나로 하여금 주의 얼굴을 구하는 사람들에게 횃불이 되게 하시는 곳에서 홀로 있으나 빛의 형제자매들과 함께 있으나 주를 즐거워하기를 원합니다.

듣고자 하는 자세로 성령이 주시는 갈망의 이미지를 기록해 보라.

기도하라
갈망 선언문으로 기도하라. 갈망에 대해 희미하게 본 것들을 밝히 알게 해주시고, 이 갈망이 실현되게 해 달라고 하나님께 기도하라.

나누라
신뢰하는 영적 친구나 멘토에게 당신의 갈망 선언문과 리트리트 경험을 나눌 기회를 만들라. 연습한 것에 대해 경험과 열매들을 나누라.

다시 방문하라
하나님과의 친밀함을 이해하는 것은 역동적이다. 그러므로 다음 해에 몇 차례 반복해서 연습해 깨달은 생각에 집중하고, 그 열매들이 더욱 분명해지도록 하라.

한 장을 복사해서 성경이나 기도일지에 넣어 두고, 이것이 사랑하는 하나님을 알고자 하는 당신의 깊은 갈망을 표현하는 기도생활의 일부가 되게 하라.

1-2년 후 다시 리트리트에 가서 하나님을 향한 당신의 갈망을 하나님이 어떻게 다듬으시고 성숙시키셨는지 보라. 하나님은 우리 마음의 갈망을 사용해 영성 형성의 원천이 되는 하나님과의 친밀함이 점점 더 깊어지도록 우리를 이끄신다.

'땅 끝까지' 그리스도를 따르라는 2단계 부르심에 대해 알아보거나 그것을 따라가거나 재평가하는 과정에 있는 사람들은 하나님이 그들의 마음에 두신 하나님을 향한 1단계 갈망에 대해 알아보고 참여하는 것을 지나쳐 버릴 수 없다.

1.3

 개인 사명 선언문 작성하기

스티브 호크 · 개리 메이스(CRM 부회장) · 테리 월링(리더 브랙스루 리더 코치)

직경 180센티미터 정도 되는 파이프로 물을 흘려보내면 큰 잠재력을 가진 엄청난 양의 물을 얻게 된다. 같은 물이 소방 호스의 노즐을 통해 나가면 큰 충격이 생긴다. 당신은 그런 충격을 만들어 내는 삶을 살도록 창조되었다. 하나님 나라를 위해 당신만의 고유한 공헌을 하도록 하나님에 의해 빚어지고 배치되었다. 사도 바울은 여기에 대해 "우리는 그가 만드신 바라. 그리스도 예수 안에서 선한 일을 위하여 지으심을 받은 자니, 이 일은 하나님이 전에 예비하사 우리로 그 가운데서 행하게 하려 하심이[라]"(엡 2:10)고 말했다.

그 '선한 일'이 무엇인지 어떻게 알아낼 수 있을까? 의미 있는 사역들 중 당신의 삶과 사역에 노즐처럼 초점을 맞출 수 있는 것을 어떻게 찾아낼 수 있을까?

다음의 연습을 통해 개인 사명 선언문 personal mission statement을 작성하게 되는데, 이것은 당신이 기여할 수 있는 고유한 일을 발견하고 그것을 표현하게 해줄 것이다. 개인 사명 선언문은 운명이 무엇인지 말해 주고, 운명은 당신의 인생에 하나님이 두신 목적에 따라 사는 것이다. 그것이 핵심이다.

당신의 개인 사명 선언문

개인 사명 선언문은 무엇인가

하나님은 당신이 고유한 공헌을 하도록 창조하셨는데, 이 선언문은 그것에 대해 당신이 현재까지 가장 잘 이해한 내용을 담아 내는 역동적인 진술서다. 효과적인 선언문에는 당신의 성경적인 목적, 평생의 사역 가치, 개인의 비전이 함께 어우러져 있다.

개인 사명 선언문이 주는 유익은 무엇인가

사역 중에 스트레스나 시험을 받을 때, 정상 궤도를 잘 유지하도록 격려하고 성취감을 갖게 한다. 다양한 사역 기회들을 평가할 때 사용할 의사결정 기준이 된다. 최대의 영향력을 내기 위해 어떤 영역에 의도적인 성장과 멘토링이 필요한지 알려준다. 또한 마음을 흐트러뜨리는 일상의 수많은 일들 속에서도 선교 마인드를 잃지 않도록 하기 위한 전투 준비 명령의 역할을 한다.

개인 사명 선언문은 다음의 세 가지 초점 질문들을 가지고 씨름하고 그 세 가닥을 함께 엮어 만든다.

1. 나는 왜 존재하는가?(성경적인 목적)
2. 하나님이 나를 어떻게 빚으셨나?(고유한 형성 과정과 평생 사역의 가치들)
3. 하나님이 내게 이루도록 하신 일은 무엇인가?(비전)

1. 당신은 왜 존재하는가?(당신의 성경적인 목적)

성경적인 목적은 당신이 존재하는 이유에 대해 가장 잘 이해하는 내용을 표현한다. 성경에서 명령하는 것들을 참작해서 하나님이 창조하신 인생에 대해 당신이 믿는 것을 자신의 말로 나타내 본다.

하나님이 무엇을 가르쳐 주셨나

하나님이 어떤 말씀을 사용해 당신이 인생의 목적을 깨닫게 해주셨나? 바른 궤도에 있도록 해주는 나침반과 같은 역할을 하는 말씀은 무엇인가?

개인적인 숙고: 아래 질문에 답을 써 보라. 성경적인 목적에 대한 당신의 생각들을 더욱 단단히 해줄 것이다.

• 하나님은 왜 나를 창조하셨나? 나는 왜 사람으로 존재하는가?

- 하나님은 나의 가장 큰 기쁨이 무엇이어야 한다고 말씀하시나?

- 나를 위해 베푸신 하나님의 은혜와 구원에 나는 어떻게 응답하는가?

- 그리스도의 주되심에 대해 나는 개인적으로 어떻게 응답하는가?

당신의 성경적인 목적

성경에 대한 이해와 위의 질문들에 대한 생각을 토대로 당신의 성경적인 목적이라고 여기는 것을 써 보라. 건전한 성경적인 목적 선언문은 간결하며, 신자로서 우리가 가져야 하는 성경의 명령을 반영해야 한다. 성경적인 목적에 대해 당신이 이해하는 것이 모든 신자들에게도 적용될 수 있지만, 그것을 표현하는 방법은 당신에게 개인적으로 의미 있는 것이어야 한다.

　성경말씀 찾기: 아래 말씀들을 가지고 좀더 깊이 생각해 보라. 각 말씀을 읽고 이 질문에 답해 보자. 이 말씀들을 통해서 하나님의 관점에서 본 내 인생의 목적에 대해 무엇을 깨달았나?

마태복음 16:24-26

마태복음 22:37-40

마태복음 28:18-20

요한복음 13:34-35

로마서 15:6-7

에베소서 2:8-10

빌립보서 3:7-14

디모데후서 1:9

베드로전서 2:1-5

베드로후서 1:5-9

나의 성경적인 목적

2. 하나님 나를 어떻게 빚으셨나?(당신의 고유한 형성 과정과 평생 사역의 가치들)

개인 사명 선언문을 만들기 위한 다음 단계는 리더로서 당신의 고유한 형성 과정에 대해 깊이 생각해 보는 것이다. 평생 사역의 가치들은 이 고유한 형성 과정을 이해하는 데 필요한 열쇠가 된다.

평생 사역의 가치들은 당신의 행동 지침이 될 신념이나 가정(假定), 선호다. 가치는 처음에는 교훈이나 신념으로 종종 나타나지만, 그것이 경험(종종 고통스러운)을 통해서 핵심적인 확신으로 만들어진다. 일반적으로 진실하다거나 중요하다고 말할 수 있는 것들이 많지만, 우리의 핵심 가치들이 실제적이고 지속적인 행동을 형성한다. 평생의 사역 가치들은 아래의 것들을 모두 포함해야 한다.

- 그리스도와의 개인적인 여정.
- 가족, 관계와 책임.
- 성경적인 확신과 원칙.
- 사역과 선교에 관한 깨달음.

- 리더십과 관련된 깨달음.
- 인격의 형성과 영향력.
- 고유한 부르심과 기여할 책임.

당신의 삶과 사역을 이끌어가는 우선순위와 확신에 대해 생각하면서, 위에 나열한 주제들과 관련해 6-10가지의 가치들을 확인하게 될 것이다. 각각에 대해 한두 단어로 표현하고, 그것을 간결하게 기술해 보라.

평생 사역 가치 선언문의 예
- 하나님 나라: 나는 지역 교회의 성장만이 아니라 하나님 나라를 가치 있게 여긴다.
- 교회: 나는 교회가 세계 선교에서 제일가는 하나님의 도구라는 것을 가치 있게 여긴다.
- 팀워크: 나는 사람들과 팀 사역, 관계에서의 권한 부여를 가치 있게 여긴다.

당신의 가치

아래 공간에 당신의 가치를 써 보라. 가치 선언문을 간결하고 단도직입적으로 쓰라. 열 단어 이하가 이상적이다.

3. 당신이 이루어야 할 하나님의 부르심은 무엇인가?(개인의 인생과 사역의 비전)

하나님이 원하시는 미래를 볼 수 있는 능력인 비전은 개인 사명 선언문의 핵심이다. 비전이란 하나님이 이루시기 원한다고 당신이 믿는 것을 그림을 보듯 표현해 놓은 것이다. 이것은 하나님이 당신을 하나님 나라의 구원 사역에 초대할 때, 하나님의 마음에서 흘러나온다.

우리의 할 일은 미래를 발명하는 것도 아니고 우리의 소명을 발명하는 것도 아니다. 우리의 임무는 하나님이 하고 계시는 것을 발견하고 하나님과 함께 그 일에 동참하는 것이다. 비전은 바로 그 일을 기술한다.

비전에는 열정이 수반된다! 비전은 리더에게 동기를 부여하고 리더를 사로잡는다. 비전은 성취되기를 마음으로 몹시 보고 싶어 하는 그 무엇이다. 건전한 비전은 일반적이지 않고 구체적이다. 개인 비전은 다음 질문에 대한 대답이다. 당신이 실패하지 않을 것이라는 것을 안다면, 당신의 평생에 하나님의 영광을 위해 무엇을 하겠는가?

개인 비전 발견하기

아래의 질문들은 하나님이 당신 속에 불러일으키신 것들을 볼 수 있는 다양한 렌즈를 제공한다. 아래의 문장들을 완성하고 그 문장을 통해 당신의 비전에 대한 신선한 생각들이 떠오르도록 해 보라.

- 내 삶을 가장 많이 형성한 사람이나 환경은 _____ 이다.
- 내 미래의 사역을 생각할 때 가장 집중하고 싶은 사역의 영역은 _____ 이다.
- 하나님이 내 삶에 만들어 주시기를 바라는 성품 자질들은 _____ 이다.
- 나를 아는 사람들은 내가 _____ 할 때, 하나님께 가장 잘 사용되고 있다고 믿는다.
- 이유는? 나는 무엇에 동기부여가 되는가?

  _____

- 하나님 나라에 가장 많이 기여하는 나의 사역 활동들은 _____ 이다.
- 이유는?

- 사람들이 사역의 열정에 대해 이야기할 때, 나는 종종 _____ 을/를 이루는 데 내 삶을 드리는 것을 생각한다.
- 이유는?

하나님이 과거에 당신을 빚으신 방법, 위의 문제들에 대한 대답, 그리고 사역에 대한 열정을 토대로 이 질문에 답해 보라. 당신이 실패하지 않을 것이라는 것을 안다면, 당신의 평생에 하나님의 영광을 위해 무엇을 하겠는가?

비전은 개인 사명의 세 가지 요소 중 가장 표현하기 어려울 수 있다. 우리는 보통 성경적인 목적에 대해 가장 잘 알고, 평생의 사역 가치에 대해서는 어느 정도 알고 있는데, 개인 사명에 대해서는 취약하다. 다음의 질문들로 비전을 찾는 일을 보다 명확히 해 보자.

- 비전이 보이는가?(참된 비전은 하나님이 이루실 것을 그림을 보듯 표현해 놓은 것이다. 비전이 모호할수록 동기부여가 적다.)
- 비전이 당신보다 더 큰가?(하나님이 주신 비전은 믿음을 요구하며, 믿음은 위험을 의미한다.)
- 비전이 과거 하나님이 당신에게 하신 일에 기반을 두고 있나?
- 비전이 당신에게 열정을 일으키는가?
- 비전이 당신이 보수를 받지 않아도 하고자 하는 일인가? 혹은 그 일을 할 기회를 얻기 위해 비용을 지불할 용의가 있는가?

종합하기: 개인 사명 선언문

이제 조각들을 맞출 준비가 되었다. 개인 사명 선언문은 당신의 성경적인 목적, 평생의 사역 가치, 개인 비전을 서로 엮어 놓은 것이다. 지금까지 한 작업을 토대로 이 세 요소를 섞어 포괄적인 한 문장으로 만들어 보라. 두세 단락이 넘지 않도록 해야 한다. 여러 요소를 가지고 한 단락을 만드는 것 자체가 중요한 것이 아니다. 각 요소들(목적, 가치, 비전과 열정)을 주의 깊게 생각하고, 당신의 여정의 현 시점에서 그것을 잘 표현하는 것이 중요하다.

다음과 같이 해 보라

- 새로운 종이 제일 위에 당신의 성경적 목적을 적는다.
- 한두 줄 건너뛰고 개인 비전을 적는다.
- 이 두 요소에 당신의 가치들을 엮고 수정해서 내용이 분명해지도록 한다. 당신이 공헌하게 될 일을 당신에게 맞게 개인화하라. 시작 단계에서 완성된 것을 만들기 위해 걱정하지 마라. 세 요소를 통합하는 과정에서 열정이 생기고, 개인의 고유한 것이 만들어질 것이다. 복사본을 만들어서 매일 읽어 볼 수 있도록 간직하라.

나의 성경적 인생 목적

....

....

....

....

나의 핵심 가치

....

....

....

....

삶과 사역에 대한 나의 비전

....

....

....

....

- Peter Scazzero, *Emotionally Healthy Spirituality*(Nashville: Thomas Nelson, 2006).「정서적으로 건강한 영성」(생명의말씀사).
- Terry Walling, *Vision: Your Personal Calling Statement*(St. Charles,Ill.: Church Smart, 1998).

1.4
선교사로의 '부르심'에 대한 회상 : 제임스와 마리아에게 보낸 편지

빌 테일러

방금 두 분의 편지를 받았습니다. 다시 소식을 듣게 되어 반갑습니다. 두 분이 중유럽에서 장기 타문화 사역을 해야 한다는 확신을 갖게 된 것에 대해 하나님을 찬양합니다! "우리가 부르심을 받았다는 것을 어떻게 아시는지요?"라고 질문하셨는데, 솔직히 말하면, 깊이 있는 어려운 문제라 제가 충분히 대답할 수 있을지 모르겠습니다. 이 질문에는 우리가 누구인가, 하나님이 우리를 어떻게 만드셨나, 하나님은 누구시며 오늘날 우리를 어떻게 인도하시는가에 대한 우리의 이해와 관련된 중대한 주제들이 포함되어 있습니다.

안타깝게도 '선교사로의 부르심'에 대해 오해가 많고 상반된 이야기를 들을 때도 있습니다. 극단적인 내용은 조심하십시오. 어떤 사람들은 당신이 하나님으로부터 신비로운 '부르심', 즉 음성을 들었을 것이라고 생각합니다. 이런 일이 일어난다는 것을 부인하지 않습니다. 그러나 다른 사람들이 이 과정에 지나치게 영적인 의미를 부여해 놓고 당신에게도 규범처럼 강요하지 않도록 하시기 바랍니다. 또 어떤 그리스도인들은 지나치게 이성적이고 메마르고 산술적인 방식으로 접근해서 정보를 수집하고 기도하고 논리적인 결정을 내립니다.

제가 내린 결론은, 성령은 우리를 타문화 선교로 이끌어 갈 때 다양한 경로를 사용하신다는 것입니다. 우리가 어떤 사역자가 되기를 원하든지, 도시 청소년 사역자든지, 출입 제한 국가에서 성장할 수 있는 사업을 세우는 전문인 사역자든지, 성경 번역 선교사든지, 혹은 장기 교회 개척가든지, 우리 모두는 우리를 사랑하시고, 친밀하게 아시고, 우리의 고유성에 따라 우리와 동역하기 원하시는 하나님과 관계를 갖고 있습니다.

어떤 면에서 우리는 모두 예수 그리스도 안에서 '부름 받은' 신자입니다. 우리는 그리스도에게로 부름 받았고, 주를 예배하고 섬기며 주 안에서 부르심에 합당하게 행하라고 부름 받았고, 성경의 창조명령(창 1:26-28)을 따르도록 부름 받았고, 다른 사람들에게 그리스도를 전하도록 부름 받았습니다. 부르심은 여러 면으로 사용되는 의미가 풍부한 성경의 용어입니다.

'선교사로의 부르심'을 뭐 그리 거창하게 말하나 할 수 있겠지만, 이 문제를 분명히 하고자 함이 그 이유 중 하나입니다. 저는 직업과 삶을 '세상적인' 것과 '신성한' 것으로 잘못되게 구분하는 비성경적인 가르침을 없애려고 합니다. 우리가 관여하고 행하는 모든 일은 하나님의 영광을 위해서 하는 것입니다. 그러나 저는 우리의 직업을 타문화 섬김에 사용한다는 중차대한 도전과 함께 창조와 직업에 대한 성경 신학을 생각하면서 균형을 찾고자 합니다. 이것은 '일반적인' 선교사나 '현지' 선교사뿐만 아니라 '텐트메이커'와 '본국 선교사' 모두에게 적용됩니다.

하나님은 어떤 방법으로 사람들을 선교, 특히 장기 선교로 이끄실까요?

네 가지 길

첫 번째 길

주님으로부터 개인적인 부르심이나 비전을 받거나, 주님과의 놀라운 만남을 경험하거나, 음성을 들은 사람들이 있습니다. 그들은 하나님으로부터 명령을 받았다고 강하게 느끼고 성령에 그대로 순종합니다. 그들 중 어떤 사람들은 바울이 마케도니아로 오라는 환상을 본 것을 인용하면서 그들의 경험을 입증할 수도 있을 것입니다.

그러나 잘 살펴봐야 할 것이 있는데, 바울의 경우 그가 이 부르심을 받을 때 이미 현장에서 선교사로 사역하고 있었다는 사실입니다. 마케도니아에 대한 환상은 바울이 가려고 했던 곳에서 방향을 돌려 다른 곳으로 가게 했습니다. 솔직히 저는 이 성경 구절을 선교사로의 부르심에 대해 말할 때 잘 사용하지 않습니다.

이런 강력한 부르심의 경험이 있는 선교사들이 말하기를 이런 경험은 일이 순조롭지 않을 때 그들을 잘 붙들어 준다고 합니다. 그러나 개인적인 부르심이 반드시 성공적인 선교사가 되는 것을 보장해 주는 것이 아님을 기억해야 합니다.

두 번째 길

개인적인 부르심을 받은 것이 아니라 하나님께 순종한 것이라고 말하는 사람들도 있습니다. 한 여자가 주님께서 자기를 어떤 남자와 결혼하도록 이끄시는데, 그 남자(그러니까 둘 다)가 선교사가 될 것이라는 것도 알았다고 하는 경우도 있습니다. 내 아내 이본은 전임 사역에 대한 분명한 부르심이 있었지만, 그것이 타문화 선교로 구체화된 것은 우리가 사랑에 빠져 결혼했을 때였습니다.

하나님의 뜻은 그렇게 상황과 관계들이 합해지면서 분명해졌습니다. 이것을 룻/나오미 스타일이라고도 부릅니다(룻기를 다시 읽어 보십시오). 이 길은 쉽지 않습니다. 어떤 여인이 말하기를 남편이 느낀 것과 별도로 자신이 선교에 대한 부르심을 느꼈다면, 현장에서 힘든 때를 보낼 때 그렇게 쉽게 의심하거나 의문을 갖지 않았을 것이라고 했습니다. 그러나 하나님을 따르라는 부르심이 그녀를 붙들어 주었고, 하나님이 그의 헌신에 복을 주셨습니다.

세 번째 길

또 어떤 사람들은 그리스도에 대한 헌신과 순종에 대해 진지하게 평가하는 것뿐만 아니라 관심, 재능, 경험, 꿈에 대한 개인 적성 검사, 그리고 가난한 자, 학대받는 자, 잃어버린 자, 구도자들을 불쌍히 여기는 마음이 어떤지 알아보고 나서 선교사가 됩니다. 그들은 세상을 변화시킬 수 있는 기회를 갖고 싶어 합니다. 이 모든 것들이 하나로 모여서 선교에 이르는 길을 만듭니다. 이것은 지혜로운 조언과 기도, 자기 평가를 통해 내린 결론을 가지고 가장 잘 어울리는 일을 찾는 경우와 같습니다.

네 번째 길

자신들을 선교사로 이끌어 준 가장 중요한 요인은 오

히려 단순한 데 있었는데, 그것은 자신들의 은사와 세계의 필요의 확인, 그리고 그리스도에 대한 철저한 순종이었다고 말하는 사람들도 있습니다. 그 순종이란 무슨 일이든지 하고, 어디든지 가고, 어떤 희생이든지 기꺼이 치루겠다는 것을 의미합니다. 이런 필요를 찾게 되면 자신들의 삶과 은사를 어디에, 그리고 무슨 일에 전략적으로 투자해야 할지 알게 됩니다.

모든 길의 공통적인 요소

네 개의 모든 길에 중요한 공통 요소가 있습니다. 그것은 위험을 무릅쓰고 자신들의 삶보다 더 큰 그리스도를 섬기고자 하는 열정, 하나님에 대한 철저한 순종, 지혜로운 평가 과정과 신뢰하는 동료와 영적 리더의 지도와 확신을 받는 과정입니다. 이것들 위에 성령이 주시는 깊고도 흔들림 없는 확신, 즉 '이것은 하나님이 참으로 내게 하도록 하신 것이다'라는 확신이 있어야 합니다. 장기이거나 단기일 수도 있고, 멀리 가거나 바로 옆 동네로 갈 수도 있으나 '이것은 내 인생을 드려 해야 할 일이다'라는 확신은 반드시 있어야 합니다.

이것이 40년간 타문화 선교를 하고 나서 깊이 생각한 내용들입니다. 저는 위에서 말한 네 개의 범주에 들어가는 훌륭한 선교사들과 그렇지 못한 선교사들을 만나 평가해 보았습니다. 다른 질문들이 떠오르면, 연락하도록 합시다. 기대합니다.

빌.

1.5

선교로 부르심

폴 보스윅(국제개발협회 수석 자문위원)

"크리스천 선교에서 부르심에 관한 문제보다 더 난해한 것은 없다."

허버트 케인 J. Herbert Kane의 책 「선교 현장에서의 삶과 사역」(Life and Work on the Mission Field, 두란노)은 이 문장으로 시작한다. 그는 타문화권 사역에 관해 말하기에 앞서 사람들의 마음에서 '부르심'에 관한 문제가 먼저 해결되어야 함을 알고 있다.

그러나 우리는 아직도 갈피를 잡지 못하고 있다. '부르심'이 무엇인가? 내가 부르심을 받았다는 것을 어떻게 알 수 있나? 나의 열망은 어디에 딱 들어맞을까? 내가 부르심을 받았다면, 어디로 부르심을 받았는지는 어떻게 알 수 있을까?

어떤 복음 전도 리더들은 부르심을 무시하며 이 문제를 다루려고 했다. 과거 1980년대 초, 키이스 그린 Keith Green의 팸플릿 "왜 당신이 선교 현장으로 가야 하나"Why You Should Go to the Mission Field는 '부르심은 필요하지 않다. 우리는 자극이 필요하다!'는 그의 신조를 재확인해 준다.

다른 사람들은 상식만으로도 충분하다는 생각으로 이렇게 말하는 것 같다. "선교지가 확장되기 위해서는 하나님이 직접 나서서 집에 머물러 있으라고 하기 전에는 우리 모두 갈 준비를 해야 한다." 또 '성경이 그것을 말하고 그것을 정한다'는 식의 접근법으로, "성경을 읽어 보라. 그러면 하나님이 보여 주실 것이다"라고도 한다. 그럼에도 우리들 대부분은 어디로 가야 하는지, 무엇을 해야 하는지, 어느 팀에 합류해야 하는지에 대한 문제에서 여전히 혼란스럽다.

내 경험으로 보면, 사람들은 부르심이 아래의 세 가지 범주에 드는 것으로 느낀다. 첫째는 바울이 스페인으로 가고자 했고 허드슨 테일러가 중국으로 가고자 했던 것처럼 장소나 종족으로의 부르심이고, 둘째는 개척 전도, 건강 관리, 성경 번역, 교회 개척 같은 사역으로의 부르심이고, 셋째는 "우리는 프론티어스Frontiers를 좋아합니다. 그래서 그들과 사역하고 싶습니다"라고 말한 부부처럼 팀(선교 단체)으로의 부르심이다. (이 세 가지 범주에 대해서는 별도의 주제로 다루어야 한다.)

부르심의 개념을 부정하는 것은 성경을 간과하는 것이다. 많은 제자들과 복음을 전한 사람들이 실제로 '부르심을 받았다.' 하지만 우리가 모두 이사야(사 6:1-8을 보라)나 요나(욘 1-3을 보라)와 같이 극적이고 기적적인 방법으로 부르심을 받기 원한다면 성경이 오용될 수도 있다.

그럼 어디에서 답을 찾을 것인가? 옛날 복음 전도자들이 부르심을 받은 것을 따라 우리도 그들처럼 부르심을 받은 것처럼 느끼려고 해야 하는가? 성경 말씀을 어떻게 적용해야 하는가? 또한 세상에 대한 폭넓은 우리의 지식을 어떻게 적용해야 하는가?

복음 전도자에 대한 주요한 내용을 담은 사도행전에서 그 지침을 찾아보자. 사도행전은 최소한 세 종류의 부르심을 기록하는데, 이것을 살펴봄으로써 하나님이 다양한 방법으로 우리를 타문화 사역으로 부르신다는 것을 배울 수 있다.

부르심 1: 신비를 통한 부르심

이것은 하나님으로부터 직접 받는 부르심이다^{The Mysterious Call}. 베드로는 하나님으로부터 복음을 들고 이방인들에게 가라고 명하시는 환상을 직접 세 번이나 받았다(사도행전 10장을 보라). 바울은 주의 음성을 듣고 그리스도인이 되었고(사도행전 9장을 보라) 나중에는 하나님으로부터 환상을 받고 마케도니아로 갔다(사도행전 16:9를 보라). 앞에서 언급한 이사야나 요나를 부르신 것처럼 이것은 신비롭고 기적적인 하나님의 개입이다.

문제는 모두가 신비로운 부르심을 원한다는 데 있다. 어떤 사람이 '하나님이 나를 선교사로 부르셨다'고 말하면, 그 말은 보통 '나는 환상이나 계시를 받았다'는 것을 의미한다. 그러나 신비로운 부르심은 예외적이지 통상적이 아니라는 것을 주의해야 한다. 하나님은 이것과는 다른 보다 일반적인 방법으로 우리를 선교로 부르신다.

부르심 2: 위임을 통한 부르심

이 형태의 부르심은 사도행전 13장에서 예루살렘 교

회가 기도하고 금식하면서 특별히 두 사람을 세워 안디옥에 선교사로 보내는 장면에서 볼 수 있다The Commissioned Call. 이 경우 그렇게 신비로운 면을 찾을 수는 없지만, 교회 지도자들을 통해 말씀하시는 분은 성령이다. [마이클 그리피스Michael Griffith의 책 「진정으로 선교사를 파송하는 자는 누구인가?」Who Really Sends the Missionary?(Moody Press, 1974)를 읽어 보라.]

이것이 오늘날에는 어떻게 적용되는가? 교회 지도자와 장로들이 사역에 관심이 있는 사람들의 영적 은사와 리더십 능력을 확인한 후 기도하며 성령에 의지해 타문화 선교에 위임한다. 장로나 교회 리더로부터 '당신은 예수 그리스도의 교회에 유익을 끼칠 타문화 선교에 맞는 은사가 있다'는 말을 들으면 그 말을 가볍게 여기지 말라. 이것이 하나님이 당신에게 부르심의 방편으로 하시는 말씀일 수 있다.

위임하는 방식의 부르심에 진지할 수 있도록 다른 사람들의 조언을 열린 마음으로 들어야 한다. 하나님의 지시를 구하면서 장로를 찾아가 기도를 부탁해야 할 수도 있다. 하나님이 우리가 어디로 가기 원하시는지 알기 위해 목사나 선교위원회에게 기도를 부탁해야 할 수도 있다. 이렇게 하면 우리는 많은 사람들이 우리와 함께, 그리고 우리를 위해 하나님께 귀 기울이고 있다는 것을 확신할 수 있고, 파송받아 나갔을 때도 우리 뒤에 교회가 있다는 것을 알 것이다.

부르심 3: 상식을 통한 부르심

하나님이 우리의 마음과 지식과 상식을 통해 어떻게 역사하시는지 보여 주는 사도행전의 예가 이 경우에 속한다The 'Common-Sense' Call. 빌립이 에티오피아 내시를 만났을 때(행 8:26-40), 성령이 빌립에게 내시가 탄 수레로 가까이 가라고 하셨다. 빌립은 '주님, 지금입니다. 제가 어떻게 해야 하나요?' 하고 기도하지 않았다. 그는 당연해 보이는 일을 했는데, 입을 열어 그 내시가 읽고 있던 이사야의 글에서 시작하여 예수님을 가르쳐 전했다.

교회가 바울과 바나바를 택해서 보낼 때 유다와 실라의 파송에 관한 결정도 내렸다. 비록 바울과 바나바를 보내라는 성령의 인도하심을 강하게 느꼈지만, 그들은 유다와 실라도 보냈다. 왜냐하면 그것이 사도들과 장로들에게 선하게 보였기 때문이었다(사도행전 15:22를 보라).

'이것이 선하게 보여서' 그 일을 한다고 상상해 보라. 우리가 그리스도와 관계를 맺고 성령의 인도하심을 확신하면 우리도 '이것이 우리에게 선하게 보여서' 의사 결정을 할 수도 있을 것이다. 어떤 필요를 인식하고, 상식적으로 우리가 그 필요들을 충족시켜 줄 수 있다고 느껴서 거기에 반응하는 사람도 있을 것이다. 당신의 길에서 하나님이 계속해서 쿠르드인을 만나게 하신다면, 하나님이 쿠르드인과 함께 사역하도록 당신을 부르고 계실 수도 있다고 상식적으로 생각하라. 당신이 이메일이나 독서를 통해 늘 무슬림 세계의 영적인 굶주림을 접하게 된다면, 그것이 하나님이 당신을 타문화 섬김으로 인도하시는 방법일 수도 있다는 마음을 가지라.

하나님은 우리를 어떻게 부르시는가? 그 방법은 하늘에서 들리는 기적적인 소리일 수도 있고, 다른 사람들로부터 듣는 조언일 수도 있고, 하나님이 우리의 상식을 통해 '이 일이 맞는 일인 것 같다'고 말씀하실 수도 있다. 실제로 이 세 가지 모두가 합해진 것일 수도 있다. 모든 사람이 똑같은 방법으로 부르심을 듣는 것은 아니다. 다양한 방법이 있다는 것을 간과하면 하나님이 우리를 세계 선교로 부르시는 것을 놓치기 쉽다.

※ "The Call to Missions," *SVM2 Times 3*(October, 2006)을 이 책에 맞게 수정함.

1.6
한국에서 여성 선교사가 된다는 것 : 그 의미와 성장에 대해서

조명순(한국형선교개발원, 일본)

자신이 여성이든 남성이든 상관없이 주님의 자녀로 구원받고 이 땅에서 '사역자'로 살아간다는 것은 큰 축복이다. 증인의 삶을 살아내는 기쁨을 그 어디에 비교할 수 있을까? 사역자는 또 다른 의미에서 선택받은 삶이다. '선택'은 나를 선택한 것과 내 자신이 선택했다는 두 가지 측면을 가진다. 내가 '사역자의 길'에 서도록 누가 나를 선택했을까? 그리고 내가 그것을 기꺼이 선택했을 때 어떤 마음이었나? 이 두 가지를 늘 기억한다면 사역자는 언제나 감사하고 즐기며 자신의 길에서 충성을 다할 수 있을 것이라고 생각한다.

같은 사역자인데도 '여성 사역자'라고 특별히 성(性)을 첨부하는 이유는 남성과는 다른 속성과 환경으로 인해 '어떤 독특함'이 있기 때문이다. 전통적인 관점에서 한국 사회는 '일하는 여성'으로 살아가는 것이 쉽지 않은 환경이다. 선교계 역시 수많은 여성 선교사들이 있음에도 불구하고 여전히 '건강한 평가'를 받지 못하는 형편이다. 그러나 긍정적인 것은 여성 사역자에 대한 시각이 과거와 많이 달라졌으며, 여성 사역자 스스로도 건강하게 성장하기 위해 노력하며 전문 사역자로서의 자리매김을 하는 것이 눈에 띈다는 점이다.

전 세계 인구의 절반이 여성이고, 선교 사역자의 3/4이 여성이다. 그러므로 여성 사역자들이 건강하게 성장할 때 선교도 건강해진다. 이 글에서는 한국 선교계의 세 가지 부류의 여성 사역자들에 대해 생각해 보려고 한다.

충성된 선교 단체 '자매 간사'들

한국에는 공식적인 선교 단체만 150여 개가 된다. 이곳에서 '간사'로 호명되는 수많은 사역자들이 헌신해 활동하며, 그 가운데 대부분이 자매들이다. 마치 선교 단체의 실핏줄처럼 많은 자매들이 활동하고 있다고 해도 과언이 아니다. 이 '자매 간사'들은 모두 고급 자원이다. 이들은 현장 선교사로 나가고자 하는 소망을 갖고 단체에 들어와 사역을 시작하는데, 많은 경우 장기간 사역하지 못하고 중도 탈락한다. 그 원인이 과다한 일과 그와 비례하지 않는 적은 사례, 열악한 업무 환경 등 외부에 있다고도 할 수 있지만, '사역자'는 외부 환경을 먼저 생각하기보다는 내부, 즉 자신 안에서 원인을 찾아 극복할 수 있어야 한다. 앞에서 언급했듯 '선택'에서 선택하신 분과 나 자신이 주체였다는 것을 확신한다면, 어렵지만 기꺼이 여성 간사로서의 장벽을 넘을 수 있을 것이다. 그렇다고 '간사'들에게 모든 책임을 넘기는 것도 무책임하다. 문제의 원인을 찾고 격려하여 그들이 귀하고 헌신된 선교사로 성장해 가도록 도와야 한다.

자매 간사들의 중도 탈락 원인을 생각하며 내가 발견한 것은 상대적으로 낮은 자매 간사들의 자존감이다. 선교사들의 필요를 돕는다는 명분이 있기는 하지만 자잘한 심부름 같은 일들에 묻혀 지내서인지 혹은 단체의 결정권을 가진 그룹이 대부분 형제들이라서 그런지 자매 간사들은 전반적으로 수동적이고 활기가 없다. 첫 발을 내디뎠을 때의 비전을 상실한 채 일정 기간 지나면 간사직을 '그만두겠다'는 마음으로 일하면서 어떻게 좋은 결과를 기대하겠는가? 선교 단체의 업무는 '일'이 아니라 '사역'이다. 선교 단체에서 간사로 10년 이상을 사역했는데도 일정 정도의 책임 있는 자리에 이르지 못하고, 결정을 내릴 수 있는 자리는 외부 영입이나 현장에서 사역하다 안식년으로 들어온 선교사에게 맡겨지는 현상 같은 '자매 간사'들의 의욕을 떨어뜨리는 구조적 모순 역시 개선되어야 할 부분이다.

미혼 여성 선교사

수많은 미혼 여성 선교사들이 선교 현장에서 사역하고 있지만, 세계 선교 역사 속에서 여성 선교사들의 역할은 소수를 제외하고는 늘 그늘에서 사역하는 이들처럼 여겨진다. 그들이 없었다면 많은 부분을 놓쳤을 것이라는 칭찬도 따르지만, 어떤 선입견으로 인해 상대적으로 평가절하되는 것은 부인할 수 없는 사실이다. 한국은 아직까지 기본적으로 유교적 사고가 깔린 사회이기 때문에 '결혼하지 않은 여성'에 대한 선입견이 있다. 무언가 결함이 있거나 강하고 드세다고 여기는 인식이 있다.

오늘날 한국 사회가 변화하면서 젊은 여성들 가운데 결혼을 하지 않으려는 사람도 많아졌고 결혼 연령도 높아졌다. 교회 안에서도 마찬가지로 미혼 여성의 수는 두드러지게 증가하는 추세다. 그러나 여전히 선교사로 나가고자 하는 미혼 여성 선교사들에게는 '결혼하지 않은 것'이 높은 장벽으로 인식된다. '결혼하고 가지' '혼자 가서 뭐하게'라는 식으로 선교사의 길을 달려가려는 자매들의 기운 빼는 말들을 쉽게 내뱉는 어른들과 심지어 후원 금액에도 차별을 두는 것 때문에 가슴앓이를 하는 미혼 여성 선교사들이 많다.

장기 미혼 여성 선교사

미혼 여성 선교사들이 심정적 차별의 장벽을 뛰어넘어 현장에 들어가도 또 다른 높은 장벽을 만나게 된다. 미혼 여성 선교사는 같은 여성 선교사인 부인 선교사들과도 어울리기 어렵고, 형제 선교사들과의 관계 역시 쉽지 않으며 교제권의 한계도 있다. 게다가 '혼자'라는 것 때문에 팀에서 원하지 않는 사역을 해야 하는 경우도 있다. 독자적으로 사역을 할 수 있는 능력이 있음에도 불구하고 '혼자서는 못한다는 기우' 때문에 파송 교회와 본부는 미혼의 여성 선교사에게 독자적인 사역을 잘 허락하지 않는다. 또 사역을 잘 해내고도 제대로 평가받지 못하는 경우도 종종 있다.

미혼 여성 선교사들은 이런 다양한 편견으로 인해 스트레스를 많이 받는다. 독립성이 강하면 '드세서 무섭다' 또는 '저래서 결혼을 못했지'라는 농담을 하고, 의존적이고 여성스러우면 '그래서 사역하겠느냐'는 식의 평가를 받는다. 또 보호받지 못하고 있다는 두려움과 스스로 결정해야 할 때의 힘든 시간 등 기본적으로 혼자 극복해야 하는 요소들이 많다. 외부의 시각에서 바라본 '균형'(말하자면 외유내강)을 유지하는 것이 쉽지 않다.

주관적인 평가지만, 대체로 장기 미혼 여성 선교사들은 조금은 전투적인 경향인 경우가 많다. 적극적으로 장벽을 뛰어넘고 사역하며 자연스레 몸에 밴 모습이라고 생각한다.

단기 미혼 여성 선교사

2년 미만의 짧은 기간이지만 장기 선교사를 꿈꾸며 젊은 날에 선교 현장에 가려는 많은 자매들이 있다. 선교단체의 간사들보다 한 발 더 내디딘 사람이라고도 할 수 있는 이들 역시 귀한 선교 자원이다. 이런 자매들이 잘 성장함으로써 건강한 장기 사역자들이 나오고, 장기 선교로 이어지지 않는다 하더라도 장차 그들이 소속된 교회의 선교 성장에 많은 역할을 하게 된다.

그러나 이들에게도 자매이기 때문에 가지는 '장벽'이 있다. 2년 미만의 단기간이기 때문에 그들이 소속된 교회는 오히려 너그러울 수 있지만, 이들은 현장에서 '장벽'을 만나게 된다. 어리고 선교 경험이 적은 사역자들에 대한 현장 선교사들의 대우로 인해 크게 실망한 많은 단기 사역자들의 볼멘 간증을 듣는다. 자매 쪽의 실수도 있을 수 있지만 (어린) 자매라서 더 가볍게 보는 것일 수도 있다.

단기로 온 자매들을 단순 일꾼helper처럼 여기는 현장 선교사의 인식은 선교사라는 정체성을 갖고 나간 단기 사역자에게 큰 장벽이 아닐 수 없다. 그래서 혼자 속상해 하다가 결국은 귀국해 버리는 단기 자매 사역자들이 탈락하지 않고 '선교사'로 성장하도록 어떻게 도울 것인가도 큰 과제다.

엄마와 아내로서의 여성 선교사

교단 선교부에서 사역하며 가장 가슴 아팠던 것은 선교사들이 병이 들어 일시 귀국을 신청했을 때다. 병은 누구에게나 찾아오지만 주로 여성 선교사들의 경우가 더 많았다.

부인 선교사들의 심리적·물리적 과중함을 명확하게 표현하기란 어렵다. 자녀들에 대한 애잔함과 남편 선교사를 도우면서 자신도 선교사라는 사실을 잊지 않고 사역처럼 보이지 않는 수많은 일들 속에 묻혀 누구에게도 말 못하는 가슴앓이를 한다. 누구의 아내로 불리면서 '선교사 정체성'에 대한 회의를 갖기도 한다. 남편과 아이가 있는 '가정'이 있다고 해서 미혼 여성 선교사보다 외롭지 않은 것도 아니다. 이들도 선교사이기 때문이다.

어떤 영역에서는 남편 선교사보다 탁월한 부인 선교사들이 많다. 그럼에도 부인 선교사들이 느끼는 사역에 대한 성취감과 만족감은 상대적으로 떨어지는 것이 현실이다. 부인 선교사들이 현장에서 '가정주부' 이상의 것을 할 수 있도록 격려하고, 그 장(場)을 열어 주는 것이 건강한 선교사 가정이 되도록 돕는 길이다.

여성 사역자의 성장을 위한 제언

한국 사회가 점차 변화되어 여성들의 활동이 활발해짐에 따라 선교계에서도 여성 선교사에 대한 인식이 변해 여성들을 진정한 동역자로 여기는 분위기가 만들어지고 있다. 그러나 무엇보다 '여성 사역자 자신'들의 변화와 성장을 위한 노력이 없으면 환경이 나아지는 것이 큰 의미가 없다. '건강한 정체성'은 외부의 정의도 중요하지만 여성 스스로 자기 자신에 대해 어떻게 정의하느냐가 중요하다. 한국에서 여성 사역자로서 지속적으로 성장하며 변화해 가기 위한 몇 가지 제언을 한다.

영적 성장을 위한 노력

남녀를 막론하고 사역자는 관계 맺기를 잘해야 한다. 가장 중요한 것은 하나님과의 관계다. 수직적인 관계가 깨지면 모든 것이 어긋난다. 선택이라는 단어를 다시 한 번 더 이야기하자면, 이것은 주되심Lordship과 관련이 있다. 내 삶의 주인이 하나님이심을 인정하는 것이다. 그분이 나를 선택해서 '지금 이 자리'에 있게 하셨다는 것을 놓치지 않는다면 높은 장벽들을 뛰어넘을 수 있을 것이다.

여성에 대한 잘못된 편견과 환경이 조금씩 변하고 있다. 무엇보다 여성 사역자 자신이 주님과 건강한 관계를 맺는다면 환경과 관계없이 계속해서 성숙해 가는 사역자가 될 것이다.

정서적인 면의 강화를 위한 노력

여성들의 강점이자 약점이 될 수 있는 것은 '풍부함과 섬세함'이다. 여성 사역자와 함께 일하기 힘들다고 하는 형제들은 여성 사역자들이 공과 사의 구분을 잘 하지 못하고, 공적으로 지적하는 것을 사적 지적으로 알아듣고 감정적인 대응을 해서 어떻게 맞추어야 할지 모르겠다는 말을 종종 한다. 실제로 감성은 이성을 앞질러 행동하게 한다. 그러나 선교는 사람을 세우는 일이므로, 이러한 '감성'을 잘 관리하고 절제하면 따뜻한 사역을 이루어낼 수 있는 강점으로 작용할 것이다.

여성 사역자들은 자신의 감정 관리 훈련을 잘해야 한다. 여성 스스로 정서적으로 놓치는 부분에 대한 자기 점검을 해야 한다. '감정'에 솔직하되 '이성적' 사고를 위해 경청하는 자세가 필요하다. 다른 의견을 가진 사람에 대한 감정 조절 등 안정된 정서를 위해 여성 스스로 노력해야 할 것이 많다. 외롭다고 느낄 때 즐길 수 있는 취미 갖기, 즐거운 대화를 나눌 수 있는 편하고 마음 맞는 사람들과 관계 맺기, 재정의 많고 적음과 관계없이 자유함 누리기 등을 배워야 한다. 정서적으로 안정된 여성 사역자 주변에는 많은 사람들이 있음을 필자는 경험을 통해 배웠다.

사역을 발전시키려는 노력

오랫동안 사역자의 길을 걸었다고 해서 사역을 잘하는 것은 아니다. 또 사역을 잘하고 있는지 아닌지 가장 잘 아는 것은 본인 자신이다. 단체의 평가나 외부의 평가가 있지만 무엇보다 자신의 사역에 만족하는지 늘 돌아봐야 한다. 특별히 여성 사역자는 더욱 '자신의 사역'에 대해 엄격한 기준을 가져야 한다. 자신의 평가에 따라 더 보강해야 할 것과 버려야 할 것을 정리할 수 있어야 한다.

사역자들은 자신과 자신의 사역에 대해 이야기 나누고 조언해 줄 멘토가 필요하다. 때로는 사역의 방향을 바꿔야 할 때도 있는데, 여성 사역자가 사역을 바꾸고자 할 때 파송 교회나 주위의 장벽에 부딪히기 쉬운 것이 현실이다. 또 여성 사역자 스스로 새로운 일이나 환경을 두려워하기도 한다. 발전적 성장을 위해서도, 사역의 방향을 용기 있게 바꿀 수 있기 위해서도 하나님과의 관계가 매우 중요하다는 것을 다시 한 번 기억해야 한다. 사역은 그분으로부터 출발하기 때문이다.

지적 성장을 위한 노력

사람은 나이를 먹을수록 건강과 재정, 전문성 등 세 가지가 충족되면 행복감을 느낀다고 한다. 사역자에게 건강과 재정은 자신의 노력보다 하나님의 손에 있기에 자유로울 수 있지만, 전문성은 기도하면서 노력하는 만큼 주신다고 생각한다.

특별히 여성 사역자는 자기 전문성을 위해 끊임없이 노력해야 한다. 자기가 사역하는 영역(지역 혹은 사역 분야)에서는 외부로부터의 인정을 받을 수 있도록 구비되어야 한다. 필요하다면 공부를 더 하기도 해야 한다. 현장 선교사라면 탁월한 언어 수준을 갖추어야 할 것이다. 이미 한국 사회도 정보화 사회가 되면서 '전문성'을 갖춘 사람에 대해서는 성별과 상관없이 인정하는 분위기다.

전문성은 사람으로 하여금 건강한 자긍심을 갖게 한다. 이것은 교만한 마음과는 다른 것이다. 지적 성장은 여성 사역자를 가볍게 대하지 못하게 하는 보호막 역할도 하는 부수적인 효과도 있다. 전문성을 구비하는 것은 여성 사역자로 하여금 장벽이 높은 환경에 겸손하게 대응하게 하는 힘을 주기도 한다. 무엇보다 사역자가 성장하는 만큼 자신의 사역 현장도 성장한다는 사실을 놓치지 말아야 한다.

격려와 서로 세움

사역은 남성과 여성을 구분하지 않는다. 우리 모두는 약점이 있다. 하나님 앞에서 한계를 인정하고 겸손하게 문제를 들고 나갈 때, 우리는 해결책을 얻게 될 것이다.

여성 사역자들이 점차 늘어나는 한국 선교계에서 여성 사역자들을 선입견보다는 하나님 나라를 위해 발을 내디딘 사역자로 바라봐야 한다. '여성'이기 때문에 가진 강점과 약점에 맞추어 적합하게 훈련시키고, 건강한 사역자로 성장하고 변화해 가도록 돕고 격려해야 한다. 여성이라는 이유로 겪게 되는 어려움 때문에 혼자서 가슴앓이하다가 중도 탈락하는 일이 일어나지 않도록 모두가 협력하고 돌아보아야 한다. 지금도 곳곳에서 자리를 지키는 모든 여성 사역자들에게 존경의 마음을 보낸다.

Global Perspectives 1.7

변진석(GMTC 원장)

현지 교회와 밀착하는 비서구 교회 선교사

한국 선교사들을 비롯해 비서구 출신 선교사들은 그들의 존재 자체가 기독교가 서구의 종교가 아닌 만민을 위한 진리임을 보여 주는 훌륭한 예증이 될 수 있다. 소위 기독교권 Christendom 밖에서 일어난 선교 운동의 산물로서 비서구 선교사들은 지난 시대 많은 선교사들이 지녔던 '우월한 기독교 문명의 전달자' 및 '승리주의'적 태도를 버리고 여러 면에서 (생활태도나 수준) 현지 문화와 교회에 더 밀착해야 할 것이다.

무엇보다 현지 교회와 현지인들에 대해 범사에 '가르치려는' 태도보다는 겸손히 배우는 가운데 복음의 능력이 다른 어떤 물질이나 지식에 근거하는 것이 아니라 삼위일체 하나님과의 친밀한 교제에 뿌리 내리고 있음을 보여 줄 수 있어야 한다.

문화의 차이를 이해하는 선교사 훈련

한국 선교사들의 경우 타문화에 대한 이해와 사역의 기술을 심화하고 확장시키는 것이 중요하다. 하지만 그에 앞서 한국인으로서 우리의 의식구조와 문화에 대한 인식을 갖고 그것이 선교지에서 어떻게 강점과 약점으로 나타날 것인가를 이해하는 것이 필요하다. 또한 한국의 교회 문화와 복음을 구분할 수 있는 능력을 키워, 단순한 문화의 차이를 오류로 간주하는 우를 범하지 않도록 교차문화적 신학화 cross-cultural theologizing 훈련을 받아야 할 것이다. 나아가 세계화 시대를 살아가는 선교사로서 자신의 선교지 상황을 세계적 관점에서 분석할 수 있는 지식과 방법을 터득하는 것이 중요하다. 뿐만 아니라 선교지에서 영성과 인격을 계속적으로 발전시켜 나갈 수 있는 목표와 실천계획을 가지도록 훈련받는 것이 중요하다.

미래 선교사의 성품과 영성 자질

경건성과 통합성을 갖추는 것이 중요하다. 경건성이 하나님을 추구하는 갈망과 그분의 뜻에 순종하고자 하는 헌신과 열정이라면, 통합성은 성경과 문화, 생활과 사역, 이론과 실천, 가정과 사역, 개인의 발전과 공동체의 유익을 하나님 나라를 위해 복음의 빛에 비추어 통합해 내는 자질이다.

무엇보다 한국 선교사들은 자신이 삼위일체 하나님과 동역하는 전 세계 교회의 일원이라는 인식을 가지고 선교가 '자신의 일'이 아니라 '하나님의 일'이며, 삼위 하나님 및 그분의 교회와 함께 팀워크teamwork하고자 하는 공동체적 영성을 가져야 한다.

 My Journey 1.8

토니카 반 데어 미르(EMC 총장, 브라질)

나는 기독교 가정에서 자랐지만 학생 전도 집회에서 아름답고도 개인적인 하나님의 사랑을 경험하고 브라질학생운동ABU, Brazil Student Movement에서 활동했다. ABU는 1976년 중남미에서 첫 선교 컨퍼런스를 조직했는데, 나는 그때 주께서 나를 학생 사역으로 부르신다고 믿었다.

하나님이 타문화권 사역으로 인도하신다는 확신은 계속 커졌다. 1979년에 확신을 갖게 되었지만, 그때 나는 실수하지 않고 선교 사역을 잘 할 수 있도록 훈련받기를 원했다. 하나님은 영국에 있는 올 네이션스 크리스천 칼리지All Nations Christian College로 인도하셨고, 거기에서 하나님이 나를 아프리카로 인도하신다고 생각했다.

1983년 말 IFES(국제복음주의학생회)International Fellowship of Evangelical Students에서 나를 앙골라에서 사역하도록 초청했다. 그곳에 생긴 기독 학생 그룹에서 도움을 필요로 했다. 나는 그것이 하나님의 인도하심이라 확신했지만, 앙골라가 공산 정부와 전쟁 중이었기 때문에 두려운 마음이 들었다. 그러나 앙골라에서 10년간 사역했다. 성경학교 교사로서 학생들을 섬겼고, 교회와 앙골라 복음주의연합Angolan Evangelical Alliance과 협력해 사역했고, 병원으로 전쟁 피해자들을 방문하러 다녔다. 나는 사람들과 내가 하는 일을 좋아했다.

그 기간 동안 브라질 선교사 친구들은 훈련 부족과 선교사 관리 문제로 어려움을 겪었다. 나는 주께서 브라질로 돌아가도록 인도하신다면 앞으로 선교사를 훈련하고 돌보는 일을 하겠다고 결심했다.

국내 지도자를 준비시키는 일을 하고 있었던 나는 1996년, 브라질로 돌아가도록 권고 받고, 브라질 비소자Viçosa에 있는 EMCEvangelical Missions Center에서 선교사 트레이너로 사역을 시작했다. EMC는 철저한 프로그램으로 교육하는 학교인데, 내가 선교사를 돌보는 일도 할 수 있도록 해주었다. 나는 필리핀에서 "고통의 현장에서 섬기는 선교사에 대한 이해와 지원"Understanding and Supporting Missionaries Serving in Contexts of Suffering이라는 논문으로 선교학 박사 과정을 마쳤다.

Work Sheet 1.9

스티브 호크

당신은 지금 어디에 있는가?

• 하나님과 당신의 대화를 어떻게 묘사할 수 있는가?

• 하나님과 함께하는 시간에 무엇을 하기 가장 좋아하는가?

• 구체적인 요구 사항들을 어떻게 기록하나? 응답이나 약속은?

• 당신의 선교에 대해 얼마나 구체적으로 이해하며 기도함으로써 관여하는가?

• 성경 읽기와 연구 프로그램을 비롯해 말씀 연구에 어떻게 시간을 쓰는지 기술하라.

- 하나님의 세계적인 목적을 위해 당신은 어떤 재정 투자를 하고 있는가? 하고 있지 않다면, 어떻게 시작할 수 있을까?

- 당신이 하나님을 더 개인적으로 경험하는데 도움을 주는 다른 영적 훈련이나 연습은 무엇인지 기술하라.

- 당신은 지금 하나님의 구체적인 부르심에 대해 얼마나 느끼는가, 즉 어떤 민족이나 사역에 대한 부담감이나 열정을 얼마나 분명하게 느끼는가?

- 당신이 그리스도를 경험한 것을 다른 사람에게 증언할 수 있는 능력은 어떻게 성장하고 있는가?

- 당신의 '향기'와 당신 삶에 하나님의 임재가 있다는 증거를 어떻게 기술할 수 있는가?

다음에 해야 할 일은 무엇인가?

- 나는 _____ 을/를 통해 하나님을 더 잘 알아 가는 법을 배울 것이다.

- 나는 _____ 을/를 통해 기도 시간에 하나님께 귀 기울이는 법을 배울 것이다.

- 나는 _____ 을/를 통해 내 삶에서 하나님의 임재를 연습할 것이다.

- 나는 _____ 을/를 통해 하나님의 말씀에 대한 이해와 적용이 더욱 깊어지게 할 것이다.

- 나는 _____ 을/를 통해 하나님의 목적에 재정 투자를 늘릴 것이다.

- 나는 _____ 을/를 통해 더욱 자연스럽고 향기롭게 예수님의 크신 사랑을 증언하는 사람이 되기 위해 노력할 것이다.

미래는 어떤 모습일까?

- 하나님과 함께 홀로 있기로 계획한 시간, 하나님과의 대화, 성경 읽기와 연구, 다른 사람과 삶을 나눔, 삶의 증거, 그리고 하나님의 임재를 드러내며 살아가는 데 더 집중하려는 열망을 순종적으로 수행한다면, 당신은 어떤 사람이 될까?

  _____

  _____

- 오랜 기간에 걸쳐 당신의 삶에서 어떤 참된 영성의 표지들이 개발되기 원하는가?

  _____

  _____

2

그리스도의 몸에서 사역 정체성 발견하기

그리스도에 대한 헌신이 자라 가야 하는 것처럼 그리스도의 몸을 향한 헌신도 자라 가야 한다. 예수 그리스도를 주님으로 영접한 그리스도인 한 사람 한 사람은 커다란 크리스천 가족의 일원이 된다. 성경은 그리스도인들이 서로 진정한 교제로 연결되지 않고는 온전한 존재가 될 수 없다고 한다. 로마서 12장과 고린도전서 12장은 우리가 서로의 지체이고, 그리스도의 몸의 지체라고 말한다. 우리는 서로가 필요하며 서로 연결되었다.

당신은 교회나 믿음 공동체에 진지하게 동참해서 예배하고, 교제하고, 배우고, 그 공동체를 섬기기 원한다. 대학생이라면 이것은 두 교회, 즉 집에서 다니는 교회와 학교에서 다니는 교회에 관계되었다는 것을 뜻한다.

교회는 은사 발견을 위한 하나님의 디자인

이것이 과도한 말로 들리지 않으려면, 하나님이 그의 신부인 그리스도의 몸을 어떻게 믿음 공동체로 만드시는지 새롭게 살펴보는 것이 도움이 될 것이다. 믿음 공동체는 가정에서 모이는 그룹이든 대형 교회든 신자들이 하나님이 그들에게 디자인해 두신 은사와 그리스도의 몸에서의 역할을 발견하는 장이다.

다음에 소개하는 '삶의 청사진 발견하기'에서, 폴 포드는 성령이 그의 새 가족을 서로 의존하도록 연결해 놓으신 그 고상함을 기술한다. 하나님 아버지와 더욱 친밀해지고 오직 그리스도의 몸을 통해서만 역사하시는 성령의 강력한 능력을 경험하기 원한다면, 함께 사는 삶에 헌신하는 것은 필수적인 두 번째 단계다.

선교사로 섬기고자 준비하는 사람들은 여러 방법으로 참여해야 하는데 학교, 시장, 직장, 선교사 훈련 학교, 그리고 기타 삶의 현장에서 다른 그리스도인들과 함께 있어야 한다. 선교사 파송 기관과도 연결되고 지역의 믿음 공동체에 참여해서도 섬겨야 한다.

이렇게 하는 이유는 그들의 섬김이 없어서는 안 되기 때문이 아니라 그들의 믿음이 성장할 수 있는 관계적인 환경이 필요하기 때문이다.

당신에게는 몸이 필요하다. 당신의 지역에 있는 그리스도의 몸에 견고한 기반을 두지 않고는 타문화 선교를 시작하기 어렵다. 당신은 성경공부를 인도할 수도 있고 매주 젊은 그리스도인들과 기도와 친교 모임을 가질 수도 있다. 전도 팀에 동참할 수도 있고 가정 그룹이나 셀 그룹에서 섬길 수도 있다. 교회에서 여름에 인턴으로 일할 수도 있으며 다른 신자들과 함께 매주 주위의 가난한 사람들을 도울 수도 있다.

사역은 관계적이다

여러 지역에서 사역을 하면서 다른 사람들로부터 당신이 얼마나 효과적으로 일하는지에 대해 확증받기 시작할 것이다. 당신은 골방 기도가 아니라 안목 있는 다른 신자들의 피드백을 통해 은사를 발견한다. 당신의 친구가 "당신은 그 과목을 정말 효과적으로 가르쳤습니다"라고 말할 수도 있다. 혹은 다른 사람이 "당신 집에서 소그룹 모임을 가졌을 때 당신은 모든 사람들이 편안하고 환영받는 느낌을 갖도록 해주었어요"라고 말한다면, 이것은 당신에게 사람을 환대하는 은사가 있음을 나타내는 말일 수도 있다.

사역은 유기적이다

당신이 새신자라면, 여러 종류의 사역에 자원해 보라. 신앙생활을 한 지 어느 정도 됐지만 은사가 무엇인지 모른다면, 기회가 생길 때 어느 사역이든 시작하라. 다른 사람들에게 당신이 얼마나 적합하고 효과적으로 일했지 피드백을 부탁하라. 비교적 짧은 시간 안에 영적으로 관심 있는 사역을 찾거나 그 사역으로 인도될 것이다.

당신이 하는 역할이 이사를 돕는 것이든, 가르치는 것이든, 소그룹을 인도하는 것이든, 전도에 참여하거나 시작하는 것이든, 사람들을 환대하거나 모이게 하는 것이든, 그 역할을 감당하며 섬기면서 그 영역의 섬김에 영적인 능력이 있는지에 대해 피드백을 받기 시작할 것이다. 그 사역을 계속해야 할지 아니면 다른 사역을 찾아야 할지에 대해 성숙한 그리스도인들이 조언해 줄 수 있을 것이다. 몸은 그렇게 살아간다.

사역은 상호적이다

공동체나 교회에서 무엇인가 받기를 기대하기 전에 먼저 교회의 지체가 되어 당신의 삶으로 공헌해야 한다. 지역의 믿음 공동체에서는 사람만이 아니라 중보기도, 조언, 격려, 재정도 공급되는데, 이런 것들이 세계 선교 사업을 가능하게 한다.

새로운 헌신에 대해 나누라

가족과 지역의 믿음 공동체에게 말하라. 부모, 가족, 그리고 목회자에서부터 시작하라. 선교에 관한 어떤 결정 사항이나 약속에 대해 목회자들과 나누라. 그들에게 영적인 지도를 부탁하고 도움을 구하라.

선교에 열심을 내는 아주 많은 젊은이들이 선교에 열정을 쏟는 중요한 초기 단계에 그들의 부모와 가족을 등한시하는데, 부모나 다른 가족들이 당신의 결정에 대해 찬성하지 않고 당신이 집과 직장을 떠나 타문화권으로 갈 생각에만 빠졌다고 생각한다면 어떻게 하겠는가? 이런 문제뿐만 아니라 그 외의 수많은 질문에 대해 웹사이트 애스크어미셔너리www.AskAMissionary.com에서 답을 찾을 수 있다. 자주 이곳을 방문해서 당신이 받게 될 실제적이고 때론 속이 뒤틀리는 질문들에 대해 풍부한 경험이 깃들인 대답을 듣도록 하라.

당신의 믿음 공동체에 구체적인 기도 후원을 요청하라. 그들이 당신을 가장 지지할 사람들이므로 그들에게 재정 지원을 요청하기에 앞서 먼저 관계와 의사소통을 육성해 가는 것을 소홀히 하지 말라. 초기 단계에서부터 그들이 적극적으로 참여하게 하라. "당신이 저라면 타문화 섬김을 위해 어떻게 준비하시겠어요?"라고 물으라. 목회자에게 진정으로 듣고 싶어 하며, 들을 준비도 되었고, 배우려 하고, 교회에서 효과적인 사역을 준비하기 원한다는 것을 목회자가 알도록 하라.

실제적인 영적 인도자나 멘토가 될 수 있는 신실한 믿음의 어른들을 찾으라. 당신을 멘토해 줄 수 있고 함께 기도할 수 있는 특별한 사람이나 부부가 있는지 교회와 공동체의 리더에게 물어 보라. 나이가 많은 사람일 필요는 없지만, 이 여정에서 당신보다 여러 단계 앞서 있는 경험 있고 성숙한 그리스도인이어야 한다.

여기서 이루어지는 일은 단순한 상담 이상의 일이다. 살아가는 방식에서 하나님 나라의 가치가 분명히 나타나고, 일종의 영적 디렉터로서 당신과 정기적으로 기꺼이 시간을 갖고자 할 성숙한 사람을 찾으라. 어떤 교회에는 목회자나 선교사 후보생들을 '관리'under care 하는 과정이 마련되어 사역 훈련을 받으면서 그 과정을 밟을 수 있도록 한다.

소속 교회의 선교에 참여하라

교회를 위해 선교나 세계선교위원회에 동참하거나 시작하겠다고 하라. 교회를 위한 하나님의 외교 정책에 순종하려는 다른 성도들과 동참하는 가운데 많은 사안들이 당신 마음속에 분명해질 것이다. 교회의 선교 정책과 후원에 대한 토론과 연구를 통해 당신의 이해가 커질 것이고 개인적인 후원에 대해서도 알게 될 것이다.

당신에게 새롭다거나 혹 선교에 대해 하나님이 당신에게 가르쳐 주시는 내용과 달라 보이는 것에 대해 물어 보는 것을 두려워하지 말라. 교회가 더 힘을 들여 더욱 효과적으로 선교에 참여할 수 있도록 당신이 도움을 주는 역할을 할 수도 있다.

지역 교회들이 그들의 선교사 후보생들을 훈련하는 데 있어 점점 더 큰 책임을 맡고 있다. 여기에는 보통 구체적인 인격 자질과 사역 기술을 함양하는 인턴 과정과 견습 과정이 포함된다. 교회는 이런 사람들을 크리스천 사역에 부르심을 받은 사람으로 인식하고, 훈련 기간과 미래의 사역에까지 그들을 지원하려고 한다. 교회가 당신의 미래 사역을 확정하고 후원 여부에 대해 결정하는 것도 이런 시험 기간 동안에 한다.

소속 교회에 강한 선교 훈련 프로그램이 없다면 이 책을 리더들과 공유하라. 이 책을 통해 당신 자신에 대해 배운 것을 나누라. 교회가 어떤 한 사람의 타문화 사역을 돕는 과정에 대해 아무것도 모른다 해도 당신은 여전히 그들의 기도와 조언이 필요하다. 당신이 앞장서서 그들에게 당신의 관심과 동기에 대해 알려 주기 시작하라. 그들이 멀리서 그것을 알아차릴 것이라 기대하지 말라.

책임 있는 관계를 개발하라

영적 성숙에는 관계와 책임, 그리고 이 둘의 역학관계

가 중요하다. 개인주의를 지나치게 강조하는 문화가 기독교를 관계에서 약하게 만들었다. 성장을 위한 멘토링 관계에는 개발을 보장할 수 있도록 멘토와 동료, 그리고 젊은 그리스도인들을 아우르는 네트워크가 있어야 하고, 삶과 사역에 대한 건강한 관점을 가져야 한다[나중에 소개하는 '번성' 전략을 개발하라(125-129페이지)와 '개인 멘토 찾기 연습'(345-350페이지)에서 좀더 논의한다].

둘째로, **책임**을 위해 멘토링 관계가 필요하다. 당신은 격려와 보호를 위해 상호 지원 관계를 가질 수 있는 친구나 동료와 '횡적인' 동료 멘토링 관계를 찾아야 한다. 이 관계는 당신을 고무시키고, 서로 교류하며 개인적인 차원에서 서로 책임을 지는 동료들과의 편안하고, 개방적이고, 적절한 관계이다. 책임을 중시하는 관계는 사역을 잘 마치기 위한 안전장치가 된다.

재정 관리에 대한 약속을 보여 주라

언젠가 당신이 처하게 될 상황에 있는 선교사를 위한 기도, 재정 지원, 그리고 격려하는 일에 당신 자신을 실제로 투자하는 동안 선교가 당신에게 더 실제적인 일로 다가올 것이다. 그래서 당신이 지원받게 될 때 다른 사람을 지원하면서 얻었던 경험으로 인해 후원자에 대한 당신의 사역이 향상될 것이다. 그리고 지혜롭게 투자하기 위해 많이 배우게 될 것이다.

다른 문화권을 '여행하라'

사람들이 점점 더 세계 여행을 많이 하는 추세다. 이 여행자들과 연결해서 그들의 경험을 당신과 나눌 수 있도록 부탁하라. 그렇게 함으로써 타문화 관련 문제와 사역에 대한 이해가 깊어질 것이다. 선교사들과 대화하라. 외국 학생들을 집으로 초대하고, 같이 공부하고, 같이 어울리라. 현재 속한 지역 사회와 도시에서 외국 사람들과 친분 관계를 먼저 개발하라(131페이지 지문선의 '한국에서의 타문화 유학생 사역'을 보라). 다른 나라로 단기 여행을 떠나기까지 기다리지 말라.

실습 훈련을 하라

그리스도의 몸 안에서의 실습 경험을 통해 얻는 훈련의 가치를 간과하지 말라. 아무리 보잘것없는 일이라도 그 일에서 중요한 교훈을 배우고 가치를 개발할 수 있다.

선교사는 자족할 줄 아는 사람이어야 한다. 다음 세대 선교사는 선교지에 머무를 수 있는 비용을 마련하기 위해 그들의 기술을 활용해야 할 수도 있다. 창의력을 가지고 일상의 임무를 효과적으로 수행할 방법을 찾아야 한다.

모든 일을 학습의 기회로 여기라. 열린 마음과 하나님이 어떤 목적을 가지고 당신을 이곳에 두셨다는 순전한 믿음으로 접근하고, 최선을 다하라. 다른 사람들의 지시에 따르는 법도 배우라. 팀으로 사역하는 것을 배우라. 세상의 어려운 지역에서 믿음 공동체를 새로 시작하려는 투지와 열정이 진실된 것인지 실험해 보라. 먼저 시작하라. 혁신하라. 새로운 사역을 시작하라.

서구의 젊은이들은 집을 떠나 홀로 살아갈 수 있을 때까지는 '성인'으로 여기지 않는다. 학교를 포함해서 우리 사회는 젊은이들을 아직 중대한 책임을 감당할 준비가 안 된 사람처럼 대할 때가 너무 많다. 이런 함정에 빠지지 말라.

다양한 일을 스스로 감당함으로써 책임감이 개발된다. 책임감과 선교에 대해 다른 사람들이 하는 말을 잘 들으라. 기회가 있는 대로 삶의 현장에서 일의 경험을 쌓으며 전문적인 기술을 갈고 닦으라.

기도하고 계획하면서 하나님의 음성을 듣고 하나님의 만지심을 느껴 보라. 당신에게 두신 하나님의 길을 발견하라. 교회가 당신을 도우면서 그들도 비전을 갖게 될 것이며, 더 많이 찾으려 할 것이다.

2.1

평가 3 | 삶의 청사진 발견하기

폴 포드(CRM 리더십과 팀 구축 전문가, 미국)

나는 15년 넘게 걸려서, 그리스도인들과 그리스도인 리더들이 자신의 존재에 대해 기본 성격에서부터 강력한 영적 은사에 이르기까지, 잠재적인 동기 부여의 필요에서부터 은사에 대한 책임에 이르기까지 전반적인 모습을 발견하도록 도울 방법을 찾았다. '당신의 리더십 그립/비르크만 청사진' Your Leadership Grip/Birkman Blueprint의 수많은 코치들과 나에게는 사람들이 그들 삶의 청사진, 즉 각 사람이 그리스도의 몸 안에서 성령의 능력을 받은 그들의 역할을 수행하도록 하나님이 그려 놓으신 자연적·초자연적 설계도를 발견하도록 돕는 것이 큰 기쁨이다.

그립/비르크만 청사진을 발견하기까지 내 순례의 여정을 나누기 전에 기본적인 한 가지를 분명히 해 둔다. 현대의 많은 문화들을 주도해 가는 공공연한 개인주의 때문에 나는 각 신자들이 진정한 성경적 세계관으로 자신을 볼 수 있는 렌즈를 개발해야 한다는 것을 일 찍 깨달았다. 나는 그 세계관을 '보디 라이프 디자인 팀' Body Life Design Team이라고 부른다. 다른 말로 하면, 우리 각자가 하나님이 우리에게 어떻게 사역 준비를 시키셨는지 이해하려고 할 때, 우리는 먼저 하나님의 목적이라는 더 큰 그림에 다른 사람과 함께 어떻게 어울리는지 이해해야 한다는 말이다.

당신과 나는 하나님의 보디 라이프 디자인 팀의 특별한 일원이다. 이것이 무엇을 의미하는가? 이 단어들은 내가 누구이고, 나는 어디에 맞는지, 그리고 내가 어떻게 최선으로 섬길 수 있을지에 대해 분명히 규정한다.

첫째, **보디 라이프**는 그리스도 안에 사는 것이 내 존재의 의미의 핵심을 나타낸다. **보디 라이프**는 무엇보다 나는 그리스도의 십자가로 인해 절대적인 의미를 갖는다는 것을 뜻한다. 내가 행하는 것, 말하는 것, 쓰는 것, 전하는 것, 상, 지위, 영예, 또는 그 어떤 인간관계도 그리스도 안에 이미 있는 내 존재보다 더 나를 의미 있게 만들지 못한다. 십자가로 인해 나는 하나님이 보시기에 참으로 특별한 하나님의 자녀가 된다. 내 힘으로 된 것이 아니라 예수께서 나를 위해 그렇게 해주심으로 내 모든 삶은 소중하고 의미 있게 된다. 그 누구도 그것을 빼앗지 못하고 파괴할 수도 없다.

둘째, **디자인**이 의미하는 것은 하나님이 내가 감당할 역할을 직접 설계하시고, 놀랍고 영적인 방법으로 내게 맡기셨다는 것이다. 그리스도인으로서 나는 전적으로 의미 있는 사람이지만, 그것과 별개로도 그리스도의 몸에서 다른 사람은 할 수 없는 나만의 역할이 있다. 내 역할은 아주 중요해서 삼위의 하나님이 모두 나의 보디 라이프 기능의 설계와 제정에 참여하셨다. 성부는 은사를 결정하시고(고전 12:18을 보라), 성자는 은사를 주시고(엡 4:7을 보라), 성령은 능력을 부어 주셨다(고전 12:11을 보라). 하나님 나라의 목적에 우리가 그렇게 중요한 존재다!

어느 누구도 내 고유한 청사진을 수행할 수 없기 때문에, 나는 내 사역의 정체성을 이해하고 그에 맞게 살기 위해 애써야 한다. 나의 설계도와 강점을 이해하고 나면, 다른 사람들과 함께 일하게 될 내 영역을 볼 수 있다. 나는 그리스도의 몸 안에서 내가 누구인가 하는 것뿐만 아니라 내가 누구를 필요로 하는가를 이해한다.

셋째, **팀**은 그리스도의 십자가로 인해 전적으로 의미 있는 사람이며 감당해야 할 고유한 역할을 가진 사람으로서 내가 어떻게 최선으로 섬길 수 있을지에 관한 이해에 필요한 것인데 자주 잊어버리는 것이다. **팀**이란 몸의 하나됨을 위해 일하기로 선택한다는 것을 의미한다. 개인주의적인 문화에서 우리 각자는 하나님이 몸 안에 두신 다른 사람들은 아랑곳하지 않고 나만의 것'을 갖고 싶어 한다. **팀** 안에서만 예수께서 요한복음 17:20-26에서 기도하셨던 하나됨을 이룰 수 있다. 예수님은 당시 제자들의 하나됨뿐만 아니라 후에 믿게 될 우리들을 위해서도 기도하셨다. 예수님은 시험받은 경험을 통해 사탄이 우리 한 사람 한 사람을 부추겨서 '나'라는 자신을 '우리'라는 몸보다 더 중요하거나 위에 있는 것으로 여기게 하리라는 것을 아셨다.

하나됨은 우연히 생기거나 발견되는 것이 아니라 적극적인 선택이다. 이것은 내가 '나'라고 이름 붙여진 자기중심에서 '우리'라고 불리는 **팀**의 일원이 되는 것으로 옮겨 가기로 의식적이고 의도적으로 결정하는 것이다. 우리는 함께 있는 것이 이치에 맞고 함께 있어야 가장 강력하다. 그것이 우리를 선교적인 삶과 사역으로 이끌어 가는 것이다. 하나됨은 '사도적 특성'Apostolic Genius의 근거지로서 그리스도의 몸에 자리 잡고 있다. 이것은 필요가 있다고 우리가 판단하는 곳에서 우리만의 힘으로 이루어 보려고 하는 독립적이고 개인적이고 사업가적인 충동이 아니다. 그렇게 하는 것은 세계의 수많은 선교사들의 특징인 노골적 개인주의다. 우리가 함께해 성령이 거하시는 곳이 될 때 하나님은 하나님의 목적을 더욱 강력하게 나타내신다(엡 2:22를 보라).

십자가의 중요성에 대한 가장 중요한 문제들과 보디 라이프 디자인 팀이라는 이름으로 내 설계도를 의미 있게 둘러싸고 있는 하나됨에 대한 의지를 가지고, 신자들이 그들의 청사진 도안을 더 깊이 그리고 열심히 이해하도록 도울 방법을 찾아보자.

1980년대에 평신도들은 하나님이 그들에게 설계해 두신 지역 교회 안과 교회 너머에서의 그들의 역할을 발견하고 이룰 수 있는 도구를 개발하기 시작했다.

그 이야기를 담은 워크북 중 하나가 "은사를 준비하기" Getting Your Gifts in Gear다. 많은 그리스도인들과 교회를 위해 유기적인 보디 라이프가 시작됐고, 많은 사람들이 하나님이 그들에게 준비해 놓으신 역할을 처음으로 발견하고 감당하기 시작했다.

1990년대 말까지 효과적인 평신도 동원의 문을 가로막은 것은 다름 아닌 수천 명의 그리스도인 리더들이었다는 사실이 놀랄 만큼 분명했다. 그래서 나는 리더들이 먼저 사역 정체성을 이해함으로써 튼튼한 팀을 세울 수 있도록 사역 팀과 함께 팀을 세우는 세미나를 돕기 시작했다. 리더들이 먼저 은사의 선한 청지기가 되었을 때 그들도 다른 사람들을 준비시켜서 그들의 역할을 수행하도록 내보내는 일에 더욱 뜻을 두었다. 그들은 각각 하나님이 주신 영적 은사들을 소유한 개인들의 집합체로서 '우리가 누구인가'에 대한 선한 청지기가 되었다. 지금까지 나는 리더가 그의 팀 동료들의 은사와 열정을 관리하도록 알차게 훈련시키는 리더십 훈련 사례를 본 적이 거의 없다.

이 과정을 통해서 많은 리더들이 어떻게 하면 '비저너리 리더'visionary leader가 될 수 있을지에 대한 걱정을 멈추고, 성도들을 사역할 수 있도록 준비시켜 내보내는 성경적인 일을 다시 시작한다. 우리는 '사역 정체성 발견하기'라는 학습 과정을 활용해서 '나는 누구인가'가 '우리는 누구인가'에 어떻게 영향을 미치는지 발견한다. 이것은 리더들이 영적 은사에서부터 사역의 부담감이나 열정에 이르기까지 여섯 가지 영역에서 자신들과 그들의 팀원들을 평가함으로써 이루어진다. 보디 라이프 기능의 수행은 모든 사람들이 각자의 역할을 하는 것에 달렸다.

'나'와 '우리'에 대한 청사진은 틀이 잡혀 가기 시작했다. 그러나 효과적으로 평신도를 동원하고 의도적으로 팀을 세우도록 리더들을 도와주면서 나는 계속해서 믿을 수 없을 만큼 그들에게 실망했다. 그리고 나서 1999년에 왜 많은 리더들이 다른 사람들을 준비시켜 내보내지 않는지 그 문제의 핵심을 파악했다. 그것은 목회자와 선교사들을 포함해 약 70퍼센트에 이르는 대부분의 그리스도인 리더들이 그리스도 안에서 자신이 누구인가에 대해 명확하게 이해하지 못하고 있기 때문이었다. 많은 사람들이 은사의 선한 청지기가 되도록 훈련받은 적이 거의 없었다.

평가

이런 실망을 통해 나는 '리더십 그립'을 개발했다. 이 워크북은 그리스도인 리더에게 다섯 가지의 평가로 세 가지 각도에서 자신의 영적 은사를 알아보게 한다. 그 외에 리더는 약점과 더 나은 팀 동료가 되기 위해 누가 필요한지 알아볼 수 있다. 내 목표는 이것이다. **리더들이 비저너리 리더나 목표에 따라 관리하는 관리자, 혹은 자신의 멘토와 같은 리더가 되려고 하기보다 먼저 자신의 강점과 약점을 진지하게 평가한 후 자신에게 누가 필요한지 알아보게 하는 것이다.** 수천 명의 리더와 목회자, 선교사들이 바로 그것을 하고 있다.

전체 청사진

수년 동안 이것을 개발하는 과정에서 나는 그리스도인의 삶에 서로 다른 두 가지 형태의 일이 계속 일어나는 것을 차츰 알게 되었다. 모든 신자에게는 하나님이 지으신 타고난 능력인 성품이 있으며, 또한 성령이 부어 주신 두세 가지의 주된 영적 은사들이 합쳐져서 성령 안에서 그들의 역할을 훌륭하게 해내게 한다. 은사들이 성품으로부터 어떻게 흘러나오는지 그 형식을 주시해 보았다. 나는 우리 삶의 두 영역인 은사와 본성이 그저 단순히 합쳐져서 하나의 형태가 된다고 생각했었는데, 수십 명의 리더들을 관찰해 보니 그들의 본성과 은사가 부분적으로 또는 전체적으로 다른 것 같았다. 어떤 사람들은 성품 자질과 은사를 혼동한다. 재능과 은사를 구별하지 못한다.

어떻게 하면 재능과 은사가 서로 충돌하는 현실을 파악할 수 있게 리더들을 도울 수 있을까? 나는 주께서 이미 내게 중요한 두 개의 퍼즐 조각을 주셨다는 사실을 깨달았다. '당신의 리더십 그립/비르크만 청사진'은 성격과 행동에 관한 정교한 프로필인 '비르크만 방법' Birkman Method을 사용해서 개인과 팀이 그들의 성품과 타고난 능력을 분명하게 알 수 있게 해주고, 영적 은사의 초자연적인 영적 기질에 대한 통찰력을 갖게 해주는 평가 도구다. 이것은 사람들이 그들의 타고난 성품과 강력한 은사, 그리고 재능과 초자연적인 권능의 차이를 그전보다 더 깊이 있고 완전하게 구분하도록 도와준다. 이것은 하나님이 각 사람에게 설계해 놓으시고 그들이 하나님을 믿을 때부터 초자연적으로 능력을 부어 주신 각자의 '삶의 청사진'을 발견하는 접근법이다.

그렇다면 '당신의 리더십 그립/비르크만 청사진'의 중대한 목적은 그리스도인들이 자신이 누구인가에 대해 더욱 뜻을 두고 청지기로 살도록 돕는 것이다. 이것은 또한 다른 사람들을 훈련하고 격려하는 사역을 하는 사람들로 하여금 그들의 팀을 대표하는 의도적인 청지기가 되도록 돕는다. 하나님이 이미 준비해 두신 설계 사양으로부터 초점을 잃지 말고 하나님이 우리 한 사람 한 사람 안에 이미 예비해 두신 것부터 시작하자.

기본적인 영적 은사 목록을 별다른 설명 없이 단순히 이 책에 포함시키는 것은 근시안적인 것처럼 보인다. 우리는 하나님이 설치해 놓으신 것을 독자들이 정확히 이해할 수 있도록 온라인 평가 도구를 고안했다. '당신의 리더십 그립'은 당신에게 있는 성령의 은사들에 대해 컴퓨터로 보고서를 만들어 주고, '당신의 리더십 그립/비르크만 청사진'은 당신의 은사와 성품과 행동양식의 상호관계를 좀더 포괄적으로 알 수 있게 해줄 것이다.

※ 이 책의 독자들은 영적 은사와 팀 스타일 주요 기능 평가가 포함된 폴 포드의 온라인판 '당신의 리더십 그립'을 6달러에 구입할 수 있다. '당신의 리더십 그립/비르크만 청사진' 목록은 처치 스마트 리소스(ChurchSmart Resource)에서 39달러에 직접 구입할 수 있다. www.churchsmat.com에서 화면 하단에 있는 'Hot Deals'를 클릭하거나 800-253-4276으로 연락해서 구입할 수 있다.

2.2
최선의 결과를 위해

스티브 호크

미래의 타문화 사역을 가장 잘 준비하기 원한다면, 이 책에서 말하는 선교 사전 훈련 프로그램을 따르라. 모든 훈련을 매일 할 수는 없다. 그렇게 하다간 죽을지도 모른다. 어떤 훈련과 활동이 장기간의 사역을 위한 준비 운동과 영적·관계적 근육을 키우는데 가장 좋을지 기도하며 생각하라. 아래에 제시할 몇 권의 중요한 서적들이 그것에 대해 살펴보는 데 도움이 될 것이다.

다른 사람들의 의견을 받아들이라
받아들이는 것, 마음을 열어 놓는 것, 그리고 신뢰하는 것이 다른 문화 간의 관계에서 가장 중요한 세 가지 가치다. 당신과 다른 견해를 가진 사람들과 대화할 때, 당신 의견이 더 낫다고 납득시키려고 하기보다는 "왜 그런지 이해할 수 있도록 도와주실 수 있나요?"와 같은 질문을 하라.

대화의 기술을 다듬으라
새로운 사람을 사귀는 일에 힘을 쏟으라. 먼저 다가가라. 좋은 질문들을 하라. 반응을 보이며 들어 주라. 사람들이 마음을 열고 자신이나 자신의 관심사에 대해 이야기하도록 유도하는데 어떤 주제들이 가장 효과적인지 관찰해 보라. 대화를 유발하는 개방적 질문을 할 수 있는 기술을 연마하라.

적응력과 유연성을 연습하라
유연성을 개발하라. 대안을 생각해 보라. 임무를 수행할 한 가지 이상의 방법을 찾아보고 다른 사람들의 창의성을 높이 평가해 주는 연습을 하라. 예를 들면, 타문화와 관련해서 항상 걸림돌이 되는 것은 시간에 대한 차이인데, 이것을 조절하는 법을 배우라. 이런 차이에 해당되는 예로는, 길게 늘어지는 회의나 안건에 융통성이 없는 회의, 긴 예배 시간이나 빠듯하게 짜인 60분짜리 행사, 예고되지 않은 갑작스런 방문이나 스타벅스에서 만나기로 한 구체적인 약속 등을 들 수 있다.

세계에서 일어나는 사건들에 대해 알고 있으라
국제 뉴스와 이문화 간의 관계에 대한 자료들을 읽어 보라. 문화와 사람들의 행동에 성경을 연관시키는 형태와 원리에 대한 통찰력을 연마하라. 세계의 변화, 혼란, 종교에 대한 전형적이고 전통적인 해석의 틀에서 벗어나라. 윤리적인 난제와 세계적인 문제들에 대해 합리적인 견해를 가지도록 노력하라. 국제 뉴스 잡지와 "뉴욕타임스"*NewYorkTimes*, "로스앤젤레스타임스" *LosAngelesTimes*, "시카고트리뷴"*ChicagoTribune*과 같이 국제면에 상당한 분량을 할애하는 신문 최소한 한 가지를 더욱 열심히 읽는 사람이 되어야 한다는 말이다.

다른 문화를 연구하라

테드 워드의 실용적인 핸드북인 「해외 생활」Living Overseas(Free Press, 1984)은 타문화 학습 요령을 담은 훌륭한 기본서다. 최근에 나온 책 중에는 문화 인류학에 관한 연구 서적들이 있다. 다른 문화권의 사람들에 대해서 써놓은 잡지의 기사들도 찾아보라. 당신에게 긍휼히 여기는 마음이 느껴지는 지역이나 처음으로 부르심을 느낀 지역에 관한 파일을 만들라. 너무 이르다고 생각하지 말고 타문화에 대해 공부를 시작하라.

- 드와인 엘머, 「문화 간 갈등: 효과적인 사역을 위한 관계 구축하기」(Cross-Cultural Conflict: Building Relationships for Effective Ministry, Downers Grove, Ill.: InterVarsity Press, 1993).
- 마이런 로스, 「문화 충격: 타문화 생활에서 오는 스트레스를 다루기」(Cultural Shock: Dealing with stress in cross-cultural living, Winona Lake, Ind.: Light and Life Press, 1993, 3rd printing).
- 크레이그 스토르티, 「문화를 건너가는 기술」(The Art of Crossing Cultures, Yarmouth, Maine: Intercultural Press, 1990).

다른 언어에 익숙하라

자동차의 라디오나 텔레비전의 채널을 돌려 외국어 방송에 맞추라. 다른 언어로 기본적인 말을 배우라. 새로운 언어를 연습하는 것은 지능을 향상시키고 선교지에 나가서 배우게 될 특정 언어에 더욱 빠른 반응을 보이도록 해준다. 선교 언어 습득의 고전인 베티 수 Betty Sue와 톰 브루스터 Tom Brewster의 「실용적인 언어 습득」Language Acquisition Made Practical(Lingua House, 1976)을 읽어 보라.

다른 나라에서 온 사람과 친분을 쌓으라. 당신이 속한 지역 사회에 사는 외국 학생이나 외국인과 장기적인 관계를 맺으라. 그들의 언어를 배우고 그들의 관점을 이해하도록 하라. 그들의 집을 방문하고, 당신이 아니라 그들이 편하게 느끼는 곳에서 음식을 나누라. 그들이 당신에게 마음을 열 수 있는 생각이나 주제에 주의를 기울이라.

- 패티 레인, 「문화 건너기 입문자 가이드: 다문화 세계에서 친구 만들기」(A Beginner's Guide to Crossing Cultures: Making Friends in a Multicultural World, Downers Grove, Ill.: InterVarsity Press, 2002)
- 팀 스태포드, 「문화를 넘어선 우정」(Friendship Across Cultures, Grand Rapids: Zondervan, 1986)

당신의 권리를 양보함으로써 영적인 하나됨을 강화하라. 바울은 모든 것이 가하나 모든 것이 유익한 것은 아니라고 말했다(고전 10:23을 보라). 어떤 행동들은 본질적으로 잘못되었거나 악하지는 않지만 하나됨을 막는다. 바울은 모든 상황에서 기꺼이 그의 권리를 주장하지 않으려고 했다(빌 4:11-12를 보라). 그는 어떤 제한이나 조건을 받아들였다(고전 9:12, 15, 19를 보라). 음악이나 의복 같은 일상적인 영역이나 예배의 형식과 증언 같은 중요한 영역에서 당신의 권리를 주장하기보다 양보할 수 있는 사역의 기회를 찾으라.

지역 사회나 교회에서 팀 사역에 전념하라

효과적이고 인정받는 팀원이 되는 법을 배우라. 가장 효과적으로 생각을 나누는 법, 질문하는 법, 다양한 사람으로 구성된 팀의 목표를 갖는 법을 배우라. 팀워크는 희생과 시간이 요구되고, 그것을 통해 형성된다. 리더십의 책임을 지라. 각종 방해와 모호함을 은혜롭게 다루는 법, 피드백을 주고받는 법, 당신의 생각이 거절당하는 법을 배워야 한다. 폴 포드의 「리더십 사다리 넘어뜨리기」 Knocking Over the Leadership Ladder(Church-Smart, 2006)를 읽어 보라.

일지를 작성하라

이것은 당신의 아이디어나 마음속에 간직한 생각과 느낌을 일관되고 체계적으로 만들어 주는 실질적인 방법이다. 무엇을 보고, 무엇을 느끼고, 왜 그렇게 반응했는지, 그리고 자신에 대해 무엇을 배웠는지 기록하라. 일지를 적는 것은 당신의 비판적인 사고를 향상시킬 것이다. 이것은 당신의 영적 여정에 대해 더욱 관심을 기울이는 하나의 방법이다. 리처드 피스 Richard Peace의 「영적 일지 쓰기: 하나님을 향한 당신의 여정 기록하기」 Spiritual Journaling: Recording Your Journey Toward God(NavPress, 1998)를 살펴보라.

체력을 개발하라

지구력이 당신 삶의 모든 영역, 특히 영적인 영역에 영향을 끼친다. 일관된 훈련 프로그램을 통해 새로운 문화에 들어가 적응해야 하는 육체적이고 감정적인 요구들을 이겨 낼 수 있다. 지금 올림픽 시합이나 세계적인 수준의 보디빌딩에 대해 말하는 것이 아니다. 당신의 안전지대를 벗어난 혹독한 생활에 대비해 근육 스트레칭을 하고 심장혈관 계통을 강화하라.

하나님 나라의 확장을 위해 재정적인 투자를 하라

최전선과 후방 모두에 투자하라. 당신의 마음에 감동이 되는 사람들과 프로젝트를 통해 하나님 나라의 사역에 투자하는 즐겁고 거룩한 습관을 지금 개발하라. 이 지원이 어디에서 가장 효과적으로 쓰이게 될지 연구하고 기도로 함께하라.

※ 「어디든지」(Wherever, TEAM 간행물, 1995)에서 허가받고 수정함.

2.3

왜 시작할 때까지 기다리는가

마라 말스테드(프리랜서 작가)

선교 사역은 그리스도를 전하며 세계를 경험할 수 있는 놀라운 기회가 된다. 때로 우리는 모험심이 앞서 선교사로 지내는 것이 힘든 일이라는 사실을 깨닫지 못한다. 선교 사역에는 많은 기술이 요구되며, 아주 명확한 목적의식이 있어야 한다.

타문화에서 그냥 생활하는 것만도 집에서 사는 것보다 훨씬 힘들고 엄청난 스트레스를 받는 일이다. 의사소통의 장벽, 음식과 깨끗한 물 같은 기본 생필품을 구하는 문제, 동역자들과 지내며 새로운 문화에 적응하면서 겪는 어려움들을 매일 매일 헤쳐 나가야 한다.

더구나 당신의 목적은 단순히 살아남는 것이 아니라 다른 사람들을 그리스도에게 인도하는 것이다. 본국에서의 사역 경험이 많을수록 선교지에서 더욱 효과적으로 사역하게 될 것이다.

본국에서의 사역

선교를 위한 준비는 선교지에서 잘 적응하고 하나님이 당신을 통해 하시기 원하는 일에 유용한 도구가 되는 데 있어 주요한 일이다. 준비 절차를 밟아야 할지 확신이 서지 않는다면 선교하려는 계획에 대해 다시 생각해 보아야 한다. 그 대신 복음 전도의 목적 없이 여행하며 세계를 경험해 보는 것을 고려하라.

현재 참여하는 활동을 살펴보면 선교에 대한 자신의 동기를 시험해 볼 수 있다. 고된 선교의 삶을 준비하는 가장 중요한 길은 본국에서 먼저 섬김의 삶을 사는 것이다. 선교 여행을 떠나기까지 1년이 남았든 2-3주밖에 남지 않았든 사역에 참여할 수 있다. 당신을 안전지대에서 나오게 하는 기회를 갖는 것이 선교지 생활을 위한 좋은 준비가 된다.

아래에 제시하는 사역에 적극적으로 참여함으로써 선교사로서의 미래를 잘 준비하게 될 것이다.

타문화적인 환경을 찾으라

나는 대학생일 때 도심에서 전도하는 여러 사역에 참여했다. 노숙자 보호소에서 일하면서 배경과 상황이 나와 다른 사람들의 말을 듣는 법을 배웠다. 어린이 멘토링 프로그램에서 자원봉사하며 다른 인종의 어린이들을 만났다. 그들은 내가 알아들을 수 없는 그들 식의 영어를 썼다. 그들이 하는 우스갯소리나 도덕에 대한 개념조차 내게는 낯설었다. 자신의 실수를 웃어넘기는 법을 배우고, 몸짓이나 무언의 행동들의 능력을 과소평가하지 말라. 가장 중요한 것은 당신이 어떻게 의사소통을 하는가가 아니라 의사소통을 하는 것이다.

이런 연습의 결과로 나는 나중에 스페인에서의 어린이 전도 사역과 인도와 우즈베키스탄에서의 고아 사역을 잘 준비할 수 있었다. 사역의 기회들은 넘쳐난다! 당신의 성품과 관심사에 잘 맞는 사역을 찾는 것은 그렇게 어렵지 않다. 글을 가르치는 프로그램, 주일학교, 교회 청소년 그룹, 위기 임신 상담 센터, 연극, 음악, 교도소 사역들이 선교지 사역 준비에 도움이 되는 수많은 사역의 몇 가지 예다.

전하는 연습을 하라

대부분의 그리스도인들은 자신의 나라에서 친구나 낯선 사람에게 복음 전하는 일을 어려워한다. 자신의 문화를 알고 다른 사람들의 생각을 배려하는 것은 극복하기 힘든 장벽일 수도 있다. 그러나 본국에서 복음 전하는 법을 더 많이 배울수록 선교지에서 더 효과적으로 복음을 전할 수 있다. 기본적인 전도 도구나 방법,

간증을 말로 잘 표현하는 법을 익히고 비그리스도인들의 마음을 움직일 수 있는 성경 말씀들을 파악해 두는 것이 중요하다.

수지 슐츠Suzy Schultz는 이렇게 하는 것이 효과가 있음을 보여 주는 하나의 본보기다. 그녀는 폴란드로 가기 전에 동네의 공원에서 전도하며 시간을 보냈다. 전혀 모르는 사람들과 대화하며 어떻게 그리스도를 영접할 수 있을지에 대해 이야기했다. 후에 그녀가 폴란드에서 복음을 전한 두 예술가가 그리스도를 영접하기 원했을 때, 수지는 그들에게 구원에 대해 설명해 줄 수 있는 준비가 되어 있었다.

외국인 친구들을 사귀라

외국 학생들이나 또는 당신의 일터에서 외국인들과 시간을 보내는 것은 국외에서 친분을 쌓는 일에 훌륭한 훈련이 된다. 스코트 드브리스Scot DeVries는 체코슬로바키아에서 2년을 보냈다. 그의 가장 가까운 친구들 몇몇은 그가 대학이나 신학교에 있을 때 만난 외국 학생들이었다고 한다. 그는 "그들은 내가 그들의 시각으로 세계를 볼 수 있도록 도와주었다"고 말한다.

세계를 보는 시각을 넓히는 것이 외국 문화를 이해하는 데 있어 중대한 일이다. 당신이 관심을 갖고 있는 나라에서 온 사람과 대화를 한다면 그 나라에 가기에 한참 앞서서 그 민족의 문화에 대해 아주 많이 배울 수 있다. 당신이 가려고 하는 나라의 문화에 대해 가능한 많이 알고 있으면, 당신이 겪게 될 문화 충격이 최소화될 뿐만 아니라 뼈아픈 실수를 방지하는 데 도움이 될 것이다. 당신이 가는 나라는 당신의 나라와는 전혀 다른 나라다. 그 나라가 어떠하리라고는 예측할 수 없다.

이 지침에 따라 바로 지금 선교를 준비할 수 있다. 선교 현장으로 가는 일이 더 순조롭게 진행되도록 특정한 단계들을 밟을 수 있다. 아래의 제안들이 도움이 될 것이다.

언어를 배우라

나는 우즈베키스탄 타슈켄트에서 1년간 지내다 최근에 돌아왔다. 그곳에서는 러시아어와 우즈베크어를 사용한다. 나는 언어 훈련이 되어 있지 않아서 때로는 고립되고 무력해지는 것을 느끼며 그 기간을 간신히 지냈다. 친구를 사귀는 것도 힘들었다. 의사소통의 어려움으로 여러 면에서 제약받는 것을 느꼈다. 시간을 들여서 당신이 사용해야 하는 언어를 배우는 일이 얼마나 중요한지는 말로 할 수 없다.

아직 본국에 있을 때, 규칙적으로 언어 테이프를 들으라. 책이나 인터넷을 통해 혼자 배우든지 개인 교사의 도움을 받으라. 그 나라 사람을 찾아서 연습하고 발음하는 법을 배우라. 최소한 중요한 몇 개의 말은 할 수 있도록 하라. 그 언어를 배우려는 노력을 통해 의사소통이 (조금만이라도) 가능하게 될 뿐만 아니라 당신이 만나는 사람들 또한 그 노력에 감동받을 것이다.

나라를 연구하라

패트릭 존스톤Patrick Johnstone과 제이슨 맨드릭의 「세계기도정보」는 당신이 가려는 대륙과 나라에 대한 개요를 알려 주는 가장 유용한 책이다. 각 지역의 여러 종교,

교회의 상황, 그리고 주요 기도제목에 관한 정보가 가득해서 '당신[이 가려는]' 나라에 대해 배우고 믿음으로 기도를 시작할 수 있는 훌륭한 방법을 제공한다. 세계 지도를 찾아서 그 나라를 마음속에 상상해 보고, 그 나라의 지형과 도시, 그리고 그 외의 것들에 익숙해지라.

그렇게 하면서 인터넷에 들어가 보라. 도서관에 가서 그 나라의 역사, 전통, 철학자, 유명한 작가나 과학자들을 찾아보라. 사람들은 자신들의 문화적 유산에 대해 굉장한 자부심을 갖고 있다. 그들은 당신이 그 나라 사람들의 업적에 대해 알기를 바랄 수도 있다. 그 나라에 대한 무지가 그들을 아주 불쾌하게 할 수도 있다.

가족과 교회를 참여시키라

선교 여행에 대해 진지하게 생각하고 있다면, 이미 가족이나 교회에 조언과 도움, 기도, 혹은 경제적 지원을 부탁했을 수 있다. 다른 사람들이 당신의 여행에 관여하고 도움을 줄 수 있게 하기 위해서는 많은 사람들과 관계를 맺고 당신의 비전을 공유해야 한다. 선교 사역은 당신의 독립성을 보여 주거나 능력을 드러내는 장이 아니다.

OM선교회Operation Mobilization의 데이비드 힉스David Hicks가 말한 것처럼, "당신의 선교 여행은 당신만이 아니라 갈 수 없는 많은 사람들에게까지 영향을 끼쳐야 한다."

종이 되라

타문화 사역을 위한 준비를 아무리 많이 했더라도 당신을 놀라게 하고, 힘들게 하고, 싫증나게 하고, 방해하는 일들이 여전히 있을 것이다. 이 세상에서 가장 문화에 민감한 사람이 되려고 노력한다 해도 아마 결국 사람들의 기분을 여러 번 상하게 할 것이다. 이런 경험은 정상적이다. 효과적인 사역을 위한 열쇠는 종이 되는 것임을 기억해야 한다. 베테랑 타문화 전문가인 드와인 엘머Duane Elmer는 「타문화에서의 종 됨」 Cross-Cultural Servanthood(InterVarsity Press, 2006)을 통해 민감성과 겸손으로 섬기는 실제적인 안내를 한다.

한 선교 리더는 선교사를 찾을 때 가르칠 수 있고, 융통성 있고, 영적으로 겸손한 사람을 찾는다고 말한다. 그는 "능력보다 더 바람직한 것은 인격이다"라고 하면서, "당신에게 하나님을 찾는 자세가 있으면 당신의 삶이 그것을 사역에서 나타낼 것이다"라고 말한다.

따뜻하고 배려하는 태도로 선교지를 향해 가는 것, 그리고 복음을 전할 대상을 섬기기 위한 실질적인 방법들을 찾는 것은 당신의 성공적인 선교 경험에 많은 도움이 될 것이다. 이런 기술들과 태도를 지금 여기에서 기르라. 그러면 하나님이 당신을 언제 어디로 인도하시든 타문화 사역을 위해 더 잘 준비되어 있을 것이다.

2.4

선교 헌신자로서 지역 교회와 관계 맺기

송기태(인터서브코리아 교회 관계 팀)

관계는 정체성에서부터

선교는 하나님은 누구이신가, 그리고 나는 누구인가 하는 정체성에서부터 시작된다. 또한 교회에 대한 핵심은 하나님과 선교 헌신자 사이에 존재하는 기관에 대한 문제다. 선교 헌신자가 교회와 어떤 관계를 형성할 것인가 하는 문제는 다시 교회는 선교에서 어떤 의미를 가지는가 하는 문제로 이해해야 한다.

성경적으로, 선교학적으로 선교는 삼위일체 하나님으로부터 시작된 일이다. 또한 그 일은 하나님께서 예수 그리스도를 통해 지역 교회에 위임하신 핵심 사명이다(마 16:18, 19). 교회에서 선교사를 파송하는 이유는 교회가 주님께 선교를 위임받았기 때문이다. 교회의 선교 위임이 선교사 파송으로 이어지는 것이다. 그러므로 선교사가 존재하는 이유는 분명히 교회가 선교를 위임받은 대리인이기 때문이다. 그런 교회가 선교사를 보내는 것이다. 선교 헌신자와 교회의 관계는 이런 사실과 원리에 기초해야 한다.

청년·대학부와의 관계

청년 선교 헌신자는 청년 공동체적으로 매우 중요한 의미를 갖는다. 선교사 파송이 청년 공동체의 결정적인 열매이고, 또 파송 과정을 통해 청년 공동체가 건강한 영향과 큰 도전을 받기 때문이다. 청년 선교 헌신자는 청년들에게 좋은 모델로서 소망을 주는 핵심 인물이다. 파송은 기본적으로 공동체적으로 이루어지는 일이기 때문에 선교 지망생들은 그것이 개인적인 일 이전에 공동체적인 일임을 분명히 해야 한다.

선교 지망생들은 교회 선교위원회와 구체적인 관계를 형성하기 전에 먼저 청년 공동체의 지도자에게 선교의 부르심과 계획을 알리고 상의할 필요가 있다. 선교사 파송이 청년 공동체 전체의 일임을 감안할 때 선교 지망생의 향후 진행 과정이 청년부 목회자와 선교부가 감당해야 할 아주 중요한 일이기 때문이다. 그러므로 선교 지망생은 자신의 계획을 청년부 목회자에게 알리고 공동체에서 구체적으로 기도하며 하나님의 인도하심을 한 걸음씩 받아 갈 필요가 있다.

선교위원회와의 관계

위원회는 위임된 모임을 뜻한다. 선교사를 파송하는 일은 교회가 선교위원회에 위임하는 것이 일반적이다. 그러므로 선교사가 지역 교회에서 파송받는다는 것은 행정적으로 선교위원회에서 파송받는 것을 의미한다. 따라서 선교 지망생들은 구체적인 선교지로 나아가기 위해 선교위원회의 지도를 받아야 한다. 각 선교위원회에는 대부분 정관이 있는데, 그 정책 안에서 선교사 파송이 이루어진다.

선교 지망생들은 청년부 목회자와 상의하고 가급적 빠른 시간 안에 선교위원회와 접촉하는 것이 중요하다 (혹은 청년부 목회자가 선교위원회에 추천을 하는 형식도 좋다). 선교위원들과 행정적인 일을 진행하기 전에 먼저 관계를 형성할 필요가 있다. 자신이 누구이며, 어떻게 선교사로 부르심을 받았고 구체적으로 어떻게 선교지로 나아가려고 하는지에 대한 나눔과 간증, 그리고 깊이 있는 교제가 필요하다. 이런 교제를 통해 선교 지망생들이 선교위원회에 노출되어 알려지고, 더 깊은 교제를 통해 선교위원회가 파송할 준비를 하도록 도와야 한다.

교회 선교 동원

선교 지망생이 선교지로 나가는 것만큼이나 중요한 일이 청년 공동체에 선교의 불을 지피는 일이다. 선교의 불은 선교 헌신자에게 있다. 선교 헌신자는 주님께서 자신에게 주신 선교의 불을 공동체 가운데 퍼지게 하는 일을 중요하게 여기고 실천해야 한다. 그렇게 될 때 한 사람의 헌신을 통해 30배, 60배, 100배의 열매를 맺게 된다.

또 한 가지는 공동체의 선교가 개발되지 않으면 설령 선교사로 파송된다고 해도 현지에서 파송한 공동체와 별 연관성 없이 지낼 가능성이 높다. 가려는 선교사도 잘 준비되어야 하지만 보내는 공동체도 동일하게 잘 준비되어야 한다. 따라서 선교 헌신자들은 자신이 현지로 나아가는 것과 함께 공동체 가운데 선교의 비전을 잘 나누는 것이 매우 중요한 일임을 기억해야 한다.

공동체에 선교의 불을 확산시키기 위해서는 선교에 관심을 가진 청년들과 선교 모임을 하는 것이 좋다. 또한 청년 공동체 안에 선교적 구조를 갖도록 힘써야 한다. 이미 그런 구조가 있다면, 그 구조 안에서 자신을 파송해 주도록 격려하는 것이 필요하다. 만약 주일학교 교사나 성가대 등의 모임에서 봉사한다면 이런 모임에서도 계속해서 선교적인 도전을 나눌 필요가 있다.

선교 편지는 그런 면에서 매우 효과적이다. 선교 헌신자들은 파송이 결정되기 훨씬 이전부터 가급적이면 빨리 기도 편지를 정기적으로 나누어 교회의 지체들에게 하나님께서 자신을 인도해 가시는 과정을 눈으로 볼 수 있도록 해야 한다. 이런 과정은 훗날 자신을 후원하는 주요 그룹의 역할을 하게 하고, 동시에 선교를 향한 개발이 되기 때문이다.

교회 공동체적인 선교

선교는 선교사의 일이기 이전에 교회 공동체의 일이다. 그렇기 때문에 교회를 대표해 파송받는 선교사의 직분이 영광스러운 일이 되는 것이다. 선교 헌신자들은 자신의 부르심이 언제나 교회 공동체 가운데서 이루어지는 일임을 생각해야 한다. 그런 시각으로 선교 파송을 준비할 균형 잡힌 교회 관계를 형성할 수 있게 된다. 청년 공동체에서의 관계, 선교위원회와의 관계, 그리고 봉사하는 부서에서의 관계를 형성하게 된다.

이런 다면적인 관계를 건강하게 형성할 때 선교 지망생은 주님께서 교회 공동체를 통해 보내시는 원리를 경험하게 된다. 또한 교회 공동체도 기쁘게 선교사를 파송할 수 있게 되고, 현지에 가서도 계속해서 교회와의 좋은 관계를 통해 긴밀한 동역을 이룰 수 있다.

선교는 결코 선교사 개인의 비즈니스가 아니다. 선교는 교회의 사명이며 또한 선교는 하나님의 일이다. 선교 지망생은 선교의 원리에 충실하면서도 지역 교회가 갖는 선교적 환경을 십분 활용할 수 있어야 한다. 그렇게 할 때 안디옥 교회가 바울과 바나바 선교사를 파송해 소아시아와 유럽에 강력한 복음을 전했던 역사가 계속해서 이어질 것이다.

2.5

'번성' 전략을 개발하라

스티브 호크 · 마이라 페린(CRM 스태프)

예수님이 "내가 온 것은…생명을 얻게 하고 더 풍성히 얻게 하려는 것이라"(요 10:10)고 하셨을 때, 무엇을 말씀하신 것인지 생각해 본 적 있는가? 우리가 '번영 복음' prosperity gospel이라고 말하는 것, 즉 새 차나 집, 물질적인 모든 것들에 대해 이야기하고 그것을 소유하는 것을 말씀하신 것은 분명 아닐 것이다. 예수님은 우리의 삶('조에', 영 생명)zoe이 풍부해지는 것을 의미하는 말로 신약에는 잘 나오지 않는 '페리소스'perissos라는 단어를 사용한다. 이 단어는 "더욱더, 매우 유리하게, 모든 기대를 넘어서, 초과하여"라는 의미를 가진다. 이 단어는 바울이 "우리 가운데서 역사하시는 능력대로 우리가 구하거나 생각하는 모든 것에 더 **넘치도록** 능히 하실 이에게 교회 안에서와 그리스도 예수 안에서 영광이 대대로 영원무궁하기를 원하노라"(엡 3:20-21, 강조는 추가한 것임)고 기록할 때 사용한 단어다.

'**넘치도록**'이라는 단어는 예수님이 그를 믿는 모든 자는 그 안에서 생수의 **강**, 즉 생명, 물, 은혜, 평화, 사랑, 긍휼, 그리고 온갖 성령이 주시는 것으로 넘치는 강이 우리에게 흘러오고, 또 우리를 통해 메마르고 목마른 세상으로 흘러간다고 말씀하실 때 보여 주신 그림과 똑같은 것을 우리에게 그려 준다(요 7:38을 보라). 바로 그것이 우리가 어디에 살든 어떤 상황에 처하든 관계없이 하나님이 그의 자녀들이 그렇게 되기를 원하시는 모습이다. 예수님은 우리가 단지 생존하는 것이 아니라 **번성**thrival하기 원하신다. 풍성함Abundance과 번성함thriving은 본래 하나님의 깊은 성품에서 흘러나온다.

당신 자신의 '**번성**', 즉 그저 생존만 하는 것이 아니라 풍성한 '조에'의 삶을 사는 것에 대해 생각하면, 마음속에 무엇이 떠오르는가? 신임 선교사들이 이 질문에 답한 내용을 가지고 그들이 중요하다고 여기는 요소들의 목록을 만들었다. 아래는 그 목록의 일부다.

- 친구와 가족과의 밀접한 관계.
- 지원하는 본국의 교회들.

- 현지에서의 끈끈한 동료 관계.
- 돌봐 주는 효과적인 팀 리더.
- 본국 사무소와의 명확한 의사소통 채널
- 규칙적인 운동.
- 든든하고 꾸준한 재정 후원자 기반.
- 지속적으로 기도해 주는 사람들.
- 자녀교육을 위한 자원.
- 정기적으로 사역을 떠나 하나님과 함께할 수 있는 시간과 공간.
- 교육과 성장이 계속되도록 도와주는 사람과 자원.

당신은 여기에 어떤 요소를 추가할 수 있겠는가? 스태프 개발과 관리 팀Staff Development and Care Team의 일원으로 함께 일하며 세계에 있는 우리 선교사들이 외국에서 생활할 수 있도록 준비시키고 양육하면서 우리가 알게 된 것은, 선교사들이 하나님이 그들을 선교사로 부르시고 그들에게 부탁하신 일을 하는 사람이 되기 위해서는 '번성 전략'이 있어야 한다는 것이다.

우리는 하나의 기초 위에 세워지는 4가지 중요한 지원 시스템을 찾아냈다. 각각의 시스템은 장기적으로 번성하는 데 필수적인 것들이다. 이 지원 시스템은 자력으로 모아지지 않는다. 이 시스템들은 타문화권에서 우리가 수행하려는 모든 것의 기반이 될 때까지 한 사람 한 사람씩 신중하게 기도하며 의도적으로 구축되어야 한다. 이것은 다리의 기둥, 고층 빌딩의 기초 또는 철도의 기반처럼 중요하다.

하나님과의 친밀함

4가지 지원 시스템의 기초는 물론 예수 그리스도와의 깊고 생명력 있는 관계다. 이 관계는 자라 가며, 진전되고, 개발되어 간다. 제자들에게 들려주신 예수님의 마지막 말씀은 우리에게 영생이 무엇인지 분명하게 알려준다. "영생은 곧 유일하신 참 하나님과 그가 보내신 자 예수 그리스도를 아는 것이니이다"(요 17:3). 하나님을 아는 것이 우리 삶의 의미다. 이것은 처음이고 마지막이요, 중간이다. 우리의 삶이 살아 계신 하나님과의 역동적이고 개인적이며 일대일의 사랑 관계라는 것을 잊어버리면, 우리는 빠르게 메말라 버린다.

사역을 포함해서 그 어떤 것이든 이 영속적인 관계보다 우선되면 이와 똑같은 일이 생긴다. 나(마이라 페린)는 요한복음 15장을 이렇게 표현하는 것이 좋다.

예수는 포도나무요, 우리는 그저 그의 가지다. 우리는, 주 없이는 우리에게 필요한 삶, 곧 능력 있는 지혜와 사랑스러운 용기가 있는 삶을 우리 스스로 만들어 낼 수 없다. 우리는 그런 삶에 속한 어떤 모습도 주를 떠나서는 만들 수 없도록 창조되었다. 주는 우리에게 생명을 주시는 분이며, 우리는 주께서 주시는 생명을 받는 자들이다. 주께서 우리를 자신에게 영원히 붙어 있게 하셨다. 하지만 우리는 주의 생명이 우리를 통해 힘차고 끊임없이 흐르도록 하면서 그 불변하는 영속적인 관계로 연결되어 있음을 인식하며 살아야 한다. 성령의 열매가 우리 안에 풍성하게 차고 넘치도록 맺혀질 것이다. 그러나 우리는 주 없이는 하루도 해낼 수 없다. 절대로 할 수 없다. 우리 안에 계신 주의 생명만이 우리에게 필요한 평화와 은혜를 넘치게 하신다.

그렇다. 사실이다. 우리 안에 있는 주의 '생수의 강'만이 우리 영을 번성하게 할 수 있다. 주를 떠나서는 우리는 아무것도 할 수 없다!

우리는 하나님과 계속적으로 연결된 삶의 기초 위에 4가지 지원 시스템을 구축한다.

1 | 중보기도 팀

중보기도 팀은 매일, 매주, 또는 매주 일정한 때에 당신을 위해 꾸준히 기도하기로 약속한 사람들이나 기도 그룹을 가리키는데, 그 수는 보통 다섯 명에서 열다섯 명이 된다. 재정 후원을 하는 사람들 모두가 당신의 구체적인 요청 사항들을 꾸준히 파악해야 한다고는 생각하지 않는다. 당신이 개인적인 후원을 모으고 해외로 나갈 준비를 할 때, 가장 먼저 구성해야 하는 팀이 바로 중보기도 팀이다.

패티^{Patty M.}는 1990년대 초, 기도로 자신을 지원해 줄 개인 기도 팀이 얼마나 중요한지 배웠다. 그는 그것을 이렇게 기록한다.

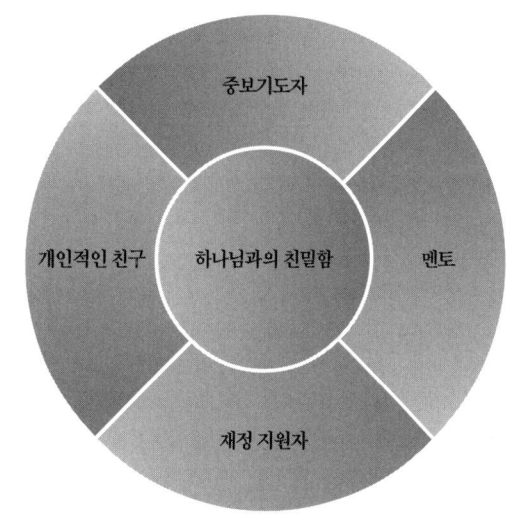

샘과 내가 리더가 되고 나서 개인 중보기도 팀의 중요성을 느끼면서부터 이것을 시작하는 것에 대해 생각했다. 그러나 나는 다른 사람들에게 나를 위해 정기적으로 기도해 달라고 부탁하는 것이 좀 멋쩍었다. 그때 나는 '내가 누구이기에 이런 부탁을 하나. 나는 전혀 특별한 사람이 아닌데…' 하는 생각을 했다. 그러나 1990년 내가 심각한 병에 걸렸을 때, 내 영적 디렉터가 이렇게 오래 계속되는 병은 2주 동안 금식기도하면 날 수 있다는 느낌이 든다고 하며 중보기도 팀을 만들어 보라고 했다. 나는 가까운 친구 몇 명을 모아 놓고 상황을 설명하고는 기도 팀이 되어 주기를 부탁했다.

그들은 모두 하나님이 그 일을 하도록 부르셨다고 느꼈고, 가장 중요한 나의 중보기도자가 되었다. 그들 대부분이 지금도 (2008년) 그 팀에 있고, 팀의 인원은 20여 명으로 늘어났다. 삼위 하나님과 내 가족 외에 이 팀은 하나님이 내게 주신 가장 큰 선물이다. 내 삶과 사역에서 그들의 협력이 없었다면 내가 과연 무슨 일을 했을지 모른다.

2 | 재정 지원 팀

재정 지원 팀은 매월 또는 매년, 선교기관에 있는 당신의 구좌에 재정 후원금을 보내기로 약정한 사람들이나 교회들을 가리키는데, 그 수는 보통 50명에서 150명이 된다. 대부분의 선교기관은 새로운 선교사들에게 어떻게 재정 후원 팀을 개발하는지 훈련시킨다. 가장 기본적인 방식은 개인이나 부부를 그들의 집에서 직접 만나서 당신의 개인 기도 팀과 재정 후원 팀의 일원이 되는 것에 대해 기도하며 고려해 주기를 청하는 것이다. [노트: 남침례교^{Southern Baptist}와 기독교복음선교회^{Christian and Missionary Alliance} 같은 몇몇 교단의 선교기관

은 그들 교단의 파송 조직에 회원으로 등록하면 모든 재정을 후원한다.]

더 자세한 내용은 178-182페이지의 '개인 후원 모집의 열쇠'를 보라.

3 | 개인 지원 팀

기도 후원과 재정 후원 외에 갖추어야 할 중요한 시스템은 신중하게 선정한 가까운 친구 그룹이다. 이들은 직접 만나든지, 전화나 이메일이나 스카이프Skype로 연락하면서 개인적으로 교류하며 후원할 사람들이다. 사역에 대해 생각하지 않고 일을 떠나 함께 쉬고 즐겁게 시간을 보낼 수 있는 사람들이다. 많은 여성들에게는 긴급한 문제를 상의하기 위해 불러내고, 자녀의 문제를 놓고 함께 기도하고, 또 마음속의 이야기를 털어놓을 그런 가까운 친구들이 이미 있다. 남자들에게는 종종 함께 낚시하러 가거나, 재미있는 일을 하자고 불러낼 수 있는 친구들이 있다. 이들은 당신을 알고 있는 사람들이고, 당신이 의기소침해 있거나 다른 사람들이 기대하는 그런 영적 거인처럼 보이지 않을 때도 당신을 사랑하는 사람들이다. 그들을 개인적으로 초대해 당신이 다른 문화권에서 살 때 왜 그들과의 친분이 중요한지 설명하라. 우리는 이 그룹을 만드는 것이 쉽지는 않지만 반드시 해야 하는 일이라고 생각한다.

관리 팀이 현지에 가서 '번성'하지 못한 선교사를 방문해 보면, 종종 그들에게 이런 지원 시스템이 없는 것을 알게 되는데, 여자 선교사의 경우 특히 그렇다. 우리는, 우리 안에 있는 영은 다른 사람들과 만나 쉬면서 애기하고, 웃고, 노는 것이 필요하다는 것을 무시하는 경향이 있다. 베네딕틴 수도사들은 하루에 기도하고, 일하고, 공부하고, 놀 시간이 충분하다고 말한다. 사역을 잠시 떠나 즐거운 시간을 갖지 않고서 우리는 진정으로 번성할 수 없다.

4 | 개인 멘토링 그룹

멘토란 당신과 멀리 떨어져 살고 있어도 당신의 삶에 영향을 끼칠 수 있는 경건한 사람들을 말한다. 폴 스탠리Paul Stanley와 로버트 클린턴J. Robert Clinton은 그들의 책, 「인도: 삶으로 전달되는 지혜」(Connecting, 네비게이토)에서 멘토의 유형을 9가지로 제시한다.

당신에게 필요한 네 명을 꼽으라면 영적 지도자, 상담자, 제자 삼는 자, 코치인가? 어느 교회나 선교기관이든지 모두 당신에게 필요한 멘토링과 조언을 해줄 것이라고 생각하지 말라. 우리는 스태프들에게 핵심적인 인물들을 찾아서 자신의 '멘토링 그룹'에서 섬겨 달라고 요청하라고 지도한다. 멘토링 그룹은 2-4명으로 구성되는데, 특정한 필요가 있는 영역이나 개인 성장을 위해 조언해 주기로 한 사람들 그룹이다(345-352페이지의 '개인 멘토 찾기 연습'을 보라).

나(스티브 호크)는 거의 40년 전에 개인 멘토를 선정함으로써 삶을 변화시키는 영향력을 가져올 수 있음을 발견했다. 1971년 이후 내게는 항상 경건한 사람이 한 명 이상은 있었는데, 나는 그들에게 내 삶의 특정한 영역에서 조언자나 멘토가 되어 주기를 부탁했다. 대학원에 다닐 때는, 존경하는 교회의 목사님과 매월 만났다. 내가 가르치는 일을 하던 초창기에, 나는 박사 과정 멘토와 정기적으로 만나서 대화를 했다. 수년 동안 내게는 동료 멘토가 있었다. 그는 생동력 있는 영적 성숙의 본이 되는 가까운 친구였는데, 매주 또는 매월의 만남을 통해 내가 삶과 사역의 목표에 계속 집중할 수 있도록 해주었다. 그들은 나의 메마른 내면의 삶에 계속해서 활력과 비전과 용기를 불어넣어 주었다.

························

타문화권에서 섬길 때 영적·감정적·신체적·심리적 건강을 보살펴 줄 상호 연관되는 4가지 후원 시스템을 구축하는 것은 이렇게 간단하다. 그러나 기도하고, 계획하고, 아는 사람들과 의도적으로 대화를 해야 한다.

이 후원 시스템이 갖춰지면 지금 당신의 삶에 어떤 영향력을 끼치게 될지 상상할 수 있겠는가? 참가자들에게 그들이 선교지에 있는 동안 전적으로 지원받는 것이 어떤 것일지, 또 어떤 느낌일지 그려 보라고 했다. 그들이 그린 그림을 통해 많은 것을 알 수 있었다. 다음의 이미지들을 마음속에 그려 보라.

- 안전망.
- 연료가 충분히 채워지고, 바퀴도 정비되고, 모든 것이 갖추어진, 행복해 하는 승객들도 탑승한 비행기.
- 신중하게 건설된 연장 교량.
- 다리가 네 개 있는 의자.
- 소화계, 순환계, 생식계, 배설계가 있는 사람의 몸.

포괄적인 번성 전략을 가장 잘 나타낼 수 있는 어떤 이미지가 떠오르는가?

4가지 지원 시스템을 건설하라

지원 시스템에 동참하도록 연락을 취하고 싶은 사람들의 명단을 아래 연습지의 공간에 작성하라. 다른 종이나 컴퓨터에 명단을 작성해 두고, 며칠 동안 여러 번 이 명단을 읽어 보면서 성령이 어떤 사람들의 이름을 떠오르게 하시는지 보라.

며칠이나 몇주 앞서 그들에게 전화를 걸어서 당신의 지원 팀의 일원이 되어 주기를 직접 부탁하라.

물론 이런 시스템이 갖추어지지 않아도 생존할 수는 있을 것이다. 그러나 당신이 번성하기 위해서는 이 네 개의 시스템이 맞물린 장기간의 후원을 통해 생기는 힘과 견고함이 있어야 한다. 단지 생존하는 것으로만 만족하지 말고, 주를 신뢰하며 책임과 의존으로 성장해 더욱 강해지라.

4가지 지원 시스템 개발하기

중보기도 팀

현재 당신을 위해 정기적으로 기도하고 있는 사람이나 기도를 부탁할 사람들의 명단을 작성하라.

1. _____
2. _____
3. _____
4. _____
5. _____
6. _____
7. _____

2.6
선교 헌신자와 가족

김동화(GMF 대표, 한국)

성경에는 그리스도인과 가족의 관계에 대해 일견 상충되는 듯이 보이는 말씀이 있다. 제자가 되기 위해서는 자기 가족을 미워해야 한다는 말씀["무릇 내게 오는 자가 자기 부모와 처자와 형제와 자매와 더욱이 자기 목숨까지 미워하지 아니하면 능히 내 제자가 되지 못하고"(눅 14:26)]이 있는가 하면 가족을 돌보지 않는 것은 대단히 악한 것[누구든지 자기 친족 특히 자기 가족을 돌보지 아니하면 믿음을 배반한 자요 불신자보다 더 악한 자니라(딤전 5:8)]이라는 말씀도 있다.

선교사들에게 가족의 뒷받침과 기도는 큰 힘이 된다. 그러나 선교사로 부르심을 받아 헌신하려 할 때 부모나 다른 가족들의 반대에 부딪치게 되는 경우가 적지 않다. 심지어는 믿는 집안에서 그런 경우도 있다. 이 경우 우선순위는 그리스도에 대한 헌신이 되어야겠지만 그렇다고 해서 가족을 저버리라는 뜻은 아님을 위의 두 성경 구절은 보여 준다. 물론 실제로 가족의 극심한 반대에 부딪쳤을 때는 매우 고통스럽고 견디기 어려운 것이 사실이다. 그러나 부모님을 비롯한 가족들에게 선교사가 되는 것이 가족을 저버리는 것이 아니라는 사실을 잘 이해시키고, 궁극적으로 하나님께서 함께하실 것이지만 선교사로서 헌신한 자신도 가족으로서의 일정한 의무를 다할 것임을 알릴 필요가 있다.

실제로 선교사들이 부모를 봉양하거나 경제적인 지원을 하는 것은 어렵지만, 그렇다고 해서 부모 형제를 돌보는 일을 중지하지는 않는다. 부모나 형제가 병으로 고통 받는데 아무도 돌볼 사람이 없는 경우에는 선교지에서 돌아와 돌보는 경우도 적지 않다. 상황과 형편에 따라 방법은 다르겠지만 선교사들에게도 "네 아버지와 어머니를 공경하라 이것은 약속이 있는 첫 계명이니"(엡 6:2)라는 말씀은 중요한 것이다.

리빙스턴이나 허드슨 테일러의 시대처럼 선교사로 고국을 떠나는 것이 거의 죽어서 돌아온다는 것을 의미하는 시대도 있었지만 오늘날의 상황은 그렇지 않으므로 가족들과의 문제가 옛날처럼 심각한 경우는 많지 않을 것이다. 오히려 선교사들이 본분을 잊고 가족들을 위하는 일에 지나치게 시간과 힘을 쏟아 문제가 되는 경우도 종종 있다.

예수께서 자신의 소명을 따라 십자가 지는 일을 온전히 감당하면서도 그 육친의 어머니에 대한 관심과 사랑을 나타내셨음(요 19:27)을 기억하자.

개인 지원 시스템

현재 당신의 개인 지원 팀에 있거나, 앞으로 지원 팀의 일원이 되어 당신을 돌볼 사람들의 명단을 작성하라.

1.
2.
3.
4.
5.
6.
7.

있는 사람 중 멘토로 삼고 싶은 사람들의 명단을 작성하라(345-352페이지 '개인 멘토 찾기 연습'에 제시된 질문들이 이 명단을 작성하는데 도움이 될 것이다).

1.
2.
3.
4.
5.
6.
7.

멘토

당신의 일이나 사역의 영역 안에 있는 사람이나 밖에

2.7
한국에서의 타문화 유학생 사역

지문선(ISF 총무)

중국의 지도자 덩샤오핑을 아는가? 덩샤오핑은 중국이 공산화되는 데 큰 역할을 담당한 마오쩌둥과 함께 제2의 지도자로 중국인들에게 존경을 받는다. 그렇다면 덩샤오핑은 원래부터 공산주의자였을까? 그렇지 않다. 그는 1920-1923년까지 프랑스에서 유학했고, 그 기간 동안 공산주의를 배웠다. 만약 덩샤오핑이 유학생활 동안 어떤 그리스도인에게 복음을 듣고 예수님을 믿었다면 어땠을까? 그 개인은 물론 중국의 역사 또한 분명 달라졌을 것이다.

유학생은 한 나라의 변화 발전을 이끄는 주체이자 지도자 그룹이다. 구한말의 일본과 미국 유학생들 역시 지도자로서 나라의 근대화와 교회의 부흥에 큰 역할을 담당했다. 이렇게 유학 시절은 사람이 변화될 수 있는 중요한 기회이며, 이 시기에 예수님을 만난다면 그 변화는 유학생 개인뿐 아니라 한 나라와 민족에게까지 영향력을 미칠 수 있다.

실제로 한국에는 2014년 현재 164개 국에서 온 8만 5000여 명의 외국인 학생들이 공부하고 있다. 이들의 80퍼센트 이상은 선교사가 들어갈 수 없는 미전도 국가에서 온 학생들이다. 우리가 선교지에 가지 않아도 외국 학생들이 유학을 위해 한국에 온 것이다. 이들이 한국으로 유학을 오게 된 데에는 저마다 사연이 있다. 아마도 하나님의 놀라운 계획과 섭리 가운데 된 일일 것이다. 이들은 한국이라는 낯선 땅에서 외로워하며 한국어와 한국 문화에 대해 많은 필요를 느낀다. 그래서 한국인 친구를 만나고 싶어 하지만 안타깝게도 사람들은 너무 바빠 대부분 이들의 요청에 제때 제대로 응해 주지 못한다.

이런 상황에서 그리스도인들이 이들을 돌보며 선교에 참여할 수 있다. 나이와 관계없이 한국어 교육을 통해 좋은 멘토 관계를 맺을 수 있고, 가정으로 초청해 한국인 가족이 되어 줄 수 있다. 이런 자연스러운 만남을 통해 유학생들은 그리스도인의 사랑에 대해 관심을 가지게 되고, 우리는 우정이라는 관계를 통해 예수 그리스도를 소개하고 교회로 인도할 수 있다. 놀랍게도 한국어와 한국 문화가 유학생들을 주님께 인도하는 도구가 되는 것이다.

실제로 많은 유학생들이 예수님을 만나고 고국으로 돌아가 그곳에서 지도자(고급 공무원, 교수, 사업가 등)로 살아간다. N국의 통상부 차관, V국의 법무부 직원과 방송국 PD, M국과 C국의 대학 교수들, J국의 목회자, L국과 C국의 외무부 서기관, N국의 신학교 학장, A국의 무슬림 등 모두 한국 유학 중 복음을 소개받아 예수님을 믿고 고국으로 돌아가 비밀스럽게 신앙생활을 지속하고 있다. 이들을 통해 그곳에 하나님 나라의 씨앗이 심겨지고, 현지 교회에 큰 격려가 되었다. 유학생 사역을 통해 어쩌면 해외 선교사가 할 수 있는 것보다 더 영향력 있는 사역을 할 수도 있는 것이다.

선교는 훈련받은 소수의 헌신자들만 하는 것이 아니라 예수님을 구주로 고백하는 모든 그리스도인들이 해야 할 사명이다. 이들 유학생은 주님이 보낸 자들이며, 관심을 갖고 이들을 돌보는 일이야말로 예수님의 사랑과 선교 명령에 동참하는 일이다. 세계가 바로 당신 문 앞에 와 있다!

Global Perspectives 2.8

박경남(WEC 한국 본부장, 중앙아시아)

세계 선교에서 비서구 선교사들의 역할

비서구권 선교사는 미전도 종족 선교에서 현지인들과 서구 선교사의 간극을 메우는 조정자로서 역할을 감당할 수 있다. 예를 들면 기독교가 서구인의 종교로 인식되는 이슬람권에서 비서구권 선교사의 신앙고백은 참신한 도전의 메시지로 작용한다. 또한 비서구인으로서 문화와 관습에 대한 선이해와 적응력은 서구 선교사를 섬기며 보다 효과적인 사역을 가능하게 한다. 물론 겸손히 낮아져서 섬기는 것은 조정자로 나아가는 첫 단계가 될 것이다.

또한 현지인과 현지 교회의 동반자로서 선교사의 역할을 자리매김해야 한다. 교회 개척 단계에서도 동반자로 나갈 것을 염두에 두고 제자 양육과 지도자 양육이 이루어질 필요가 있다. 궁극적인 목표를 현지인 리더십 아래 함께 사역하는 것에 이르는 것으로 세우고 시작하면 모든 관점이 달라진다. 더 나아가 다른 비서구권 선교사와 어떻게 동역하고 노하우를 나눌 것인지 진지하게 고민하고 노력할 필요가 있다.

다음 세대가 감당할 지구촌 사역

자신의 직업과 기술을 활용한 창의적 접근으로 제자 양육과 공동체 개척을 할 수 있다. 이 방식은 총체적 제자의 삶, 전적인 삶과 성품의 변화를 토대로 하기 때문에 사역으로 여겨지는 선교적 과업이 아니라 삶의 나눔을 통한 선교적 삶으로의 인식 전환을 필요로 한다.

기아와 가난, 에이즈와 같은 질병, 세계화와 도시화의 문제, 약물중독, 위기의 아이들을 위한 사역 등 복음의 사회적 역할을 중시하는 사역에 다음 세대가 관심을 기울여야 한다. 다만 이런 사회적 역할을 감당하는 것으로만 끝나서는 안 된다. 사회적 돌봄과 전인적 삶을 토대로 한 복음 전파는 개인적으로 또 단체적으로 균형 있게 동반되어야 한다.

선교지로 가기 전에 받아야 할 사전 훈련

직업과 재능을 살릴 수 있는 적어도 2-3년의 경험이 필요하다. 선교지에서 활용 가능한 직업이 무엇인지 선교 단체나 선배 선교사들과의 멘토링을 통해 사전 준비한다. 이 기간 동안 복음 전파를 위한 성경공부와 제자훈련을 병행하는 것이 중요하다. 그리고 미전도 종족의 여러 나라들이 상당수 영어를 기반으로 한 나라임을 고려해 실제로 대화가 가능한 수준으로 언어 훈련을 할 필요가 있다. 늦어도 30대 초·중반에는 선교지에 도착하는 것을 목표로 세우고 준비한다.

시니어 선교사인 경우에는 선교지의 필요와 연관해 현지 선교사와 함께 팀으로 섬기는 자세로 임하고, 자신의 평생 경험을 충분히 발휘할 수 있는 방법을 모색한다. 특히 젊은 세대와 세대간 격차를 줄이며 일할 수 있는 겸손한 접근법이 요구된다.

선교사가 가져야 할 성품과 영성 자질

예수 그리스도를 향한 극단적인 사랑과 헌신이다. 선교의 모든 것은 예수님의 사랑에 대한 반응이고, 예수님을 추구하는 것이다. 선교가 직업이나 자아실현의 장이 아니라 밭에 감추어진 보화인 예수님을 선택하는 연속적인 과정임을 깊이 깨달을 때, 모든 것을 뛰어넘어 사역할 수 있게 된다.

십자가 중심의 제자도를 깊이 깨닫고 삶에 적용하는 것이다. 예수님의 자기 부인의 핵심인 십자가에 우리 자신의 자아가 죽었음을 깨닫고 날마다 자기를 부인하는 것이 자기 인식의 기초다. 그리고 '예수 그리스도가 내 안에, 내가 그 안에 사는 것'이 제자도의 비밀임을 깨닫고, 이를 통해 성령의 열매를 맺는 성품으로 변화되는 삶이 필요하다. 이 삶의 핵심이 '기도'임은 두말할 나위가 없다.

My Journey 2.9

정민영

나는 기독교 가정에서 태어나 자랐다. 내 외조부는 100년 전 서양 선교사들에게 교육받은 초기 한인 목사들 중 한 분으로, 호남 지방에서 목회하시다가 이기풍 목사의 초청으로 제주도에서 사역하시기도 했다. 그래서 내 모친은 어린 시절 제주도에서 수년간 사셨다. 당시 제주도는 선교지로 여겨졌는데, 그런 면에서 나는 어머니와 외조부로부터 '선교 유전자'를 물려받은 게 아닐까 싶다.

그러나 열방을 향한 나의 본격적인 여정은 필연적으로 한국 교회의 선교 운동과 맞물린다. 자민족 중심주의에 관한 한, 장구한 세월 '은자의 백성'the Hermit Nation으로 알려진 한민족을 당해 내기는 어려울 것이다. 타문화 선교에 대한 관심도 부담도 별로 느끼지 못하던 한국 교회는 복음을 받은 지 거의 1세기가 지난 후에야 하나님의 특별한 섭리 가운데 한민족 복음화보다 더 크고 위대한 목표가 있음을 깨닫게 되었다.

하나님께서 한국 교회를 일깨워 복음에 빚진 마음을 불러일으키기 시작하신 1970년대에 내가 다니던 지역 교회는 새로운 선교 운동의 선봉에 서서 선교사들을 파송하기 시작했고, 마침내 우리 가정도 성경 번역 선교사로 파송받게 되었다. 선교 안목과 열정이 남달랐던 담임 목사는 그 지역 교회를 선교에 전적으로 헌신하는 공동체로 이끌었고, 나는 이 선교 공동체로부터 거스를 수 없는 선교적 영향을 받았다.

그 이후로도 하나님께서는 나를 여러 중요한 사람들에게 인도하셔서 선교 현장으로 나아가는 데 필요한 후속 절차를 하나씩 밟게 하셨다. 특히 구체적인 사역을 결정해야 할 단계에서 마침 한국을 방문 중이던 미국인 성경 번역 선교사를 만나게 하셨다. 대학 시절 소그룹 성경공부 모임을 통해 선명한 복음과 삶의 목적을 깨달았던 경험으로 인해, 아직도 자기네 언어로 기록된 하나님의 말씀이 없는 미전도 종족의 존재는 나에게 거부할 수 없는 하나님의 부르심으로 다가왔다.

당시 다니던 회사를 사직한 후 위클리프 성경번역선교회의 문을 두드려 허입을 받게 되었고, 인도네시아로 파송받아 그 나라 700여 개의 부족어들 중 하나로 성경을 번역하는 일에 참여했다. 수많은 우여곡절이 있었고, 기나긴 과정에 다양한 동역자들이 참여해 마침내 그 부족의 가슴에 와 닿는 언어heart language로 신약 성경이 완역되어 봉헌되었다. 그 장면 하나만으로도 그간의 모든 수고와 노력의 가치가 충분하고도 남았다.

아직도 성경 번역이 필요한 미전도 종족의 언어가 1900개가 넘기 때문에, 나는 그후 위클리프 국제 본부 소속으로 세계 교회, 특히 비서구 교회의 선교 운동과 함께하면서 남은 과업을 완수하기 위해 협력과 동역을 일궈 내는 일에 매진하고 있다. 2000년 선교 역사에 점철된 수많은 영적 선배들의 발자취를 따라, 모든 종족이 그들의 가슴 언어로 기록된 하나님의 말씀을 읽고 주님을 인격적으로 만날 기회를 갖게 되기까지 열방을 향한 나의 여정은 계속될 것이다.

Work Sheet 2.10

스티브 호크

당신은 지금 어디에 있는가?

- 믿음 공동체에서 현재 어떤 일에 참여하고 있는지 기술해 보라. 당신의 참여로 인해 교회가 어떤 유익을 얻고 있는가?
  '당신의 리더십 그릴 영적 은사 목록'을 온라인으로 완성하고, 그 결과를 가지고(113-116 페이지의 '평가 3: 삶의 청사진 발견하기'를 보라) 가장 높이 나온 영적 은사 3-4개를 나열하고, 교회나 공동체의 어느 영역에서 현재 이 은사들을 사용하고 있는지 간단히 기술해 보라.

  1. _____
  2. _____
  3. _____
  4. _____

- 신자로서 어떻게 성장해야 하는가? 당신의 사역 기술을 어떻게 성장시켜야 하는가?

- 안전지대를 벗어나 자원함으로써 사역 영역을 넓힐 수 있을 뿐만 아니라 교회에서 은사를 발휘하고 사용할 수 있는 가장 알맞은 사역 기회에는 어떤 것이 있는가?

- 타문화 일꾼이 되는 과정에서 교회의 누구를 멘토로 삼고 싶은가? 교회의 어떤 선교사와 당신의 포부에 대해 이야기하고 싶은가?

- 어떤 친구와 책임 있는 관계를 갖고 싶은가?

- 지역 교회 사역과 선교에 당신의 재정을 어떻게 투자하고 있는가? 현재 타문화권에서 사역하는 선교사를 후원하고 있는가? 그렇지 않다면 지금 후원을 시작할 가장 알맞은 사람(들)은 누구인가?

- 당신의 교회는 선교 과제에 대해 어떻게 생각하고 있는가? 또 선교와 선교사를 위해 기도하고 선교를 장려하고 자금을 조달하기 위해 어떻게 하는가? 선교사가 되기 원하는 사람들에게 당신의 교회는 무엇을 기대하는가?

- 당신은 어떤 일을 해 보았는가? 어떤 전문적인 기술을 개발하기 원하는가? 이런 기술을 개발하기 위해 어떤 훈련이 필요한가?

- 누구에게 교회의 선교위원회에서 섬겨 달라고(또는 시작해 달라고) 부탁하거나, 지역이나 세계 아웃리치 활동을 시작할 수 있도록 도와 달라고 할 수 있나?

다음에 해야 할 일은 무엇인가?

- 당신이 집을 떠나 살고 있다면, 어디에서 지역 사람들과의 사귐에 적극적으로 참여할 수 있나? 지역 교회에서 어떻게 섬길 수 있나?

- 당신이나 교회의 내년 단기 선교 여행 계획은 어떤 것인가?

- 부모와 가족에게 당신의 결정을 어떻게 가장 잘 나눌 수 있을까?

- 당신의 새로운 헌신에 대해 언제 어떻게 당신의 교회와 나눌 수 있을까?

- 세계 복음화에 대한 지식과 참여를 증진시키기 위해 어떤 계획을 갖고 있나?

- 교회 성도들에게 세계 복음화에 대해 교육하는 일을 어떻게 도울 수 있나?

- 책임 있는 그룹을 언제 형성할 수 있을까? 그 그룹에 누구를 포함시킬 것인가?

- 선교사가 되려는 당신의 계획을 보완해 줄 사역 기회들에 대해 가족, 배우자, 당신이 존경하는 다른 그리스도인들, 학교의 지도교수(가능하다면)와 의논하라. 당신에게 필요한 훈련과 재정 상황을 고려하라.

미래는 어떤 모습일까?

- 당신이 지금부터 5-10년 후에는 어디에 있을 것이라고 상상하는가? 무엇을 하고 있을 것 같은가?

- 그렇게 하기 위해 밟아야 할 중요한 과정은 어떤 것인가?

- 당신의 교회가 이 모험에 어떻게 동참하기 원하는가?

- 미래에 하나님을 위해 더욱 효과적이 되기 위해 지금 어떤 습관이나 활동들을 바꾸어야 하겠는가?

3

타문화 접하기

사람은 자신의 문화 밖으로 나오기 전에는 자신이나 자신의 문화를 진정으로 이해하지 못한다고 한다. 멀리 떨어져서 보면 새로운 관점이 생긴다. 간단히 말해, 선교사 준비 초기 단계에서 타문화를 접해 보면 새로운 관점이 생기고 비전이 커지는 유익을 얻는다.

문화는 옳고 그름을 말할 수 없다. 단지 다를 뿐이다. 행동양식, 언어, 사회구조, 문화적 가치관, 세계관은 당신이 살고 있는 곳, 그리고 함께 사는 사람들에 따라 매우 다양하다. 자신이 살아 온 문화와 많이 다른 문화에서 살기 위해 가는 사람은 보편적으로 거의 '문화 충격'이라는 것을 경험한다. 그것은 자신의 문화에서 익숙했던 신호들cues을 잃어버린 결과 겪게 되는 스트레스다. 우리는 다른 문화에 속해 살면서 실제로 그 문화를 경험하기 전에는 그 엄청난 차이를 이해하지 못한다.

어떤 사람들은 자신의 문화와 그리스도를 전하고자 하는 문화 사이의 다리 역할을 하는 데 필요한 소양을 남들보다 더 잘 갖추고 있다. 하나님이 분명히 이 사람들에게는 다른 문화를 수용할 수 있는 특별한 능력을 주셨다. 그렇지만 누구든 의도적으로 다른 문화를 많이 접해 봄으로써 문화 적응을 준비할 수 있다.

타문화 경험을 준비하는 과정에서 책이 도움이 되겠지만, 경험은 책을 통해서 얻어지는 것이 아니다. 실제로 경험해야 한다. 가능한 일찍 다른 문화권에 살면서 일하는 경험을 갖는 것이 중요하다. 이런 경험을 계속 가질 수 있게 해주는 프로그램이 있다면 더 좋다. 한 번의 경험만으로는 정확한 시험이 되지 않을 것이다.

타문화를 경험하는 방법은 많다. 많은 대학교에 1년이나 한 학기 동안 해외에 나가 현지인 집에 살면서 공부하는 프로그램이 있다. 학기 사이나 여름에, 선정된 선교 현지에 가서 공부하는 프로그램이 있는 학교들도 있다. 타문화에 진출하려는 이런 시도들은 학문이나 관계에서 풍성한 열매를 얻게 한다.

단기간 선교를 경험할 수 있는 기회는 수없이 많다. 기간은 2주에서 2년에 이르기까지 다양하다. 2주 여행의 주 목적은 선교를 접해 보는 것이다. 8-10주 정도 되는 여름 선교 프로젝트는 주로 영어나 이미 알고 있는 언어를 사용해서 사역을 할 수 있도록 한다. 더 긴 1년이나 2년의 경우는 경험이 있는 전문 선교사나 감독자와 함께 장기 사역에 참여할 수 있도록 역할을 배정한다.

젊은이들이 타문화 단기 사역을 경험할 수 있도록 특별히 디자인된 그룹들이 있다. 어떤 그룹들은 큰 선교 조직에 속했다. 단기 팀에는 특정한 사역을 하는 사람도 있고 주로 배우기 위해 온 사람들도 있다.

피해를 주지 않도록 주의하라! 다음에 있는 체험기에서 말하는 것처럼, 당신은 하나님이 그곳에서 이미 하고 계시는 것을 발견하기 위해 겸손히 배우는 사람으로 가는 것이다. 무엇을 가르치거나 무슨 문제를 해결하러 가는 것이 아니다. 이 단계의 단기 선교는 순전히 탐구하는 것이다. 로버트 리스Roberts Reese가 말한 것처럼, 이것의 주된 목적은 영적 훈련인데 이것을 통해 성령이 당신의 인격을 형성하실 것이다.

당신이 사는 곳에서의 타문화 경험을 간과하지 말라. 당신 주위에는 다른 민족이나 문화의 사람들이 놀랄 만큼 많다. 하나님이 복음을 듣지 못한 사람들을 당신 바로 가까이까지 데려다 놓으셨다. 큰 도시에 가서 다른 민족 사람들을 만나 보라. 다문화 환경에서 일하고 섬길 수 있는 기회들을 찾아보라. 이것을 통해 문화 간 차이가 있다는 것이 얼마나 즐거운 일인지 잘 느낄 수 있고, 다리를 건설해야 할 필요성을 알게 될 것이다 (119-122페이지의 '왜 시작할 때까지 기다리는가'를 보라).

가능한 자료들을 모두 살펴보라. 당신의 전반적인 계획에 맞고 구체적으로 문화를 접해 볼 수 있는 프로그램을 선정하라. 가능하면 당신이 궁극적으로 사역하고자 하는 민족에게 사역하는 기관이나 프로젝트를 선정하라.

※ 월드임팩트(World Impact, www.worldimpact.org), 이너채인지(InnerChange, www.crmleaders.org/ministries/innerchange), 시티팀(CityTeam, www.cityteam.org) 같은 그룹에서의 여름 도심 인턴십을 고려해 보라.

※ 예수전도단(Youth With a Mission, www.YWAM.org), 국제 오엠에프(OMF International, www.OM.org), 인터내셔널 팀(International Teams, www.iteams.org)은 젊은이들을 위한 단기 선교에 전문화된 유명한 그룹들이다.

- Tim Dearborn, *Short-Term Missions Workbook: From Mission Tourists to Global Citizens*(Downers Grove,Ill.: InterVarsity Press, 2003).「비전 여행 워크북: 선교 관광객에서 세계를 품는 그리스도인이 되도록 돕는」(한국해외선교회 출판부).
- Laurie Fortunak, ed., *Engaging the Church: Analyzing the Canvas of Short-Term Missions*(Wheaton,Ill.: Evangelism and Missions Information Service, 2008).
- J. Mack and Leeann Stiles, *Mack & Leean's Guide to Short-Term Missions*(Downers Grove,Ill.: InterVarsity Press, 2000).「위대한 도전 단기 선교」(죠이선교회 출판부).

3.1

타문화의 이해 : 누구의 룰을 따를 것인가

손창남(OMF, 인도네시아)

문화마다 다른 우선 가치

한국 출신의 외과 의사가 중동의 A라는 나라에서 사역했다. 그는 현지 병원에서 외과 의사들과 함께 일하던 중 한 현지 의사가 자기 환자에게 전화하는 것을 들었다. 그 의사는 그날 오후에 어떤 환자를 수술하기로 되어 있었다.

"어제 저녁에 갑자기 손님이 집에 오셔서 오늘 수술을 하지 못할 것 같습니다. 내일로 수술을 미루면 좋겠습니다."

만약 당신이 이런 전화를 옆에서 듣게 된다면 그 외과 의사를 어떻게 생각하겠는가. 아마도 무책임하고 직업의식이 투철하지 못한 의사라고 생각할 것이다. 만약 당신이 병원장이라면 이런 의사는 파면시킬지도 모른다.

이런 상황에서 당황하지 않고 적절하게 행동하기 위해서는 현지 문화를 심도 있게 살펴볼 필요가 있다. A국 사람들에게 가장 중요한 가치는 손님 접대^{hospitality}다. 만약 그가 의사로서 환자를 치료한다는 핑계로 멀리서 온 손님 접대를 소홀히 했다면 마치 우리나라에서 연장자를 존중하지 않은 것처럼 여러 사람에게 지탄받았을 것이다. 이렇게 A라는 나라에서 접대를 중요하게 생각하는 것은 아마도 이들 문화 안에 있는 믿음에서 나온 듯싶다. 이들은 손님을 접대하다가 천사를 대접하게 된다는 생각을 가졌는데, 이것은 유대인들의 생각과 비슷하다. 성경에도 보면 아브라함이 손님으로 온 천사를 대접한 이야기가 나온다. A나라 사람들은 대부분 무슬림인데, 무슬림들의 세계관은 유대인들의 세계관과 유사하다. 이들은 하나님이 천사를 보내실 수 있다고 굳게 믿는다.

아브라함이 지나가는 나그네를 대접했을 때, 그는 나그네 중 한 사람의 머리 위에 있는 천사의 표식^{halo}을 보고 손님을 대접하기로 결정하지 않았다. 그저 지나가는 나그네라는 것 때문에 대접을 했다.

이것은 아브라함이 살았던 4000년 전의 이야기만은 아니다. 오늘날도 이런 상황이 있다. 몽골에서 사역하는 선교사에게 들은 이야기다. 몽골 사람들은 멀리 떠날 때 자기가 사는 텐트의 문을 잠그고 나가지 않는다고 한다. 텐트를 잠그지 않고 떠나는 것뿐 아니라 음식을 장만해서 안에 두고 나간다고 한다. 혹시라도 자기가 사는 텐트 근처를 지나는 나그네가 음식이 부족할 때 들어와 먹고 가도록 하려는 배려에서 나온 것이다. 이토록 특정 문화에서는 특정 가치가 매우 중요하게 여겨진다.

문화의 4중 구조

선교는 해외에서 하는 사역이라고 생각하는 사람들이 있는데, 엄밀하게 말해 선교는 타문화에서 이루어지는 사역이다. 예를 들어 어떤 목사가 브라질에 가서 한국 사람들에게 복음을 전하게 되었다고 하자. 한국 사람들로 구성된 교회가 생기고 그 목사는 한국말로 설교하고 심방한다면 그가 하는 일은 엄밀히 말해 선교라기보다는 교민 목회라고 하는 것이 맞다. 반대로 한국에 와 있는 인도네시아 근로자들을 돕기 위해 인도네시아 언어와 문화를 배운 후 한국에서 인도네시아 근로자들을 위한 교회를 섬긴다면 이것은 선교라고 하는 것이 옳다.

따라서 문화를 이해하는 것이 선교의 성패를 좌우한다. 복잡해 보이는 문화를 간단하게 설명한다면 게임의 룰과 같다고 할 수 있다. 같은 게임도 지역마다 시대마다 다를 수 있다. 마찬가지로 지역마다 나라마다 문화가 다르다. 이렇게 다른 문화는 매력적으로 보일 수도 있지만 스트레스의 원인이기도 하고 장기간 타문화에 노출되는 문화 충격으로 심신에 큰 영향을 받을 수도 있다.

인도네시아에서 사역할 때 영국과 미국과 한국에서 온 세 명의 젊은 단기 사역자들이 함께 머문 적이 있다. 이들은 함께 아침에 빵에 잼을 발라 먹는 것도 쉽지 않았다. 한국 청년은 식탁에 있는 잼 병을 손으로 자연스럽게 가져다가 잼을 빵에 발라 먹는다. 하지만 이런 행동은 미국이나 영국에서 온 젊은 사역자의 눈에 매우 무례해 보인다. 미국 청년은 한국 청년에게 잼 병을 달라고 부탁한다. 이렇게 다른 이에게 잼 병을 달라고 하는 것이 미국 청년에게는 별 문제가 없는 행동이지만 한국 청년의 입장에서 보면 예의 없는 행동이 된다. 우리는 식탁에서 가능한 다른 사람에게 무엇을 부탁하지 않는 것이 룰이기 때문이다. 영국 청년은 또 다른 룰을 가지고 있다. 영국 사람들은 식탁에서 공동으로 먹으라고 놓아 둔 병이나 접시를 다른 사람의 허락 없이 손으로 가져오는 것은 물론 전해 달라고 하는 것도 무례하다고 여긴다. 다른 사람이 먹으라고 권하는 것만 먹게 되어 있다. 그러나 이런 룰을 전혀 모르는 한국 청년과 미국 청년은 건네 달래서 먹고 손으로 가져다 먹으면서 영국 청년에게는 한 번도 권하지 않는다. 이 세 청년은 아침식사 자리에서 갈등하기 위해 선교지에 온 것이 아니다. 영광스러운 주님의 복음을 전하러 온 것이다.

아침에 일어나 아침을 먹으면서도 이런 갈등을 경험한다면, 이들이 하루 종일 함께 지내면서 얼마나 많은 문화적 차이로 갈등을 경험하게 될 것인지 상상하기 어렵지 않다. 화장실을 사용하는 것도 다르다. 서양 사람들은 화장실 문을 사용할 때는 닫아 두고 사용하지 않을 때는 열어 둔다. 한국 사람들은 화장실을 사용하지 않을 때에도 문을 닫아 두고, 문을 두드려 안에 사람이 있는지 확인한다. 하지만 서양 사람들은 문을 닫고 화장실 안에 있을 때 누군가 밖에서 두드리는 것을 무례하다고 생각한다. 또 서양은 화장실의 상황이 한국과 매우 다르다. 변기와 화장실 문 사이의 간격이 넓은 곳이 많다. 그러니 누군가 문을 두드릴 때 어떻게 반응을 보일 수 있겠는가! 만약 한국 사람이 화장실을 사용한 후 문을 닫아 두고 나왔다면 서양 사람은 그 문 앞에서 계속 기다릴 것이다.

이런 문화적 차이들은 처음에는 무척 스트레스를 받게 하지만 얼마의 시간이 지나면 배우고 따라할 수 있는 행동양식에 관한 것들이다. 하지만 문화를 이해하는 것은 이것보다 더 깊이 있는 내용들이다. 문화를 이해하는 것이 어렵다고 느끼는 것은 문화가 겉으로 나타나는 행동양식에 대한 것만이 아니라 그 내면을 구성하는 여러 가지 개념의 보다 복잡한 구조로 이루어졌기 때문이다. 로이드 콰스트Lloyd A. Kwast는 이런 문화의 구조를 아래와 같은 동심원으로 설명한다. 아래의 동심원을 보면 제일 밖의 동심원은 행동양식을 말한다. 행동양식은 어느 정도의 시간을 현지인들과 보내면 비교적 수월하게 파악할 수 있고 마음만 먹으면 따라할 수도 있다. 하지만 행동양식은 그 안에 있는 가치관의 영향을 받게 된다. 가치관은 다시 그 안의 믿음에 영향을 받게 되며, 믿음은 세계관의 영향을 받는다.

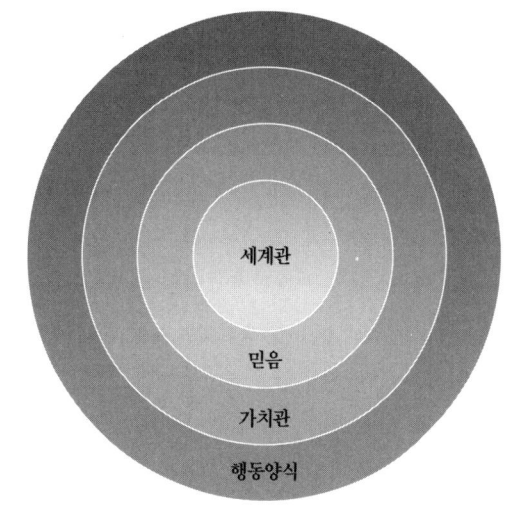

행동양식Pattern of behavior은 우리의 일상생활 속에서 일어나는 모든 일들을 포함한다. 예를 들어 식사를 할 때 인도나 인도네시아 사람들은 손으로 밥을 먹지만 우리는 숟가락으로 먹는다. 인사를 할 때 우리는 고개를 숙여 경의를 표하지만 서양 사람들은 악수를 하든지 포옹을 한다. 이처럼 행동양식은 대부분 쉽게 드러나기 때문에 누구나 쉽게 인식하고 따라할 수 있다.

가치Value는 문화 안에서 행동양식을 결정하는 요소다. 예를 들어 한국 문화에서 매우 중요한 가치 가운데 하나는 나이다. 연장자인 사람에게 반말로 말을 걸어 보라. 어떤 상황이 벌어질지는 뻔하다. 우리나라에서는 나이에 가치를 두지만 그렇지 않은 나라도 많다. 무엇이 그 나라의 중요한 가치인지 알아내는 것은 행동양식의 차이를 인식하고 따라하기보다 훨씬 어렵다.

믿음Belief은 문화 안에서 가치에 지대한 영향을 주는 요인이다. 믿음은 어떤 문화 안에서 사람들이 공유하는 절대적인 의미를 말한다. 이런 믿음은 오랜 기간 동안 문화 안에서 받아들여지고 공유된 것이기 때문에 가치에 비해 쉽게 변화하지 않는다. 그리고 이런 믿음이 가치에 영향을 주게 된다.

세계관World-view이란 어떤 문화 안에서 그 사회를 구성하는 기본적인 틀이다. 대부분 종교와 깊은 관련이 있다. 인간의 기원, 죽음, 영적인 존재들에 관한 복잡한 설명들이 이 세계관 속에 들었다.

타문화에서의 판단 기준

문화가 다른 곳에서 선교사들은 그 나라의 문화코드를 잘못 읽음으로써 오해를 불러일으킬 수 있다. 대부분은 자기가 익숙한 기준으로 다른 사람의 행동을 판단한다. 그리고 성급하게 결정을 내릴 수 있다. 만약 한국 선교사가 앞에서 말한 병원을 세웠고, 그래서 병원의 모든 의사들의 인사권을 가졌다고 하자. 그리고 만약 그 현지 의사를 무책임한 의사라는 이유로 처벌했다면, 그 사회에서 어떤 일이 벌어지겠는가? A나라 사람들은 그 의사를 나무라지 않고 한국 선교사가 문제가 있다고 생각할 것이다.

따라서 선교사들은 자신의 문화의 기준으로 판단하지 말고 다음의 두 가지를 생각해 보아야 한다.

첫째는 초문화적 진리인 성경 말씀이 무엇을 말하고 있는가다. 예를 들어 윌리엄 캐리가 인도에 갔을 때 죽은 남편을 장례하며 살아 있는 부인을 함께 생매장하는 것을 보았다. 이런 문화에 대해서는 성경이 어떤 이유로든 살아 있는 사람을 죽여서는 안 된다고 하는 기준을 분명히 말해 주어야 한다.

둘째는 현지 성도들의 결정을 존중하는 것이다. 위에서 말한 것처럼 성경이 명확하게 기준을 제시한다면 문제는 적어진다. 하지만 성경이 침묵하는 부분에 대해서는 어떻게 할 것인지 선교사들은 고민하게 된다. 그럴 경우는 현지인 공동체의 결정을 중요시해야 한다. 이것은 일찍부터 예루살렘 교회가 우리에게 보여 준 중요한 모델이기도 하다. 이방인들에게 할례와 율법을 준수하도록 하게 할 것인가를 놓고 치열한 토론을 한 후 사도들은 "성령과 우리는"이라고 결론을 내렸다.

선교사들만 성령의 인도를 받는 것은 아니다. 현지 그리스도인들도 동일하게 성령의 인도를 받는다. 마치 베드로가 이방인 고넬료의 집에 갔을 때 성령이 역사하는 것을 본 것처럼 말이다. 우리는 현지에서 발생하는 문화와 관련된 문제를 이방인 교회들이 결정하도록 도와야 한다.

3.2

새로운 단기 선교 여행을 위해

한철호

오늘날 교회의 세계 선교 참여에 있어 단기 선교 여행은 엄청난 부분을 차지한다. 과거에는 선교사들과 이를 지원하는 교회 리더들에 의한 선교였다. 그러나 세계화, 디아스포라 현상, 풀뿌리 선교 운동 등 오늘날 세상과 선교 환경의 변화는 다양한 선교 참여의 물꼬를 트게 만들었다.

그중 가장 주목받는 사역이 단기 선교 여행이다. 단기 선교 여행에 대한 찬반 의견도 있고, 그 영향력에 대한 긍정적·부정적 평가들도 있다. 그러나 선교지 방문이나 선교 여행은 선교가 몇몇 사람들의 것이 아니라 성도들 모두의 것으로 이해되는 과정에서 필연적으로 등장하게 된다. 또한 선교사로 가기 전에 타문화를 경험하고 배우는 실제적인 방법이기도 하다. 한편 우리는 21세기에 들어서 이제까지 일어났던 형태의 단기 선교 여행이 지속되어야 하는가에 대한 깊은 성찰을 할 시점에 왔다.

1. 분명한 목적 수립

단기 선교 여행 프로그램은 선교적인 관점에서 분명한 목적을 가지고 시행되어야 한다. 그 목적은 성경적이고 동시대적 적합성을 가져야 한다.

단기 선교 여행은 기간과 목적에 따라 다양하게 불릴 수 있다. 각 팀의 목적에 따라 구체적인 명칭을 사용하므로, 참가자들에게 자신이 참가하는 단기 선교의 목적이 무엇인지 인식하는 데 도움을 줄 수 있다. 선교를 배우고 교육하기 위한 목적일 경우 '선교지 방문 여행', 특정한 지역을 관찰하고 배우기 위한 경우 '정탐 여행', 긴급 구호 혹은 의료 봉사 등 현지의 필요를 채우는 것이 주 목적일 경우 '단기 봉사', 일회적 노방 전도를 위한 경우 '단기 전도' 등으로 구분해 그 팀의 특성을 설명하는 명칭을 붙이는 것이 목적을 정확히 밝히고 참가자들이 자신의 사역적 정체성을 이해하는 데 도움이 된다.

단기 선교 여행이 선교적 관점에서 분명한 목적을 가져야 하는 이유는 단기 선교 여행이 잘못된 목적으로 사용되는 것을 방지하기 위해서다. 선교 단체에서 단기 팀을 모집할 경우는 그 목적이 분명하다. 선교지에 가서 단기간 사역을 하고 오거나 선교 후보생들을 대상으로 하는 현장 훈련의 성격이 강하다. 반면 교회 공동체의 단기 선교 여행은 다양한 목적으로 실행될 수 있다. 현장 사역 외에도 공동체 훈련, 선교 동원, 수련회, 영적 각성, 파송 선교사 방문, 교회의 프로젝트 등 때론 선교 이외의 목적이 함께 추가될 수 있다. 단기 선교 여행을 통해 위에서 언급한 다양한 효과들을 얻을 수 있는 것이 자연스럽고 경우에 따라 그 목적이 될 수도 있지만, 선교라는 이름으로 선교와 상관없는 일이 진행되는 것은 바람직하지 못하다.

단기 선교 여행은 성경적인 모델을 가져야 한다. 성경에서 다양한 형태의 단기 선교 모델을 찾을 수 있다. 예수께서 12명의 제자들과 70명의 제자들을 마을로 보낸 것은 일종의 단기 선교였다. 예수님의 사역 자체도 3년이란 단기간에 일어난 일이다. 바울의 전도 팀도 유사하다. 이런 형태뿐만 아니라 그 내용에서도 성경적이어야 한다. 그 방법에서 전략적이며(눅 9:1-6), 태도에서 성육신적(빌 2:1-11)이어야 한다.

단기 선교 여행은 동시대적 적합성을 가져야 한다. 이 말은 오늘날 단기 선교가 시대적 변화와 밀접한 관련이 있다는 말이다. 즉 단기 선교가 가능하게 된 것은 오늘날 세계화로 인한 삶의 변화, 세계화와 교통수단의 발전은 전 세계를 하나의 지구촌으로 만들었고, 그 결과 비교적 짧은 시간에도 선교지를 왕복할 수 있는 기회가 생겼다. 또한 의사소통 방식의 발전으로 국내에서 선교지와 쉽게 의사소통할 수 있게 되면서 선교지 방문을 준비하는 것이 훨씬 쉬워졌다.

한국 교회의 성장과 경제 발전은 단기 선교 여행 확산에 중요한 요소가 되었다. 단기 선교 여행은 기본적으로 많은 재정을 필요로 한다. 따라서 한국 사회의 경제 성장이 단기 선교 여행의 확산에 도움이 되었다고 볼 수 있다. 이 말을 다른 말로 하면 한국 교회 성장의 둔화와 경제적 불안은 단기 선교 여행 확산의 장애 요소가 될 수 있다는 말이다. 그러므로 21세기에는 새로운 선교 여행 모델을 발굴해야 할 필요가 있다.

최근 한국 사회의 큰 변화 중 하나는 외국인 국내 체류자의 수가 급속도로 확산된 것이다. 이미 상당수의 외국인 근로자와 유학생, 다문화 가정, 단순 체류자, 주재원, 비즈니스맨 등 다양한 부류의 외국인들이 국내에 거주하고 있다. 그들 중 많은 이들이 미복음화 된 지역에서 온 사람들이다. 국내에 들어와 있는 이들에게 다가가는 것은 매우 중요한 사역이다. 선교는 지리적 개념이 아니라 문화적 개념으로, 다른 문화에 복음을 전하는 것이다. 과거에는 지리적 개념과 문화적 개념이 분리되지 않았다. 즉 인도 사람은 인도에만 주로 살았고, 베트남 사람은 베트남에만 주로 살았다. 그러나 21세기의 세계화 현상은 "모든 곳에서 모든 곳으로 오고 가는" 시대를 만들어 가고 있다. 선교지의 사람들이 지금 우리 앞마당에 와 있는 것이다.

이들에게 다가가는 일은 매우 중요하다. 선교 여행을 지리적 개념이 아니라 문화적 개념으로 적용해 본다면, 해외로 가는 단기 선교 여행뿐만 아니라 국내에 들어와 있는 타문화권 사람들의 거주지를 찾아가는 것도 가능하다. 이런 단기 선교 여행은 재정이나 시간 면에서 많은 유익이 있고, 실제 사역적 측면에서도 그 효과가 매우 높다고 볼 수 있다.

또한 21세기의 세계 기독교는 이제까지의 서구 중심 교회에서 탈피해 세계의 모든 지역에서 성장하고 있다. 특별히 비서구권 교회가 급속도로 성장하고 있는 상황에서 세계 선교는 비서구권 교회를 중심으로 일어나게 될 것이다. 이미 그런 현상은 확산되고 있다. 따라서 서구 선교의 한 유형으로 발전된 단기 선교 여행도 비서구 교회에 적합한 새로운 모델로 변화되어야 한다.

서구형 단기 선교 모델은 고비용 구조인데, 비서구 교회는 고비용 선교를 감당하기가 쉽지 않다. 물론 단기 선교 여행에 드는 비용의 대부분은 교통비지만, 선심성 선교로 의존적 선교가 일어나거나 가는 사람 중심의 선교 사역이 일어날 경우 재정이 불필요하게 사용된다. 그 결과 선교가 재정이 많아야만 가능한 사역이 되면, 비서구 교회가 이 사역에 참여할 기회는 거의 없다고 볼 수 있다. 또한 이런 고비용 선교 형태는 선교지의 교회를 매우 의존적으로 만들어 버리는 비성경적인 것이다. 저비용-고효율 선교가 일어나도록 21세기 단기 선교 여행은 새로운 형태를 가져야 한다.

2. 연속성 고려

단기 선교 여행의 목표는 실행 가능성, 결과에 대한 기대, 단기 선교 여행이 장기 및 단기 선교 사역에 어떻게 공헌할 수 있는지 등의 연속성이 고려되어야 한다.

단기 선교 여행은 비교적 짧은 기간에 실시되지만 그 목표와 결과는 장기적이어야 한다 short-term mission, long-term effect. 이를 위해서는 그 사역의 목적과 기대하는 결과를 분명히 해야 한다. 그렇지 않을 경우 지속적인 선교 사역이 일어날 수 없다. 단기 선교 여행이 짧은 시간에 이루어진다고 해서 그 결과가 미비해도 된다는 말은 아니다. 잘 준비된 단기 선교는 장기 선교 못지않은 결과를 낳을 수도 있다.

단기 선교 여행은 이를 시행하는 교회 공동체 전체의 선교적 목표와 연관되어 진행되어야 한다. 참가하는 개인에게는 단기 선교 여행이 장·단기 선교로 헌신하거나 선교적 삶을 사는 헌신을 향한 여정의 한 부분이고, 교회 공동체에게는 선교 동력화를 이루는 중요한 과정이 되어야 한다.

단기 선교 여행은 그 목적에 따른 목표가 분명해야

한다. 참가자, 선교 참여의 정도, 공동체(교회)의 의도, 현장의 요구 등에 따라 다양한 목표를 가질 수 있다. 단순한 선교지 방문 및 교육을 목표로 할 수도 있고, 선교 사역에 구체적으로 참여하는 것이 목표일 수도 있다. 혹은 가벼운 여행을 겸한 방문이 될 수도 있다. 많은 경우 이런 다양한 목표를 한 번의 선교 여행을 통해 다 성취하려 하기 때문에 문제가 발생한다. 또 참가자의 수준을 넘어서는 목표를 가질 때 어려워질 수 있다. 처음에는 선교지 방문 및 교육의 차원에서 시작하다가 점차 현장 중심적인 단기 선교 여행이 될 수 있다. 단기 선교 여행이 좀더 사역 중심으로 발전하기 위해서는 특정한 지역이나 나라를 지속적으로 방문하는 것이 바람직하다. 그렇지 않을 경우, 단기 선교 여행은 준비해 간 몇몇 프로그램을 보여 주고 오는 일회성 사역이 되기 쉽다.

처음부터 목표에 대한 기대치를 분명히 명시하고 그것을 성취하도록 노력해야 한다. 선교는 기본적으로 현장에 교회를 세우는 일이다. 따라서 선교는 가는 자 중심이 아니라 현지 중심이 되어야 한다. 단기 선교 여행의 목표도 가는 자가 세우기보다는 그들의 필요가 무엇인지를 먼저 파악하는 것이 중요하다. 사역에 대한 평가 또한 가는 자보다는 그들에게 얼마나 도움이 되었는가를 기준으로 판단해야 한다. 이를 위해서는 현장의 필요에 대한 깊은 관찰과 연구가 있어야 한다. 따라서 가는 자, 현장 선교사, 현지 공동체 사이에 효과적인 의사소통이 일어나야 한다. 모두의 의견이 다 중요하지만, 현지인과 현장 선교사의 의견이 더 존중되어야 한다. 또한 현장 선교사는 현지인의 필요가 무엇인지 잘 파악해서 적절한 사역이 일어나도록 해야 한다. 현장 선교사가 현지인의 필요를 단기 선교 여행 팀에게 잘 전달하기 위해서는 현장 선교사의 진정성과 올바른 시각이 중요하다. 현장 선교사가 이 역할을 잘 못할 경우, 가는 자와 현지인 모두 어려움을 당할 수 있기 때문에 팀 리더는 의사소통에 많은 시간을 투자해야 한다.

단기 선교 여행에서 공동체의 목표와 개인의 참여는 연속성이 있어야 한다. 각 공동체에서 단기 선교 여행이 하나의 독립된 사역으로 파편처럼 진행되는 경우, 단기 선교 여행의 좋은 목표와 이에 따른 결과를 기대하기 어렵다. 단기 선교 여행은 두 가지 영역에서 연속성을 가져야 한다.

첫째, 교회 공동체 전체의 선교 목표와 연속성을 가져야 한다. 방문 나라와 사역의 내용, 참가자를 결정할 때, 먼저 교회 공동체 전체의 선교 목표와 연속성을 반드시 확인해야 한다. 물론 많은 경우 아직 교회의 선교 목표와 방향이 완성되지 않은 상태에서 단기 선교 여행이 먼저 이루어질 수도 있다. 이 경우 단기 선교 여행이 교회의 선교 목표를 선도할 수도 있다.

둘째, 참가자들의 삶 속에서 선교가 연속성을 갖기 위해 단기 선교 여행은 좋은 출발점이 될 수 있다. 한 번의 사역으로 그치는 것이 아니라 이를 통해 참가자가 전 일생에 선교적 삶을 사는 여정을 시작하도록 도와주어야 한다. 단기 선교 여행이 발전해 단기 선교사로 참여하게 되고, 더 나아가 장기 선교사로 헌신하도록 하는 출발점이 되도록 하면 좋을 것이다. 장·단기 선교사로 나아가지 않더라도 평생 선교적 삶을 사는 계기가 되도록 해야 한다.

3. 협력관계 수립

선교지의 교회와 선교사, 그리고 지역 사회와 가능한 최대의 협력 관계를 수립해야 한다.

선교는 현지 교회를 세우는 일임을 인식해야 한다. 단기 선교 여행 또한 마찬가지다. 그러므로 단기 선교 여행이 그들에게 도움이 되기 위해서는 처음부터 선교 현장 사역자와 최대한 협력해야 한다.

이를 위해서는 현지의 필요를 정확히 파악하고 의사소통해야 한다. 너무 임박해서 논의하기보다는 가능한 미리 현장 선교사 혹은 현지 교회 리더와 의사소통해야 한다. 처음 가는 지역일 경우에는 긴밀한 의사소통을 위해 현지 선교사가 한국에 방문할 기회가 있을 때 만나서 의견을 나누는 것이 좋다. 혹은 단기 선교 여행 팀 리더가 미리 현장을 한 번 방문해서 자세히 살펴보는 것도 한 방안이다.

효과적인 협력을 위해서는 현지를 잘 파악할 필요가 있다. 열린 지역, 닫힌 지역, 도시, 농촌, 혹은 어떤 종교권으로 가는가에 따라 준비가 달라진다. 예를 들면 지역(도시-농촌)에 따라 복장이 달라져야 하고, 이슬람 지역으로 간다면 여성들은 복장에 특히 유의해야 한다.

4. 실행의 주의사항

물량 중심, 경험 중심, 관광 형태의 사역, 전시 중심의 사역을 지양하며, 단기 선교 여행의 사역을 참가자의 은사에 근거해 구성하는 참가자 중심 사역이 아니라 선교지의 필요와 요구에 부합하는 맞춤형 사역이 되도록 해야 한다.

단기 선교 여행은 짧은 기간에 많은 열매를 맺기 위해 물량 중심으로 가기 쉽다. 의료지원, 의류지원, 사역지원, 구제지원 등의 경우에는 많은 물질을 가져간다. 그러나 과도한 지원은 현지 교회를 의존적으로 만들고 스스로 성장하는 데 방해가 될 수 있다. 꼭 필요한 지원은 하되, 그것이 단순한 지원이 아니라 재생산을 위한 토대가 되도록 해야 한다.

21세기형 단기 선교 여행은 획일성을 탈피해 현지의 필요를 채울 수 있는 은사를 가진 사람들을 잘 파악해 파송하고, 각각의 현지 필요를 채워 줄 수 있어야 한다. 이를 위해서는 참가자들이 가진 은사와 현지의 필요가 잘 연결되도록 더 많은 의사소통이 필요하다. 또 교회 공동체 구성원들이 어떤 은사와 기능을 가지고 있는지 사전에 자료화해야 한다. 21세기는 전문성의 시대다. 교회 구성원 가운데 전문적인 기술과 역량을 가진 이들이 많다. 이 자원을 극대화 할 때 매우 실제적인 현장 중심의 선교가 일어날 수 있다. 이렇게 함으로써 선교지에는 구체적인 도움을 줄 수 있고, 참가자들은 자신의 은사와 기술이 선교에 사용되는 큰 도전을 경험할 수 있다.

5. 임하는 태도

선교지의 문화와 생활수준을 배려하지 않는 자문화 중심적 선교 방식과 우월주의에서 탈피해야 하며, 더 낮은 자의 위치에서 섬김의 자세를 가져야 한다.

20세기 선교가 다소 일방적인 것이었다면 21세기는 상호의존적이며, 하나님 나라의 관점에서 전 세계의 교회가 한몸으로서 세워져 가는 것을 보여 주어야 한다. 이를 위해서는 선교지 문화에 대한 깊은 이해와 더불어 가는 자의 일방적인 자문화 중심적 선교 방식이 아니라, 그들의 문화를 공유하고 그 문화 안에서 복음의 능력이 발휘될 수 있도록 해야 한다. 타문화를 잘 이해하기 위해서는 가는 이들이 가르치는 자, 판단하는 자 혹은 주도하는 자의 위치가 아니라 관찰자, 협력자 또는 섬기는 자로 가야 한다. 대부분의 한국인들은 단일 문화 안에서만 살아 왔기 때문에 다문화에 대한 이해와 다양성을 수용하는 것에서 어려움을 느낄 수 있다. 오늘날 세계는 더 이상 일방적이거나 패권적이기보다 쌍방향적이고 수평적이며, 서로를 세우는 공동체로 변화하고 있다. 이런 변화에 걸맞은 단기 선교 여행이 일어나야 한다.

6. 내용과 방식

단기 선교 여행을 통해 전해 주려는 내용은 성경적이어야 하고, 그것을 전달하는 방식도 그리스도의 성육신적 선교 모델을 추구해야 한다.

선교의 핵심은 복음을 전하는 일이다. 단기 선교 여행은 때론 짧은 시간에 진행되기 때문에 복음을 전하는 일이 쉽지 않을 수도 있다. 그럼에도 불구하고 참가자들이 단기 선교 여행을 통해 모든 민족이 복을 얻기 원하시는 하나님의 목적을 발견할 수 있어야 한다(창 12:1-3).

선교의 본질은 성육신이다. 이것은 예수께서 보여 주신 선교의 태도이자 그리스도인들의 삶의 모델이다. 성육신 모델의 구체적인 내용은 포기와 동일화다. 자신의 위치나 지위 권리를 포기하고 그들과 같이 되도록 노력하는 자세다. 단기 선교 여행을 잘못 이해하면 우리가 가진 것을 가지고 가서 그들에게 나누는 것 정도로 생각기 쉽다. 이것은 20세기의 왜곡된 자문화 중심주의와 패권주 패러다임의 결과다. 그러나 선교는 시혜를 베푸는 행위가 아니라 우리가 그들처럼 되어 하나 되는 과정을 통해 복음이 전달되는 것이다.

※ 본 글은 선교한국파트너스의 '21세기단기선교위원회'에서 발행한 "21세기 단기 선교 표준 지침서"에 발표된 글을 약간 수정한 것이다. 단기 선교 전반에 대한 새로운 방향과 실제적 방안을 담은 "21세기 단기 선교 표준 지침서"를 참고하라.

3.3

당신에게 가장 적합한 단기 선교를 발견하라

스티븐 호돈(「퍼스펙티브스」 공동 저자)

선교에 있어 문제가 하나 있다면 그것은 '선택할 것이 너무 많다'는 것이다. 수백 개나 되는 선교기관들이 많은 기회를 제공한다. 많은 선교기관들이 당신이나 당신과 같은 누군가를 원한다. 게다가 그 선교기관들은 모두 다르다. 어떤 기관이 당신에게 적합할까? 어떤 기관을 통해 당신 인생에 두신 하나님의 부르심을 가장 잘 이룰 수 있을까? 가장 '적합한' 선교가 되기 위해 여기에서 소개하는 다음 여섯 개 항목을 고려하라. 이 항목들은 모두 하나로 합쳐져야 한다.

항목들을 어떤 순서로 고려하느냐에 따라 큰 차이가 난다. 예를 들면, 어떤 사람이 스포츠 사역으로(팀) 농구 하러(재능) 여름에(기간) 선교지로 가려고 생각한다면, 그 사람은 멕시코시티로 가는 것과 인도네시아의 무슬림에게 가는 것(대상) 중에서 선택할 수도 있고 혹은 하지 못할 수도 있다.

인도네시아의 무슬림과 함께(대상) 여름을(기간) 보내겠다고 우선순위를 바꾸면 아주 다른 팀과 사역을 하게 될 것이다.

당신의 우선순위는 무엇인가? 그것은 얼마나 융통성이 있는가? 아래의 6가지 결정 항목을 잘 읽어 가며 **당신의** 우선순위를 찾아보라. 그리고 나서 그 다음에 있는 '결정 사항 점검표'를 완성하라.

1. 대상

당신의 대상^{Target}을 생각해 보라. 어떤 필요를 채워 주려고 하는가? 어느 나라, 어느 민족, 어느 도시로 가려고 하는가? 어떤 사람들에게는 대상 선정이 중요한 일이다. 그들은 하나님이 그들을 어떤 특정한 나라로 부르셨다고 느낄 수도 있다. 또 어떤 사람들은 자신을 가장 필요로 하는 곳으로 가는 것이 중요하다고 생각한다. 물론 **대상**이라는 단어는 단순히 당신이 군사 작전 중에 있다거나 누군가를 쏘고 있다는 것을 암시하는

것이 아니다. 당신이 관심을 기울이는 지리적·민족적 영역에 관한 것이다.

어떤 사람들은 세계 복음화라는 큰 그림에서 전략적인 장소와 민족을 선택한다. 예를 들면, 어떤 사람들은 케냐로 가기로 마음을 정하고, 그 외의 다른 모든 선택은 그것에 따른다. 어떤 사람들은 무슬림 세계에 관심을 갖는다. 또 어떤 사람들은 온통 중국 생각뿐이다.

2. 과업

당신의 과업^{Task}을 생각해 보라. 매일 어떤 활동을 하고 있을까? 어떤 목표를 이룰 것인가? 어떤 사람들은 섬기는 일이면 거의 어떤 방법으로 하든 상관없이 하려고 한다. 그러나 또 어떤 사람들은 특정한 업무 내용을 정해 놓고 시작한다. 우물을 파거나, 교회를 개척하거나, 간호하거나, 글을 가르치거나, 교회에서 돕거나, 고아들과 놀아 주거나, 거리 전도를 하거나, 밀림에 활주로를 놓는 일에 마음을 정할 수도 있다.

마음이 끌리는 여러 가능성들에 대해 잘 파악하라. 대담하게 꿈을 꾸되 이룰 수 없는 시나리오를 헛되이 생각하지 않도록 주의하라. 새로운 것에 흥분하지 말라. 도전을 받아들임으로써 기꺼이 섬기고자 하는 마음을 넓히라.

3. 팀

당신의 팀^{Team}을 생각해 보라. 누구와 함께 갈 것인가? 어떤 파송 그룹, 선교기관, 교회와 함께할 것인가? 현지 교회와는 어떤 관계를 가질 것인가? 단기 선교에 들어

서는 것은 일반적으로 팀이 당신을 맡는다는 것을 의미한다. 당신은 갑자기 당신 자신이나 당신이 가진 경력보다 더 큰 일에 관여하게 될 것이다. 이것은 실제로 신뢰의 문제다.

선교기관이나 교회는 하나님이 그들에게 주신 과업에 당신이 기여할 것이라 믿고 당신을 받아들일 것이다. 당신은 그 파송 기관의 리더들이 당신의 사역을 안내해 줄 것이라고 신뢰해야 한다. 당신이 팀을 먼저 선택하면 사역 대상, 과업, 기간을 결정하는 일에 보통 그들이 깊이 관여할 것이다.

여러 파송 그룹을 신중하게 고려해 보라. 그 기관과 함께 사역하는 사람을 안다거나 예전에 그 기관을 후원했다는 이유만으로 한 선교기관을 고집하지 말라. 여러 기준을 만들어 놓고 기관들을 살펴보라.

당신의 전체 팀에서 가족과 파송 교회가 큰 부분을 차지한다. 어느 시점에서든 당신이 결정하는 일에서 그들을 제쳐놓지 말라. 그들 중 많은 사람들이 장기 전략의 한 부분인 단기 선교의 전략적 비전과 프로그램을 개발했다. 그들이 당신의 보디 라이프 디자인 팀의 일부가 되도록 하라.

4. 재능

한 걸음 물러서서 당신 자신을 잘 살펴보라. 당신의 재능^{Talents}, 은사, 장점을 생각해 보라. 어떤 영적 은사나 타고난 능력들이 필요할까? 가장 하고 싶은 일은 무엇인가? 당신은 어떤 단점이 있는가? 많은 사람들이 이런 것들부터 찾기 시작한다. 기타를 연주하거나 농구를 하는 것처럼 그들이 잘하는 일이 있을 것이다. 어떤 사람들은 자신의 특별한 능력이 선교에 사용될 수 있다는 것에 대해 놀라며 즐거워한다. 또 어떤 사람들은 자신의 은사에 사로잡혀 선교 리더들에게 지나친 기대를 갖게 해서, 자신이 뛰어나거나 관심이 있는 영역에서만 임무를 배정하도록 한다. 그들 자신들에게 '자기 달성'이라는 그 마력적인 느낌을 주지 않는 과업을 받으면 쉽게 실망하고 분개한다.

단순히 자기 자신에 대해 만족을 느끼고 기분 좋아지고자 하기 위함이라면 단기간일지라도 선교에 참여하지 말라. 선교는 사역이다. 그것은 근본적으로 섬기는 것이지 자기 달성이 아니다. '목적을 가지고 떠난 휴가'가 놀랍게도 하나님의 목적은 결여된 휴가가 될 수 있다. 이 시대의 이기적인 문화 풍조가 아주 쉽게 해외로 흘러들어 갈 수 있다. 이것은 부지불식간에 일어난다.

단기 선교는 비용이 많이 드는 여름 캠프나, 직업을 찾아 나서는 탐험이나, 자기 분석과 직업을 찾기 위한 대안적인 배경이 된다. 단기 선교가 단기 선교를 떠난 **당신을** 위해 무엇인가를 해주는 것으로 여기지 않도록 주의하라. 대신 당신에게 가장 적합한 것을 찾으라. 사용할 재능이 많이 없다고 느낄 수도 있겠지만, 그렇지 않다. 당신이 투자한 시간에 대해 기대할 만한 것이 없다고 생각할 수도 있다. 기대하지 않는 것이 가장 위험하다. 기대하라.

5. 훈련

당신이 훈련받은^{Training} 것에 대해 생각해 보라. 당신은 무엇을 할 수 있도록 갖추어지고 준비되었나? 당신의 교육, 경험, 자격 요건들을 검토함으로써 단기 선교 선정 과정을 시작할 수 있다. 이런 것들은 고려해 볼 가치가 있기는 하지만 때로는 좋은 출발점이 되지 못한다. 비록 당신에게 맞는 것을 찾는다 하더라도, 당신의 선택을 현재의 능력에 맞추어 제한해서 하고 있기 때문에 여러 중요한 기회들을 놓칠 수 있다.

당신의 모든 자격 요건 목록을 꼭 만들라. 생각한 것보다 더 잘 준비할 수 있을 것이다! 다른 교회와 선교 조직에서도 단기 선교의 일부로 훈련을 제공하는지 확인해 보라.

6. 기간

사역 기간Term을 생각해 보라. 얼마 동안 헌신할 것인가? 2-3주, 여름, 한 학기, 또는 1년 동안 하려고 생각하는가? 기간 연장에 대한 선택권을 갖기 원하는가? 이 단기 사역이 잘되면, 인생의 대부분을 어떻게 선교지에서 지낼지에 대해 진지하게 알아보고 있나?

단지 여름 동안만이 아니라 1년이나 2년 동안 헌신한다면, 얼마나 더 많은 것을 얻을 수 있고 베풀 수 있을지에 대해 생각해 보라. 관계를 단절하고 직장을 그만두는 일을 지혜롭게 하라. 모든 관계를 다 끊을 필요는 없지만, 단기 선교도 선교라는 것을 명심하라. 무엇인가를 주기 위해서는 무엇인가를 포기해야 한다는 사실을 염두에 두라. 편리해 보일 때만 당신의 스케줄에 선교를 포함시키지 않도록 주의하라. 세상을 변화시키는 것은 좀처럼 편리하지 않은 일이다.

결정 사항 점검표

아래의 문장들을 사용해서 어떤 기회가 당신에게 적합할지에 대해 어느 정도 결정했는지 알아보라. 한 영역에서의 확실성의 정도가 다른 영역의 결정에 영향을 끼칠 것이다. 먼저 전 항목을 다 읽고, 당신의 기대와 바람을 가장 잘 나타내는 문장에 모두 표시하라.

이제 당신이 표시한 문장으로 돌아가서, 각각에 대해 어느 정도 확실한지 결정하라. 여섯 영역(대상, 과업, 팀, 재능, 훈련, 기간) 중에서 가장 확실한 영역은 어떤 것이고 가장 불확실한 영역은 어떤 것인가? 단기 선교에 관한 의사결정에서 각 영역이 어느 정도의 영향력을 끼치기 원하는지 순위를 매겨 보라. 융통성을 가질 수 있는 것은 어떤 영역인가?

좀더 결단력이 요구되는 영역은 어떤 것인가?

※ 이 글은 「십분의 일 선교: 단기 선교의 새 소명」(Stepping Out: A Guide to Short-Term Missions, 예수전도단)에서 수정해 실었음. 더 자세한 내용은 예수전도단 출판부(www.ywampublishing.com)에서 찾아보라.

결정 사항 점검표

결정 사항	확실	어느 정도 확실	불확실
대상(내가 관여할 민족, 도시, 나라):			
나는 특정한 민족이나 특정한 부류의 민족에게 사역하고 싶다.			
나는 특정한 나라나 도시를 이미 생각해 두었다.			
나는 특정한 지역이나 특정한 부류의 민족은 피하고 싶다.			
과업(내가 할 일의 종류):			
나는 전도 활동을 하고 싶다.			
나는 교회의 필요에 내 시간을 집중하고 싶다.			
나는 사람들의 물질적·사회적 필요에 관여하기 원한다.			
팀(내가 함께 갈 조직):			
나는 내 교회나 교단과 연결하기 원한다.			
나는 이미 한 선교기관으로 마음을 정했다.			
나는 어떤 종류의 조직과 함께 가고 싶은지 안다.			
재능(내가 사용할 기술과 은사):			
나의 특별한 기술과 경험을 사용하는 것은 중요하다.			
사역은 내 영적 은사와 맞는 것이어야 한다.			
전에 해 본 적이 없는 일을 하고 싶다.			
훈련(내가 했거나 받아야 하는 교육):			
나는 단기 선교의 일환으로 더 훈련받고 싶다.			
나는 사용할 수 있는 전문 훈련을 받았다.			
나는 내 경력을 활용할 수 있는 일을 하고 싶다.			
기간(내가 가 있을 기간):			
나는 여름 동안만 할 수 있다.			
나는 장기간 할 수 있는 일을 하고 싶다.			
나는 기간에 한계를 정해야 한다.			

3.4

감옥, 순례자, 변화 : 문화 능력 이해하기

셔우드 링겐펠터(위클리프 성경번역선교회 자문위원, 인류학자)

모든 사회의 구성원들은 공통적인 세계관을 가지고 조직화된 사회 환경에 참여한다. 부모와 친구로부터 가치관과 신조, 행동 관습을 받아들여 거기에 따라 사는 법을 배우면서, 그들은 공통적인 세속성을 만들어 냄으로써 거기에 갇혀 불순종의 삶을 살게 된다. 그들은 그것에 붙잡혀 꼼짝 못하고, 하나님이 사람에게 두신 목적과 상충되는 사회적인 이미지를 좇아 산다.

바울은 인간이 감옥, 곧 불순종의 감옥에 갇혔다고 말했다. "하나님이 모든 사람을 순종하지 아니하는 가운데 가두어 두심은 모든 사람에게 긍휼을 베풀려 하심이로다"(롬 11:32). 갈라디아서 3:22에서 바울은 시편 14:1-3을 다른 말로 표현하면서, "모든 것이 죄 아래 갇혀 있다"고 말한다(표준새번역). 하나님이 유대인이나 이방인이나 선교사나 할 것 없이 모든 사람을 그들이 만들어 놓은 문화의 감옥에 가두어 두셨다.

나는 몇몇 기독교 인류학자와 사회학자들이 주장하는 문화나 세계관이 중립적이라는 말을 받아들이지 않는다. 문화는 렌치나 드라이버라기보다는 라스베이거스의 도박장에 있는 슬롯머신 같다. 문화는 슬롯머신처럼 권력이 있는 사람은 이기고 보통 사람은 잃도록 짜였다. 준비한 계획이 방해를 받으면 사람들은 짜여 있는 우위를 회복하기 위해 주로 폭력에 호소한다. 비록 권력의 우위를 차지하는 것은 개인이나 그룹이지만, 모든 문화 체계가 그 구성원과 권력 사이에서 중개인 노릇을 한다. 문화의 구조와 조직들은 중립적이지 않다. 사람들은 그들 개인과 그룹의 이익을 보호하고 다른 사람보다 우위를 차지하고 유지하기 위해, 그들과 함께 완성해야 할 그들과의 관계를 정의하고 구축한다.

문화는 인간에 의해 창조되고 오염된다. 문화는 불순종의 울타리다. 복음을 통해서만 그곳으로부터 자유를 얻을 수 있다.

복음은 불순종의 감옥으로부터 인간을 자유하게 한다. 베드로는 "이제 여러분은 조상으로부터 물려받은 여러분의 헛된 생활방식에서 해방되었습니다. 그것은…그리스도의 귀한 피로 되었습니다"라고 말한다(벧전 1:18-19, 표준새번역). 복음은 이 세상 사람들에게 그들의 사회질서와 신조에 도전하는 상충된 메시지를 준다.

베드로가 또 다시 분명히 말한다. "그러나 너희는 택하신 족속이요 왕 같은 제사장들이요 거룩한 나라요 그의 소유가 된 백성이니 이는 너희를 어두운 데서 불러내어 그의 기이한 빛에 들어가게 하신 이의 아름다운 덕을 선포하게 하려 하심이라. 너희가 전에는 백성이 아니더니 이제는 하나님의 백성이[다]"(벧전 2:9-10).

성경은 예수님이 통상적인 사회와 세계관에 도전하신 것을 분명히 보여 준다. 비록 예수님은 유대 사회에서 한 사람의 유대인으로 살았지만, 그 세상을 그의 말씀과 가르침으로 산산이 부수셨다. 그의 복음은 갈등과 변화를 가져왔다. 유대와 사마리아에 사는 사람들은 예수께서 그들의 체제에 도전했기 때문에 그를 미워했고 죽일 음모를 세웠다. 그들은 예수님과 그의 제자들을 말살하기 위해 할 수 있는 모든 방법을 동원했다.

선교 인류학자 폴 히버트Paul Hiebert는 기독교가 문화적인 삶에 대해 새로운 해석을 할 수 있게 한다고 주장했다. 모든 문화와 모든 사람은 새로운 관점, 곧 십자가에 죽으시고 다시 사시고 높임을 받으신 예수님을 따라 변화해야 한다. 예수님은 문화가 아니라 사람을 구하러 오셨다. 그는 사람들을 그의 형상으로 변화시키기 위해 오셨다. 그러나 모든 문화들은 변화되지 않을 것이다! 사실은 그 반대다. 교회와 선교의 역사가 말하는 것은, 보다 더 큰 문화가 예수 그리스도의 교회를 무력화한다는 것이다. 이것은 종종 3세대나 4세대가 새롭게 생겨나거나 새로워지는 것을 통해 분명히 나타난다.

변화는 한 체제와 다른 체제를 연결하는 것도 아니고, 기독교 체제를 다른 지역과 사람들에게 이식시키는 것도 아니다. 변화는 새로운 해석, 곧 재정의 redefinition를 의미하는데, 이것은 하나님의 백성(교회)의 삶을 그들이 살아가고 일하는 체제 안에서 재통합 reintegration하는 것을 말한다. 예수님은 "내 나라는 이 세상에 속한 것이 아니니라"고 말씀하셨다(요 18:36). 그것은 예수께서 기독교 사회정치적 체제의 존재를 부인하신 것이며, 그의 제자들이 가진 사고방식과 다른 사람들과의 사회적인 관계를 변화시키라고 하신 것이다.

선교사와 현지 토착 공동체의 사회적·문화적 체제들은 새로운 신자와 교회에게 관습적인 규범과 가치관, 관행들을 따르라고 강력한 압력을 가한다. 그리스도인들은 교회나 그보다 더 큰 사회에서 활동을 하지 않고는 살 수 없기 때문에, 끊임없이 이런 압력을 받을 수밖에 없다. 더욱이 기독교 지도자들은 그들 사회의 규범과 가치관과 불가분하게 뒤얽힌 규범과 가치관을 가르치고 실천한다.

그럼에도 불구하고 복음은 어느 사회적 환경과 세계관이든 이것들을 계속적으로 재구성하는 데 엄청나게 강력한 힘이 될 수 있다. 신자들이 성숙한 신앙을 갖게 되면 그들의 가치관과 동기가 주 예수 그리스도의 것들을 더욱 많이 반영한다. 그러므로 그리스도인들은 사리사욕의 옛 행실과 부딪치고 대립해 그들의 삶과 일에서 예수님을 본받으려고 할 때, 옛 사회에 속한 규칙들에 대립하고 그것들이 부적절하다고 판단하도록 만들 것이다. 신자들이 복음의 진리에 점점 더 순종함에 따라, 그들은 자원을 관리하고 관계를 만들어 가는 새로운 방법들을 발견하게 될 것이다.

그렇다면 그리스도인 사역자들은 어떻게 그들의 문화를 이전하지 않고 주 예수 그리스도의 제자로서 전도하는 일과 그들의 지역 문화를 변화시키는 일에 헌신된 성숙하고 토착화된 교회를 양육할 수 있을까?

첫 과제는 우리의 감옥과 다른 사람들의 문화적 감옥을 이해하는 것이다. 불순종의 감옥이라는 말은 많은 사람들에게 불쾌감을 준다. 문화를 이렇게 개념화하는 것에 대해 독자들도 거부반응을 일으킬 수 있다. 서울 한복판에 아름다운 담으로 둘러쳐진 창덕궁에는 19세기에 이곳에 살았던 조선의 왕과 그 가족들의 집과, 정원과 신하들의 처소들이 있다. 왕은 그의 지극히 높은 지위 때문에 관습에 따라 궁궐을 떠날 수 없었다. 그는 궁궐에 갇힌 자다. 담 안에서 그의 삶이 아무리 멋져도 그는 바깥세상을 볼 수도 경험할 수도 없는 정치적으로 갇힌 자다.

우리의 문화적 궁궐이 우리의 감옥이다. 그 속에서 우리는 편안함과 안전, 의미, 관계를 발견한다. 그러나 문화의 담이 우리의 자유를 제한하고 우리와 다른 민족들 사이에 장벽을 쌓는다. 역사 속의 수많은 찬란한 왕국들과 현재의 민족 국가들이 사탄에게 주어졌다. 하나님이 허락하시는 만큼 사탄에게 문화와 경제, 정부를 다스리는 권세가 주어졌다. 하나님의 백성은 많은 문화가 있는 이 세상에 "거류민과 나그네"(벧전 2:11)로 살도록 교회로 불러내졌다.

나그네의 삶은 정착하지 않는 삶이다. 그 어떤 문화도 그에게는 적절하지 않아 잠시 정착할 뿐이며, 문화에 적응하는 것은 보다 높은 목적을 위한 것이다. 베드로는 우리에게 "너희가 이방인 중에서 행실을 선하게 가져 너희를 악행 한다고 비방하는 자들로 하여금 너희 선한 일을 보고 [하나님이] 오시는 날에 하나님께 영광을 돌리게 하려 함이라"(벧전 2:12)고 말한다.

다른 문화 속으로 들어갈 때, 우리는 그 사람들의 삶과 신조들을 살펴보아야 한다. 우리는 그들의 기준에 비추어 선한 삶을 사는 법을 배워야 한다. 우리는 그들의 권위에 복종하는 삶을 살아야 한다. 우리는 그들이 가진 중대한 질문들을 찾아내야 한다. 그들은 우리의 관점을 잘 알 수 없으므로, 우리가 성경을 찾아서 그들의 물음과 필요에 대한 성경적 대답을 해주어야 한다.

나그네로 살며 나그네를 제자로 삼기 위해, 우리는 "자유인으로…하나님의 종으로 [살면서]" 동시에 "인간이 세운 모든 제도에" 순복하며 사는 법을 배워야 한다 (벧전 2:16, 13, 표준새번역). 우리는 어떻게 자유와 순복을 모두 이루는가? 우리가 담과 문, 문지기들을 분명하게 보기 전에는 감옥에서 나갈 수 없다. 우리는 우리의 문화적 감옥의 여러 차원들을 이해해야 하고, 우리의 문화적 습관의 사슬과 문화적 담에 있는 문을 열게 해줄 성경적인 열쇠를 발견해야 한다. 이런 관점이 우리로 하여금 우리가 경험한 자유를 다른 사람들에게 나누어 주고 그들을 예수 그리스도의 제자가 되는 여정으로 인도할 수 있게 할 것이다.

우리 자신을 주의 깊게 살펴보면, 우리는 우리가 믿는 바theology대로 실천하practice지 않으며, 이 땅의 하나님 나라를 자신의 문화에 맞추어 인지하고 있다는 것을 자주 인정하지 않을 수 없게 될 것이다. 문화에 대한 맹목성은 원칙이지 예외가 아니라는 것과 우리는 우리의 철학이라는 창을 통해서 세상을 본다는 것을 인식해야만, 우리의 사귐fellowship과 믿는 바가 우리의 문화적 철학들과 세계관의 속박에서 자유로울 수 있다.

복음의 변화시키는 능력을 진정으로 이해하고 문화 간 하나님 나라의 원칙을 적용하려 한다면, 우리는 여러 개의 창을 통해서 보아야 한다. 각 신자는 편협하고 제한된 안경을 통해서 보지만, 다른 관점들을 가진 제자들로서 함께하면, 다원적 세상에서 보다 넓은 말씀의 영향력을 이해하기 시작할 수 있다.

※ *Transforming Culture*(Grand Rapids: Baker, 1998), pp.15-22. 「변화하는 기독교」(기독교문서선교회)의 1장 문화 이식인가? 문화 변혁인가?(Transferring or Transforming Culture?)에서 요약함.

3.5
선택안을 추려 내는 5가지 방법

스티브 호크

1. 당신을 도와줄 친구를 찾으라

사람들은 급진적인 일을 혼자서는 하지 않는다. 급변하고 점점 혼란스러워 가는 세상에서 다문화 환경으로 들어가는 것은 급진적인 일이라는 사실을 직시하라! 당신의 동기나 선교에 대한 소망을 이해해 줄 신뢰할 수 있는 친구나 교회의 리더를 찾으라. 이들은 당신 곁에서 조언해 주고 당신의 생각을 분별해 줄 수 있는 사람들이다. 당신에게 필요한 사람은 답을 주거나 문제를 해결해 주는 사람이 아니라 잘 들어 주는 사람, 곧 하나님이 당신의 삶에 대해 말씀하시는 음성을 당신이 들을 수 있도록 도와줄 사람이다.

2. 시간표에 당신의 미래를 펼쳐 보라

이것은 잠재적인 장애물과 갈등 요인들을 구별해 낼 수 있는 방법의 하나다. 깊이 생각하고 만든 시간표는 당신이 완전히 비현실적인 기대를 가지고 '불가능한 일'을 하려고 할 때 그것을 알려 준다.

3. 믿음을 키우라

반면 단지 가능한 일에만 안주하지 말라. 하나님은 쉽고 확실한 일 이상의 일을 하도록 인도하실 수도 있다. 당신이 어디로 가든 하나님을 신뢰해야겠지만, 위험이 따르는 모험에 대비해서 준비해야 한다. 이것을 기억하라. 성령이 당신의 믿음을 크게 해서 하나님을 더욱 신뢰하도록 하실 때에는, 그와 동시에 당신이 하나님을 더욱 의지하도록 당신을 하나님 안으로 더욱 깊이 이끄실 것이다. 당신의 믿음이 커져 가면서, 그 믿음이 하나님을 의지함에 더욱 뿌리를 내리고 있다는 것을 알게 될 것이다. 하나님의 속성과 성품이 당신의 반석과 산성이 된다.

4. 두려움을 직면하라

당신이 걱정하는 데에는 충분한 이유가 있을 것이다. 인생은 어렵고, 당신은 위험한 곳을 향하고 있는지도 모른다. 남은 인생을 홀로 지내지 않을까 두려워할 수도 있다. 당신을 후원하는 모든 사람들 앞에서 비참하게 실패할 수도 있고 당황할 수도 있다. 모든 두려움을 들추어내 빛 가운데서 보면 어떤 것들은 여전히 두렵겠지만, 또 어떤 것들은 원수가 당신의 마음에 생각나게 만든 어리석은 각본임을 알고 웃어 버리고 말 수도 있다. 게릴라에게 공격을 받지는 않을지 쓸데없이 두려워할 수도 있다. 당신이 가기 전에 총격을 당할지도 모른다는 두려움이 있을 수도 있다. 훈련을 마치고도 더 담대해진 것을 느끼지 못할 수도 있겠지만, 거짓된 느낌들로 인해 꼼짝 못하게 되지는 않을 것이다. 심리학자이자 영성 디렉터인 데이비드 베너(David Benner)는 다음과 같이 말한다.

> 우리에게 필요한 것은 사랑을 아는 것이다. 이것은 우리에게 있는 두려움을 떨쳐 버릴 수 있을 만큼 강하다. 이것은 우리에게 필요한 급진적인 변화를 일으킬 수 있는 유일한 것이다.…우리에게 필요한 것은 믿음보다

더 깊은 앎이다. 이것은 경험에 기초해야 한다. 사랑을 아는 것만이 우리에게 있는 두려움을 떨쳐 버릴 수 있을 만큼 강하다. 사랑을 아는 것만이 의심을 물리칠 수 있을 만큼 강하다.[1]

5. 자유를 다루라

알맞은 선교 기회를 선택할 수 있도록 진실로 자유하기 위해서는 당신의 특권이라고 생각하는 것들을 포기해야 할 수도 있다. 하나님께 순종하라. 이것은 기본적으로 당신에게 '알맞은' 무언가를 찾거나 당신의 경력을 발전시킬 무언가를 찾는 문제가 아니다. 진짜 문제는 그리스도에게 완전히 굴복하는 것이다. 잘못된 특권의식에 맞서야 할 수도 있다. 하나님이 전 세계가 당신의 자아 성취를 위해 움직이도록 만드셨다고 믿고 있지는 않는가? 베너는 항복하는 것을 이렇게 묘사한다.

> 항복을 생각만 하는 것으로도 어떤 사람들에게는 얼마나 무서운 일이 되는가.…우리보다 큰 어떤 것이나 어떤 사람에게 항복하는 것만이, 우리를 가두는 자기중심성의 감옥에서 우리를 자유하게 할 수 있는 힘이 된다. 항복하는 것만이 우리의 고립과 소외됨을 충분히 극복할 수 있게 해준다.…기독교에서 영적인 삶의 핵심은 사랑에 항복하는 것이다. 그리스도를 따르는 것은 하나님이 우리에게 옳다고 하시는 일에 그렇게 하겠다고 하는 것이다. 이것이 사랑에 대한 응답이 아니라면 그리스도를 따르는 것은 온전히 기독교적이지 않다.[2]

당신 것이라 생각하며 이루고자 했던 미래나 꿈의 영역들을 포기할 준비를 하라. 그것들을 하나님의 손에 내려놓으면 하나님은 당신이 예상했던 것보다 더 많이 돌려주실 것을 약속하셨다. "누구든지 자기 목숨을 구원하고자 하면 잃을 것이요 누구든지 나와 복음을 위하여 자기 목숨을 잃으면 구원하리라"(막 8:35).

짐 엘리엇Jim Elliot은 그것을 이렇게 표현했다. "잃을 수 없는 것을 얻기 위해 간직할 수 없는 것을 포기하는 자는 어리석은 자가 아니다." 우리는 엘리엇이 미국의 안전지대에서 살기보다는 에콰도르 밀림에 가서 예수님을 따르기로 했을 때 우리에게 남겨 준 자유의 유산으로 살아간다.

※ 「발걸음 떼기: 단기 선교 지침」(*Stepping Out: A Guide to Short-Term Missions*)에서 저자의 허락을 받고 수정했음. Copyright© 1987, 1992 by Short-Term Missions Advocates, Inc. All rights reserved.

1. David Benner, *Surrender to Love*(Downers Grove,Ill.: InterVarsity Press, 2003), p. 79. 「사랑에 항복하다」(한국 IVP).
2. *Ibid*,. pp. 10-11.

Global Perspectives 3.6

커크 프랭클린(위클리프 성경번역선교회 국제 회장, 미국)

선교사의 역할

이제 60대 후반과 70대 초반 사람들의 은퇴는 서구에서 시작된 선교의 필수 인원 충원에 상당한 위협이다. 새로운 사역자를 충원하는 것으로는 은퇴자 수를 따라잡지 못할 것처럼 보인다. 설상가상 서구에 들리는 말은, "사람이 아니라 돈을 보내 달라" 또는 "현지 그리스도인들이 더 낫고, 더 빠르고, 더 적은 비용으로 할 수 있다"는 말이다.

그러나 선교의 섬김은 점점 더 '국경 없는' 세계에서 일어난다. 그래서 서구에서 왔다는 것이나, 은퇴할 나이가 되었다는 것은 다문화와 다종교 환경에 살면서 사역하는 것에 대한 태도와 자발성에 부차적인 문제다. 이런 세계에서 비서구 리더들이 종종 현지 그리스도인과 협력한다. '대담한 겸손'이 있어야 하는 일이다. 겸손은 대담함에 선행한다. 왜냐하면 우리가 주장할 수 있는 유일한 대담함은 모든 권세를 가지고 계신 예수 그리스도 앞에서의 우리의 겸손이기 때문이다.

다음 세대 유치하기

빈곤 경감과 문맹률 해결을 위한 원조와 개발을 통합한 선교와, HIV/AIDS를 비롯한 의료 사역과, 소규모 사업이 점점 더 관심을 끈다. 왜냐하면 이런 것들은 극빈자들이 직면한 많은 절박한 위기들을 해결하기 위해 노력하기 때문이다. 개인과 사회의 진정한 변화는 복음이 모든 형태의 선교에 통합되어야 한다. 그러므로 전체적으로 통합된 제자훈련, 멘토링, 그리고 남반구 교회의 리더십 능력 배양이 필수적이다.

다음 세대에게 바라는 주요한 인격과 영성 자질에는 아래의 것들이 포함된다.

- 예수 그리스도와의 개인적인 관계와 예수 그리스도만이 하나님과의 화해를 위한 유일

한 방법이라는 확신.
- 하나님의 자녀들에게 삶과 사역을 위해 권능을 주시는 선교의 영이신 성령에 대한 의존.
- 성경은 모든 민족에게 주신 하나님의 말씀이요, 구원, 변화, 열매 맺는 삶, 관계, 인간이 직면하는 문제들에 관계된 모든 일에 적합한 말씀이라는 확신.
- 다른 사람들, 예를 들면 지역 사회, 국내와 지역 교회, 선교 조직, 비정부 조직을 기꺼이 섬기고자 하는 마음.
- 선교지 리더들 아래서 기꺼이 섬기고자 하는 마음.
- 다른 사람들을 발전시키고 그들이 성공하는 것을 보고자 하는 겸손한 마음.
- 하나님의 세계 교회의 풍성한 다양성을 고려해 다른 신조를 가진 그리스도인들과 함께 기꺼이 사역하고자 하는 마음.

My Journey 3.7

유기남(OMF, 알타이선교회, 일본)

대학 1학년 때였다. 경춘선 기차 안에서 내게 접근해 복음을 전한 분이 있었다. 같은 학교 같은 과 4학년 김병선 선배였다. 그는 나중에 신학 공부를 하고 인도네시아 선교사로 헌신했다. 그의 성경공부 인도에 따라 양육받고 자연스럽게 IVF 활동에 참여했다. 당시 캠퍼스에는 선교 슬라이드도 가끔 상영되었고 일정하게 방문하는 호주 여자 선교사가 있었다. 그녀의 모습과 삶을 보면서 왠지 모르게 저런 삶도 아름다울 것이라고 느꼈다.

그룹 모임에서는 "히즈"*HIS*지에 실린 선교 관련 글들을 읽고 토론하며 선교사들의 기도제목을 가지고 함께 기도하는 시간을 갖곤 했다. 그리고 군복무를 마치고 4학년으로 복학하기 전 어느 날 경건의 시간을 가지더 중 주님의 부르심을 느꼈다. 그후 한 달 동안 주님과의 친밀한 교제 속에서 선교사 소명에 대한 확인 작업을 했다.

그런데 어느 나라로 나가야 할지 알 수가 없었다. 어느 날 한 선교 모임에서 나덕영 선교사가 "선교학"*Missiology*이라는 잡지를 건넸다. 그 속에 실린 일본인의 신관에 대해 쓴 글을 읽으면서 일본에 대한 관심이 생겨나기 시작했다. 그때 아내인 임경심도 한국과학기술원에 근무하며 그곳에 방문하는 일본인들을 접하고 있었다. 기독교인이 1퍼센트밖에 안 되는 일본의 영적 필요를 위해 기도하며 우리 부부는 점차 주님께서 우리를 일본으로 인도하고 계심을 확신했다.

타문화 선교를 위해 KIM 하기선교대학원, 캠프 위클리프, 한국선교훈련원, 싱가포르 ACTI 훈련을 받았다. OMF 국제 본부 오리엔테이션을 거쳐 13년간의 일본 선교 활동과 한국 본부 행정 사역을 마무리할 시기에 나의 선교 비전은 실크로드 지역인 알타이권으로 확대되었다. 2000년 4월, 이 지역과 종족들을 향한 알타이선교회Altai Cultural Center가 창립되면서 지금까지 알타이권 복음화를 위해 일꾼을 보내고 필요로 하는 사역들을 지원하는 일을 하고 있다.

Work Sheet 3.8

스티브 호크

당신은 지금 어디에 있는가?

- 3개월 이상의 타문화권 생활을 포함해 당신의 나라를 떠나 여행해 본 경험을 써 보라.

- 당신이 읽은 픽션이나 논픽션 중 문화의 차이를 묘사한 책의 제목을 적어 보라. 가장 인상적인 것은 어떤 것인가?

- 당신은 다른 민족의 예배에 얼마나 참석해 본 경험이 있나? 어떤 차이점이 가장 인상적인가?

- 가까이 살면서 알게 된 다른 민족이나 문화 그룹을 적어 보라.

- 당신이 방문하고 싶거나 이끌리는 느낌을 갖는 나라는 어떤 나라들인가?

- 당신은 학업이나 직장을 중단하고 얼마 동안 단기 선교 여행을 떠날 수 있나?

다음에 해야 할 일은 무엇인가?

- 관심 있는 단기 선교 여행에 대해서 구체적으로 써 보라.

- 내년 봄이나 여름휴가에 2-8주 동안 단기 선교 여행을 떠나는 것에 대해 생각해 보라.

- 국내의 외국인 근로자들이 살고 있는 안산의 원곡동 같은 공장 지역으로 1주일간 선교 여행을 갈 수도 있다. 몽골인들이 모인 전철 동대문역사문화공원역의 중앙아시아 거리와 몽골인 상권 지역 등을 방문해 보라. 국제학생회ISF에서 개최하는 유학생을 위한 모임에도 참여해 보라.

- 웬만한 지역에는 대부분 다문화 가정들이 있고, 농촌 지역에는 상당히 많은 다문화 가정이 있다. 1-2주간 그 지역을 방문해서 다문화 가정의 여성들과 자녀들을 돕는 프로그램을 운영해 보라.

미래는 어떤 모습일까?

- 가장 준비해야 하는 사역 기술은 어떤 것인가?

- 세계의 어떤 지역을 가장 경험해 보고 싶은가? 하나님이 세계의 어떤 곳으로 당신을 인도하시거나 또는 강하게 이끌어 가신다고 느끼는가?

- 하나님이 당신에게 어떤 특정한 사람들에 대한 특별한 열정을 주셨는지 분별해 볼 수 있도록, 단기 선교를 고려해 보라.

4

교육과 후원 모집에 대한 주요 사안들

당신이 믿음으로 여기까지 온 것은 큰일을 해낸 것이다. 방향에 대한 기본적인 문제는 정리되었고, 미래로 출발하기 위한 관계 형성에 주력했을 것이다. 아직 단기 선교 여행을 해 보지 않았다면, 처음으로 타문화를 접해 보려는 생각을 했을 것이다.

많은 중대 사안들과 질문들이 뚜렷해지는 것은 지극히 자연스러운 일이다. 당신은 이제 여기까지 왔다. 어떤 종류의 교육을 받고 준비해야 할지, 어떻게 후원 모집을 해야 할지에 관한 문제가 있다. 그리고 모든 부모들은 선교지에서의 자녀교육에 관한 문제에 직면한다.

이 문제들을 하나씩 살펴보자. 대답해 줄 수 있는 질문에는 답해 주려고 노력하겠지만, 고려할 것이 많은 경우에는 선택안을 제시할 것이다.

교육적인 준비와 기본 학교 교육

기본 교육인가 아니면 필수 학교 교육인가? 배우는 것인가 아니면 훈련하는 것인가? 우리가 '기본 교육'이라고 말할 때 우리는 '읽기, 쓰기, 셈하기' 그 이상을 말하는 것이다. '있으면 좋지만 근본적이지는 않은' 교육이 아니라 '근본적이고, 핵심적이고, 기본적인' 교육을 의미한다.

1세기부터 계속된 질문이 있다. 타문화 사역에서 하나님께 쓰임받기 위해 무엇이 필요한가? 베드로는 교육받지 못한 어부였다. 사도 바울은 가말리엘 하에서 1세기의 박사 과정을 마쳤을 것이다. 바나바는 키프로스 출신의 레위인이었고, 누가는 의사였다. 그러나 그들의 효과적인 사역은 과연 그들이 받은 교육 때문이었을까?

아마 그렇지 않을 것이다. 그들을 능력 있게 만든 것은 변화를 일으키는 살아 계신 그리스도와의 만남과 성령 충만이었다. 그들은 각자의 배경과 훈련, 은사에 따라 고유한 방법으로 사역했다.

대학 교육을 받지 않거나 성경과 선교 과목을 이수하지 않으면 섬길 자격이 되지 않는다고 생각하는 사회의 문화적인 덫을 피하기 바란다. 이것은 가장 잘못된 것이다. 그러므로 당신에게 어떤 기본적인 교육이 필요한지에 대해서는 성령이 분명하고 틀림없는 방법

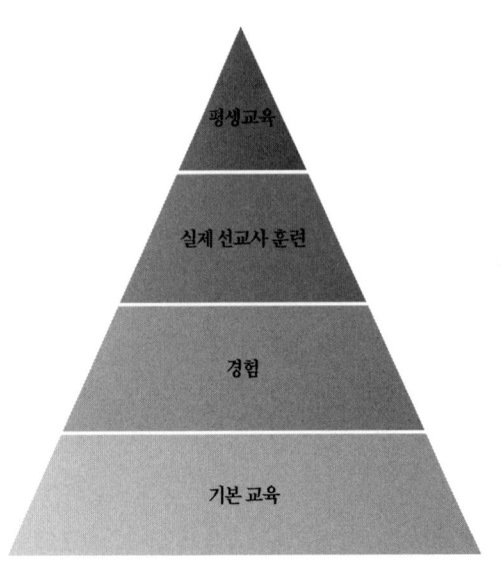

교육과 학교 교육 선택 피라미드

- 미래의 사역을 위해 필요하고, 또 개발하기 원하는 기본 지식과 실제적인 기술 훈련은 어떤 것들인가?
- 당신에게 어느 정도의 정규 교육이 필요한지에 대해 받은 지혜로운 조언을 요약해 보자.
- 현재 진행 중이거나 끝마친 교육 프로그램이 앞으로의 당신의 사역에 적합한가?
- 당신이 받은 기본적인 대학 교육을 보충할 또 다른 과정이 있는가?
- 그렇지 않다면 어디에서 필요한 과정을 찾을 수 있는가? 현재 다니는 대학에 그 과정이 있는가? 원격 교육 과정을 통해서 할 수 있는가? 아니면 다른 학교에 가야 하는가?

으로 들려주시는 음성을 통해 분별해야 한다. 그 외의 다른 것들은 '사람들을 따라 하면' 될 것이다.

위의 피라미드 그림을 통해 선교사 준비의 중요한 구성 요소에 대해 쉽게 이해할 수 있다. 기본 교육은 넓은 토대가 된다. 기본 교육이란 지금까지 경험과 정규 교육을 통해 배운 것을 말하는데, 대부분의 경우 초등·중등 교육과 여러 종류의 대학 교육이 포함된다. 중등 교육을 마친 후 특정한 일을 할 수 있도록 직업 훈련을 통한 준비를 원하는 사람들도 있을 것이다. 이런 방법으로 미래의 계획에 맞추어 기술을 쌓아 가면 타문화 선교에 적합하게 되리라 기대한다.

이 그림을 염두에 두고 지금 현재 당신은 어디에 있는지 살펴보라. 아래의 질문들을 잘 생각해 보고, 당신의 교회나 선교기관의 영적 조언자들과 이야기를 나누라(선교 조직마다 다른 요구 사항이 있다).

새로운 선교에는 다양한 타문화 사역 기술이 요구된다. 예를 들면, 컴퓨터 관련 기술, 데이터 관리와 웹 디자인, 물리치료와 작업요법 자격증, 전기와 기계 정비 능력, 영어 이외의 모국어 사용자에 대한 영어 교육 등이다. 성령이 이 모든 것을 사용하실 수 있다.

단기 사역, 직업, 교회 사역, 관계 등의 경험을 비롯해 보다 심층적인 경험들은 당신이 기량을 더 잘 발휘하도록 하는 동시에 사역을 짜임새 있게 해주는 구성 요소들이다. 실제로 선교사 훈련과 평생교육을 통해 교육 피라미드의 정상에 다다를 수 있다.

견실한 일반 교육은 대부분의 사람들에게 장기 타문화 선교의 매우 귀중한 토대가 되며, 대부분의 선교기관이 선호하는 기본 교육이다. 이것은 앞으로 있을 모든 훈련을 폭넓게 이해할 수 있게 하며, 훈련의 기준점이 된다. 이 과정을 마치면 인문과학(특히 사회행동과학)과 자연과학, 수학을 전반적으로 이해하게 된다.

성경 연구와 신학을 통합해 핵심으로 가르치는 기독교 대학에서 공부하면, 인문과학liberal arts은 '자유하게 하는 기술'liberating arts이 된다. 성경 연구와 신학을 통해 예수 그리스도로부터 오는 자유하게 하는 진리와 올바른 관계를 갖기 때문이다. 일반 대학교에 다니는 그리스도인 학생들이라면 이런 연결점을 만들기 위해 공부해야 할 것이다. 이것은 투자할 만한 가치가 있는 일이다. 당신이 있는 곳에서 시작하라. 교회나 선교기관이 어떤 과정을 제안하고 요구하는지 물어 보라.

당신이 대학생이라면, 여러 가지 주요 요소들에 대한 경험이 있는지 점검해 보라. 대부분의 교회와 선교기관은 문화인류학과 사회학 과목을 택하라고 권한다. 이런 과목들을 택하지 않았다면 남은 학기 중에 수강할 수 있도록 시간표를 짜 보라. 언어학 과목 역시 반드시 듣도록 하라. 다른 언어를 배울 준비를 하는 데 있어서 느슨해진 언어 근육을 탄력 있게 해줄 것이다.

국제 관계나 지역의 역사에 관한 과목도 수강하는 것이 좋다. 거시 경제학은 현대 세계를 움직이는 중요한 역학에 대한 이해의 폭을 넓혀 줄 것이다. 국제 개발에 관한 과목들은 세계를 민족적·경제적·정치적 입장에 따라 분열시키도록 위협하는 세계의 불공평의 문제를 접하게 해줄 것이다. '다른 사람들에게 예수님에 대해 말하는 것'만이 세계 복음화라고 생각하는 틀로부터 당신을 나오게 해줄 과목은 어떤 과목이든 '성경적인 전체론'biblical holism으로 가는 필수적인 첫 단계이다.

오늘날 타문화권에서 섬기는 사람들은 더 폭넓은 성경적 관점을 가지고, 예수님의 사역과 가르침에서 명백히 나타난 것처럼 복음을 말과 행동(성육신적인 관계)과 능력으로 하는 사역으로 보아야 한다. 하나님 나라의 복음은 이 세 가지 차원들 중 어떤 하나가 아니라 모두를 포함한다. 복음은 전도도 아니고 정의 사역도 아니다. 예수님의 마음과 그의 메시지에는 이것이나 저것이 아니라 모두 다 있었다. 예수님은 소망이 없는 무리를 보고 그들을 가르치고 먹이셨다. 예수님은 호기심 많은 어부들을 보고 그들을 예수님을 따르는 삶으로 초청하셨다. 공부할 과목만 찾을 것이 아니라 예수님의 제자들이 주님께 멘토링 받은 것처럼 멘토링 받을 수 있는 기회를 찾으라.

건실한 기본 교육에서 가장 중요한 것은 성경, 신학, 선교 관련 기초 과목들이다. 많은 교회와 선교기관들이 전통적으로 선교 후보자 지망생들에게 최소한 1년 동안 성경 연구와 선교를 공부하도록 요구해 왔다. 그러나 세계의 변화하는 본질과 포스트모던 가치관을 고려해 이제는 많은 선교기관들이 성경과 선교에 대한 정규 교육이 부족한 후보자들 또한 받아들이고 있다. 이는 교육을 조금만 받아도 된다는 것이 아니라 선교사 후보생이 민족, 사역, 나라와 유대관계를 맺기 전에 정규 교육을 너무 많이 받는 것이 역효과를 낼 수도 있음을 깨달은 것이다.

이미 대학 과정을 다 마쳤다면, 아래의 세 가지 주요 구성 요소를 추가할 수 있는 가장 좋은 방법을 찾아 보라. ① 성경 훈련(정규 혹은 비정규 기관), ② 인류학과 타문화 커뮤니케이션 입문, ③ 세계 상업의 현장에서 실행할 수 있는 직업기술 특수 훈련(174-178페이지의 '배움의 기회'를 보라).

세계 종교와 교회사, 특히 선교의 역사에 대해 알아야 한다. 역사를 통해 배우지 않는 사람은 같은 역사를 반복하게 될 것이라는 말은 사실이다. 이런 필요를 충족시키기 위한 포괄적 시도로서 시작된 것이 바로 캘리포니아 패서디나에 있는 세계선교미국센터the U.S. Center for World Mission의 시간제 원격 교육 '세계 기독교의 기초'World Christian Foundations 과정이다. 목회자나 자격을 갖춘 평신도를 멘토로 두고 지금 바로 시작할 수 있다. 선교 현지로 나가서도 학사B.A.나 석사M.A. 과정을 마칠 수 있다.

지금 당장 이 정도의 과중한 프로그램을 하기 어렵다면, 3학점 과목인 '세계 기독교 운동 기초'Foundations of the World Christian Movement를 수강하면 이 프로그램의 상당 부분을 접할 수 있다. '퍼스펙티브스' 과정이나 '열방을 향한 비전'Vision for the Nations 비디오 미니 시리즈도 수강할 수 있다. 이 프로그램들을 신입생용으로 만든 인사이트INSIGHT도 세계선교미국센터USCWM를 통해 참여할 수 있다(자세한 내용과 연락처는 '부록 1'을 보라. 또는 선교한국파트너를 통해 각 프로그램에 대해 자세한 안내를 받을 수 있다).

다채로운 교육 기회 중에는 성경학교, 기독교 대학교, 기독교 대학원, 신학교, 교회에서 개설하는 성경 기초 과목들이 있다. 인터넷에서 수강할 수 있는 세미나와 강좌들이 폭발적으로 증가하고 있으므로 외국이나 사역하고자 하는 나라에 가서도 공부할 수 있다.

그밖에도 직장이나 대학에 다니면서 성경공부와 선교 사역의 기초를 배울 수 있는 여름 프로그램, 집중 강좌, 원격 독학 과정 등이 점점 늘어나고 있다.

어떤 선교기관과 교회는 성경학교나 기독교 대학 교육을 받은 선교 후보생들을 선발해서 몇 주간의 오리엔테이션만 마치고 해외로 파송할 것이다. 점점 더 많은 선교사들이 안식년이나 연구휴가 기간 동안 추가로 훈련을 받는다.

어떤 선교기관들은 대학을 졸업한 선교사 후보생들을 그들이 사역하기로 선택한 특정 민족에 맞추어 특화된 성경과 선교 훈련을 시키기에 앞서 언어와 문화를 배우도록 2년 동안 선교지에 보내는 과정을 기획한다. 어떤 경우든 이것은 분명 새로운 형태다. 즉 일단 먼저 시작해서 민족과 관계를 맺고 사역의 처음 몇 단계를 밟아 보고 나서 본국에 돌아오는 대로 더 특화된 훈련을 찾거나 재정비하는 식이다.

이렇게 교회와 선교기관은 기본 교육 프로그램 편성과 시기에 더욱 융통성을 보이고 있다. 정규 과정을 통한 사전 훈련이든 '광야 학교'school of hard knocks를 지나면서 행해지는 훈련이든, 어떤 길을 택하든 당신은 선교 훈련을 받게 될 것이다. 어떤 방식을 통해서든 당신이 준비를 갖춘 만큼 고통스러운 중도 포기의 확률은 낮아질 것이다.

4.1

사역 학습에 대한 은유

스티브 호크

사역을 준비하는데 옳은 방법이 한 가지만 있는 것은 아니다. 나는 많은 교육을 받았다. 빌 테일러와 나는 대학원 학위가 있다. 하지만 그것이 우리를 다문화 환경에서 유능하고 효과적으로 사역하도록 만들어 준 것은 아니다.

그러므로 이 시점에서 중요한 것은 당신 앞에 놓인 많은 학습, 학교 교육, 훈련의 기회들을 일단 계획해 보는 것이다. 견실한 영적·교육적 조언으로 무장하면 지혜로운 결정을 내릴 수 있다.

내가 '학교 교육' 조언이라고 말하지 않은 것에 유의하라. 여기에는 차이가 있다. 우리는 정규 교육('학교 교육')이 선교사 준비에 끼치는 공헌을 소중하게 생각한다. 그러나 수많은 사역자들이 자신을 역동적이고 변화를 일으키는 타문화 사역자로 만들어 줄 것이라고 기대하며 받은 정규 교육이 선택을 잘못했거나 지나치게 많이 받음으로써 오히려 부정적인 영향을 끼치는 것을 보아 왔다. 그들의 기대대로 되지 않았다.

교육이란 정규 교육이든 비정규(학교 외) 교육이든 미래를 위해 배우며 폭넓은 준비를 하는 것이다. 학교 교육이란 당신에게 미래를 준비해 줄 것을 약속하는 과목들을 수강하는 것이다. 학교 교육이란 인지적인 습득, 학위, 인증을 말한다. 그러나 학교 교육은 누구나 받을 수 있는 것은 아니다.

각자 교육 내용에 따라 그 절차와 시기를 계획적으로 잘 선택하면 효과적인 결과를 낼 수 있을 것이다. 어떤 사람들은 정규 교육 체계에서 배워야 하고, 어떤 사람들은 정규 교육의 규정이나 제한에 따라야 하는 것을 견디지 못한다.

최고의 학습자들 중에는 그들에게 정확히 필요한 것을 배우도록 해줄 수 있고 그들이 가장 잘 이용할 수 있는 배움의 기회를 스스로 찾아 나서기 때문에 시간이 좀더 걸리는 사람들이 있다. 내가 좋아하는 선교 교육가 중의 한 사람인 샘Sam은 대학원 과정을 마치는 데 빌과 나보다 몇 년이 더 걸렸지만, 아무도 그 몇 년을 낭비한 시간이라고 말할 수 없다. 샘은 자신이 원하는 것이 무엇인지 알았고, 배움의 기회들을 찾아내고 계획을 짜는 데 시간을 썼다. 그는 학교 교육이 그의 교육에 방해가 되지 않도록 했다.

당신도 그렇게 시간을 써야 한다. 어떤 학교 교육이든 그것이 필요한 것이면 당신의 전반적인 배움의 진로에 맞추어 넣도록 하라. 당신의 필요에 맞게 학교 교육을 받아야지, 학교의 요구 사항에 당신의 필요를 맞추어 넣어서는 안 된다.

학교는 사람들이 생각의 토대를 갖추고, 잘 연결된 지식의 체계를 배우도록 돕는 데 유용하다. 그러나 안타깝게도 우리는 너무 많은 지식과 인지적인 내용을 학교 교육 과정 속에 마구 집어넣어서 학교가 그 일조차 잘 하기가 어렵다.

저명한 브라질 성인 교육가 파울루 프레이리Paulo Freire는, 교육이란 자유롭게 하는 것이지 제한하거나 노예화하는 것이 아니라고 주장한다. 이 관점을 가지고 당신 앞에 놓인 거의 무제한적인 배움의 기회들을 고려하라.

평생 학습은 도저히 이해하기 힘든 여행이 되어서는 안 된다. 평생 동안 배우고 개발하는 여정은 되도록 깊이 생각하고 계획해야 한다. 일률적인 교과과정을 당신에게 만들어 줄 수는 없다. 당신이 어떤 사람인지, 즉 배경, 받은 훈련, 은사에 따라, 하나님이 당신에게 어떤 사람이 되어 무엇을 하도록 부르셨는지에 따라, 당신의 사역에 대한 부담감과 열정, 갈망과 비전에 따라, 성령이 어떻게 당신을 앞으로 인도해 가시는지에 따라, 그리고 당신의 멘토들과 개별화된 배움의 진로에 따라 만들어져야 한다.

마음속에 이미지를 그려 볼 수 있는 은유 하나를 제시하겠다. 이것은 평생 학습의 다양한 구성 요소들과 당신을 발전적인 궤도에 머물러 있게 해줄 성공적인 방법을 상상하도록 도와줄 것이다.

평생 학습의 구성 요소들

프레드 홀랜드Fred Holland 선교사는 선교사의 제자도와 훈련을 투 트랙two-track이라는 은유를 써서 설명한다.[1] 그는 전문직 종사자의 평생 학습에 네 가지 중요한 요소가 있다고 한다. 평행한 두 개의 기차선로가 한 사람을 현재 있는 곳에서 먼 미래로 운송한다. 첫 번째 선로는 삶과 **사역 경험**의 선로다.

성인 교육이 아동 교육과 다른 점은 교육이나 훈련을 받을 때 그들이 평생토록 관계와 사역을 통해 얻은 경험들에 의해 영향을 받는다는 사실이다. 그들은 더 이상 백지 상태가 아니다. 그들은 자신에 관한 모든 것과 경험한 모든 것을 가져온다. 그렇다면 그들이 연구하려는 주제에 대해 아는 것이 전혀 없다거나 거의 없다고 하지 말고, 경험을 통해 배운 것들을 '캐내기' 위해 어떻게든 과거의 경험을 활용하는 것이 열쇠다. 사실 성인들은 그들이 주제를 정하고 자료들을 찾고 더 알기 원하는 구체적인 문제들에 열심을 낼 때, 가장 강력하게 동기 부여가 된다.

선교지에 가기 전과 선교지에서 사역을 하면서 독서나 워크숍, 세미나, 정규 수업 등을 통해 **지식과 인지력**을 향상시킬 기회들이 생긴다. 우리는 아주 자주 기독교 교육과 신학 교육의 핵심을 새로운 지식이라고 전제한다. 그러나 그것은 너무 편협적인 접근법이다. 지식은 언제나 **도구**다. 지식 그 자체는 절대로 목표가 아니다. 지식은 성장과 발전이라는 더 높은 목표를 위해 사용되는 도구다. 존재와 행동이 성장하기 위해 당신이 더 알아야 하는 영역을 알게 될 때, 당신은 새로운 지식을 얻는다.

인터넷으로 인해 지식의 세계를 점점 손쉽게 이용할 수 있게 되었다. 그러나 분명 우리에게 가장 필요한 것은 단순한 지식이 아니라 삶과 사역의 환경에 성경적인 통찰력으로 적용되는 지식이다. 그것이 성경적인 지혜, 즉 적용된 진리다.

이 두 선로가 먼 미래를 향해 평행으로 가면서 만나지 않는다는 사실에 주목하라. 당신의 삶의 경험을 새

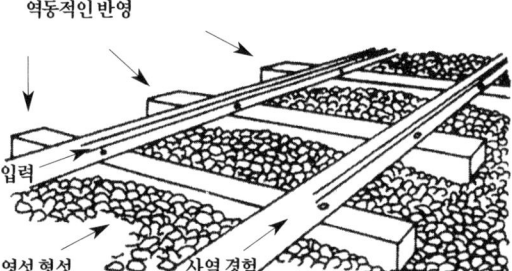

로운 정보와 성경적인 통찰력과 통합시키는 것은 무엇인가? 당신이 배우는 것을 당신의 사역과 사역 방법에 어떻게 의도적으로 연관시키는가?

홀랜드는 국제적인 교육가 테드 워드의 죽데기 울타리split-rail fence 은유에서² **역동적인 반영**dynamic reflection 이라는 통찰을 도출해 냈다. 이것은 은유에서 볼 수 있는 철도 침목과 유사한 것으로서 지식과 삶의 경험을 연결하는 것을 말한다. 의식적인 노력 없이는 학습의 개념과 원리가 통합되지 않을 때가 종종 있다. 그것들은 실제로 상황에 적용되지 않았기 때문에 개념으로만 남았다.

역동적인 반영은 묵상을 기록하거나 숙고하는 중에 일어난다. 그러나 대부분의 전문가들은 통합 세미나와 토론을 통해 다른 사람들과 나눌 수 있을 때 엄청난 통찰력을 발견한다. 세미나와 토론은 학점 이수가 필요 없는 비정규 학습 공동체인데, 이것은 어떤 한 주제에 관해 배우고자 하는 사람들을 위해 만들어졌다. 이 공동체는 일본의 교회 개척가들이 모여 도시 센터에 가정 그룹을 만드는 데 어떤 일이 효과적일지에 관해 토론하는 모임일 수도 있고, 유럽의 선교사들이 모여 대학교의 복음화와 제자도에는 어떤 일이 효과가 있을지에 대해 서로 배우려는 모임일 수도 있다.

역동적인 반영은 주기적periodic이기보다는 정규적regular이고, 비공식적(계획이 없고 돌발적인)nonformal이기보다는 비정규적(계획되고 조직적이지만 학점 이수는 아닌) informal으로 이루어져야 최고의 영향력을 끼칠 수 있다. 통합 토론에서 외부 전문가들의 참여보다 더 중요한 것은 다른 사람들의 학식을 능숙하게 끄집어낼 수 있는 사람이 진행하는 것이다.

그러나 새로운 것들을 배운다는 기대에 들떠 서둘러 시작하기 전에 투 트랙 은유를 다시 생각해 보아야 한다. 두 선로는 공중에 매달려 있지도 않고 들판에 아무렇게나 놓여 있지도 않다. 내구성이 있는 기찻길은 자갈과 쇄석으로 잘 만들어진 기반 위에 조심스럽게 설치된다. 이 기반은 효과적인 사역을 위한 모든 평생 학습의 바탕이 되는 **영성 형성**을 가리킨다. 모든 기독교 성장과 사역의 기반은 제자의 깊은 인격과 영성이다. 목회자와 선교사들은 성경 학교나 신학교에서 제자훈련과 신학 교육을 받는 초기 단계에서부터 아주 자연스럽게 평생 동안 사역하려고 한다. 그러나 그렇게 하는 것은 너무 제한하는 일이다.

선교지로 나가기 전에 대학교나 대학원에서 타문화 사역의 복잡성과 중대성에 대해 모두 배울 수는 없다. 그것은 전문 교육에 대한 시대에 뒤떨어진 생각이다. 그렇게 하는 것이 실효가 없다는 사실이 지난 100년 간 학계에서 입증되었다. 학습을 계속할 수 있는 이상적인 방법은 당신의 다음 과업을 완수하도록 준비시켜 줄 '시기적절한' 학습을 찾는 것임을 현재 연구와 실천을 통해 강력히 주장되고 있다.

신학교에서 교회 개척에 대한 과목 하나를 수강하는 것으로 그 중대한 일을 하기 위한 훈련이 끝났다고 생각하지 말라. 마찬가지로 대학교에서 그룹 역학에 관한 한 과목을 이수했다고 해서 당신이 효과적인 팀원이 된다는 보장은 없다. 그보다는 교회 개척을 시작하면서 셀 처치 개척에 관련된 일을 하는 교회 개척 인큐베이터나 네트워크에 회원으로 가입해 보라.

이 네트워크는 같은 생각을 가지고 모여 특정한 주제를 탐구하는 사람들의 학습 그룹인데, 교회 개척에 경험이 있는 사람이 진행한다. 가정 그룹을 시작하는 선교사 그룹을 찾아 합류해 당신이 배우는 것에 대해 연구하고 토론해 보라. 또는 무슬림 이웃들에게 전도하려고 애쓰는 선교사들이 모인 특별 그룹을 시작해 보라. 다문화 팀을 인도하는 것이든지 흩어져 사역하는 팀을 감독하는 것이든지, 관심이 있는 특정한 주제를 다루는 원격 교육 과정이나 웨비나Webinar를 찾아보라.

전문 학습이라는 두 개의 선로가 네 개의 모든 요소들을 통합하는 계획의 기반 위에 세워질 때, 학습 기차는 예정대로 움직일 것이다. 견고한 기반이 없으면 기차는 선로를 벗어날 수 있다. 우리가 행하는 모든 것의 침목(枕木)은 지식이나 기술이나 능력이 아니라 영성 형성이다. 성령이 우리가 아는 것과 우리의 존재에 권능을 부여한다. 이 학습 은유를 염두에 두고 당신에게 맞는 장기적인 성장 발전 계획을 세우라.

1. Fred Holland, "Theological Education in Context and Change"(미출간 D.Miss. 논문, Fuller School of World Mission, Pasadena, Calif., 1978)
2. Ted Ward, "The Split-Rail Fence: Analogy for Professional Education" in *Extension Seminary 2*(1972): 5.

4.2

배움의 기회 : 타문화 섬김을 위한 정규 교육

스티브 호크 · 빌 테일러 · 한철호

기본적인 정규 학교 교육 5가지를 제시한다. 당신의 필요와 목표, 자원, 성격, 학습 스타일에 따라 교육 방식을 선택하라.

대학교 강의실 안에서

1 | 일반 대학교

사립이나 주립 대학교는 일반적으로 훌륭한 시설과 다양한 전공, 큰 규모의 연구 도서관, 다양한 전공 교수진을 제공한다. 같은 주에 사는 학생에게는 학비를 많이 감면해 주어 종종 사립 대학 교육비의 절반 정도를 내는 경우도 있다. 또한 활동적인 캠퍼스 사역 조직들의 제자훈련, 멘토링, 아웃리치를 통해 강의실에서 하는 공부를 보강할 수 있다. 대학 과정과 대학원 과정을 제공하는 학교들이 많다.

최근에는 일반 대학의 강의뿐만 아니라 전 세계의 저명한 대학과 교수들의 강의를 온라인으로 신청해서 들을 수도 있다. 세계 유수의 대학들이 저명한 교수들의 강의를 온라인으로 개방한다.

2 | 기독교 리버럴아츠 liberal arts[1] 대학교

기독교 리버럴아츠 대학교는 학생들이 뚜렷한 그리스도 중심의 관점을 가지고 모든 학문을 기본적으로 이해할 수 있도록 하는 일반 교육 프로그램을 제공한다. '모든 진리는 하나님의 진리다'라는 확신을 가지고 교과과정이 만들어진다. 하나님의 창조와 계시에 대한 연구를 연결시켜 성경적인 세계관을 개발시켜 갈 수 있게 한다. 기독교 대학교에서 공부함으로써 성경 훈련과 학문적인 연구 분야를 통합시켜 갈 수 있다. 그러나 비용이 많이 드는 편이다.

분화된 사회 속에 살고 있는 우리에게 필요한 것은 삶을 통합적인 시각, 즉 단편적인 것들을 연결해서 삶에 의미를 제공하는 시각으로 보는 것이다. 이것은 그 무엇보다 기독교 사역에서 더욱 중요하다. 신자들은 그들이 무슨 일을 하든 하나님 중심의 통합된 세계관을 갖고 있지 않으면, 문화가 다른 사람들에게 제공해 줄 것이 별로 없다. 이것이 기독교 대학교가 가진 특별한 강점이다.

한국에도 서양 선교사들이 세운 기독교 신앙과 가치를 표방하는 대학들이 있지만, 초창기와 달리 오늘날은 대부분 세속화되어 성경적 세계관으로 학문을 지도하는 대학은 거의 없다고 볼 수 있다. 몇몇 기독교 대학은 채플이나 의무적인 성경공부 시간이 제공되지만, 한두 개 대학을 제외하고는 형식적인 신앙 교육으로 흐르고 있다. 대학 전체가 기독교적 가치관을 가지고 성경적 신앙과 학문을 통합해 가는 것을 한국 대학들에서는 보기가 쉽지 않다. 이 경우 외국 대학의 도움을 받을 수밖에 없다.

3 | 성경(신학) 대학

성경 대학들은 성숙한 인격과 성경적인 지식을 갖춘 그리스도인 리더들을 성장시키는 것이 목적이다. 이 대학들은 이미 수많은 훌륭한 목회자와 교사, 선교사, 기독교 사역 리더들을 길러냈다. 미국의 경우 현재 복음주의 선교사 중 60퍼센트가 넘는 사람들이 성경 대학에서 공부했다. 한국에서는 신학 대학 과정이 여기에 해당된다.

성경 대학은 대부분의 교과과정을 성경 연구에 기울이는데, 성경을 연구하고 가르치는 법, 설교하는 법, 기독교 사역에 참여하고 인도하는 법을 배울 수 있다. 또한 자신의 신앙을 나누는 일, 교회를 개척하는 일, 젊은 그리스도인들을 양육하는 일과 같은 실제적인 부문에 대한 지도를 받게 된다. 깊은 영적 생활, 그리고 하나님을 사랑하고 섬기는 데 헌신한 학생들과 교수들의 공동체의 일부로서의 정체성이 강조된다.

4 | 다른 대안

대학 학위 과정의 일부를 이미 마쳤다면, 현재 책임 맡은 일에 적용할 수 있고 또 선교지로 가기 전에 마치지 못할 경우 선교지에 가서도 할 수 있는 공부의 패턴을 통해 유익을 얻을 수 있다.

캘리포니아 패서디나에 있는 세계선교미국센터에서 개발한 '세계기독교협회'의 과정('부록 1'에 있는 연락처를 보라)이 여러 대학에 개설되었다. 과정의 내용은 선교 관점을 가지고 1년간 성경을 공부하는 전통적인 것이지만, 지역 멘토의 감독 아래 어디에서나 시간제로 2

년 동안 집중적으로 공부하도록 되어 있다. 3년 과정의 신학교 필수 과목들에 다양한 분야의 과목들, 곧 인류학에서부터 성경해석학, 과학, 역사에 이르는 과목들을 하나님의 목적을 중심 주제로 해서 통합한다. 이 과정을 통해 하나님이 선교를 위해 일하시는 모든 영역에 걸쳐 가장 최근의 내용을 배울 수 있으며, 학사 학위를 마치거나 석사 학위를 받을 수도 있다. '세계 기독교의 기초' 과정은 공부하며 사역을 계속할 수 있게 함으로써 앞으로 선교사가 되려는 사람들이 빚의 덫에 발목이 잡히지 않도록 해준다.

기억해야 할 아주 중요한 사실 한 가지는 어떤 단체도 채무가 많은 사람을 파송하지는 않을 것이라는 사실이다. 몇년 전 어바나 학생선교대회에서 선교사 준비 워크숍을 인도할 때의 일이다. 질의응답 시간에 한 학생이 상환하지 않은 학자금 대출이 많다면 문제가 되는지 질문했다. 나(빌 테일러)는 그렇다고 대답하고 얼마나 되는지 물어 보았다. 놀랍게도 '10만 달러'라고 했다. 그는 MIT에서 컴퓨터 공학을 전공했다. 나는 그에게 수입이 가장 좋은 직장을 구해서 아주 가난하게 생활하며 가능한 한 빨리 빚을 갚고 저축을 하고, 그러고 나서 선교사로 나가라고 말해 주었다. 그는 아마 4년 후에는 그렇게 할 수 있을 것이다.

급속도로 불어나는 대학 교육 학자금 대출금은 숨겨진 시한폭탄이다. 세계선교미국센터의 창설 디렉터요, 선교 전략가이자 동원가인 랠프 윈터Ralph Winter 박사는 빚이 늘어나는 것에 대해 깊이 우려하며 이렇게 말했다. "학자금으로 진 빚이 1만 달러가 넘으면 보통 수준의 선교사 후원을 받으면서 사역하는 데 아주 심각한 걸림돌이 된다." (한국에서도 대학생들의 학자금 채무 상황은 점점 심각해지고 있다. 이것이 대학 졸업생들이 졸업 후 바로 선교 단체에 합류하는 일에 걸림돌이 될 수 있다.)

당신의 학업을 결정하라

선교사로 나가기 원하면서 일반 학교에 다니려고 할 때, 어떤 학교로 갈지 어떻게 결정해야 할까? 첫째, 부모와 목회자들을 비롯해 지혜로운 사람들의 조언을 구하라. 그들의 말을 경청하고 기도하라. 둘째, 당신이 아는 다른 사람들, 특히 대학을 나와 선교사로 나간 사람들이 어떤 교육 과정을 밟았는지 알아보라. 셋째, 읽고 생각하고 쓰는 법을 배울 수 있는 인문과학 프로그램이나 또는 관심 있는 학문을 고려해 당신에게 강력한 기술을 갖게 해줄 좀더 '시장성이 있는' 것들을 알아보라. 넷째, 당신의 목표와 바람, 경제력에 맞는 학교들을 조사해 보고 그 학교들을 방문하라.

그리고 마지막으로, 당신의 학습 능력과 가족 예산에 맞는 학과와 비용, 캠퍼스는 물론 하나님과 세상에 대한 열정으로 학생을 사랑하는 교회와 연결된 활력 있는 캠퍼스 사역과 학생 주도의 기독교 사역들을 제공하는 일반 학교를 선택하라. 캠퍼스에 기반을 둔 견실한 기독교 그룹들과 세대가 함께하는 활기찬 예배 공동체의 역할은 너무나도 중요하다.

교회 활동을 줄이지 말라. 캠퍼스 사역과 교회를 통해 하나님의 말씀을 가르치는 사람들, 제자훈련 시키는 사람들, 멘토들, 그리고 평생의 친구들, 어쩌면 같은 열정을 가진 인생의 목표가 있는 배우자를 만나게 될 것이다. 어떤 청년들은 일반 대학교에 다니면서 신앙을 잃지 않을까 두려워한다. 그런 일은 종종 일어나고,

그것은 아주 가슴 아픈 일이다. 물론 기독교 학교에서도 그와 유사한 일이 일어날 수 있는데, 어려운 문제에 직면하는 일이 별로 없어서 신앙이 점차 침체해 가는 현상이 그것이다.

다른 한편으로 우리는 기독교 신앙이 일반 학교에서 기능을 제대로 발휘하지 못하면 다른 문화권에 가서도 그럴 것이라고 주장한다. 그 학교에서 그리스도의 강력한 이야기를 전해 보도록 하라. 그러면 실수하며 배우는 가운데 삼위 하나님이 성령의 능력으로 역사하시는 것을 목격할 것이다. 세상 사람들, 뉴에이지 추종자, 불교도, 힌두교도, 이슬람교도, 마르크스주의자들을 그들이 속한 문화와 관계없이 친구로 사귀라. 그들의 이야기를 경청하는 법을 배우라. 그러면 신뢰를 얻게 되어 그리스도의 위대한 이야기 the Great Story와 그 이야기가 어떻게 당신의 삶을 바꾸었는지 전할 수 있을 것이다.

대학원 과정으로 넘어가기

5 | 기독교 대학원과 신학교

기독교 대학원은 주로 성경 연구와 기독교 사역을 위한 전문적인 훈련을 우선으로 한다. 대학원은 전문가 수준의 지식을 갖추도록 하는 곳으로, 언론과 타문화 연구, 의료, TESL과 그 외 분야에서 전문적인 기술을 연마할 수 있다.

신학교에서는 선교, 신학, 영성, 설교, 기독교 교육, 교회 개척과 같은 영역의 사역 준비를 할 수 있다. 장기 선교사 후보생에게 적절한 전문 훈련이 점점 더 중요해지고 있다. 어떤 사람들은 타문화 교회 개척가에게 신학교 훈련은 필수적이라고 믿는다. 그러나 가장 중요한 문제는 타문화 환경에서 필요한 인격 자질과 실제 사역 기술을 개발할 수 있느냐 하는 것이다.

선교에는 대인관계, 네트워킹과 자원 연결, 타문화 커뮤니케이션과 상담, 멘토링, 조력 등에서 많은 기술이 요구된다. 그러나 최소 전도 세계의 타문화 장기 사역자들에게는 삶의 현장 marketplace에서 사역을 '시작하기' 위해서만이 아니라 비자를 받기 위해서도 점점 더 직업이나 기술이 필요하다.

신학교마다 각각의 스타일과 신학적인 강조점이 있다. 어떤 신학교는 훌륭한 설교가를 훈련시키는 것으로 알려졌고, 어떤 신학교는 상담이나 선교 프로그램으로, 또 어떤 신학교는 도시 사역이나 국제관계 연구에 뛰어나다. 신학교에 다니면 학교와 교수들에 의해서 당신 자신과 당신의 신학적인 신조를 형성하는 데 크나큰 영향을 받게 될 것이다. 그러므로 당신의 특정한 부르심과 은사에 어울리는 신학교나 대학원 프로그램을 선택하는 것이 중요하다.

오늘날 관심을 끄는 또 다른 뛰어난 방법은 장기 선교를 위해 본국 문화의 주요 구성 요소들과 앞으로 사역할 지역이나 나라 문화의 전략적인 부분들을 가지고 정규와 비정규 훈련을 합병하는 것이다. 이런 선택안들이 점점 더 가능해지고 있다.

풍성한 시기

어떤 길을 택해 훈련이나 연구를 하더라도 당신의 삶이 풍성하게 되는 시기가 될 것이다. 이 시기는 평생토록 사귈 친구들을 만나고 인생의 동반자를 만나기도

하는 때다. 같은 마음을 가진 사람들과 함께 있으면서 당신의 부르심을 시험해 보고 삶의 방향을 재정립해 볼 수 있는 자유와 지원을 얻게 될 것이다. 그러나 안전한 상아탑의 환경에서 편안하게 있으려고 하지 말라. 이곳은 앞으로 있을 일을 위해 마련된 신병 훈련소다.

※ 지역 사회에서 사려 깊은 선교사 훈련에만 집중하는 대학으로, 북미의 레드클리프 칼리지(Redcliffe College, www.redcliffe.org)와 영국의 올 네이션스 크리스천 칼리지(All Nations Christian College, www.allnations.ac.uk)를 알아보라. 한국의 대부분의 신학대학원에는 선교대학원이 따로 개설되어 있다.

1. liberal arts college는 우리나라에는 없는 시스템이라 그대로 음역했다.

4.3
개인 후원 모집의 열쇠

스티브 샤드락(CMM 대표)

나는 하나님을 섬기며 내 삶을 이끄시는 주의 인도하심에 순종하기 원하지만, 후원을 모으고 싶지는 않다!

당신이 이렇게 생각하는가? 당신만 그런 것이 아니다. 사실 기부자의 후원으로 살아가는 사람들 대부분이 이렇게 생각한다.

그렇다. 처음 시작하며 후원을 마련하는 것은 아주 힘든 일이다. 하지만 많은 사람들이 이것이 복이라는 것을 결국 알게 된다. 비록 개인 후원 팀을 모으고 유지하는 데에 스트레스와 부담이 있지만, 나는 다른 방법으로 살고 싶지 않다. 수년에 걸쳐서 후원 팀과 맺어 온 유대관계는 아주 값진 것이다. 힘든 시기를 지나는 동안 하나님이 나의 믿음을 견고히 만들어 가신 이야기들을 써 낸다면 책 한 권은 될 것이다. 그 무엇보다 내가 그 사역 과제를 보고할 때, 거기에서 운명과 권위를 느낀다. 왜냐하면 나와 우리의 사역에 투자한 사람들 모두 내가 그 사역을 할 수 있도록 값비싼 대가를 지불했기 때문이다. 나는 이것을 신중히 받고 전력을 다할 의무가 있다.

당신에게 의심과 두려움, 의문이 들 것이다. 그러나 이 말을 믿으라. 이런 것들은 정상적인 일이다! 나는 아직도 후원자와 약속을 정하기 위해 전화기를 집어 들 때마다 가슴이 두근거린다. 이 일을 성공적으로 해내기 위해서는 어느 정도의 지도가 필요하다. 다음 내용은 개인 후원 팀 모집에 필요한 5가지 열쇠인데, 간단하지만 쉬운 것은 아니다. 자, 시작해 보자.

1. 성경적인 기본을 이해하라

충분한 시간을 갖고 성경을 연구해서 당신과 당신의 사역을 위해 다른 사람들에게 후원을 요청하는 일에 대해 하나님이 어떻게 생각하시는지 정확히 알도록 하라. 어떤 사람들은 단순히 기도하고 하나님이 자금을 가져다주실 것을 신뢰하는 방법을 택한다. 그러나 다른 사람들에게 투자하도록 개인적으로 청하는 것도 그만큼 성경적일 뿐만 아니라 그만큼 큰 믿음, 어쩌면 더 큰 믿음이 있어야 한다. 어떤 방법을 택하든 우리의 자금의 원천은 기부자나, 우리의 계획이나 수고가 아니라 하나님이심을 반드시 알아야 한다. 「사역 자금 마련하기」Funding Your Ministry에서 스콧 모턴Scott Morton은 하나님의 사역자들이 다른 사람들에게 후원받는 것에 대한 타당성을 보여 주는 말씀 다섯 구절을 강조한다.

1. 레위인의 예(민 18:24를 보라): 유대인들은 제사장들을 후원하기 위해 십일조를 낸다.
2. 예수님의 예(눅 8:2-3을 보라): 많은 사람들이 예수님과 제자들을 후원했다.
3. 예수님의 가르침(마 10:9-10을 보라): 하나님 나라의 일꾼은 후원을 받을 자격이 있다.
4. 바울의 예(행 18:4-5를 보라): 바울은 전적으로 말씀을 전하기 위해 천막 만드는 일을 중단했다.
5. 바울의 가르침(고전 9:1-18을 보라): 바울은 교회에서 후원받을 권리가 있었다.

그러나 먼저 해야 할 일이 있다! **당신** 자신의 후원에 대해 평가하라. 다른 사람에게 후원을 요청하기 전에 당신도 하나님 나라의 사역에 정기적으로 희생적인 투자를 하는 데 최선을 다해야 한다. 우리가 설교하는 대로 실천하자!

2. 마음속 거인들을 제거하라

히브리 민족이 약속의 땅에 들어가 하나님이 그들에게 주신 땅이라고 주장하기 전에 그 땅을 살펴보기 위해 열두 정탐꾼이 들어갔다. 그런데 여호수아와 갈렙만이 쳐들어갈 각오를 갖고 돌아왔다. 다른 열 명의 정탐꾼들은 자신들이 본 거인들을 몹시 두려워하면서 "우리는 스스로 보기에도 메뚜기 같으니 그들의 보기에도 그와 같았을 것이니라"(민 13:33)고 고백했다. 열 명은 이 '메뚜기 관점'을 가졌으며, 하나님을 신뢰하고 용기를 갖고 전진하는 것이 아니라 두려움으로 꼼짝 못하게 되었다.

후원 모집에서도 똑같다. 우리가 하나님과 비전, 우리 자신에 대해 가진 확신의 정도에 따라 우리가 (어떤 존재가) 될 수도 있고 무너져 버릴 수도 있다. 우리 모두에게는 완전한 후원 팀 구성을 시작하지 못하게 하고 인내하며 이루어 가지도 못하게 하는 '거인들'이 마음속에 있다.

반드시 물리쳐야 할 흔한 '거인들' 몇 가지는 다음과 같다.

- 당신과 당신 가족은 후원 모금이 구걸하는 것과 다름없다고 여긴다.
- 당신은 당신이 투자받을 만한 가치가 없다고 여긴다.
- 당신은 후원 모금을 어쩔 수 없이 견뎌야 하는 '필요악'으로 여긴다.
- 사람들이 'No'라고 말하면 당신이나 당신의 사역을 거절하는 것으로 여긴다.

당신의 마음을 말씀으로 가득 채우고, 하나님이 당신과 당신의 사역에 대해 말씀하신 것을 믿으며, 이런 거인들을 제거하라. 주께서 땅을 예비하셔서 백성들이 그 땅에 그냥 들어가서 취하면 되는 것처럼 하나님이 후원자들의 마음을 준비해 두셨음을 믿으라. 우리는 믿음으로 담대히 걸어가서 그들에게 우리의 비전에 동참하도록 청해야 한다.

3. 기도하고 계획하라

기도

고든 S. D. Gordon은 "기도가 사역의 진정한 일이다. 섬김이란 기도의 결과들을 모아 들이는 것에 불과하다"고 말했다. 이 후원 모금의 전후와 과정 중에도 당신과 후원자를 위해 기도하라. 하나님이 당신을 앞서 가실 것이다. 당신이 그들을 위해 기도할 때, 하나님이 그 후원자들을 더 크게 사랑하실 것이다.

예산을 짜라

개인적인 필요, 기부, 저축, 빚, 사역 비용, 기타 등등 **모든 것을** 포함시키라. 최대한의 효과를 낼 뿐만 아니라 책망받을 일이 없는 재정의 청지기 역할을 할 수 있도록 수입과 지출의 균형이 맞는 라이프스타일을 갖도록 하라. 학자금 대출이 있다면 매월 상환금도 포함시켜 계속 갚아 나가라. 후원자들은 당신이 상환 약속을 지키는 것으로 인해 당신을 존경할 것이다. 사역을 하러 가기 **전에** 적어도 예산의 100퍼센트를 모금하도록 힘을 기울이라.

생각나는 대로 명단을 작성하라

모든 과정을 하나님께 의탁했으니 지금까지 알던 모든 사람들의 이름을 적으라. '아, 이 사람은 절대 후원하지 않을 거야' 하면서 마치 자신이 성령인 것처럼 행동하지 말라. 후원한 사람들이나 후원하지 않은 사람들을 보고 놀라게 될 것이다. 학생 사역, 선교, 혹은 당신이 목표로 하는 대상에 마음이 있는 사람들을 생각하라. 교회, 주일학교, 재단, 협회들의 명단을 작성하라. 대부분의 후원이 그동안 수년간 당신이 연락해 왔던 사람들로부터 올 것이다.

계획을 짜라

그들의 주거지별로 이름을 분류하라. 그들이 아마 '후원할지' '후원하지 않을지' 또는 '후원할 수도 있을지'에 따라 각각의 이름에 '유망함' '냉랭함' '보통'이라고 표시해 두라. 그리고 나서 각 사람에게 요청할 금액을 놓고 기도하라. 모든 사람이 동일한 금액을 헌금할 수는 없다. 그들과의 관계, 그리고 그들의 후원 능력과 후원하려는 의지에 대한 당신의 생각을 토대로 해서 정하라. 특정 금액보다는 후원금의 범위를 제시하는 것이 당신에게 더 편할 수도 있다. 대부분의 사람들이 너무 많은 금액이 아니라 너무 적은 금액을 요청하는 경향이 있다.

천국에는 현금 유동성 문제가 없다는 것을 기억하라. 사람들은 매년 자선 단체에 많은 재정을 기부한다. 영원한 것에 투자함으로써 천국에 그들의 보화를 쌓아 둘 기회를 주라.

일정을 만들라

방문할 도시의 순서를 짜서 달력에 기록하라. 잠재적인 후원자에게 미리 편지를 보내 당신이 무엇을 하고 있으며 또 곧 전화를 할 것이라고 알리는 것도 좋다. 방문에 앞서 모든 사람들에게 미리 전화해서 약속을 잡는 것은 필수다. 전화 통화를 하면서 후원할지 말지에 대해 답하도록 하지 말라. 당신의 목적은 약속을 잡는 것이다. '유망함' '보통' '냉랭함'으로 표시된 순서로 약속이 정해지도록 하라.

4. 직접 만나서 요청하라

이것이 중요한 열쇠다. 야고보서 4:2은 "너희가 얻지 못함은 구하지 아니하기 때문이요"라고 말씀한다. '구하다'라는 단어는 복음서에 113번 사용된다. 하나님은 주께, 그리고 다른 사람들에게 구하는 것에 대해 우리에게 가르치기 원하신다. 하나님은 주를 의지하는 것에 대해 우리에게 가르치기 원하신다. 사람들이 기부하는 주된 이유는 누군가가 그들에게 구했기 때문이라는 것이 대부분의 설문조사 결과다. 구하는 것은 비영적인 것도 아니고 세속적인 것도 아니다. 구하는 것은 선하고, 성경적이며, 신앙을 쌓아 가는 일이다. 두려워하며, 숨지 말고 그들에게 걸어가서 능력이 없음을 표현하라!

간단하고 쉬운 지름길을 택해서 선교자금 요청 편지만 보내거나 여러 사람이 모인 자리에서 설명회를 여는 방법을 택하면 10퍼센트의 응답을 받을 수 있을 것이다. 편지를 보내고 나서 전화를 하면 25퍼센트의 사람이 요청에 응할 것이다. 그러나 눈과 눈을 마주보고 앉아서 하나님이 당신을 부르신 놀라운 사역의 비전을 설명하면 보통 절반이 훨씬 넘는 사람들이 당신의 사역 파트너로 함께한다. 이 접근법은 시간과 돈이 들고 용기가 있어야 한다. 그러나 이렇게 하면 그들(그리고 당신의 비전)이 당신에게 아주 중요하기 때문에 당신이 그들과 꼭 직접 만나야 한다는 것이 후원자에게 전달된다.

그러나 그렇게 쉽지는 않다. 어떻게 그들의 헌신을 확보하느냐에 따라 그들이 후원하는 금액, 일관성, 지속성이 결정될 것이다. 내가 연구한 바에 의하면, 단순히 필요에 관한 이야기만 하고 요청하지 않은 그룹보다 직접 만나서 후원을 요청하도록 훈련받은 그룹이 예산의 전액을 배나 빠르게 모금한다. 우리가 얻지 못하는 것은 구하지 않기 때문이다.

5. 관계를 구축하라

예수전도단의 베티 바넷Betty Barnett은 이것은 기금 모집 fundraising이 아니라 '친구 모집'freindraising이라는 것을 상기시킨다. 당신은 새로운 사역 파트너를 섬길 수 있으며, 그 파트너에게 예수 그리스도나 혹은 대위임명령의 유일한 연결고리가 될 수도 있다. 다음의 내용은 당신의 후원자들과 오랜 결실을 맺는 관계를 갖게 하는 기본 지침이다.

- 사역 시간의 십분의 일을 당신의 후원 팀을 위해 기도하고, 편지를 쓰고, 전화를 하고 섬기는 데 사용하는 것을 고려해 보라.
- 새로운 후원자가 생기거나 새로운 후원금이 들어올 때 은행과 거래하기 전에 먼저 감사하라. 신속하고 능숙하게 편지를 보내고 기록을 해 놓으라.
- 정기적으로 이메일이나 소식을 잘 써서 보내라. 구체적인 기도제목과 함께 그들의 투자가 어떻게 결실을 맺고 있는지에 대해 나누라. 가끔씩 엽서를 보내고, 전화하고, 방문하는 것도 아주 좋은 일이다. 사람들이 후원 팀을 그만두는 주된 이유는 그들의 후원

을 받는 사람으로부터 아무 소식도 듣지 못했기 때문이라는 사실을 기억하라.

- 얻으라, 유지하라, 올리라. 후원자를 얻었으면 이제 그들은 당신의 팀이다. 그들을 보살피고 양육함으로써 계속 그 팀에 남아 있게 하라. 주기적으로 그들에게 월정 후원금이나 연간 후원금의 인상을 고려해 주기를 요청하라.

그들에게 감사하며 계속해서 소식을 전해 주면 그들은 평생 당신의 후원자로 남을 것이다. 그들을 당신 사역의 중요한 파트너로 여기라. 그러면 평생의 후원자가 아니라 친구를 얻게 된다. 어느 날 뒤돌아보면 당신이 얼마나 복을 받았는지 깨달을 것이고, 당신도 어떤 다른 방법으로 살기를 원치 않음을 깨달을 것이다. 하나님을 신뢰하고 이 흥미진진한 모험을 오늘 시작하라.

※ 훈련이 필요한 경우 바디빌더스(BodyBuilders, www.thebodybuilders.net)의 개인 후원 모금을 위한 훈련(Boot Camp for Personal Support Raising)이나 사람 모으기 컨퍼런스(People Raising Conferences, www.peopleraising.com)를 고려해 보라.

- Betty Barnett, *Friend Raising: Building a Missionary Support Team That Lasts*(Seattle: YWAM Publishing, 2003). 「닫힌 창고 문을 열라: 친밀한 관계를 통한 후원자 일으키기」(예수전도단).
- William P. Dillon, *People Raising: A Practical Guide to Raising Support*(Chicago: Moody Press, 1993).
- Scott Morton, *Funding Your Ministry*(Colorado Springs: Dawson Media, 1999).
- Pete Sommer, *Getting Sent*(Downer Grove, Ill.: InterVarsity Press, 1999).

4.4 선교사와 자녀교육

김동화(GMF 대표, 한국)

최찬영, 김순일 선교사를 필두로 해방 이후 1980년대 초까지 파송된 선교사들의 경우, 자녀교육에 대해서는 별다른 정책이나 대책이 없었다. 한국 교회는 해외에서 선교사 자녀들이 자라게 된다는 것이 무엇을 의미하는지 알지 못했고, 경제적으로도 어려운 상황이었기 때문에 선교사의 자녀교육 등에 대해 대책을 생각할 여유가 없었다.

전쟁의 참화를 겪은 분단국가로서 한국의 국제적 위상은 매우 낮았고, 선교사 자녀들이 한국인으로서 분명한 정체성을 지니고 성장하는 것 또한 대단히 어려운 일이었다. 선교사 자녀들은 서구 선교사들이 만들어 놓은 선교사 자녀 학교에 취학하는 것 외에는 별다른 대안이 없었고, 자녀들이 영어를 능숙하게 구사하게 되는 것을 바라보면서 특별히 한국어와 한국 문화를 습득하도록 격려하지도 않았다. 폐쇄적인 단일 민족, 단일 문화, 단일 언어 사회 속에서 한국 교회 또한 근본적으로 타문화에 대한 이해가 거의 없었고, 선교사 자녀들의 성장 과정과 정체성 문제에 대한 이해도 갖지 못했다.

그러나 1988년, 올림픽이 서울에서 개최되고 해외여행 자유화가 이루어짐으로써 한국은 오랜 은둔국에서 세계를 향해 열린 사회로 바뀌어 갔다. 이런 변화와 아울러 본격적인 선교사 파송이 시작되면서 선교사 자녀에 대해 새로운 관심을 갖는 변화가 일어났다.

선교사들 자신도 해외 교포와 선배 선교사 자녀들이 겪는 성장 과정과 정체성 문제 등을 보며 자녀교육에 대해 새로운 접근이 필요함을 깨달았고, 한국의 초교파 국제 선교기관을 중심으로 선교사 자녀교육 정책과 대책 마련을 시작했다. 이런 변화는 1993년 11월에 열린 '한국선교사자녀교육정책협의회'를 통해 구체적인 결실을 보게 되었다. 이 모임은 선교사 자녀교육에서 다음과 같은 목표를 세웠다. "선교사 자녀가 한국인의 얼과 정체성을 지니고 한국 교회의 좋은 신앙을 물려받은 참된 그리스도인이 되도록 하며, 국제적 감각을 갖도록 하여, 장차 성장하여 살게 될 사회의 책임 있는 일원이 되도록 한다." (결의문의 자세한 내용은 아래 첨부한 전문을 살펴보라.)

이런 과정을 통해 선교사의 자녀교육 문제가 선교사 각자의 문제인 동시에 파송 교회와 교단, 선교기관 등의 문제이기도 하다는 것을 확인했고, 선교사 자녀들이 한국인으로서 분명한 정체성을 갖도록 하는 것을 선교사 자녀교육 정책의 목표로 삼게 되었다.

1990년대를 지나면서 선교사 자녀들의 정체성에 대한 인식이 널리 확산되었다. 그와 동시에 한국의 위상이 크게 높아짐에 따라 선교사 자녀들이 한국어와 한국 문화를 습득하는 것이 훨씬 용이하게 되었다. 입시 제도의 변화 등으로 인해 한국 대학에 입학하는 경우가 많아졌고, 선교사들도 자녀들이 국제 사회에서 제 몫을 감당할 수 있는 인재가 되려면 한국인으로서의 정체성을 분명히 갖는 것이 유리하다는 것을 인식하게 되었다.

2000년대에 들어서 조기 유학 열풍이 일어나 해외 유학이 상당히 보편화되고, '한류' 등의 영향과 한국의 위상이 높아짐으로써 선교사 자녀들의 정체성 문제는 반드시 한국에서 학교에 다니지 않더라도 자연스럽게 형성될 수 있는 것이 되었다. 그리고 부정적인 면으로 일부에서는 자녀교육 문제로 선교사가 되려는 사람들이 있다는 우려가 나타나기도 했다. 아울러 1980년대 중·후반에 파송된 선교사들의 자녀들이 대학과 군 복무를 마치고 사회에 진출하고 결혼하게 됨으로써 청년, 성인 MK$^{Missionary\ Kid}$에 관한 이슈들이 새롭게 대두되었다.

선교사 자녀교육의 방향

선교사 자녀와 관련된 문제, 특히 자녀교육과 관련된 문제는 선교 사역의 아킬레스건이라고 할 만큼 매우 민감한 사안이고 다양한 상황을 고려해야 하는 것이어서 일률적으로 다루는 것은 위험하다. 그러나 자녀교육은 선교사들이 사역과 삶의 전반에 대해 어떤 원칙과 태도^{spirit}를 가졌는지에 대한 시금석이 된다. 이런 관점에서 책무 문제를 포함해 선교사 자녀교육에 대한 방향을 세울 때 다음과 같은 관점이 필요하다.

장기적인 영향이 무엇인지 생각하자

과연 무엇이 우리 자녀를 위한 것이며 그들이 성인이

되어(어디서 살게 되든지) 가정을 이루고 사회생활을 하는 데 도움이 될까를 생각하자. 한국에서 자라 성인이 된 이후 한국을 떠나 해외에서 살아 온 1세로서 자신이 겪은 어려움과 어려서부터 해외에서 자란 자녀들의 문제는 전혀 다르다.

매도 먼저 맞는 것이 낫다

아이들은 당장 어려운 상황은 회피하려 한다. 예를 들면 안식년 등으로 귀국해 한국 학교에서 공부하는 일이 그렇다. 자녀들이 힘들어하는 것이 당장에는 안쓰러운 일이기는 하지만, 이를 정면으로 극복하는 것이 장기적으로 볼 때 모두에게(특히 자녀에게) 큰 도움이 된다. 언젠가 겪지 않을 수 없는 일이고, 나중에는 어려움이 눈덩이처럼 더 커질 가능성이 많다.

책무를 생각하라

같은 공동체에 속한 동료들에 대한 책무, 선교사를 파송하고 후원하는 교회와 개인들은 자녀 문제에 대해 어떤 기대를 가지는지 등을 고려하라.

선교사 자녀로서 누린 특권도 있음을 인정하라

상황에 따라 다르겠으나 우리 아이들이 선교사 자녀로서 남다른 특권을 누린 점도 있다는 것을 인정하라.

아이들과 협의해야 할 것과 부모가 결정해야 할 것을 구분하라

아이들과 의논해서 결정해서는 안 될 일도 있다. 어떤 시점에서 자녀가 한국으로 돌아오고 한국 학교에서 공부하는 것과 같은 문제는 자녀들과 의논해서 결정할 성질이 아니다. 아이들은 전체 그림을 모르기 때문이다. 그것은 부모가 결정할 사항이고, 부모는 다만 그런 과정에서 최선을 다해 자녀들을 돕겠다고 약속하고 격려해야 한다.

부모가 함께하는 것이 중요하다

아이들이 초등학교 과정을 마칠 때까지는 부모들 시간의 50퍼센트 정도는 자녀를 위해 써야 한다. 더 어려서는 물론이고 아이들이 대학에 진학할 때도 부모가 가까이 있는 것이 중요하다. 이것에 우선권을 두고 사역을 조정하고 계획을 세우도록 하라.

예외적인 상황에 대비하라

진학 등에 있어서 예외적인 상황이 생길 수 있고 문제아도 나타날 수 있다. 이런 자녀도 우리의 자녀다. 최선을 다해 돕도록 해야 한다.

한국선교사자녀교육정책협의회 결의문

우리들은 1993년 11월 1일부터 4일까지 한국세계선교협의회 주최로 양수리 수양관에서 제1회 한국선교사자녀교육협의회를 갖고 다음과 같은 사항을 결의했다.

1. 한국인 선교사 자녀교육의 목표
한국인 선교사 자녀가 한국인의 얼과 정체성을 지니고 한국 교회의 좋은 신앙을 물려받은 참된 그리스도인이 되도록 하며, 국제적 감각을 갖도록 하여, 장차 성장하여 살게 될 사회의 책임 있는 일원이 되도록 한다.

2. 한국인 선교사 자녀교육 정책 수립을 위한 제언
선교사 자녀교육에 대한 교단이나 선교 단체의 다양한 정책을 인정하되, 어떤 정책이든 예측할 수 있는 결과에 대한 인식이 필요하며, 그에 따르는 문화적·경제적 요건 등을 고려해야 한다.

3. 상기와 같은 목표를 달성하기 위해 이미 선택 가능하거나 앞으로 개발될 수 있는 다음과 같은 모델들이 있음을 확인하였다.

(1) 유치원, 초·중등 교육 과정
가. 해외의 한국인 선교사 자녀 학교 설립
　　(마닐라의 경우 등).
나. 국내에 선교사 자녀들을 위한 학교 설립.
다. 국내의 기존 학교
　　(기숙사 설립 또는 부모와 함께 지내는 것).
라. 가정 학교 home school.
마. 현지 학교.
바. 교육자료 공급센터 resource center 이용.
사. 현지 외국인 학교.
아. 한국 내 크리스천 외국인 학교.
자. 현지의 선교사들이 운영하는 학교.
차. 제3국에 있는 외국인 학교.
카. 현지의 한국인 학교.
타. 제3국에 있는 선교사 자녀 학교.

(2) 대학 과정
가. 국내 기존 대학
나. 국내 대학과 제3국 대학의 컨소시엄
다. 현지 대학
라. 제3국의 대학
마. 국내의 신설 특수 대학(기독교 대학 등)

우리는 지금까지 선교사 자녀교육에 대해 보다 깊은 관심이 없었던 것을 반성한다. 우리는 이번 모임을 통하여 교단과 선교 단체들이 상기와 같은 목표를 달성하기 위하여 적절한 모델들을 선택하고 보완하여, 소속 선교사들에게 제시하고 지도할 책임이 있음을 공감하였다. 따라서 선교사들이 자녀들을 올바르게 교육할 수 있도록 교회와 교단 선교부 및 선교 단체들이 보다 구체적인 정책을 수립하고, 지원 체제를 갖추며 상호 협력해 나가야 할 필요성을 깊이 인식하였다. 아울러 우리들은 자녀교육에 대한 궁극적인 책임이 부모인 선교사 자신들에게 있으므로 자녀교육 특히 성장 발달기의 교육을 각자 사역의 중요한 한 부분으로 받아들여야 할 것을 다시 확인하였다.

4.5
선교사 지망생들이 가장 많이 하는 질문 14가지

존 맥베이(의료 선교 과정의 수석 스태프)

다음은 애스크어미셔너리AskAMissionary 웹사이트에 가장 많이 올라온 14가지 질문이다.

준비와 훈련

1. 어떤 종류의 훈련을 고려해야 하나? 대학에서 무엇을 전공하면 선교에 가장 유용할까?
2. 나는 앞으로 몇년 더 학교에 다녀야 한다. 어떻게 준비하고 인내해야 하는가? 대학 공부를 건너뛰고 지금 선교로 나가야 하나?
3. 어떻게 하면 나의 전문 기술을 선교에 사용할 수 있을까?

경제: 개인 후원금 모금

4. 빚을 지고 선교사가 되는 것은 어떤가?
5. 재정 후원금을 어떻게 모금하는가?

자녀 양육과 선교지 학교 교육

6. 어린 자녀들이 있는 가족은 어떻게 선교지에서 섬길 수 있나? 자녀교육은 어떻게 해야 하나?

선교기관이나 교회와 연결하기 또는 홀로 나가기

7. 선교기관은 어떻게 선정하는가? 큰 선교기관과 작은 선교기관 중 어디에 들어가는 게 좋을까?
8. 많은 선교사들이 선교기관에 들어가는 이유는 무엇인가?

부르심과 지도

9. 하나님이 나를 선교사로 부르셨다는 것을 어떻게 알 수 있나? 특정한 나라로 가라는 부르심이 있을 때까지 기다려야 하는가?

실제적인 고려 사항

10. 독신: 독신으로 선교사가 되어야 하나, 아니면 결혼을 해야 하나?
11. 가족 후원: 부모가 반대해도 선교사가 될 수 있나?
12. 나이: 40세가 넘어도 선교사가 될 수 있나?
13. 두려움: 선교지에서 사는 것을 두려워해도 선교사가 될 수 있나?
14. 언어: 다른 언어를 배우고 싶지 않아도 선교사가 될 수 있나?

4.6

타문화권 생활을 위한 건강관리

박상은(안양 샘 병원 원장)

건강 검진

선교사로 파송받기 전 가장 먼저 체크해야 할 것은 본인의 건강이다. 건강 검진은 기본적인 신체 상태, 시력, 청력을 포함해 혈압, 맥박 등을 확인해야 하며, 비만 여부에 대한 검사도 포함해 향후 발생할 수 있는 대사성 질환을 예방할 수 있어야 한다. 한국에 아직도 많이 발생하는 결핵 여부를 확인하기 위해 흉부 엑스레이 검사를 실시하며, 전염성이 있는 B형간염, AIDS 등 바이러스질환도 확인해야 한다.

아울러 기본적인 혈액검사를 통해 빈혈, 당뇨병, 고지혈증 여부를 확인하고 간 기능과 신장 기능 및 갑상선 기능도 미리 확인해 두는 것이 안전하다. 특히 최근 선교사들도 심혈관계질환과 암으로 조기 귀국하는 경우가 많으므로 이에 대한 조기 검진도 필수적이다. 이를 위한 복부, 심장, 갑상선 초음파 검사나 위·대장 내시경도 나이에 따라 권장된다. 여성은 남성과 다른 부인과질환과 유방암 등의 검진을 필요로 하며, 각 연령별로 또한 가족력에 따른 맞춤형 건강검진이 요구된다.

정신건강 검진

선교지에서 가장 심각한 문제는 영적인 고갈보다 오히려 선교사 간의 갈등이라는 보고도 있다. 이는 선교사의 정신건강이 얼마나 중요한지 단적으로 보여 주는 예다. 상당수의 선교사들이 우울증과 스트레스장애를 호소한다. 언어와 문화가 다른 선교지에서 예상치 않은 정서적인 어려움이 올 수 있으므로, 고국에서 일상생활에 지장이 없다 할지라도 상세한 심리검사와 정신의학적 체크는 필수다. 다행히 최근에는 대부분의 선교 단체에서 이런 정신건강 검진을 필수로 실시해 선교사들의 건강관리에 큰 도움이 된다.

선교사 예방접종

선교지는 예기치 않은 질병이 늘 도사리고 있으므로 가능한 예방접종을 통해 미리 예방하는 것이 가장 중요하다. 잦은 사고나 상처로 발생할 수 있는 파상풍을 예방하기 위한 접종과 B형간염 외에도 후진국에서 많이 발생하는 A형간염은 필히 예방접종을 권하며, 동남아시아나 아프리카 등 열대지방의 경우에는 말라리아와 황열 예방접종이 필수다. 모두에게 요구되지는 않지만 당뇨병이나 만성신장질환이 있는 경우 또는 고령의 경우 등 면역력이 약한 사람은 폐렴이나 대상포진 등의 예방접종이 필요하다.

기본 의학 상식 교육

선교지에서 일어날 수 있는 흔한 질환에 대해서는 간단한 처치법을 알아 둘 필요가 있다. 상처가 났을 때, 배탈, 설사, 두통 등 간단한 증상 대응법과 체온, 맥박, 혈압을 체크하는 방법을 알아 두면 선교사 가족뿐 아니라 동역자와 현지인들의 간단한 질환에 대해 상식적인 조언을 해줄 수 있다.

가장 중요한 교육은 응급심폐소생술 교육이다. 갑작스런 응급상황에 대처하는 방법은 실은 모든 사람들이 알아 두어야 하는 것이지만 특히 선교지에서는 필수적이다. 가능하면 적십자사나 종합병원, 소방서에서 실시하는 응급심폐소생술 교육을 받아 자격증을 받아 두면 언젠가 긴요하게 사용할 때가 올 것이다.

꼭 알아 두면 좋은 정보

- 응급상황 시 연락할 전화번호: 119, 911 등 나라에 따라 다름.
- 긴급히 의료 상담을 할 수 있는 연락처: 의료선교협회, 기독 병원, 샘 병원 선교사 의료지원센터 등.
- 인터넷을 통한 의학정보 사이트.
- 현지의 가까운 병원, 의료 선교사: 어느 정도 수준이며 후송 가능한 질환 등을 파악해 둔다.
- 신속히 받을 수 있는 근접 지역의 한인 의사, 대사관, 한인회 정보.

기타 제안 사항

선교사들도 일반인과 마찬가지로 모든 종류의 질환에 노출된다. 무엇보다 수질이 나쁘고 위생이 좋지 않으며 음식 문화가 다른 상황에서 자신의 건강은 스스로 책임질 수밖에 없다. 이를 위해 몇 가지를 제안한다.

- 규칙적으로 생활한다.
- 절대 무리하지 말라.
- 사소한 증상도 숨기지 말고 말하라.
- 현지의 풍토병을 파악하라.
- 수질 오염과 비위생적 환경을 개선하라.
- 모기와 파리 등 해충을 주의하라.
- 혼자 고립되지 말고 동역하며 공동체를 이루라.
- 현대의학을 하나님의 선물로 인정하고 적절히 활용하라.
- 습관을 바꾸라. 이를 위해 생각과 행동을 바꾸라.
- 매일 잠자기 전 자신의 몸 세포들과 대화하라.

Global Perspectives 4.7

한정국(KMWA 사무총장, 인도네시아)

비서구 선교사들의 역할

비서구 교회는 대체로 서구 신학을 타의 반, 자의 반으로 이입시켰기 때문에 자(自)신학과 자(自)선교학 기반이 약하다. 따라서 자신을 파송한 교회의 장·단점을 잘 살펴 선교 현지 지도자들로 하여금 그들의 상황에 적합한 기독 교회로 세우기 위해 자신학과 자선교학을 개발할 수 있도록 도와야 한다.

한국 선교사는 한국 교회가 건전한 한국 신학의 부재로 기독교 인구비율 25퍼센트의 벽 앞에서 주저앉는 모습을 나누며 이런 시행착오를 미리 극복할 방법을 나눌 수 있다. 나아가 자신을 파송한 나라의 건전한 자신학 사례(예를 들어, 새벽기도)를 나누며, 현지 상황에 적합한 자신학(예를 들어, 인도차이나의 경우 새벽심방)을 개발하도록 격려해야 한다.

다음 세대 선교 동원

전 세계적으로 인구 이동이 자주, 쉽게 이뤄지고 있다. 이런 점에서 세계 선교는 모든 곳에서 모든 곳으로 전개되고 있다. 따라서 차세대의 선교 동원은 모든 그리스도인의 선교적 사명을 때를 얻든지 못 얻든지 힘쓰는 교육으로 강화해야 한다. 선교사에게 맡기는 것이 아닌 전 신자의 선교 동원 운동을 일으키고, 이 분야에 객관적인 은사가 뛰어난 차세대로 하여금 선교에 헌신케 하는 것이다. 또한 지구상의 모든 그리스도인들로 하여금 자신의 생애 동안 전도와 선교 대상 6명에게 복음제시운동을 펼치도록 해서 전 세계 교회가 선교적 교회Missional church가 되도록 한다.

사전 선교 훈련

- 선교에 대한 긍정적인 자세를 가지라. 선교는 희생이라기보다 기쁨이다. 고난이 있지만 선교로 인한 기쁨은 그 고난을 삼키고도 남는다.
- 퍼스펙티브스 또는 카이로스Kairos 같은 선교에 대한 기본 훈련을 받아야 한다. 그리고 '선교 정탐 훈련'을 받고, 파송 선교지를 사전 정탐한 후 미래 선교 계획을 세우면서 선교지로 나가야 한다.
- 전도 실습을 많이 해서 자신만의 복음 제시 기술을 연마하라. 나아가 한국에 사는 나그네인 외국인 근로자와 유학생들에게 접근해 복음 제시를 시도해 보는 것이 좋겠다. 그리고 그 외국인 선교 공동체와 연대를 시도해 보라.

성품과 영성 자질

선교지는 한국과 상황이 다르므로 긴 호흡을 갖고 장기전을 펼칠 각오로 임해야 한다. 따라서 꾸준히 인내를 연습하라. 그리고 문화의 다양성을 수용할 수 있는 자세를 연마하라. 예를 들어 다양한 음식 문화 식사법을 시도해 보라.

영성 훈련은 개인의 경건 시간Q.T를 생활화해서 혼자 또는 두세 사람이 경건 생활을 유지할 수 있도록 하는 습관이 필요하다. 영성은 다른 말로 제자도라고 할 수 있는데, 예수님의 품성을 닮아 가는 훈련을 한국에서 다양하게 시도해 보는 것이 좋겠다. 예를 들어, 종의 도를 실천하기 위해 친구의 발을 정기적으로 씻어 준다거나, 가정의 궂은일을 한동안 계속 시도하는 것이다. 습관이 될 때까지 계속 반복하라.

 My Journey 4.8

김요한(GMP, 터키, 영국, 한국)

내 할아버지는 일제 강점기에 북한에서 교회 장로로 신앙을 지켜 왔고, 아버지는 자연히 모태 신앙인이 되었는데 청년 시절 6·25 전쟁이 발발하자 홀로 남한에 내려온 후 군인으로 한평생을 사셨다. 나는 신앙의 3대째로, 아버지의 군인정신을 통해 하나님 나라의 군인 됨과 헌신과 희생이라는 고귀한 가치를 물려받았다.

주님께서는 대학생인 나를 어느 여름 수련회에서 인격적으로 만나 주셨고, 대학교 3학년 때 시작한 사업(광고, 무역)을 통해 사우디아라비아 수출을 계기로 이슬람권에 대한 선교의 비전을 주셨다. 주님은 또 내게 신학교 입학과 함께 선교학회에서의 활동을 허락하셨고, 이슬람권에 헌신한 학우들을 만나면서 구체적으로 터키를 품고 준비하게 하셨다.

1991년부터 10여 년간 터키 선교사로 사역하는 동안, 전도 중 세 차례의 체포와 투옥 및 추방을 겪었는데, 그때마다 주님께서는 전도와 관련한 두 가지 재판을 통해 승소하게 하시며 놀라운 전환점을 주셨다.

첫 번째 재판은 공공장소에서 전도하던 도중 체포된 사건으로, 기독교 복음 전파와 전도 행위가 그 죄목이었고, 주님께서는 세 번의 공판을 통해 복음 전파가 불법이 아니라는 무죄 판결을 이끌어 주셨다.

두 번째 재판은 예수님을 믿겠다고 가장하고 교회에 출석하며 교인 행세를 한 무슬림 극렬분자들이 내가 복음 전하는 내용을 몰래 카메라로 촬영해 생방송 고발 프로그램에 방영한 사건에 관한 것이었다. 방송 후 무슬림 검사단들이 기소한 내 죄목은 이슬람, 꾸란, 무함마드 선지자 모독이었다. 3년 6개월 동안 일곱 번 공판 후, 기독교 관점에서 이슬람교와 코란의 모순을 지적하고 알리는 것 역시 법에 저촉되지 않는다는 무죄 판결을 주님께서 주셨다.

주님께서는 이런 돌파구를 주시며 1만여 권의 성경 배포를 통해 많은 열매들 또한 허락하셨다. 6년 동안 11차에 걸쳐 35명의 제자들을 훈련하게 하셔서 그들로 하여금 성경에 나타난 초대교회의 주요 거점에 교회를 개척하게 하시어 회복과 부흥을 주고 계신다. 주님께서 허락하신 이 고난은 핍박받는 형제들을 격려하며 훈련하는 사역의 여정에 계속해서 축복으로 열매를 나누는 데 사용되고 있다.

Work Sheet 4.9

스티브 호크

당신은 지금 어디에 있는가?

- 현재 교과과정과(또는) 과거의 교육 경험이 당신에게 성경과 사회과학을 비롯한 적절한 기본 교육이 되는가? 그렇다면 어떻게 해서 그런지 설명해 보라.

- 그렇지 않다면, 당신에게 필요한 과정이나 교육 방법을 구상해 보라.

- 성경에 관해 그 구조, 메시지, 기원, 내용을 얼마나 잘 파악하고 있는가?

- 성경, 신학, 선교에 대해 지금 어떤 준비를 더 하는 것이 현명하다고 생각하는가?

- 여름 집중 과정이나 원격 교육 과정을 수강할 수 있는지 언제, 어떻게 조사해 볼 것인가?

다음에 해야 할 일은 무엇인가?

- 현재의 교육이 적절하지 않다면, 그것을 보충하거나 더 유익한 프로그램으로 전환하기 위해 어떤 조치를 취해야 하는가?

- 어떤 연장 교육 과정, 원격 교육 과정, 여름 집중 과정들을 알아보려고 하는가? 어떤 학교나 기관에 연락해야 하는가? ('부록 1'을 보라.)

- 이 새로운 과정을 어떻게 정할 것인가? 어떤 도움이 필요한가? 누구의 도움이 필요한가?

미래는 어떤 모습일까?

- 계획한 프로그램을 마치면, 그것을 통해 본국이나 해외에서 고급 훈련을 추진하기 위한 준비가 얼마나 될까?

- 사회·경제적인 구조가 계속 변화하는 세계에 대해 생각하기 위해 얼마나 잘 준비되어야 할까?

준비하기

2

5

교회 및 선교기관과 관계 맺기

이제 관계 맺기에 대한 매우 심도 깊은 과정을 밟아야 한다. 여기에는 어떻게 하는지에 대한 공식도 없고, 정해진 틀도 없고, 모든 것에 맞는 해결책 순서도 없다. 바로 이 지점에서 많은 선교사 후보생들이 곁길로 빠지거나 우회한다. 사실 이것은 아주 개인적이고 개별적이어서 누군가를 만나고, 좋아하고, 구애를 시작하는 것과 흡사하다. 이것은 점점 발전적이어야 한다.

이 과정에서는 타문화권에 거주하며 사역하기 위해 우리가 변천해 가는 가장 좋은 방법에 대해 알아본다. 그것을 혼자 할 수 있는가, 아니면 다른 사람과 협력해서 함께 해야 하는가? 특정한 선교기관, 교회, 교단과 함께 사역할 것인가? 사도 바울은 "보내심을 받지 않았으면 어찌 전파하리요"(롬 10:15)라고 물었다. 경험을 통해서 보면, 선교기관이나 교회 교단 조직을 통해 파송된 사람들이 가장 효과적으로 사역하는 장기 선교사가 되는 것 같다. 현명한 파송 교회들은 현지에 기반을 둔 인정받는 팀이나 기관들과 전략적인 제휴를 발전시킨다.

우리는 팀에 합류하는 것이 최선이라고 보는 편이다. 보디 라이프에 대해 배운 것을 따라 실천해 보라. 팀으로, 팀과 함께, 당신이 장기적으로 성공하도록 힘껏 돕는 조직과 함께 나아가라.

먼저 소속 교회의 조언을 들어라. 지금쯤은 소속 교회의 선교에 대한 생각과 비전에 대해 잘 알고 있어야 한다. 교회의 비전과 당신의 비전이 맞는가? 교회가 교단에 속했다면 교단의 선교에 관한 정보를 먼저 알아보라. 교회가 독립 교단이거나 교단이 없는 경우에는 교회가 현재 후원하거나 이미 관계를 맺고 있는 선교기관을 찾아보라. 할 수 있는 대로 유기적이고 관계적으로 움직여라. 기존에 관계가 없는 경우에만 처음부터 시작하면 된다.

당신이 가장 잘 아는 선교기관과 계속 추진하라. 가족, 선교위원회, 목회자 들은 어떤 기관을 고려해 보라고 추천하는가? 그들이 하나 혹은 여러 선교기관과 관계를 갖고 있는가? 교회의 선교사 파송 과정에 대해서는 어느 정도 알고 있는가? 선교 조직의 신학, 사역 모델, 비전, 리더십 스타일, 정신에 대해 확인해 보라. 그들의 가치관이 당신의 가치관과 잘 맞는가?

이것이 팀을 선정하는데 있어서 아주 중요하다. 모든 조직은 성격, 즉 '정신'ethos이 있다. 이것은 조직 구성원들이 어떻게 살고, 일하고, 함께 사역하는가를 중심으로 형성된 조직의 문화다. 어떤 조직은 아주 공격적으로 전도하는데, 어디를 가든지 특정한 사역 모델을 똑같이 적용한다. 어떤 조직은 한 번에 하나씩 관계적인 가교를 구축해 놓고 그 위에서 사역을 해 나간다. 어떤 조직은 상당히 관료적이고 매우 특별한 방법으로 사역을 한다. 어떤 조직은 보수적이고 신중하며, 어떤 조직은 혁신적이고 자유롭다. 어떤 조직은 예를 들면, 우즈베키스탄에서 교회를 개척하는데 필요한 특정한 은사가 있는 사람들을 찾고 있다. 어떤 조직은 하나님이 당신에게 어떤 사람이 되어 어떤 사역을 하라고 부르신 그 일을 할 수 있도록 당신에게 권한을 부여한다.

신발 한 켤레나 외투 한 벌을 사러 다니는 것처럼 당신은 당신에게 '맞는 것'을 찾아야 한다. 이 물품의 색깔, 스타일, 크기가 당신의 가치관과 정체성에 맞는가? 보기에 좋고 착용했을 때 편한가? 이것이 바로 당신이 찾던 것인가? 선교기관을 선정할 때에도 같은 질문을 해야 한다. 그들의 정신, 즉 그 조직의 문화와 삶과 사역 스타일이 당신에게 맞는가? 그렇다면 그곳에서 시작하면 된다. 그렇지 않다면 계속 찾아보라. 주요 사안들에 대해 당신이 편하게 느끼는 선교기관을 적어도 몇 개는 찾아야 한다.

주위를 넓게 살펴보라. 타문화 사역에 폭넓은 관심을 가진 건실한 교회가 수천 개에 이르고 선교기관들 또한 많다. 그 규모가 많게는 수천 명의 선교사가 있는 조직이 있고, 적게는 몇 명의 선교사만 있는 조직도 있다. 어떤 조직은 전 세계에 걸쳐서 사역하고, 어떤 조직은 한 나라에서만 사역한다. 많은 조직이 구제와 개발에서부터 교회 개척과 신학 교육에 이르기까지 폭넓고 총체적인 사역을 한다. 어떤 조직은 문학 유통, 교회 개척, 고아원, 리더 개발과 같은 특별한 사역을 한다. 많은 조직이 초교파적이며 스태프들 또한 다양한 교단 배경을 가졌다.

어떤 선교기관은 교회 개척에 깊이 관여하고, 어떤 기관은 기존의 교회를 섬기는 것을 그들의 주된 역할로 여긴다. 어떤 기관은 무슬림과 같은 특정 민족을 대상으로 한다. 어떤 기관은 광대한 '비복음화' 세계나 특정한 미전도 종족에 초점을 맞춘다. 어떤 기관은 더 넓은 지형에서 사역한다.

선교기관에 관한 중요한 정보원을 확인해 보라. KWMA www.kwma.org나 선교한국 www.missionkorea.org에서 한국의 주요한 선교 단체 목록과 각 단체의 홈페이지 주소를 찾아볼 수 있다. 각 선교 단체는 그들의 교리적인 강조점, 사역의 초점, 규모, 그리고 그들이 찾는 선교사 유형에 대해 설명한다.

선교기관에 전화, 이메일, 혹은 편지를 보내라. 후보생 코디네이터나 동원 디렉터에게 바로 문의하라. 각 선교기관에서 누군가가 지원에 요구되는 필수조건에서부터 약속을 잡는 것에 이르기까지의 절차를 기꺼이 설명해 줄 것이다. 중요한 것은 당신이 물어 보아야 할 질문이 정리되는 대로 바로 여러 선교기관에 연락하는 것이다.

교회와 지역 선교 컨퍼런스는 선교기관의 대표자들을 만날 수 있는 아주 좋은 기회다. 특히 한국에서 2년마다 열리는 선교한국대회 때 설치되는 선교 단체 박람회나 전국적으로 매학기 열리는 퍼스펙티브스 훈련

www.psp.or.kr의 사후 양육의 일환으로 열리는 선교 단체 미니 박람회에 참가하면, 전도와 교회 개척에서부터 항공 선교, 의료 사역, 소기업 개발에 이르기까지 전반적인 사역에 참여하는 선교기관의 대표자들을 만날 수 있다.

시작은 당신이 해야 한다. 기억하라. 하나님은 당신과의 관계가 자라 가기 원하신다. 하나님은 당신의 인생에 고유한 목적을 갖고 계시며, 당신에게 주신 고유한 은사와 부르심을 토대로 추구하기 원하시는 당신을 향한 열정이 있다. 당신이 하나님과 함께할 때, 하나님은 당신이 걸어가도록 준비해 두신 길로 당신을 인도하신다. 그곳은 믿음을 가지고 찾을 가치가 있다. 조사하거나 어려운 질문을 하는 것은 '영적이지 못하다'는 말에 귀 기울이지 말라. 성경은 올바르게 구하라고 권면하는데, 여기에는 사역의 역할과 그 역할을 감당하는 데 필요한 은사에 대해 조사하는 것이 포함된다(고전 12:31; 딤전 3:1을 보라).

5.1

파송 교회나 선교기관을 선택하는 법 : 라켈과 데이비드에게 보내는 편지

빌 테일러

사랑하는 라켈과 데이비드에게.

선교 컨퍼런스 기간에 제게 하신 좋은 질문에 대해 다시 대답을 해 보려고 합니다. 두 분이 어떤 선교 '팀'에 합류할지에 대해 신중하게 고려하는 것은 옳은 일입니다. 먼저 아주 중요한 것 몇 가지를 분명히 하도록 합시다.

누가 선교사를 파송합니까?

궁극적으로 두 분은 소속 교회에서 파송받아 나가기 원하신다고 의심의 여지없이 밝히셨습니다. 선교기관이 자신들을 파송한다고 생각하는 선교사들이 아주 많습니다. 그들은 교회의 축복을 받고 기도와 재정 후원을 받기 원하지만, 그에 수반되는 모든 책임을 지고 교회가 자신들을 파송하는 것을 진정으로 원하지는 않습니다. 그것은 아주 잘못된 생각입니다! 두 분의 소속 교회는 교회가 속한 도시는 물론 세계를 향한 마음이 있고, 그런 강력한 핵심가치들을 공유하는 목회 팀이 있습니다. 그런 교회에 소속되었다는 것에 대해 하나님께 감사해야 합니다.

지난밤에 논의한 것처럼, 선교지에 가서 장기간 사역하는 방법에는 크게 두 가지가 있습니다. 하나는 교회가 단독으로 파송함은 물론 선교지에서 필요한 중요한 것들, 즉 목양, 전략 수립, 감독, 지원 시스템을 제공하는 것입니다. 실제로 이 모든 것을 다 잘할 수 있는 교회는 거의 없습니다.

다른 하나는 선교지에서 필요한 것들을 제공할 수

있도록 교회가 경험 있는 선교기관과 언약 관계를 맺어 두 분과 함께 일하도록 하는 것입니다. 두 분의 교회가 이 두 번째 방법을 택했다는 것이 제게는 고무적입니다. 이런 것이 다 결정되지 않은 상태에서 떠나서는 안 됩니다. 선교기관에 소속된다는 것은 결혼하는 것과 비슷하다는 것을 기억하십시오. 물론 그것이 언제나 평생 가는 것은 아니지만 말입니다. 이것은 진지하고 장기적인 상호 헌신임을 엄중히 내포합니다.

적절한 '사역 가족'의 일원이 되는 것은 '구애'하는 데 시간을 써야 한다는 것을 의미합니다. 즉, 서로 알아 가고, 잘 맞는지 평가해 보고, 하나님이 두 당사자를 이 관계로 인도하시는지 알아 가야 합니다. 이 일에서 두 분이 철저히 하나가 되어야 합니다. 하지만 완벽한 사역은 존재하지 않는다는 것을 기억하십시오.

그럼, 선교기관에서 살펴봐야 하는 특정한 항목에는 어떤 것들이 있겠습니까? 그 길을 안내해 줄 몇 가지 지침을 아래에 소개합니다.

선교기관의 핵심 신조는 무엇입니까?

각 교회나 선교기관마다 자신들의 신앙을 확증하는 내용을 진술해 놓는데, 보통 이것을 신앙고백서 doctrinal statement라고 부릅니다. 때로 형식에 별로 구애받지 않고 핵심적인 신앙의 내용들을 나열해 놓기도 합니다. 견실한 선교학은 성경 신학에 근거합니다. 두 분의 기본적인 신앙 체계를 공유할 수 있는 팀과 사역해야 합니다. 그러므로 선교기관의 신앙고백서에 나온 핵심 신조들을 확인해 보십시오.

신앙고백서가 일반적이고 꽤 짧습니까, 아니면 자세하고 구체적입니까? 어떤 사람들은 신조에 대해 구체적으로 기술해 놓은 조직을 편하게 느끼고, 어떤 사람들은 일반적인 복음주의적 정통성에 기초해 폭넓은 자유가 주어지는 기관과 일하기를 더 좋아합니다.

또한 다루기 힘든 주제에 대해 선교기관과 같은 생각을 가져야 합니다. 예를 들면, 두 분은 은사주의적인 신학과 사역, 예배를 선호하는데 선교기관은 그런 성향을 지지하지 않는다면, 다른 선교기관을 찾아봐야 합니다. 이것은 처음부터 어울리지 않는 것입니다.

선교기관의 역사는 어떻습니까?

선교기관이 어떻게 시작되었습니까? 어떻게 변모해 왔습니까? 새 천년의 도전에 대처하기 위해 어떻게 적응해 왔습니까? 주요 리더들은 어떤 사람들이었습니까? 그 리더들 가운데 아직도 사역하고 있으며 만날 수 있는 사람이 있습니까? 팀의 역사를 알면 그 조직의 현재와 미래의 모습을 이해할 수 있습니다. 이 역사에 대해 잘 알 필요가 있습니다. 그 역사를 통해 선교기관의 융통성과 적응성이 드러날 것입니다. 그것을 알고 있어야 합니다.

그들의 목적과 목표를 어떻게 나타내고 있습니까?

이 정보는 그들의 역사를 통해 알 수 있습니다. 그러나 그 조직이 어디를 향해 가는지 보여 주는 명확한 진술들을 찾을 수도 있어야 합니다. '정보에 밝은' 사람들에게 문의해서 이런 핵심 가치들이 실제로 실행되는지 확실히 해야 합니다. 두 분이 존중하고 공유하는 목표를 가진 팀과 사역해야 합니다.

그 기관이 전략적으로 일하는지 알아내기 위해 그 기관의 단기, 장기 계획에 대해 물어 보십시오. 일의 진척도를 어떻게 평가합니까? 그들의 의사결정 과정이 중앙 집중적인지, 민주적인지, 개인적인지, 본국에 기반을 두는지 아니면 현지에 기반을 두는지, 대표를 선출해서 하는지, 아니면 어떤 방법으로 하는지 알아 보십시오.

선교의 효과를 평가하는데 있어서 현지 교회는 어떤 역할을 합니까? 다양한 문화와 나라에서 온 사람들로 구성되었습니까? 그렇지 않다면 점점 다문화되어 가고 있습니까? 그 선교기관이 사역자들에게 권장하는 팀 사역의 유형은 어떤 것이며 어떻게 참여하기를 원하는지에 대해서도 조사해 보십시오. 새로운 아이디어에 대해 리더들이 얼마나 민감합니까? 갈등을 해소하는데 있어서 얼마나 직접적이고 개방적입니까? 이런 몇 가지의 질문들이 그들의 정신과 스타일을 알아보는 데 매우 중요합니다.

그들이 특별히 힘을 쏟고 있는 사역은 어떤 것입니까?

그들은 대위임명령에 대해 확고하고 총체적인 시각을 가졌습니까? 그들의 사역이 하나님 나라의 가치관에 토대를 두고 있습니까? 그들이 교회를 섬긴다고 말하고, 실제로 그렇게 합니까? 그들이 오로지 10/40 창 지역(세계에서 비그리스도인이 가장 많은 곳으로, 적도를 중심으로 북위 10도에서 40도 사이에 속한 북아프리카에서 중국에 이르는 지역)에 있는 미전도 종족들 '속으로' into 만 사역을 제한합니까, 아니면 전 세계의 필요에 대해 더 넓은 관점을 가졌습니까? 그들이 두 분에게 '은사와 잘 맞는' 사역을 맡길 것입니까? 아니면 아무 사역이든지 기꺼이 해주기를 원합니까? 그들이 두 분의 부르심에 관해 자율에 맡기려고 합니까? 아니면 그 기관에서 요구하는 일을 섬기기 위해 지나치게 오랫동안 견습생이 되기를 원합니까?

다시 말씀드리지만, 이런 질문에 대한 '올바른' 대답은 하나님이 두 분에게 주신 목표와 우선순위에 의해 결정될 것입니다. 두 분이 소속할 가능성이 있는 선교기관의 사역 관점으로 정말 일할 수 있는지 확실히 해야 합니다. 두 분은 교회를 개척하기 원하는데 소속할 선교기관은 전도와 제자훈련 사역만 한다면 바꾸어야 할 것입니다.

이 질문에는 지형적인 부분도 포함됩니다. 두 분은 최소 전도 지역에 교회를 개척하고 싶다고 말씀하셨습니다. 그러니 그런 맥락에서 사역하는 선교기관을 선택하셔야 합니다. 우리 중에 어떤 사람들은 특정한 나라나 사역에 부르심을 받은 것 같습니다. 우리는 정확히 맞는 선교기관을 찾아야 하는데, 모든 것이 언제나 다 들어맞지는 않습니다. 하지만 노력은 해 볼 수 있습니다.

어떻게 관리합니까?

"글쎄요, 솔직히 말씀드리자면, 저희 기관 소속 선교사들은 목양적인 관리가 그렇게 많이 필요하지는 않습니다. 그들은 모두 꽤 강하고 헌신된 그리스도인 리더들입니다"와 같은 말을 하는 선교기관을 경계하십시오. 선교 조직이 소속 선교사들을 발전시키고 양육하기 위해 힘을 쏟는다는 것을 확실히 해야 합니다.

이 일을 하는 소속 선교사 관리나 스태프 개발 팀이 있습니까? 아니면 한 사람이 책임지고 다 맡아서 합니까? 선교기관이 가진 가족에 대한 개념과 자녀교육에 대한 시각이 이것과 관련됩니다. 성별 리더십과 아내의 역할에 대해 얼마나 유연성이 있습니까? 선교기관에서 자녀교육을 위해 제공하거나 허용하는 학교 교육의 방법에 대해 얼마나 만족합니까?

재정과 후원 모집을 어떻게 처리합니까?

선교사가 후원의 전부 또는 일부를 모으도록 요구합니까? 이것에 대해 선교기관이 어떻게 두 분을 도울 것입니까? 적정한 시간 동안 자금을 전액 모을 수 있게 도와주는 확실한 훈련이나 코칭 과정이 있습니까? 행정비는 얼마나 되며, 어떻게 마련됩니까? 후원의 일부분을 현지에서, 예를 들어, 가르치거나 사업을 해서 스스로 마련하도록 허용하거나 그렇게 하기를 선교기관에서 기대합니까? 주택 정책은 어떻습니까? '본인의 위험 부담으로' 자신의 집을 소유할 수 있습니까? 회계와 재정 관리를 공개하는 평판이 좋은 기관입니까? 그 기관에 소속된 선교사들, 본국의 스태프, 리더들의 라이프스타일을 존중할 수 있습니까?

교회와의 관계, 현지 교회와의 관계는 어떻습니까?

사역에 관련된 전반적인 것을 준비할 때, 선교기관이 교회의 리더들과 얼마나 기꺼이 동역하려고 합니까? 미전도 종족에게 복음의 씨를 뿌린다면, 두 분은 첫 현지 교회를 보고자 기대할 것입니다. 그러나 대부분의 나라에는 이미 현지인 신자들의 모임이 존재합니다. 고려하고 있는 선교기관이 과거에 어떻게 현지 교회에 책임과 권한을 넘겨주었습니까? 어떻게 교회를 세우고, 넘겨주고, 새로운 곳에 가서 사역을 계속하는지에 대한 '퇴장 방침'exit plan이 있습니까? 국외 거주 선교사들의 사역 배치와 감독에 있어서 현지 교회는 어떤 역할을 합니까?

선교사들의 라이프스타일과 불문율에 관해서 어떤 것을 알 수 있습니까?

이것은 알아내기 어려운 것이기는 하지만 아주 중요합니다. 제 친구는 이것을 찾아내기 위해서는 "영적 레이더 시스템을 켜 두어야 한다"고 말합니다. 선교기관에 대해 어떻게 느끼는지, 그리고 왜 그렇게 느끼는지 선교사들의 아내나 자녀들에게 물어 보십시오. 독신 선교사들의 라이프스타일에 대해 알아보십시오. 선교기관이 결혼한 부부나 가족들은 물론 독신 선교사, 특히 독신 여성들의 문제, 요구, 관심사들에 대해 얼마나 민감합니까? 중요한 개인적인 문제나 인사에 관한 문제가 있는 경우 선교기관에 그에 대한 징계 절차나 복귀 절차가 있습니까?

소속 선교사들에 대한 기대가 어떤지 선교기관의 리더들에게 물어 보십시오. 선교기관이나 개인이 어떤 종류든 직무나 역할 기술서를 제공합니까? 누가 그 일을 전담해서 하고 있습니까? 선교기관이 어떤 형태의 관계, 책임, 보고 형식을 권장하거나 요구 또는 제공합니까? 안식년 휴가에 대해서는 쌍방 간에 어떤 약속들이 이루어집니까? 그 선교기관은 지도자 양성과 평생교육을 어떻게 권장합니까? 연구 휴가나 안식년 휴가를 통해 평생토록 발전해 갈 수 있도록 얼마나 적극적으로 권장합니까?

예비 교육과 언어교육 정책에는 어떤 것이 있습니까?

선교기관이 일주일간의 예비 교육만 받고 현지로 가기를 원한다면 다른 선교기관을 찾아보십시오. 수년간의 타문화 사역을 하러 나가는데 일주일 교육으로는 충분하지 않습니다. 또 언어 공부에 대해 스스로 알아서 결정하도록 용인하는 교회나 선교기관을 조심하십시오. 기본적인 스페인어나 불어를 배우는 데는 일 년이 걸릴 수 있지만, 러시아어나 중국어, 아랍어를 배우는 데는 최소한 2년은 걸릴 것입니다. 새로운 언어 두 가지를 배워야 될 수도 있습니다.

선교기관이 지속적인 문화와 언어 교육에 얼마나 힘을 쏟는지도 알아보십시오. 첫 해가 지나고 배우기를 중단하지 마십시오.

끝으로 완벽한 기관은 없다는 것을 기억하십시오.

현실적으로 생각하십시오. 급한 결정들과 특정한 팀에 대한 '애정'에 주의하십시오. 밀월이 지나고 찾아오는 울적함은 극심할 수 있습니다! 파송 기관을 최종 선택할 때 교회 리더들이 꼭 참여하도록 하십시오.

충분한 시간을 갖고 조직을 알아 가도록 하십시오. 두 분은 그들에 대해 알고, 또 그들은 두 분에 대해 알 수 있도록 하십시오. 이 일은 상호간의 관계입니다. 선교기관들이 궁극적으로 원하는 것은 그들이 하나님이 두 분에게 주신 최고의 기관이 되는 것입니다.

이 긴 편지를 다시 읽으면서 이것이 너무 지나친 것이 되지 않기를 바랐습니다. 친구여, 마음을 편안히 가지십시오. 이 과정을 하나님과 함께하십시오. 그리고 잊지 마십시오. 당신의 가족과 친구, 교회 우리 모두는 두 분의 편입니다.

존경하고 사랑하며,
빌.

5.2

파송 교회와 선교기관이 당신에 대해 알고 싶어 하는 것

김태정(HOPE 선교회, 한국)

선교사와 파송 교회, 선교 단체는 선교 사역을 위해 상호 긴밀하게 동역하는 관계다. 특별히 선교사는 자신의 선교 사역에 영적·재정적·정서적인 지원을 하고 지도할 파송 교회가 필요하며, 자신의 선교 사역에 대해 전문성을 갖고 관리해 줄 선교 단체를 선정하는 것이 매우 중요하다. 이를 위해 선교사 후보자들은 교회에 선교사 파송을 신청하고 선교 단체 허입을 신청하게 되는데, 교회와 선교 단체들은 당신과의 동역을 결정하기 위해 당신이 인격적으로 사역적으로 선교사로서 합당한지 파악하고 검증하기 원할 것이다.

첫째, 파송 교회나 단체는 당신 개인의 신앙적·정서적·육체적·가정적 준비에 관심이 많다. 선교지에는 교회가 없고 함께 교제할 공동체가 없는 곳이 많으므로 매일 규칙적으로 말씀 묵상과 기도 생활을 하면서 은혜의 자급자족을 이룰 수 있는 훈련이 되어 있어야 한다. 또한 당신이 성장 과정에서 생긴 내적인 상처나 열등의식들을 회복하고 건강한 자아상과 정서적인 안정을 이루고 있는지, 의료 환경이 좋지 않고 스트레스가 많은 선교지 생활을 감당할 수 있는 건강 상태인지에 대해 관심을 가질 것이다. 그리고 당신이 결혼을 했다면, 부부가 선교에 대해 같은 비전을 품고 있는지, 신앙 안에서 성경적이고 건강한 가정생활과 자녀양육을 하고 있는지도 확인하고 싶어 한다.

둘째, 당신이 그동안 사역적인 면에서 어떤 훈련을 받고 경험했는지에 대해서도 점검하기 원한다. 지금까지 당신이 전도와 제자훈련에서 어떤 열매가 있었는지, 그동안 교회에서 어떤 봉사를 했으며, 그 교회에서 어떤 평판을 받았는지도 선교사로서의 적합성과 역량을 평가하는데 매우 중요한 사항이다. 아무리 선교에 열정이 있다 해도 당신이 만일 국내의 지역 교회에서 충분한 사역이나 봉사 경험이 없고 인격이나 관계 면에서 칭찬받는 일꾼이 아니라면 언어와 문화가 다른 타문화권에서 선교지의 영혼들을 위해 제대로 사역할 수 없다는 것이 너무나 당연하기 때문이다.

셋째, 교회나 선교 단체에서는 당신의 선교에 대한 소명이나 훈련, 경험들에 대해 알고 싶어 한다. 당신이 어떻게 선교에 부르심을 받았는지, 그 후 어떤 경험(예: 단기 선교, 국내 외국인 사역 참여 등)과 단계별 선교 훈련(선교 단체 훈련, 퍼스펙티브스 등)을 통해 그 소명이 심화되었는지도 중요한 관심사다. 당신이 장기 선교사로 헌신하기 전 1-2년간 타문화권에서 단기 선교 사역을 경험하고 긍정적인 평가를 받았다면, 교회나 선교 단체는 당신이 미래에 장기 선교사로 파송받아 펼칠 사역에 대해 더 높은 기대를 가질 것이다.

넷째, 당신이 어떤 선교지에서 어떤 사역을 하기 원하는지, 그 사역이 전략적으로 필요한 영역인지, 그리고 당신이 그 사역을 감당하기에 적합한 훈련과 경험을 가졌는지 알고 싶어 한다. 당신이 만일 선교지에서 캠퍼스 사역을 할 계획이라면, 당신이 국내에서 캠퍼스 사역자로 역량 있게 사역한 경험이 있을 경우 더 높은 신뢰를 받을 것이다. 반대로 당신이 선교지에서 고아원 사역을 감당하기 원하는데 국내에서 고아원을 방문해 본 적도 없다면 교회나 선교 단체는 당신과의 동역을 주저하게 될 것이다. 당신이 미래에 펼칠 사역에 대한 화려한 그림을 제시하기보단 당신이 살아 온 삶이 그 일을 하기에 합당하다는 것을 보여 줄 수 있어야 한다.

다섯째, 아무리 선교에 대한 열정이 뛰어나고 사역적인 준비가 잘 되었다고 해도 선교지에 체류할 수 있는 비자를 획득하지 못한다면 사역을 제대로 감당할 수 없을 뿐 아니라 비자 해결을 위해 불필요한 시간과 재정의 낭비를 초래하게 된다. 최근 선교지에서 체류 비자를 획득하기가 점점 더 어려워지고 있는 상황이므로 교회나 선교 단체에서는 당신이 가고자 하는 선교지의 비자 정책을 정확하게 파악하고, 거기에 대한 구체적인 대비를 했는지에 대해 알고 싶어 할 것이다. 당신이 만일 선교사에게 체류 비자를 주지 않는 나라로 나가면서 "순종하고 나가면 주께서 길을 열어 주시겠지"와 같은 막연하고 순진한 자세를 갖고 있다면, 교회와 선교 단체는 당신에 대해 불안해 할 것이다.

당신이 만일 어떤 직업을 가지고 비자를 마련할 계획이라면, 그 직업이 선교지에서 적합한지와 당신이 그 일을 잘 수행할 수 있는 경험과 역량이 있는지 질문할 것이다. 국내에서 비즈니스에 대한 경험이 전혀 없는 많은 목회자 출신 선교사들이 비자 획득을 위해 선교지에서 사업을 시작했다가 실패해 시간과 물질을 낭비하고 철수한 예는 수없이 많다.

여섯째, 최근 많은 교회들이 특정 지역이나 사역에 선교 역량을 집중하는 추세인데, 당신의 선교지나 사역이 교회의 방향과 맞지 않는다면 협력하기가 어려울 것이다. 또한 교회는 당신이 앞으로 소속되고자 하는 선교 단체가 선교사의 사역과 재정, 생활을 책임 있게 관리, 감독할 수 있는 역량이 있는지도 알고 싶어 한다. 특별히 당신이 파송받기 원하는 교회가 있다면, 당신은 선교지와 선교 단체의 선택, 선교 훈련과 출국 시점들에 대해 당신 스스로(혹은 선교 단체와만 협의한 후) 먼저 결정한 후 교회에 통지하기보다 처음부터 모든 것을 파송 교회와 대화하며 함께 결정하는 자세를 갖는 것이 매우 중요하다.

일곱째, 교회나 선교기관은 당신이 권위 아래서 질서 있게 사역하고, 다양한 사람들과 팀으로 사역할 수 있는 준비가 되었는지에 대해 알고 싶어 한다. 직장에서나 교회에서 상급 권위자와 지속적인 갈등을 가져왔거나 자기주장이 강하고 늘 가르치려는 이들이 선교사로 나갈 경우 동역자들과의 관계에서 심각한 갈등을 초래하기 때문이다. 특별히 선교의 주체인 교회의 권위 아래 겸손하게 의사소통하고 지도받고 함께 사역하려는 자세를 준비하는 과정에서 보여 주지 못했다면, 교회는 당신을 선교사로 파송하는 데 주저할 것이다.

당신이 선교사로 소명을 받고 헌신한 것은 매우 어려운 결단이었겠지만, 교회나 선교 단체가 그것만으로 당신을 신뢰하고 동역하기를 결정하지는 않을 것이다. 전투가 중요할수록 전쟁이 치열할수록 더 잘 훈련된 병사가 필요하듯, 대부분 종교의 자유가 없고 언어와 문화가 다른 선교지에서 복음을 증거하려면 그에 합당한 훈련과 역량이 필요한 것은 당연하다. 그러므로 교회와 선교 단체는 당신이 지금까지 살아오면서 인격적·사역적·직업적·가정적으로 얼마나 잘 준비된 선교사 후보인지에 대해 엄격하게 검증하려 할 것이다. 당신은 선교지로 빨리 나가고 싶어 할지 모르지만, 교회나 선교 단체는 당신이 '선교지로 보낼 만한 사람인가'에 대해 더 관심이 많기 때문이다.

5.3

장기 사역자가 필요하다

빌 테일러

나는 어느 날 밤의 기억을 잊을 수 없다. 그날 밤 케냐의 키자베에서 나는 아들 데이비드와 함께 역사의 한 장면을 목격하며 미래를 들여다보고 있었다.

제3차 국제선교사자녀 컨퍼런스 International Conference

on Missionary Kids에 참석하고 난 후 우리는(우리 둘 다 선교사 자녀) 타문화 사역을 할 아프리카인들을 훈련시키는 케냐 엘도레트 소재의 선교사 훈련 대학Missionary Training College을 방문하러 가고 있었다. 그 도중에 키자베에 있는 대형 선교 복합 건물인 리프트 밸리 아카데미Rift Valley Academy에서 친구들과 함께 하룻밤을 지냈다. 마침 그곳에서는 동아프리카 아프리카내지선교회AIM, Africa Inland Mission 선교사들을 위한 열린 모임 fellowship conference이 개최되고 있었다.

장기 사역의 유산과 미래 예측?

그날 밤 아프리카내지선교회는 은퇴하는 선교사 여섯 부부의 수십 년간의 섬김을 감사하며 축하했다. 그들은 자신들의 첫 아프리카 오지 여행, 1952-1960의 마우마우 반란, 개척 선교사가 된다는 것의 의미, 살아오면서 겪은 변화들에 대해 흥미진진한 이야기를 나누었다. 이제 그들은 자신들의 여권을 발급해 주는 머나먼 나라, '본국'에서 은퇴라는 불확실성에 직면했다.

나는 그들이 섬기며 보낸 긴 세월에 놀랐다. 각 사람마다 평균 45년을 섬겼다. 그 열두 사람을 다 합하면, 섬긴 세월이 540년, 월수로는 6480개월, 주로 계산하면 2만 8000주, 날 수로는 19만 7100일이었다. 이 얼마나 엄청난 유산인가! 이 노장들을 지켜보면서 어린양의 보좌 앞에서 그들이 다른 족속과 언어와 나라에서 온 아프리카 신자들과 함께 기뻐할 그 영광의 날을 생각해 볼 수 있었다는 것이 우리에게는 영광이었다.

그날 밤 아프리카내지선교회의 다국적 선교사 단체는 영국에서 온 25명의 독신 단기 선교사들을 맞아들였다. 그들은 케냐 학교에서 성경을 가르치기 위해 2년 동안 헌신할 사람들이었다. 그들은 젊고 생기 있고 헌신된 타문화 사역자들이었는데, 영국식 펑키 스타일 차림을 했다. 그들은 일정 기간 동안 학생들의 모국어가 아니라 영어로 사역할 것이다.

우리가 미래를 들여다보고 있었을까? 정말로 오랜 세월 사역한 '평생 선교사'lifer인 그 노장들의 시대는 끝났는가? 수십 년 전에는 '전임 선교사'의 수가 압도적으로 많았는데, 왜 그 저울이 기울었을까? 몇 가지 이유가 떠올랐다.

- 하나님은 다른 시대에는 다르게 일하신다.
- 우리의 사회가 변했다.
- 다른 요구들이 등장했고, 다른 선교 방법들이 있다.
- 놀라운 남반구(다수 사회) 선교사 운동이 폭발적으로 일어났다.
- 오늘날의 선교사들은 전 세계에서 온다.
- 우리의 문화가 제도적인 헌신도는 낮고 유동성은 높은 새로운 사고방식을 반영한다. 즉, 지금 이것을 원했다가 내일 그 마음을 바꿀 수 있는 자유를 원하는 '쇼핑몰'식 의식구조다.

계속되는 필요

그렇다면 장기 선교사들이 정말로 더 필요한가? 세계 복음화의 과업을 완수하기 위해 수많은 단기 선교사들을 보낼 수는 없을까? 서구 선교사들에 대한 후원을 줄이고 셀 수 없이 많은 '현지' 선교사들에게 후원을 돌리면, 선교 자금으로 더 나은 투자 결과를 낼 수 있지 않을까? 미디어와 인터넷에 더 투자해서 임무를 수행하면 어떨까?

그렇지 않다! 장기 선교사들을 점차 폐지하는 것은 성경적이지도 않고 옳지도 않다. 젊은 내 친구 몇 사람은 직업career이라는 용어를 다시 도입하라고 내게 권한다. 더구나 우리는 그리스도인 청지기로서 선교에서 '들인 비용보다 더 많은 효과'를 내야 한다는 비용-효과적cost-effectiveness 사고방식을 거부한다. 아내와 나는 단기 선교사들에게 개인적이고 재정적인 후원을 한다. 성령이 그들을 놀랍고도 독특한 방법들로 사용하고 계신데, 특히 그들이 인정받는 교회나 베테랑 선교사들, 자격을 갖춘 현지 리더들과 협력해 사역할 때 그렇다. 나는 그들의 헌신과 지식, 기술과 섬김의 정신을 존경한다.

그러나 장기 선교사만이 할 수 있는 일들이 있다. 그래서 아직도 더 많은 '평생 선교사들'이 필요하다.

장기 선교만의 특징은 어떤 것들일까?

- 단기 선교사들도 현지인들을 사랑한다. 하지만 장기 선교사의 끈기 있는 사역이 있어야 그들의 '심성 언어'를 탁월하게 배울 수 있다. 그 민족이 생각하고, 꿈꾸고, 노래하고, 논쟁하고, 사랑할 때 쓰는 언어로 말하는 것이 무엇으로도 바꿀 수 없는 방법으로 그들의 마음과 영의 문을 열어 준다. 그러면 진실함으로 세워진 관계의 다리를 지나 예수님의 이야기가 흘러간다.
- 단기 선교사들도 그들이 체류하는 제한된 기간 동안 효과적으로 사역할 수 있다. 하지만 시간이 흐르면서 그 민족과 신뢰 관계를 쌓고, 그들의 문화를 이해하고, 그 활기찬 현실에 맞게 복음을 민감하게 적용하는contextualize 사람은 장기 선교사다.
- 단기 선교사들도 영향력을 끼칠 수 있을 것이다. 하지만 더 오래 체재하는 사람이 여러 해에 걸쳐 지속적인 제자훈련과 리더 개발에 투자할 수 있다. 그것은 유산이다. 그 선교사는 교회가 세워져서 확장되고, 새로운 리더들이 등장해서 훈련받고, 그러고 나서 책임과 권한이 넘겨지는 것을 지켜볼 것이다.
- 단기 선교사들도 물론 선교사다. 하지만 남반구 선교의 새로운 세대에 투자할 수 있는 사람은 장기 선교사다. 경험이 풍부한 베테랑 선교사들이 곁에서 섬길 것이며, 그들의 새로운 협력자들과 함께 성장해 갈 것이다.
- 기혼 단기 선교사들의 가족은 문화와 사역에 잠시 동안 혹은 부분적으로 힘을 쏟는다. 그에 반해 장기 선교사 가족은 모든 긍정적이고 부정적인 것들과 더불어서 다른 문화에서 그들의 가족이 태어나고 성장해 가는 기쁨을 경험한다.
- 단기 선교사들도 하나님의 말씀을 신실하게 배부해 줄 수 있다. 하지만 성경을 번역, 출판, 배부하려면 장기 선교사가 있어야 한다. 하나님의 말씀을 적절하게 해석해서 그들에게 맞는 심성 언어로 번역하는 일이 가능하려면 보통 평생이 걸린다.

어떻게 최소 전도 종족이 그들의 언어로 그리고 그들의 문화적 현실에 맞게 복음을 듣게 될까? 그것은 그들과 가까운 문화권과 먼 문화권에서 온 순종하는 일꾼들을 통해 이루어진다.

그렇다. 단기 선교사들도 기독교 영화를 상영한다거

나, 간증을 한다거나, 건물을 짓거나, 거리에서 연극을 하거나, 의료 봉사를 하거나, 연구 조사를 하거나, 많은 다른 창의적인 방법으로 장기 선교사들을 도우면서 인생의 짧은 기간을 투자한다. 그리고 또 어떤 사람들은 컨설턴트, 투자자 혹은 격려자로서 짧지만 의미 있는 시간을 투자할 것이다. 그러나 미전도 종족들 가운데 예수님을 예배하는 공동체가 세워지는 것은, 모든 사람들이 그리스도의 복음을 듣고 이해하는 데 기여하고자 최소한 10년에서 20년간 아니 어쩌면 그들의 일생을 바쳐서 그들의 삶을 기꺼이 투자하는 장기 선교사들에 의해 주로 이루어진다.

투자와 그 결과

스티브와 내가 이 책의 초판 「나를 보내소서」를 준비하고 있을 때, 내 친구 덕Doug이 잠깐 우리 집을 방문해서 함께 유익한 시간을 보냈다. 그는 독신으로 중유럽에 사역자로 나갔다. 그런데 하나님이 나중에 그를 한 젊은 여인에게 이끄셨다. 그 여성도 그와 같은 열정을 갖고 루마니아에서 사역하고 있었다. 그들은 결혼해서 두 아이를 낳았고, 그들의 삶을 폴란드에서 장기 선교사로 바쳤다. 덕의 목표는 새로운 교회들이 세워지는 것과 폴란드에서 생겨나는 복음주의 신학교에서 뿐만 아니라 그들의 사역을 통해 리더들이 훈련되는 것을 보는 것이다. 그는 지금 목자들의 최고 목자, 전략가, 소속 선교기관의 현지 리더로서의 역할을 하며 그 목표가 이루어지는 것을 보고 있다.

덕이 전에 내게 이런 충격적인 말을 했다. "빌, 알다시피 나는 영혼을 구하겠다고 동유럽에 가지 않았네. 하나님을 더 잘 알기 위해 갔었네. 그런데 언어와 문화를 배우고 폴란드 사람들을 이해해 가는 길고도 힘든 일을 통해 나는 하나님을 더 잘 알게 되었네."

이 말은 다른 친구가 했던 강렬한 말과 비슷하다. "선교의 목적은 대위임명령을 완수하는 것이 아니다. 그보다는 참되시고 살아 계신 한 분 하나님께 합당한 영광을 드리며, 경건함과 두려움으로 하나님을 예배하는 사람들의 수를 이 땅 위에서 늘려 가는 것이다."

분명 우리는 모두 그와 비슷한 말을 할 수 있다. 그러나 수년, 수십 년, 또는 평생 동안 사역하며 이 목표와 결과를 경험하는 것과는 비교할 수 없다.

장기 선교사로 섬기는 것에 대한 특별한 대가나 보상이 있을까? 다른 동료의 말을 빌어서 간접적으로 대답해 보겠다. "우리가 하는 일은 먼 이국 사람들 속에서 그리스도에게 순종했다는 만족감 말고는 보상이라고는 거의 없는 극히 위험하고 너무 희생적인 일이다."

장기 선교사는 어떤 지역에 교회가 생겨서, 자라고, 재생산하는 법을 배워 가는 전 과정을 보는 것으로 만족한다. 이것은 마치 한 가정에 아기가 태어나 성장하고 발전해서 재생산할 수 있기까지 성숙해 가는 것을 목격하는 것과 비슷하다. 이런 것들이 장기 선교사가 누리는 유익이다.

이본과 나는 남미를 떠난 지 24년이 지난 후에야 그것을 알았다. 사역 초창기 몇년 동안 투자했던 것들이 계속해서 장기 이윤을 내고 있다. 오래전에 변화된 그 사람들이 이제는 2세대와 3세대에 투자한다. 놀랍게도 투자 배당금이 계속해서 나온다. 최근 이본과 내가 과테말라에 있을 때, 어떤 여인이 다가와서 내 아내에게 "이본, 가족에 대한 당신의 헌신이 오늘의 우리가 있게 했습니다. 감사합니다"라고 말했다. 내 학생들 중 지금은 남미에 있는 신학교의 총장이나 학장을 하는 사람들이 있다. 우리가 도와서 세운 교회가 지금도 그곳에 있는데, 새로워지려고 씨름하며 미래를 기약한다.

나의 부모는 1938년에 코스타리카에 가서 평생 사역한 분들이시다. 그 당시에는 평생 선교사 말고 다른 범주의 선교사는 없었다. 스페인에서 현장 사역을 '은퇴'하신 후 미국에 돌아오셔서는 히스패닉 교회 개척가로 80대 중반까지 타문화권 사역을 하셨다.

아내와 나는 남미에서 17년간 사역했다. 그곳에서 우리의 세 자녀가 태어나 3개 국어(독어, 스페인어, 영어)를 사용하는 학교에서 공부했고, 우리와 함께 과테말라에서 사도행전의 역사가 일어나는 것을 지켜봤다. 우리는 남미 교회 역사의 한 부분이었다. 그 교회는 1974년에 처음으로 우리를 북미에서 온 타국인으로 만났지만, 우리가 그곳을 떠날 때는 그들 자신의 선교대의 일원으로 우리를 파송했고 지금까지 우리를 위해 기도한다.

우리가 힘든 시간을 보낼 때, 우리에게 무슨 일이 일어나고 있는지 답답해 했을까? 물론이다! 그러나 우리는 더 오랫동안 꿋꿋이 견뎌 냈다. 비록 우리가 여러 상황과 관계를 바꿀 수는 있었지만, 우리의 경험을 맞바꾸려 하지는 않았다. 전체적으로 장기 선교사로서 받을 수 있는 유익을 누렸다.

장기(전임) 선교사가 북미 사회에서 멸종해 가고 있는가? 어떤 사람은 그렇다고 할 수도 있겠지만, 나는 '아니오!'라고 소리치겠다. 나는 수천 명의 엄선된 단기 선교사들에게 그들의 풍부한 경험을 타문화 장기 선교에 사용하도록 초청한다.

당신은 인생이 너무 불명확하다거나 또는 전 세계의 사회·경제적인 추세가 너무 낙심되기 때문에 앞서서 그렇게 멀리까지 계획할 수는 없다고 느낄 수도 있다. 그렇다. 거기까지는 당신이 옳다. 누구도 미래를 알 수 없다. 그러나 당신이 불확실한 세상에서 단기 선교를 계획할 수 있다면, 그 경험을 가지고 장기 사역을 목표로 준비할 수 있다. 당신은 향후 45년까지도 계획할 수 있다.

살아 계신 하나님을 닮아 가는 제자로서의 삶에 오랜 기간 헌신하라. 하나님이 당신을 타문화 사역으로 인도하시도록 하라. 그 사역을 통해 하나님을 더욱 의지하고 하나님과의 관계가 깊어짐은 물론 모든 나라와 족속에서 모여 와 보좌 위의 어린양을 둘러싸고 열렬히 예배하는 자들의 무리에 더 많은 사람들이 참여하게 될 것이다.

숙고할 질문들

장기 선교사가 되고자 하면, 어떤 사항들을 염두에 두어야 하는가? 그 질문들은 다음과 같다.

- 당신이 선교사로 섬기기 원하는 가장 깊은 동기는 무엇인가?
- 당신은 삶에서 어떤 방법으로 영적인 시험을 받았나?
- 세계 선교 과업의 어떤 측면에 장기 선교사가 필요한 것 같은가?
- 당신의 관심과 은사는 어떤 것인가? 무엇을 하는 것을 즐기는가? 무엇을 하는 데 타고난 재능이 있나?
- 당신의 관심을 연결하고 기술과 은사를 연마하기 위해 필요한 구체적인 교육과 훈련은 어떤 것인가? 얼

마나 소요되겠는가?
- 어떤 종류의 단기 사역에 참여했나? 그것이 당신의 삶과 생각을 어떻게 만들었나?
- 당신의 교회는 어떤 방법으로 이런 열정에 헌신하고 있나? 세계 열방을 향한 길을 순종하며 따라가면서 당신은 어떻게 교회 생활에 필수적인 구성원이 될 수 있나?

5.4
선교사에 대한 전인격적 돌봄

김동화

선교사 토털 케어 total care란 단지 선교사의 육체적 안락이나 개인적인 욕구를 충족시키는 것 자체만을 목표로 삼지 않는다. 또 선교사에게 맡겨진 사명보다 그런 필요를 채우는 것이 우선한다는 것을 의미하는 것도 아니다. 선교사 토털 케어란 선교사에 대한 전인격적인 돌봄을 의미하는데, 즉 선교사와 그 가족이 전인적인 건강을 유지하고 선교 사역을 보다 효과적으로 할 수 있도록 선교 단체, 파송 교회, 관계 기관들이나 관련된 사람들이 계속적으로 자원과 인력을 투자해 필요한 도움을 주는 것을 의미한다. 토털 케어는 선교사 각자의 개인적인 성장과 전문적인 성장에도 관심을 둔다.

선교사들은 사역하는 기간 동안 토털 케어가 제대로 이루어지기 위해 선교회로부터 기본적으로 영적·정서적·육체적 사역의 전문성 등에서 최상의 상태를 유지해 장기간 사역할 수 있도록 필요한 지원을 받게 된다. 이런 일을 하기 위해서는 구체적으로 최소한 다음과 같은 프로그램이 필요하다.

- 위기 상황을 대비한 선교사들 훈련.
- 선교사들의 일생을 통한 멤버 케어와 선교사 상담.
- 선교사들 상호간의 상담 훈련.
- 외부 전문 기관들과의 연계.
- 기관으로서의 위기 상황 대비.

또한 이런 토털 케어는 다음의 8가지 전문 영역으로 나눌 수 있다.

- 목회적·영적(쉼과 영적 각성).
- 육체적·의료적(의료적 지도, 영양).
- 훈련/전문 분야(평생교육, 사역 분야).
- 팀 사역/대인관계(그룹 역동, 갈등 해결).
- 가족/선교사 자녀
  (자녀교육의 다양한 가능성, 결혼 지원 그룹).
- 재정/로지스틱스(은퇴, 의료보험).
- 위기 관리(디브리핑, 소개 계획).
- 상담/심리적(선발, 치유).

선교사의 토털 케어는 선발에서 시작해 은퇴 후에 이르기까지 삶의 각 단계에서 이루어져야 한다. 선교 기관은 새로 출발하는 선교사가 겪고 대처해야 하는 선교 사역의 현실적인 면을 잘 알고 있어야 토털 케어의 관점에서 선교사들을 효과적으로 도울 수 있다. 파송 교회와 기도/후원 동역자들도 다음과 같은 점을 알 필요가 있다.

외로움

자신의 문화 안에서 그리고 나아가 다른 문화권에서 다양한 사람들과 의미 있는 관계를 맺고 이를 유지하는 법을 알아야 한다.

갈등

선교사 삶의 모든 영역(자녀 양육과 교육, 돈의 사용, 시간 사용, 권위의 범위, 일에 대한 열심, 우선순위 등)에서 일어날 수 있는 갈등을 해결하는 방법과, 다양한 견해를 가진 사람들과 어떻게 함께 살아가고, 오해와 비판을 받을 때 어떻게 대처할 것인지 등을 아는 것은 사역자에게 필수다.

유혹

선교사의 사역은 사탄이 다스리는 곳을 무너뜨리는 것이므로, 사탄은 자신의 영역으로 선교사가 들어오는 것을 원치 않는다. 사탄의 공격은 아주 교묘한 형태의 유혹으로 나타날 수 있다. 회피, 자기 연민, 비교와 합리화, 투사 등으로부터 시작해 보다 악한 무절제와 죄, 즉 음란물, 여러 가지 중독과 의존관계 등 다양한 부도덕한 행위로 나타나기도 한다.

일반적인 도움을 받을 수 없는 상황에서 어떻게 하면 지속적으로 하나님과 친밀하고 인격적인 교제를 나누어 영적으로 깨어 있는 순결한 삶을 살 수 있을 것인가를 아는 것이 반드시 필요하다.

공허함

영적인 자양분이 소진되었다고 느끼는 것, 자신이 '고갈'되어 남을 돕기는커녕 자기 자신도 추스를 수 없음을 느끼는 것. 이런 상황은 늘 하던 예배나 영적 자양분을 공급받을 수 있는 기회가 별로 없을 때, 또는 선교지에서의 사역을 마치거나 고국으로 돌아가게 되었을 때 일어나기 쉽다.

동기부여

대부분의 문화에서는 보다 많은 사례, 직무상의 혜택, 상관으로부터의 칭찬이나 인정받는 것 등이 일을 열심히 하는 동기가 된다. 그러나 선교 사역에서는 이런 동기가 거의 없다. 게다가 자신을 감독하는 사람과 멀리 떨어져 있고, 자신이 스스로의 멘토가 되어야 하는 상황에서 살아가며 일하는 것은 쉬운 일이 아니다.

반대의 경우도 있다. 감독하는 사람이 없는 상황에서 지나치게 많은 시간과 에너지를 일하는 데 쓰며 너무 많은 일을 해서 가족과 자신을 돌보면서 장기간 건강하게 일하지 못하게 될 수도 있다. 선교사들에게는 게으름보다는 일중독이 더 큰 문제인 경우가 많다.

영적 전쟁

어둠의 세력의 권세 아래 있는 세상에서 악은 노골적이고 현실적으로 나타난다. 악한 권세는 선교사와 그 가족, 사역, 건강, 그 영혼을 직접 겨냥해 어려움과 고통을 가져오기도 한다. 그러므로 선교사는 영적인 차원에서 하나님께서 주신 말씀을 가지고 이런 악한 세력과 어떻게 싸워야 하는지 알아야 한다.

선교기관은 선교사들이 이와 같은 어려움 속에서 적절한 기도 지원과 물질적 지원을 받을 수 있도록 명확한 정책과 절차를 마련해, 이에 따라 각 선교사가 지원을 확보할 수 있도록 도와야 한다.

선교사와 그 가족은 사역 기간 동안 여러 차례에 걸쳐 익숙한 것들을 내려놓고 떠나야 하는 일을 겪게 되며, 이는 심리적·정서적으로 여러 가지 어려움을 가져다준다. 선교기관은 이런 점에 대해 민감성을 가지고 배려해야 하고 안식년 워크숍 등의 프로그램을 통해 새로운 상황에 적응하는 것을 도와야 한다. 선교사의 사역 기간이 길어지면서 여러 가지 변화의 가능성이 생기게 된다. 사역의 변화, 건강, 자녀교육, 본국 사역의 필요, 유학 등으로 인해 선교지를 떠나거나 옮겨야 하는 일이 일어나게 된다. 이에 대한 명확한 규정과 절차가 마련되고, 각각의 경우에 대한 지원 방안이 준비되는 것이 필요하다.

선교사의 사역 중 여러 가지 위기가 있을 수 있으나 특히 사역 지역의 정정이 불안해서 일어나는 폭동 등의 소요 사태, 내전, 내란과 납치, 테러, 그리고 지진 등의 자연재해는 선교 사역에 커다란 도전이 된다. 선교기관은 위기 상황에서의 소개 계획은 물론이고 대 정부와 언론 관계, 사후 처리를 포함해 다양한 상황에 따른 대처 방안을 미리 마련해 효과적으로 위기를 다루어 가면서도 통상적인 다른 기능도 최대한 발휘될 수 있도록 위기관리 팀을 구성해 준비하고, 전문 기관을 통한 훈련과 전문가 양성에 힘써야 한다.

통상적으로 선교사들이 65세 전후로 은퇴하는 것이 관행이었으나 건강 수명이 길어져서 은퇴 연령이 점점 높아지고 있다. 65세 또는 70세 이후에도 노령의 선교사들이 긍정적인 기여를 하여 스스로 보람을 느낄 수 있도록 도와야 하며, 은퇴 후에도 최소한의 품위를 지키며 노후를 보낼 수 있도록 도와야 한다.

21세기에 들어서 세계화가 급격히 이루어지며 극도의 개인주의로 인한 공동체 붕괴와 무한경쟁의 각박함 속에서 살아가는 것이 오늘날 지구촌의 상황이다. 또한 그리스도인은 이제 지구상의 어느 곳에서도 소수자의 위치에 처했다. 이런 상황이 선교사들에게 주는 도전을 위클리프 성경번역선교회의 인사 책임자였던 가드너Laura Gardner는 다음과 같이 여섯 가지로 정리했다.

- 다문화 사역 그룹이 늘어나고 스트레스 수준이 높아지는 데서 오는 갈등이 많아졌다.
- 타문화에 대한 민감성과 기술의 필요가 늘었다. 중남미와 아시아의 여러 나라 그리고 아프리카 지역에서 파송한 선교사들의 수가 많아졌다.
- 실제적인 경건과 영적 성숙함을 위한 필요가 커졌다. 극한 상황에 처한 선교지에서 경건함이란 무엇을 의미하며, 기근과 소요 사태가 일어나는 곳에서는 어떻게 경건함과 영적 성숙함이 나타날 수 있을까 생각하고 준비해야 한다.
- 제한된 자유와 개별성의 약화라는 현실을 받아들여야 할 필요가 있다. 선교와 선교사가 환영받지 못하

는 현실에서 선교사들은 자신의 신분과 역할이 최대한 들어나지 않도록 해야 하고, 때로는 자신이 원하는 곳에 자유롭게 갈 수 있는 다른 사람들을 통해 사역해야 하는 경우가 늘었다.
- 늘어나는 위험과 위협, 끊임없는 긴장과 불확실성 속에서 살아가야 한다. 많은 지역에서 선교사들은 끊임없는 테러 등 다양한 위험에 직면했다. 더욱 강인한 사역자가 필요해졌다.
- 여러 세대와 여러 문화적 배경을 가진 사람들로 이루어진 팀 속에서 일할 수 있도록 고도로 다듬어진 대인관계 기술을 익힐 필요가 있다. 선교 공동체는 그 맡은 사역을 잘 감당하는 것 못지않게 구성원들이 서로 사랑하는 모습을 보여 주어야 할 책임이 있으며(요 13:34-35), 오늘날은 그 어떤 때보다 그런 모습을 세상에 보여 주어야 할 때다.

5.5
독신 여성 선교사의 도전과 기회

조명순

국내에서 부딪히는 편견

필자는 소위 말하는 '독신' 선교사(이하 싱글 선교사)로 24년을 보낸 사역자다. 지금은 많이 변화된 것 같지만 여전히 선교사를 꿈꾸는 많은 자매들이 '결혼'이라는 커다란 장벽 앞에서 선교사의 길을 미루거나 포기한다. 그러면서도 활동적인 싱글 여성 선교사들을 반은 부러움으로 반은 존경하는 마음으로 바라본다. '선교'라는 꿈을 꾸면서도 성큼 발을 내딛지 못하는 것은 무슨 이유일까? 여전히 한국 교회 안에는 선교나 선교사에 대한 크고 작은 편견 또는 선입견이 존재하며, 많은 자매들이 그 편견에 스스로 젖어서(oriented) 막연한 두려움으로 주저하고 있다.

선교에 대한 잘못된 인식에서 오는 막연한 두려움

지역에 대한 잘못된 이해 아직도 많은 선교 지망생이나 선교사를 돕는 이들이 '선교' 하면 피부색과 모든 것이 다른 아주 먼 오지에서 일하는 선교사를 머릿속에 떠올린다. 그래서 감당하기 어렵고 그런 곳에 가기 위해 내려놓아야 할 것들이 너무 많다고 생각한다. 더욱이 결혼을 하지 않은 자매들에게는 이런 선입견이 쉽게 행동하지 못하게 하는 주된 요인이다. 자매의 몸으로 그런 곳에 갈 수 없다는 생각이 깔렸다.

이것은 얼마나 잘못된 일인가? 오늘날에는 전 세계를 아무리 멀어도 이틀이면 다 갈 수 있다. 게다가 모든 나라들에서 도시화 현상이 급격히 일어났기 때문에 상당수의 사람들이 도시로 몰려나왔다. 오지까지 가지 않아도 될 만큼 환경이 급격히 바뀌었다.

자세에 대한 잘못된 이해 선교는 모든 것을 포기해야 한다는 생각이 있다. 선교사는 고생과 헌신과 눈물과 기도와… 이런 식의 나열은 헌신자에게 너무나 큰 무게감으로 다가온다. 특히 지금처럼 풍요로운 사회가 된 한국에서 성장한 자매들에게 선교사의 길을 간다는 것은 결코 내리기 쉬운 결단이 아니다.

그러나 선교라는 영역에만 고생과 눈물이 있는 것은 아니다. 넓은 의미에서 인생 자체가 고생이다. 그러나 우리는 하나님을 믿는 사람으로서 하나님의 풍요로움에 거하는 것을 배운 사람들이다. 선교에 대한 주저함은 단언컨대 주님 안에 얼마큼의 영적 뿌리가 내려졌는가와 반비례한다. 선교는 세상을 창조하신 분의 계획에 참여하는 일이다. 이것은 특권이지 결코 무겁고 어두운 발걸음의 시작이 아니다.

결혼해서 가겠다는 명분 있는 미룸

선교사로 나가고 싶다는 자매들의 가장 큰 장벽은 '결혼'이다. 선교사로 혼자보다는 결혼해서 가는 것이 더 좋을 것 같아 결혼 후 가겠다고 말하는 것을 자주 듣는다. 우리가 착각하는 것이 있다. 결혼은 내가 하고 비전은 하나님이 주신다는 생각이다. 결혼도 하나님이 주시고, 선교에 대한 비전도 하나님이 주신다.

비전을 따라 걸어가는데 결혼을 허락해 주시면 감사하면서 결혼하고, 선교사로의 길을 먼저 열어 주시면 감사함으로 선교사로 나가고, 즉 자유함으로 주님 앞에 있어야 한다. 그런데 '선 조건 후 행동'의 자세를 갖고 선교 훈련만 계속 받으면서 시간을 보내는 자매들이 많다. 그런데 재미있는 것은 결혼 때문에 못 나가면 막상 결혼을 해도 결혼을 했기 때문에 못 나가게 된다는 것이다. 하나님 나라의 확장은 인간사의 모든 것을 뛰어넘는 정말 거룩한 작업이라는 것을 기억해야 할 것이다.

가족들의 반대

사랑하는 자녀가 다른 나라고 가겠다고, 게다가 결혼도 하지 않고 가겠다고 할 때 바로 허락해 주는 부모는 거의 없다. 가족들, 특별히 부모가 반대하는 것은 당연하다. 위험할 것이라는 생각, '혼자서 어떻게'라는 염려, 선교사의 길이 매우 힘들 것이라는 막연한 걱정을 하는 가족들의 사랑이다. 이런 것들을 어떻게 극복할 수 있을까?

그것은 헌신한 사람에 대한 가족의 신뢰도에 달렸다. 모든 삶의 영역에서 당신의 성실함과 주님에 대한 깊은 사랑이 가족들에게 어떻게 전달되고 있는가? 또 가정에서 평소의 삶을 어떻게 살고 있는지 돌아봐야 한다. 가족이라는 공동체에서 인정받는 사람은 밖에서도 인정받기 때문이다.

후원에 대한 염려

신학을 공부하지 않았는데 과연 선교사로 나간다고 했을 때 교회 또는 내가 속한 공동체는 적극적으로 재정을 지원해 줄까? 의구심이 든다. 그러나 사역자로 길을 떠나는 사람은 반드시 하나님이 책임지신다. 문제는 우리의 자세다(마 6:33). 공동체는 늘 선교에 붙들려 사는 사람을 지켜보고 보이지 않는 평가를 한다. 내가 평소에 어떤 평가를 받고 있느냐가 재정적 지원에 영향을 준다는 사실을 놓치지 말아야 한다.

내가 선교사로 나간다고 했을 때 공동체가 기뻐하고

감사했는가? 그렇게 신뢰감을 주었다면 기꺼이 자원하는 마음으로 후원할 것이다. 자매라서, 신학 배경이 없어서 후원을 안 하는 것이 아니라 '나의 헌신'에 대한 평가가 낮기 때문에 후원에 주저하는 것임을 잊지 말아야 한다.

선교 현장에서 부딪히는 편견들

싱글 선교사에 대한 편견은 국내에만 있는 것이 아니다. 국내에서의 장벽들을 뛰어넘어 선교 현장에 들어갔을 때, 그곳에도 넘어야 하는 편견들이 존재한다.

외로움

이런 저런 국내에서의 장벽을 넘어서 선교 현장으로 들어간 싱글 선교사들은 또 그곳에서 만나는 장벽들이 있음을 알게 된다. 넓은 의미에서는 타문화권에 들어간 모든 선교사들이 겪는 것과 동일한 것들이지만 '싱글'이기 때문에 조금 더 강도가 깊이 다가오는 것들이 있다.

우선 외로움이 주기적으로 찾아올 때다. 누군가와 깊이 편하게 대화하고 싶을 때 주변에 사람이 없다면 외로움은 더 커지게 된다. 그러므로 반드시 현장에서도 예수님이 자주 가셨던 '베다니'처럼 그런 '친한 사람'이나 '어떤 장소'를 만들라고 권면한다. 외로운 마음을 풀어 낼 수 있어야 건강하게 사역할 수 있으며, 더 중요한 것은 외로울 수 있다는 자기 인정이 있어야 한다는 것이다. 외로움을 느끼는 것은 약점이 아니라 사람이면 누구나 느끼는 감정임을 기억해야 한다.

현지인들이 갖는 '독신'에 대한 편견

대부분의 선교지 사람들은 여성이면 반드시 결혼해야 한다고 한국 사회보다 더 강하게 생각할 수 있다. 외국 여성이 혼자 와서 '무언가'를 하는 것을 바라보는 현지인들의 시선은 때로 곱지 않을 수 있다. 특히 이슬람 사회에서 결혼하지 않은 여성에 대한 편견은 강도가 매우 높다. 이런 인식을 뛰어넘어 편하게 그 사회에 들어가는 것은 생각보다 쉽지 않다. 그래서 대부분 이런 지역의 싱글 사역자들은 팀으로 사역한다. 팀은 싱글 사역자에게 '보호'와 '소속감'을 주는 이점이 있으며, 팀 사역을 통해 '더불어 함께' 하는 것도 배워 나갈 수 있다.

교제권에 대한 제한

부부가 사역하는 경우는 남성이나 여성을 구분하지 않고 현지 사람들을 만날 수 있지만, 싱글 사역자의 경우는 주로 '여성'을 만나야 하고 '남성'을 만날 때는 행동에 제한을 받게 된다. 현지인 남성이 필요 이상의 감정을 가질 수도 있고, 외국 여성이 현지인 남성을 만나는 것을 현지인들이 좋지 않게 보는 경우가 종종 있기 때문이다. 따라서 사역의 폭이 좁아질 수도 있다. 남녀에 대한 인식이 어느 정도 선진화된 일본에서 사역하는 싱글 선교사도 나이가 어린 현지 남성을 만나 전도할 때는 여러 면에서 신경을 쓰고 있다고 말한다.

동역자들의 시선

선교 현장에서 동역하는 선교사들이 '싱글 선교사'에 대해 건강한 배려를 하지 못해서 받는 스트레스가 있다. 싱글 선교사의 사역을 동료 선교사들이 제대로 평가해 주지 않는 경우나, 팀으로 사역할 때 리더를 보조하는 사역자 정도로 취급하기도 한다. 때로는 같은 여성인 부인 선교사들과의 사이에도 긴장감이 있을 때가 있다. 싱글 선교사가 가진 전문성이 있음에도 불구하고 '신학' 배경이 없는 경우는 더욱 싱글 선교사들을 낮게 평가한다. 똑같이 파송받은 선교사로서 동등한 대접을 해주지 않아서 선교사들과 교제권을 형성하지 않는 싱글 사역자들도 종종 본다. 이것은 여전히 존재하는 결혼하지 않은 것에 대한 막연한 편견에서 나온 결과이기도 하다.

글을 맺으며

결혼하지 않고 '선교사의 길'을 걷는 데 내적으로 외적으로 편견과 제한이 존재하는 것이 사실이다. 그러나 단언컨대 한계만 있는 것은 아니다. 모든 일에 강점과 약점이 있는 것처럼 싱글 선교사의 경우도 강점에 해당되는 것이 더 많을 수 있다. 생활 자체가 단순하기 때문에 사역의 몰입도가 상대적으로 높을 수 있다는 것, 심플 라이프를 즐길 수 있는 것 등 열거하자면 많은 것들이 있다.

결혼도 선택이다. 선택한 것에는 책임도 따르고 권리도 따른다. 어떤 면에서 결혼하지 않은 것도 특권이다. '특별한 권리'는 권리를 잘 이해하면 누릴 수 있는 것이 많다는 것을 뜻한다. 우리의 인생은 하나님의 인도하심 속에서 걸어가는 것이다. 그래서 싱글 선교사든 아니든 주님의 풍성한 은혜에 거할 수 있다. 그것이 사역자의 특권임을 놓치지 말자.

토론을 위한 질문

1. '선교 또는 선교사' 하면 떠오르는 이미지는 무엇인가?
2. 선교 헌신자는 어떻게 가족 공동체와 교회 공동체로부터 신뢰를 얻을 수 있는가?
3. 자매들에게 있어 결혼이 정말 선교를 나가지 못하게 하는 결정적 요인이 되는가?
4. 선교사로 나가는 것을 가로막는 장애물은 무엇인가? 그것을 극복할 수 있는 대안은 무엇이라고 생각하는가?
5. 싱글 선교사들은 어떤 때 힘들 것이라 생각하는가? 왜, 그렇다고 생각하는가?
6. 싱글 선교사들이 누릴 수 있는 즐거움이 무엇이라고 생각하는가?

5.6
한국 선교의 좋은 소식과 나쁜 소식

한철호

한국의 선교사 증가 추이

한국 선교는 지난 30년 동안 지속적으로 성장해서, 1979년 불과 97명의 선교사를 파송한 것이 현재는 2만 명이 넘는 선교사를 파송하는 데 이르렀다. 1970년대 이후 계속된 한국 교회의 성장은 한국 사회의 복음화뿐 아니라 타문화권 선교로 그 열매를 맺기 시작해 오늘날 190여 개의 선교 단체에서 파송된 선교사들이 170개 국에서 사역한다.

그러나 2010년 이후에는 한국 교회의 성장세가 누그러져 실제 그리스도인의 수도 감소했다. 동시에 한 해에 파송되는 선교사 수도 점차 줄고 있다. KWMA의 통계에 의하면, 한 해 동안 증가하는 선교사의 수가 2007년 2801명을 정점으로 점차로 축소해, 2013년에는 한 해 1003명 증가하는 데 그쳤다.[1] 여전히 선교사의 수가 늘고 있지만 증가 비율이 감소했다. 현재 한국 교회의 성장 둔화가 그대로 선교에도 반영된 것이다. 선교가 부흥의 열매라는 관점으로 볼 때 이후 한국 선교의 미래가 그리 긍정적인 것만은 아니라고 할 수 있다.

장년층의 선교 참여 증가

그런데 최근 선교에 참여하는 계층이 확산되었다. 초기에는 캠퍼스 전도가 활발해지면서 기독 청년과 대학생들 사이에 부흥 운동이 일어나 주로 젊은층 중심으로 선교 동원이 이루어졌다. 대표적인 예가 1988년부터 시작한 선교한국대회다. 선교한국대회를 통해 많은 청년 대학생 가운데 선교 운동이 확산되었다. 또한 경배와찬양 같은 젊은이 선교 동원 사역은 물론 선교횃불, 선교광주, 선교대구 같은 지역별 젊은이 선교 동원 운동도 확산되었다.

근래에 와서는 선교에 참여하는 계층이 청년 대학생들에서 청소년, 그리고 장년뿐만 아니라 시니어(은퇴 연령에 이른 분들) 계층에 이르기까지 확산되었다. 그 결과 몇년 전부터는 시니어선교한국대회도 열리기 시작했다.

선교 여행에 참여하는 계층 또한 넓어졌다. 얼마 전까지 선교 여행은 청년들의 전유물이었다. 그러나 이제는 장년층뿐만 아니라 청소년들까지 선교 여행에 참여하기 시작했고, 가족 단위로 선교 여행에 참여하기도 한다. 선교 여행에 참여하는 계층이 확산된 것이다.

반면 안타깝게도 2010년을 넘어서며 청년 대학생들의 선교 참여가 감소하고 있다. 인구 감소로 인해 청년 인구가 줄어들었고, 대학의 세속화는 기독 청년들의 관심을 온 세상을 향하게 하기보다는 개인의 미래에만 집착하게 만들었다. 그 결과 청년들의 선교적 관심이 급속히 감소하기 시작했다.

초창기 서구 선교사들은 대개 20세 중반에 선교지로 갔다. 반면 최근 한국에서 나가는 초임 선교사들의 평균 연령은 남성을 기준으로 40세를 넘어섰다. 은퇴 연령이 된 많은 사람들이 선교지로 가는 것은 고무할 일이다. 그러나 타문화에 적응하고 그들의 언어를 배워 그들의 삶 속에 들어가 동화되어 복음을 전하는 것은 시간이 많이 걸리는 일이다. 선교사 개인의 특성과 자질에 따라 다르겠지만, 연령이 너무 높을 경우에는 실제로 현지 문화에 동화되어 장기적으로 사역하는 일이 쉽지 않다. 그러므로 일반적으로 장년기보다는 청년기에 선교지로 가는 것이 매우 중요하며, 오늘날 젊은이들의 선교적 관심의 축소 현상은 매우 안타까운 일이라 하지 않을 수 없다.

단기 선교 여행

초창기 한국 교회의 선교는 선교사를 보내고 후원하는 일에 머물렀지만, 경제가 발전하고 세계 여행이 자유화되고 선교 운동이 확산됨에 따라 직접 선교에 참여하는 비율이 늘기 시작했다. 바로 단기 선교 여행의 확산이다.

1988년 올림픽 이후 급속히 개방된 한국 사회의 분위기는 1990년 이후 단기 선교 여행의 활성화로 이어졌다. 정확한 통계는 알 수 없지만 오늘날 어림잡아 한 해에 10만 명이 넘는 사람들이 단기 선교 여행에 참여한다고 한다. 이런 단기 선교 여행은 선교지에 큰 영향을 준다. 한두 명의 장기 선교사들이 할 수 없는 사역을 단기 선교 여행 팀이 감당해 낼 수 있기 때문이다. 단기 선교 여행에 참여하는 사람들이 가진 다양한 은사가 선교지의 많은 필요들을 채우면서 선교가 총체적으로 진행되는 데 큰 도움이 되기도 한다. 또한 단기 선교 여행에 참가해 영적 각성을 경험하고 장기 선교사의 비전을 품는 사람들이 나오면서 잠재적 선교사를 동원해 내는 계기가 되기도 한다. 대부분의 한국의 교회에서 단기 선교 여행이 확산되는 것은 반가운 일이다.

그러나 때로는 단기 선교 여행이 선교를 방해하는 걸림돌이 되기도 한다. 관광성 선교 여행, 현지 문화를 무시한 일방적인 행동, 돈이나 물건을 가지고 현지인들의 자발성을 약화시키는 일 등이 그것이다. 단기 선교 여행에 사용되는 재정은 어마어마하다. 한 사람이 100만 원씩만 사용하고 1년에 10만 명 정도가 단기 선교 여행에 참여한다고 보면, 여기에 사용되는 총 금액이 무려 1000억 원에 이른다. 이런 엄청난 재정이 잘 준비되지 못한 단기 선교 여행 팀에 사용되어서는 안 된다. 최근에는 단기 선교 여행 표준 지침서 등이 발행되면서 건강한 단기 선교 여행을 위한 모색이 일어나고 있다.[2]

한국 교회의 성장 둔화로 인한 영향

한국 교회가 1년에 사용하는 선교 재정은 지난 20년간 빠르게 증가해 현재 약 3800억 원에 이른다.[3] 이렇게 많은 재정을 한국 교회가 해외 선교에 사용할 수 있게 된 것은 큰 축복이다. 여기에 단기 선교 여행 등에 사용되는 재정까지 합하면 엄청난 액수의 재정이 선교에 투입되고 있다고 볼 수 있다.

그러나 최근 한국 교회의 성장 추세가 약화됨에 따

라 한국 교회의 재정 문제도 악화될 수 있다는 현실을 직시해야 한다. 이렇게 되면 자연히 선교에 투입되는 자원도 축소될 것이다. 그것은 더 많은 선교사를 파송하는 일이 어렵게 된다는 말이다. 최근 신입 선교사들이 후원금을 확보하는 일이 어려워지고 있다. 아직까지는 한국 교회의 15-20퍼센트 정도만이 선교사를 파송하기 때문에 실제로는 소수의 교회만이 선교에 재정을 투입하고 있다고 봐야 한다. 따라서 한국 교회의 선교 투자는 더 확대될 수도 있다. 그러나 한국 교회의 80퍼센트 이상이 200명 미만의 성도를 가진 교회라는 측면과 지금의 한국 교회의 성장 둔화 현상은 해외 선교를 위해 더 많은 재정을 지원할 수 없는 시점이 올 수도 있다는 것을 의미한다. 우리는 한국 교회가 다시 부흥하고, 교회들이 더 활발해짐으로써 더 많은 선교사를 파송하고 재정적으로 지원하는 일이 일어나기를 기대해야 한다.

하나님의 대계명과 대위임령

한국 교회가 개혁되어야 한다는 소리가 여기저기서 들리는 것은 기쁜 소식이다. 선교적 교회 missional church 운동도 일어나고, 작은 교회 살리기 운동도 일어났다. 또한 교회가 사회 안에서 빛과 소금의 역할을 제대로 해야 한다는 운동도 일어나고 있다. 교회가 사회에 대한 책임을 제대로 당하지 못한 것에 대한 반성도 일었다.

반면 사회에 대한 교회의 책임을 강조하는 것이 해외 선교에 대한 무관심 혹은 반발로 작용할 수도 있다는 것은 우려되는 점이다. 우리 주변도 제대로 돌보지 못하면서 무슨 해외 선교냐는 등의 비판이 나올 수 있다. 이것은 하나님을 사랑하고 네 이웃을 사랑하라는 대계명과 땅 끝까지 나아가 복음을 전하라는 대위임령에 대한 잘못된 이해 때문이다. 이 두 계명은 모두 하나님의 명령이다. 따라서 하나님을 사랑한다면 이 두 계명에 모두 순종해야 한다. 한편 두 계명의 차이점도 있다. 하나님 사랑과 이웃 사랑의 대계명은 오늘도 내일도 그리고 영원히 계속 순종해야 할 명령이다. 예수님이 재림한 후에도 순종해야 할 명령이다. 반면 땅 끝까지 복음을 전하라는 대위임령은 완수해야 할 명령이다. 이 명령이 완수될 때 주님의 재림이 오기 때문이다.

한국 선교사들의 강점과 약점

한국 선교사들이 전 세계적으로 파송되는 현실은 한국 선교의 영향력이 전 세계적으로 확산되었음을 의미한다. 이제는 전 세계 대부분의 지역에서 한국 선교사들이 활동하고 있다. 국제 단체의 리더십에도 한국 선교사들이 포진하기 시작했다. 서구 선교사들이 급속히 철수하는 이슬람권 지역 등에 한국 선교사들이 가서 놀라운 복음 전파 사역을 감당하기 시작했다. 이전에 서구 선교사들이 접근하기 쉽지 않았던 최전방 지역에도 한국 선교사들이 들어가 활발히 활동하고 있다.

한국 선교사들은 누구보다 열심히 희생적으로 사역하고, 복음 전도에 대한 열정이 특별나며, 특히 교회 개척 사역에 큰 은사를 가졌다고 평가받는다. 또한 한국 선교사들의 학력 수준은 가히 세계 최고라고 할 수 있다.

그러나 한국 선교사들에게도 여러 단점이 있다. 가장 크게 지적받는 것은 현지 문화를 무시한다는 것이다. 단일 문화권에서 자란 한국 선교사들은 다양한 문화를 인정하고 존중하는 능력이 떨어진다. 타문화를 이해하는 능력도 부족한 경우가 많다. 한국 선교사들은 일방적이고 권위적이어서 현지 사역자들을 무시하거나 그들을 동역자로 여기기보다는 지시의 대상으로 여기기도 한다. 한국의 가부장적 문화가 선교지에서도 그대로 드러나는 것이다. 목사 선교사들과 평신도 선교사들 사이에 눈에 보이지 않는 갈등도 있다. 남성 선교사와 여성 선교사 사이에 편견도 존재한다. 어떤 선교사들은 선교에 오래 참여해 많은 경험과 경륜을 가지고 있지만, 대부분의 한국 선교사들은 팀으로 사역하기보다는 개별적으로 사역하기 때문에 공동체성이 부족하거나 팀 리더십이 부재한 경우도 많다. 게다가 한국 교회 안에서 일어나는 문제가 선교지의 선교사들 사이에 그대로 반영되기도 한다.

이제 한국 선교는 더 많은 선교사를 파송하는 것도 중요하지만 더 잘 준비된 좋은 선교사를 보내기 위해 힘써야 할 것이다. 좋은 선교사는 그냥 만들어지는 것이 아니다. 좋은 그리스도인이 좋은 선교사가 될 수 있다. 좋은 그리스도인은 좋은 교회에서 나온다. 한국 선교의 과제이자 한국 교회의 과제다.

풀뿌리 선교 자원의 활용

한국이 세계 국가로서의 위상이 높아지면서 한국 선교사들이 현장에서 더 환영받고 쉽게 현지와 접촉할 수 있는 환경이 만들어지고 있다는 것은 좋은 소식이다. 게다가 최근 한류의 열풍은 한국인들에 대한 인지도를 상승시켜 선교지에서 한국 선교사들에 대한 호감도를 높였다. 이것은 선교사들이 쉽게 현지와 밀착할 수 있는 자연스러운 기회를 가져다준다.

또한 한국 경제가 발전함에 따라 수많은 비즈니스맨들이 전 세계적으로 활동하고 있으며, 그들을 통한 선교의 기회도 많아지기 시작했다. 예를 들면, 인도네시아의 한국 크리스천 사업가가 운영하는 의류 공장에는 수천 명의 인도네시아 직원들이 일하는데, 그들 대부분은 무슬림이다. 이런 상황에서 한국의 그리스도인 기업가는 복음을 전파하고 기독교적으로 선한 영향을 어마어마하게 끼칠 수 있는 위치에 있다.

전 세계에 흩어져 있는 엄청난 수의 한국 상사 직원과 주재원 중 그리스도인들 역시 지역에 따라 아주 활발하게 선교적 참여를 하며 직·간접적인 영향을 끼칠 수 있다. 그러나 안타깝게도 이러한 평신도 자원들 대부분이 자신이 가진 선교적 잠재력을 잘 모른다. 현지의 디아스포라 한인 교회의 성도들에게 선교적 비전을 심어 주며 삶의 현장에서 선교적 삶을 살라고 격려한다면, 그들의 삶과 직장에서 만나는 현지인들에게 영향을 끼쳐 많은 열매를 맺을 수 있다. 그러나 목회자나 선교사 중심의 선교 사역에만 집중하고 성도들은 교회 안에만 가둬 놓는 현실이 안타깝다.

---

1. KRIM에 의하면 2012년 한 해 동안 증가한 선교사 수가 425명에 그쳤다.
2. 선교한국파트너스의 21세기단기선교위원회에서 말행한 「단기 선교 표준 지침서 및 해설서」 등을 참고하라. 사무실(02-889-6400)에 연락하면 구입할 수 있다.
3. Missions from Korea 2013: Micro trends and Finance, Steve Sang-Cheol Moon, IBMR 37, no. 2[April, 2013], 96.

Global Perspectives 5.7

임태순(GMP 대표, 태국)

비서구권 선교사의 역할과 협력

기독교 중심이 비서구 세계로 옮겨진 오늘날, 선교에서 비서구권 출신 선교사들의 역할이 커진 것은 당연하다. 비서구권 선교사들의 강점은 다양하다. 그들은 타 종교 문화 상황에서 전도와 제자훈련, 그리고 교회 성장의 경험을 갖고 있다. 고난에 대한 적응력이 있고, 영적 전쟁에 실제적인 통찰을 갖고 대처할 수 있다. 피선교지 교회와 문화적·사회적·경제적 거리감이 크지 않아 성육신적 선교, 총체적 선교를 감당할 가능성이 높다. 피선교지에서 선교국으로 변화하는 과정 경험은, 피선교지 교회의 선교 운동을 자극하고 격려하는 데 도움이 된다.

그러나 타문화 선교 경험이 일천하므로 서구 선교 세력의 도움이 필요하다. 타문화 선교 전략, 선교 행정, 그리고 신학 교육 등은 서구 교회의 경험으로부터 배울 필요가 있다. 원칙을 세우고 그에 따라 사역하는 것, 사역과 경건의 균형을 유지하는 것 등도 서구 교회로부터 배워야 한다. 특히 한국 교회 선교는 자국의 권위주의적 문화를 벗고 현지 문화에 기초한 성서적 문화 변혁에 대해, 그리고 가시적 성과가 아닌 십자가 모델을 따르는 선교에 대해 고민해야 한다.

다음 세대에게 선교에 관심을 갖게 하는 지구촌 사역

이 질문에 답하기 위해서는 왜 서구 교회의 선교 열정이 침체되었고, 비서구 세계 교회가 빠르게 성장했는지 되짚어 보아야 한다. 비서구 교회의 성장은 깊이 있는 신학과 정제된 선교 전략 때문이 아니었다. 오히려 그것은 고난과 가난 가운데서 하나님의 임재를 경험하고 성령의 능력이 나타난 성도들의 삶과 교회에 의해 성취되었다. 다음 세대(청년/중장년)에도 선교 열정이 유지되려면, 죄를 회개하고, 부흥을 사모하며, 주님의 임재에 대한 강조가 지속되어야 한다. 물론 서구 교회들이 개발한 다양한 선교 전략들, 예를 들면 지역 개발 전략이나 비즈니스 선교, 교회 성장 전략 등의 적절한 적용이 병행될 필요가 있다. 그러나 뉴비긴Leslie Newbigin이 말했듯 선교는 복음으로 말미암은 분출되는 생명력의 확산이라 할 때, 다양한 전략보다는 성령 충만과 복음에 대한 열정의 회복이 더 절실하다.

영성과 훈련의 필요성

오늘날 전 세계는 다원주의 세계관에 의해 지배되고, 타 종교들의 도전도 강해졌다. 이런 상황에서 사역하는 선교사들에게는 무엇보다 복음에 대한 열정과, 성경이 하나님의 계시임을 확신하고 그에 대해 전적으로 헌신하는 것이 요구된다. 교회를 향한 하나님의 계획에 대해 확고한 신념이 있어야 한다.

동시에 이 열정과 확신을 담는 그릇으로서 다음 몇 가지가 필요하다.

첫째, 선교사들은 영성과 함께 정서적·사회적 면에서 성숙해야 한다. 둘째, 건강한 가정생활과 공동체에 대한 균형 잡힌 헌신이 필요하다. 셋째, 선교학적 바른 이해를 갖고 끊임없이 '내' 문화를 벗고 현지 문화를 존중하며 하나님 나라의 세계관을 세울 수 있어야 한다. 마지막으로, 사람들의 평판이나 가시적인 성과에 매이지 않는 코람데오(하나님 앞에서)coram Deo 신앙, 십자가 영성이 구비되어야 한다.

이런 영적 자질은 먼저 건강한 가정과 교회에서 시작되고, 동시에 공동체 훈련을 통한 전인적인 성숙으로 이뤄진다. 건강한 선교사 재생산은 현장의 오랜 경력 선교사들의 성숙한 삶과 사역을 통한 건전한 영향력에 의해 좌우되므로, 경력 선교사들의 재교육을 통해 건강한 선교 리더십 양산에도 주의를 기울여야 한다.

선교 단체는 전인적 멤버 케어 시스템을 잘 구비하되, 동시에 소속 회원들이 선교학적 성찰을 통해 자신의 삶과 사역을 성경적 가치관으로 평가하고 재정립하는 일을 계속하도록 도와야 하며, 이들 통해 영적·정서적·사회적 성장을 자극해야 한다.

선교사들이 가시적 성과에 치중하지 않고 소명에 충실하며 성경적 가치관을 갖고 사역할 수 있도록 한국 교회는 선교 문화를 바꾸어야 한다. 가시적 프로젝트가 아니라 선교사들의 영성과 희생을 통해 촉발되는 새로운 생명의 흐름에 집중해야 한다.

My Journey 5.8

문창선(위디국제선교회, 로잔 디아스포라, 한국, 인디아)

무역을 전공한 나는 온 세상을 좁은 듯 다니며 이주노동자들을 참 많이 보았다. 때문에 그들이 흘리는 땀방울이 얼마나 소중한지 잘 알았으며, 기회가 주어지면 그들을 위해 무엇인가 하고 싶다는 막연한 소망이 있었다. 그러던 중 하나님의 부르심 가운데 신학을 하면서 마침내 이들을 위해 사역을 시작하게 되었다. 그 때가 1992년이다.

여름 어느 날 만난 필리핀 이주노동자가 내게 도움을 요청했다. 그를 돕는 것은 어렵지 않았다. 원주민이 이주민을 돕는 것은 조그만 관심만 있어도 가능한 일인 경우가 많다. 그럼에도 이주노동자들에게 도움을 주는 이는 별로 없었나 보다. 그 필리핀 형제는 처음 받아 보는 도움이라며 고마워했다. 그 일로 그와 자주 만나 친구로 지냈고, 그것이 발전해 자연스레 성경공부를 하게 되었다. 천주교 신자였던 그는 내 제안을 받아들여 교회에 출석하며 새롭게 신앙생활을 했다. 땅 끝에서 온 이주노동자를 환대하고 선교하는 이 사역을 하나님께서는 분명히 기뻐하셨다.

이렇게 시작된 사역이 매주 밀물처럼 몰려오는 수많은 이주민들을 감당할 수 없어 지역 교회에 도움을 요청하는 상황에까지 이르렀다. 지역 교회를 통해 먼저 공간을 분산하고, 성경공부를 하며 리더를 세워 그들을 각 지역으로 보내 사역을 담당하게 했다. 그렇게 세워진 지부 형태의 이주민 펠로우십들이 순식간에 일곱 개로 늘었다. 더 나아가 유학생, 난민, 국제결혼한 이들까지 몰려오는 것을 보고 돈과 사람 그리고 성령의 움직이는 현상이 이 시대의 새로운 하나님의 선교 계획임을 알았다. 그래서 체류를 마치고 이주하는 사람들에게 복음의 옷을 입히고 전신갑주를 갖추게 해서 그들이 고향이나 제3의 나라에서 선교 사역을 행하도록 역파송했다. 나중에 알았지만 우리나라 최초 교회인 소래 교회도 이렇게 시작되었다는 사실에 얼마나 큰 감동을 받고 도전이 되었는지 모른다.

사역 초기에 예수원의 대천덕 신부는 내게 바나바라는 성경적 영어 이름을 지어 주며 바울과 같은 선교사를 세우는 이주민 선교 사역을 하라고 격려해 주었다. 현재까지 23년째 이 사역을 행하고 있다. 이주민 가운데 바울 되게 하여 역파송한 많은 사역자들이 각처에서 사역하게 된 것은 매우 의미 있고 가치 있는 일이라고 생각한다. 지금은 이들이 네트워크를 구축해 이주민 선교 사역을 공유하고 복음의 지수를 높이는 데 힘쓰고 있음이 매우 자랑스럽다.

현재 나는 로잔위원회 디아스포라 관련 캐털리스트catalyst로 디아스포라 선교학 정립을 위해 일조하며, 이주민선교훈련학교MMTS, Migrant Mission Training School를 통해 국내 이주민 선교 전문 사역자를 교육, 훈련해 배출하고 있다. 겸임교수로 강단에서 타문화 이해와 연구를 가르치고, 1997년에 설립한 산소망교회 담임목사로서 이 교회가 이주민 선교의 요람이라 할 수 있는 안디옥 교회처럼 되게 하기 위해 사역한다. 그리고 위디국제선교회 대표로서 국내 및 해외에 이주민 선교 관련 전략과 동원 사역을 하고 있다. 이 모든 것이 하나님의 은총이기에 늘 감사를 드린다. 아울러 이 작은 종은 이후로도 민들레 홀씨처럼 한국뿐 아니라 전 세계에 움직이는 2억 5000만 명의 이주민들에게 하나님께서 허락하시는 그날까지 디아스포라 이주민 선교를 계속하게 되기를 소망한다.

Work Sheet 5.9

스티브 호크

당신은 지금 어디에 있는가?

분명 당신이 연결되어 있는 기관은 사역에 대한 당신의 부담감이나 열정과 유기적으로 연결되어 있다. 당신이 열정을 갖고 있는 영역에서 사역하는 선교기관과 첫 접촉을 할 준비가 되었다. 이것은 당신의 삶에 두신 하나님의 부르심을 세밀하게 인식하는 것을 토대로 한다.

- 당신이 더 배우고 싶어서 만난 선교사들은 누구인가? 그들과 어떻게 연락할 수 있는가?

- 당신의 소속 교회에 활동적인 선교 프로그램이 있는가? 있다면, 교회와 관련된 선교기관에 대해 당신에게 말해 줄 수 있는 사람들은 누구인가? 그들과 만날 약속을 만들라. 만약 그런 프로그램이 없다면, 당신이 더 알고 싶은 선교기관들과 첫 접촉을 하기 위해 어떤 조치를 해야 하는가?

- 당신이 파송 기관이 있는 교단에 소속해 있다면, 당신과(또는) 교회의 리더들이 어떻게 그들과 연락할 수 있는가?

- 소속 교회는 어떤 도시, 국가, 미전도 종족을 목표 대상으로 하고 있는가?

- 어떤 나라에서 섬기고 싶은가? 혹은 어떤 미전도 종족에게 복음을 전하는 데 일익을 담당하기 원하는가?

- 친구들 중에 선교기관과 접촉하고자 하는 사람이 있는가? 그들이 알아낸 것은 어떤 것들인가?

다음에 해야 할 일은 무엇인가?

- 시간을 내서 당신의 삶과 사역의 가치관들에 대해 깊이 생각해 보라. 가입할 교회나 선교기관을 선정하기 전에 당신의 가치관을 분명히 하는 것이 중요하다. 이것은 가족의 일원이 되는 것과 같다. 당신에게 중요한 핵심 가치 5-8개를 다음에 기록해 보라(예를 들면, 팀워크, 리더 개발, 성육신적인 사역에 헌신, 총체적인 사역의 범위).

- 당신이 이상적으로 생각하는 선교기관에는 어떤 정신이 있어야 하는가? 그 정신의 몇 가지 요소들을 다음에 기록해 보라(예를 들면, 권한을 부여하는 환경, 지지하는 리더들, 가난한 사람들에 초점을 맞춤, 교회 개척에 초점을 맞춤, 여성의 사역과 리더십에 대한 지지, 안전한 환경).

- 소속 교회의 선교 프로그램을 언제 살펴볼 것인가? 날짜나 기한을 정해 그것을 여기에 기록하라.

- 당신이 교단에 소속되었다면, 선교 후보생 담당자에게 연락하거나 정보를 보내 달라고 편지를 쓸 날짜를 정하라. 필요하다면 소속 교회나 교단 외의 다른 선교기관에 대해 언제 살펴볼 것인가?

미래는 어떤 모습일까?

- 어떤 선교기관이 당신에게 가장 잘 맞는지 결정할 때 당신과 소속 교회는 어떤 기준을 사용할 것인가? 당신이 가장 중요하다고 생각하는 가치를 기반으로 한 기준을 다음에 기록해 보라.

- 선교기관과 관계를 맺는데 있어 채무, 가족 규모, 신학, 그리고 기타 등등 알아야 하는 제한 사항에는 어떤 것들이 있나?

- 탐구해 가는 이 시간에 주께 들어야 하는 것은 무엇인가? 성령이 날마다 당신에게 말씀하시는 것에 주의를 기울이라.

6

사역 역할과 과제 찾기

6장과 7장은 하나님이 당신에게 섬기도록 하시는 곳을 찾아내고 실습 훈련에 참여하는 일에 대한 내용이다. 이 두 단계는 서로 영향을 끼칠 뿐만 아니라 적합한 선교기관을 찾는 일과도 겹친다. 그래서 5, 6, 7장은 하나의 과정처럼 동시에 다루어져야 한다.

하나님이 예수님을 알지 못하는 곳에 강하고 역동적인 교회를 세우시는 역사에서 당신이 담당할 역할에 대해 하나님께 구체적으로 물어 보아야 한다. 당신은 마치 장기판의 졸과 같이, 은사와 부르심과는 관계없이 어떤 기독교 기관이 원하는 대로 움직여 다니며 그 기관을 위해 일하는 존재가 아니다. 당신은 열정과 부르심을 가지고 구체적인 방법으로 하나님의 목적을 이루는 데 기여하는 타문화 일꾼이다. 당신의 부르심을 가장 잘 성취할 수 있는 팀을 힘써 찾아 당신의 삶을 잘 돌보아 줄 팀에 합류하기 바란다.

타문화 일꾼의 핵심 프로필은 향후 10년간 필수적으로 수행될 역할 중 하나다. 교회 개척은 중대한 역할로 계속 남아 있다. 문화적으로 그리스도인의 복음 증거에 거의 혹은 전혀 관련되지 않고 사는 사람들이 약 6500종족에 거의 20억 명이 된다. 많은 지역의 수많은 그리스도인들이 이 미전도 종족들의 언어와 문화와 필요를 이해하고 특별히 그들에게 가지 않으면, 그들 가운데 새로운 교회는 세워질 수 없다.

다른 역할들 또한 필요하다. 우리는 교회 개척에 초점을 맞추면서 그 일에 추가될 다양한 선교사의 역할들을 나열했다. 그 일들을 위해 준비해야 하는 것들도 열거했다. 당신이 받은 훈련과 경험, 은사, 그리고 당신에게 맞는 역할이 있을 것이다. 예를 들어, 하나님이 당신을 선교사 자녀들의 교사로 섬기도록 특별히 준비시키셨다면, 그렇게 하라. 그 역할을 수행하는 것에 대해 죄책감을 느낄 필요가 없다. 그것은 매우 필요한 지원 역할이다. 마찬가지로 하나님이 당신을 간호사가 되거나 또는 남을 돕는 직업으로 섬기도록 만들어 주셨다면, 그것 역시 전도자가 되는 것만큼 중대한 일이다.

나는 인생의 처음 30년을 하나님께 순종하며 내 삶에 두신 역할을 찾으며 보냈다. 미전도 종족 가운데 교회를 개척하는 것이 가장 필요한 일이라면, 나는 그 필요에 응하기 위해 나서야 한다고 잘못 생각하고 있었다. 나는 대학원 과정을 마치고, 여러 문들을 두드려 보고, 첫 현지 경험을 하고 난 후에야 하나님이 내게 동남아시아에서 교회 개척을 하는 바울이 되도록 은사를 주시지도 않았고 또 그렇게 부르시지도 않았다는 것을 깨달았다. 나는 바나바처럼 격려하는 사람이자 교사였다. 지난 30년 동안 나는 40개 국이 넘는 나라에서 최전방의 타문화 사역자들을 준비시키고 격려하고자 하는 나의 열정을 추구해 왔다. 그것은 꽤 전문화된 역할이다. 소명을 발견하고 그 일을 위해 준비하고 적응하는 데 시간이 걸린다.

그러나 하나님이 당신에게 주신 역할이라고 여기는 일에 관계없이, 지금 한 특정 종족에 대해 생각하고 그 종족에게 초점을 맞추는 것은 굉장한 도움이 된다. 한 지역이나 복음화 되지 않은 여러 도시에 사는 한 종족 또는 여러 종족들을 연구하는 데 교회나 선교기관의 도움을 요청하라.

하나님이 인도하고 계시다는 증거를 찾으라. 즉 당신의 타고난 능력, 습득한 기술, 영적 은사들이 그 민족의 특성과 상황에 맞는 것을 말한다. 성급한 판단을 피하고 어떤 일이나 이국적인 모험의 가능성에 너무 쉽게 끌려 주의를 다른 곳에 빼앗기지 않도록 하라. 하와이는 더 이상 미복음화 지역이 아니다. 샌디에이고, 칸쿤, 몬테카를로도 마찬가지다.

다른 표시, 즉 '분별 신호'wisdom signs들을 통해 하나님의 인도하심을 더 확실히 알게 되기를 인내하며 기다리라. 기도, '신의 약속'(하나님이 섭리하심으로 당신의 발걸음을 당신이 만나야 할 사람에게 이끄시는 초자연적인 때)divine appointments, 영적인 조언을 통한 확인, 무엇보다 중요한 주님이 주시는 평안, 그리고 상황조차도 어느 정도는 분별력 있는 신호들이 될 수 있다.

사도 바울은 다메섹으로 가는 길에서 회심했을 때 전임 사역으로 '부르심을 받았다'(사도행전 9장을 보라). 그러나 그는 몇년 후 안디옥에 세워진 첫 교회가 그를 떠나도록 해주었을 때가 되서야 '파송을 받았다'(사도행전 13장을 보라). 바울이 확인받고 구체적인 인도하심을 받기 위해 기다릴 수 있었다면, 당신도 그렇게 할 수 있다. '부르심'calling과 '시기'timing는 중대하지만 균형을 유지해야 할 아주 다른 두 개의 문제다.

있을 법한 오해에 대해 분명히 해 보자. 신약 성경에는 복음을 듣지 못한 사람들에게 복음을 전해야 하는 예언적인 긴박감이 있지만, 성경의 대부분에서 하나님은 서두르지 않으신다는 것을 분명히 한다. 하나님은 시간이 지나면서 일들을 커 가게 하신다. 베드로가 소아시아의 성도들에게 "그날을 앞당기도록 하여야 하지 않겠습니까?"(벧후 3:12, 표준새번역)라고 말하면서 주님의 다시 오심을 앞당기도록 촉구한 바로 그 말씀에서 그는, 하나님은 "너희를 대하여 오래 참으사 아무도 멸망하지 아니하고 다 회개하기에 이르기를 원하[신다]"(벧후 3:9)고 다시 한 번 상기시킨다. 그렇다면 어떤 것이 맞는가? 하나님은 오래 참으시는가 아니면 서두르고 계시는가?

하나님의 마음은 하나님과 구원의 관계가 없이 죽어가는 모든 사람들로 인해 우신다. 그러나 하나님은 서구의 '관리적인 선교'managerial missions 방식(선교를 계획, 통계, 재정, 프로젝트, 성과, 통제 등의 관점으로 보는 선교선교를 비판하는 말—편집자주)을 좇아 열심히 일함으로 구원 역사의 흐름을 가속화하면서 이 땅을 이리저리 바삐 다니지 않으신다. 모든 사람에 대한 하나님의 자비로우신 마음과, 온 세상 주의 일꾼들을 하나님이 뜻하신 경건한 제자들로 만들어 가시는 하나님의 오래 참으심 사이에는 신적인 긴장divine tension이 있다.

당신이 어디로 가야 하는지 모르거나 선호하는 지역도 없다면 어떻게 해야 할까? 알고 있는 미전도 종족이 하나도 없다면 어떻게 해야 하나? 이와 똑같은 곤경에 처했던 사람들이 제시하는 의견들을 다음에 나열한다.

- 주변의 단서들에 주의를 기울이라. 당신이 속한 교회가 중점을 두는 특정한 종족이나 지역에 대해 알아보라. 가장 훌륭한 지역별 기도 제목 요약집인 「세계기도정보」에 소개해 놓은 구체적인 미전도 종족, 나라, 도시들을 위해 정기적으로 기도하라. 하나님이 당신의 삶으로 이끌어 주시는 사람들(신적인 만남)divine encounters, 비슷한 부담감을 가진 친구들, 당신이 만난 세계 곳곳에서 온 외국 학생들, 또는 하나님이 당신을 특별한 민족에게 인도하기 원하신다는 것을 분명히 나타내는 민족에 대해 당신의 관심이 커져 가는 것을 유의하라. 당신 주변의 단서들에 주의를 기울이며, 패턴들을 보고 결론을 도출해 낼 수 있도록 당신을 도와줄 당신 안의 목소리에 귀를 기울이라.
- 위의 일들이 발전되어 가면서 깨닫게 된 것들, 혹은 큰 관심이 생긴 것들을 일지에 기록하라. 기록한 내용을 매주 검토하고, 깊이 생각해 보고, 어떤 패턴이나 신적인 만남이나 특정 지역의 특정 민족과 연락이 있었는지 보라. 또한 당신의 교회가 선교에서 중점을 둔 것에 대해 하나님이 교회에게 가르치실 수 있는 것에도 주의를 기울이라.

옛날 하박국처럼, 하나님 아버지를 정기적으로 만날 조용한 장소를 찾아서, 하나님이 무어라 말씀하시는지 지켜보고, 하나님이 말씀하실 때 그 목소리를 알아들으라. 그리고 "묵시[비전]을 기록하라"(합 2:1-3을 보라). 즉, 하나님과의 대화를 기록하라. 성경적인 기록의 본질은 당신의 기도와 하나님의 응답을 적어 두는 것이다.

- 복음을 듣지 못한 세상의 광대한 지역들을 방문해 보라. 단기 선교 여행은 많은 사람들에게 특정 민족들, 필요들, 프로젝트를 접하게 함으로써 그것들에 대해 눈을 뜨게 하는 기회가 된다. 안전지대comfort zone를 나와서 교전지대war zone로 들어가야 그 비전과 열정을 얻는다. 이것은 많은 사람들에게 적용된다.
- 비슷한 지역이나 특정 종족에서 온 선교사들과 외국 학생들을 만나라. 할 수 있는 대로 모든 것을 배우고, 깨달은 것들을 기록하라. 애스크어미셔너리 웹사이트AskAMissionary.com에는 이렇게 해서 얻는 답변들을 조사 분석해서 '자주 묻는 질문들'FAQs 수백 개를 모아 놓았다.
- 부르심이 잘 맞지 않을 때는 정직해야 한다. 당신이 소속된 교회에서 역점을 둔 종족이 아닌 다른 종족에 대한 부르심이 강해지고 있다고 느끼면, 그때는 집중적으로 기도해야 할 때이고, 신중하게 분별해서 민감하게 대화해야 할 때다. 주님이 어디서, 어떻게, 왜 당신을 인도하고 계시다고 생각하는지에 대해 먼저 리더들에게 분명하고 정직하게 이야기하라. 당신이 가야 할 방향에 대해 당신과 함께 기도해 주기를 부탁하라. 당신이 결정하는데 그들이 참여해 주기를 부탁하라. 그래서 당신이 계획을 추진해 갈 때, 그들

도 당신의 계획에 주인의식을 가질 수 있도록 하라. 궁극적으로는 성령님이 직접 당신에게 말씀하실 것이다. 그때 거룩한 담대함으로 발걸음을 내디뎌야 한다.

- 힘을 내고 신실하라. 하나님은 아주 개인적인 방법으로 하나님 자신과 그 마음을 당신에게 나타내기 원하신다. 뜻을 가지고 공부하고, 기도하고, 음성을 들음으로써 하나님께 더 가까이 가기를 구할 때, 당신은 어떤 특정한 종족에게 다가가 있음을 알게 될 것이다.

  하나님의 음성을 듣는 이 과정은 당신이 믿고 있는 것보다는 훨씬 더 유기적이고 관계적이다. 하나님은 당신이 하나님의 목적과 부르심에 대해 확실히 알기를 참으로 원하신다. 그것이 시편 저자가 하나님의 말씀을 비춰 주는 빛, 즉 어둠, 그늘, 의심을 없애 주는 빛으로 계속해서 묘사하는 이유다. 그러나 한 번 비추임을 받으면 다음 단계를 취해야 한다.

- 믿음으로 발걸음을 내디디라. 오랜 기간 동안 기도한 후에도 하나님이 당신을 선교로 이끄심을 여전히 믿지만 특정 종족에게로 인도하신다는 생각이 들지 않는다면, 당신이 믿음으로 발걸음을 내딛기 원하시는 것일 수도 있다. 하나님은 당신에게 아브라함처럼 어디로 가는지 확실히 알지는 못하지만 하나님이 길을 알려 주실 것을 믿고 순종함으로 나아가라고 하는 것일 수도 있다.

대부분의 선교기관들과 파송 교회들은 당신이 역할과 과제를 찾는 과정에서 당신과 함께하는 것을 기뻐한다. 그들은 당신의 은사와 수행되어야 할 과업을 연결시키는 데 관심이 있다. 그들은 당신의 능력과 은사들이 다른 팀원들의 능력과 은사들을 보완해 줄 수 있는 팀에 당신을 배치하기 원한다.

당신은 직업과 역할 선호도, 심리적 배경, 갈등 해결 방식, 언어 능력에 관한 테스트와 인성검사를 받게 될 것이다. 이런 일은 부담만 주는 서류 작업처럼 보이지만 쓸모없는 잡무가 아니다. 당신이 얻는 모든 정보는 당신과 교회와 선교기관이 당신에게 가장 잘 어울리는 일을 결정하는 데 도움이 될 것이다. 연구와 경험에 의하면, 예를 들어 언어를 배우는데 성공하기 위해서는 동기가 천부적인 소질만큼이나 중요하다고 한다. 그러나 이런 것들은 최종적인 답변이 아니라 자기 이해와 평가를 위한 도구일뿐이라는 사실 또한 기억하라.

이 모든 일에서 기억해야 할 것은 주권자이신 하나님의 영이 역사하셔서 주의 목적을 달성하신다는 것이다. 그런 거시적인 영역 안에서, 동일한 성령이 잔잔하고 작은 소리로 당신과 내게 말씀하시면서, 우리가 주와 함께 보조를 맞추어 갈 수 있도록 용기를 주고 인도해 주신다. 우리의 적은 미혹케 하는 교묘한 음성으로 개입해서 종종 의심을 일으키고, 하나님의 인도하심에 의문을 품게 하고, 성령이 주신 추진력과 기대감을 차단하려고 애쓴다. 초기의 이런 의사결정 과정에서 주의 음성을 분별하도록 당신을 가르치심으로써, 평생 사역하는 동안 주의 뜻을 분별하고 지혜로운 결정들을 내릴 수 있도록 당신을 준비시키시는 성령의 목적을 이제 알 수 있겠는가?

서두를 필요는 없다. 당신이 선교지에서 효과적으로 섬기는데 당신에게 꼭 필요한 인격을 하나님이 형성하고 계실 수도 있다. 문제는 지리geography가 아니

6.1
선교사 준비 도표

스티브 호크

복음을 듣지 못한 수많은 미전도 종족이 있다. 이들에게는 잘 훈련된 교회 개척 선교사 팀이 필요하다. 그러나 다른 역할 또한 필요하다. 아래 표에서는 다른 역할을 위해서는 다른 종류의 훈련이 필요하다는 것을 나타내고자 했다.

* 전문기술에 따라 다름   ? 요구사항이 가변적임   — 불필요

Step 선교 역할/직업의 유형	1 영성 형성	2 보디 라이프	3 타문화 경험	4 기본 교육	5 선교기관 연결	6 역할과 과제 찾기	7 실습 훈련	8 견습 과정	9 평생 학습	10 마침
농업가	O	O	O	O	O	*	*	?	O	O
교회 개발가/교회 갱신 전문가	O	O	O	O	O	O	O	O	O	O
교회 개척가	O	O	O	O	O	O	O	O	O	O
지역 사회 개발 사역자	O	O	O	O	O	O	O	O	O	O
전도자/제자훈련가	O	O	O	O	O	O	O	O	O	O
현장 연구원	O	O	O	O	O	O	O	O	O	O
보건 전문가	O	O	O	O	O	O	O	*	O	O
언론인	O	O	O	O	O	O	*	—	O	O
의사	O	O	O	O	O	O	*	O	O	O
선교사 돌봄 상담가/전문가	O	O	O	O	*	O	*	*	O	O
선교사 자녀 학교 교사/행정가	O	O	O	O	*	O	O	—	O	O
간호사/약사/검사실 연구원	O	O	O	O	O	*	O	—	O	O
목회 멘토/코치	O	O	O	O	O	O	O	O	O	O
조종사/기술자	O	O	O	O	O	*	*	O	O	O
비서/행정 보조	O	O	—	O	O	O	*	—	O	O
텐트메이커	O	O	O	O	*	O	*	—	O	O
신학 교육가	O	O	O	O	O	O	O	—	O	O

라 영성spirituality이다. 시기timing가 아니라 학습능력 teachability이다.

역할과 과제를 찾는 이 일을 위해 성령께 귀를 기울임으로써 당신에게 평생 지속될 배우고 듣는 자세를 갖게 될 것이다.

6.2

다양한 선교사 유형 : 우리가 꿈꾸는 선교적 교회

손창남

요리와 선교의 공통점

인도네시아에서 사역할 때 많은 인도네시아 사람들로부터 배드민턴을 잘 치느냐는 질문을 받았다. 배드민턴이 일상에서 즐기기에 손쉬운 스포츠이긴 하지만 일반인들 가운데 배드민턴을 잘 치는 사람이 흔한 것은 아니다. 인도네시아 사람들이 내게 그런 질문을 했던 것은 당시 세계 배드민턴 선수권 대회나 올림픽에서 결승에 올라가는 대표적인 나라가 한국과 인도네시아, 두 나라였기 때문이다.

그런데 두 나라의 상황은 무척 다르다. 인도네시아는 많은 사람들이 배드민턴을 좋아해서 동네마다 배드민턴 대회가 열린다. 지역 대회에서 챔피언이 되어 군 단위 대회에 가고, 거기서 도 단위 대회에 가고 전국 체전에 나가 챔피언이 되어 국가대표로 선발된다. 하지만 우리나라의 경우는 꿈나무 몇 명을 태릉선수촌에 입소시켜 하루 열 시간씩 훈련시킨 결과 국제 대회에 나가 금메달을 따는 것이다. 배드민턴뿐만이 아니다. 우리나라 여자들 가운데 양궁을 할 줄 아는 사람이 몇 명이나 되겠는가?

가끔 우리나라 선교를 생각하며 이와 비슷하다는 생각을 한다. 일반 성도들은 선교에 대해 거의 알지 못하지만 선교사로 헌신하겠다는 사람이 나오면 박수를 치고 그들을 선교지로 보낸다. 그러니 필드에 나가는 선교사와 일반 성도들의 간극이 너무도 크다. 이럴 때 선교사와 멀리 떨어져 있는 성도들의 태도는 대개 두 가지로 나뉜다. 하나는 선교사들은 나와 전혀 상관없는 특별한 종류의 사람이라고 생각하고 관심도 갖지 않는 것이고, 또 하나는 매우 특별한 사람이라 경외의 대상으로 삼는 것이다. 두 가지 태도 모두 바람직한 것은 아니다.

요리는 요리사만 하는 것이 아니다. 모든 사람들이 요리를 한다. 하지만 요리사는 따로 있다. 이와 마찬가지로 선교 또한 모든 성도들이 해야 하는 것이다. 하지만 선교사는 따로 있다. 선교사는 단순히 선교를 하는 사람이 아니다. 선교사는 적어도 선교와 관련해서 사역적·재정적 책무를 이행하는 사람이다.

변화된 선교 상황

오늘날 일반 성도들이 더욱 선교에 참여해야 할 이유가 있다. 세계 선교의 상황이 바뀌었기 때문이다. 우리가 생각하는 선교 모델은 엄밀하게 말해 지난 200년 전부터 시작된 개신교의 선교 모델인데, 이 모델은 제국주의 상황에서 서구 국가들이 힘없는 아시아나 아프리카 지역으로 간 데서 시작되었다고 말할 수 있다. 당시 이들 나라들은 선교사의 입국을 그리 좋아하지 않았다. 그러나 당시에는 선교사의 입국을 거부할 수 있는 힘이 없었다.

그러다가 1945년 제2차 세계대전이 종료되면서 대부분의 나라들이 주권을 가진 국가로 독립하면서 상황이 완전히 바뀌었다. 특히 이슬람 민족 국가들과 공산주의를 표방하는 나라들은 적극적으로 선교사의 허입을 통제했다. 그런가 하면 전통적으로 우리가 피선교 국가라고 생각했던 아시아나 아프리카 지역 국가의 그리스도인 비중이 매우 높아졌다. 사하라 이남에 있는 아프리카 나라들에서 그리스도인 비율은 70퍼센트에 육박한다. 예를 들어 우리는 우간다를 여전히 선교지라고 생각하는 데, 2012년에 발행된 「세계기도정보」에 따르면 그리스도인 비율이 86퍼센트에 이른다.

이런 상황 속에서도 선교가 불가능한 것은 아니다. 여전히 그리스도인으로서 비즈니스를 하거나 직장에 다니는 사람들은 선교사의 입국이 철저히 통제되는 나라를 자유롭게 왕래하고 체류할 수 있다. 만약 우리가 선교사들만 선교를 한다고 생각한다면 이들 나라에서의 선교는 불가능하다. 그러나 직업을 가진 모든 그리스도인들이 선교에 참여할 수 있다고 생각한다면 불가능한 일이 아니다. 이제는 선교사만 선교하는 시대가 아니라 선교사라는 타이틀 없이도 선교하는 시대가 온 것이다.

흩어진 사람들

성경에 나오는 선교의 모델에는 어떤 것들이 있을까. 사도행전에 나타난 선교의 모델을 연구해 보면 두 가지가 있음을 알 수 있다. 사도행전에서 선교를 했던 사람으로 사도 바울을 떠올릴 수 있는데, 사도행전 11장을 보면 사도 바울이 선교하기 전에 이미 예루살렘으로부터 흩어져 나간 사람들이 안디옥에 가서 헬라인들에게 주 예수를 전해 많은 이방인들이 주님께 돌아오는 일들이 벌어진다. 이들이 '주' 예수라고 전했다는 것은 당시 헬라 사람들에게 익숙한 용어인 '주'(헬라어로 큐리오스로, 헬라 사람들이 자신의 신이나 황제에게 붙였던 경칭이다)라는 단어를 쓴 것으로, 소위 상징 빼앗기 symbol theft라고 할 수 있다. 이것은 이교도 지역에서 사용하는 종교 용어들을 복음을 전하기 위해 적극적으로 가져오는 것을 뜻한다.

이들은 당시 지중해 지역을 널리 다니며 문화를 넘어서는 복음 전파를 감당했던 사람들이다. 이들은 교회로부터 파송 절차도 밟지 않았고 후원도 받지 않았다. 그러나 이들이 자기 직업을 가지고 돌아다니며 복음을 전한 지역은 사도 바울이 복음을 전하기 위해 다닌 지역보다 더 넓은 지역이었다. 사도 바울은 수리아, 길리기아, 갈라디아, 아시아, 마케도니아, 아가야 지역에서만 사역했다. 그가 로마서를 썼을 때는 아직 로마에 가 보지 않은 상태였다. 그렇다면 사도 바울이 로마에 가기 전에 누군가 로마에 가서 복음을 전한 사람들이 있었다는 이야기다.

이 흩어진 사람들이 복음을 전한 곳에서는 사도들이 겪은 것보다 훨씬 적은 반발을 샀던 것으로 보인다. 이들은 자신들의 직업을 가지고 다니며 어느 곳에서든 사람들 사이에 스며들어 살며 복음을 증거했다. 그러므로 우리는 사도행전에서 바울과 바나바 등과 같은 사도들에 의해 이루어진 선교와 함께 풀뿌리로 이루어진 선교의 모델도 함께 봐야 할 것이다.

5가지 선교 유형

많은 사람들이 자신의 직업과 연관해 선교에 참여하고 싶어 한다. 그러나 어떤 준비를 해야 하고 어떻게 선교지에서 사역을 할지에 대해서는 혼란스러워하는 경우를 종종 본다. 선교에 참여하면 모두 선교사라고 해야 하는지, 직업을 가지고 선교하는 사람들은 모두 텐트메이커라고 불러야 하는지, 국내에서 외국인을 대상으로 하는 직업을 가진 사람들이 선교할 수 있는지 등에 대해 명확하게 설명하기 위해 직업과 선교 사이를 5가지 유형으로 설명하려고 한다.

1유형은 과거 우리가 알고 있던 전형적인 선교를 말한다. 이런 선교사는 선교사 비자를 가지고 선교지에 가서 전적으로 교회를 개척하는 일, 전도하는 일, 구제하는 일 등의 사역에만 전념한다. 따라서 굳이 말한다면 직업이 필요 없는 선교사를 말한다.

2유형은 1유형의 선교사가 선교사 비자를 받을 수 없는 창의적 접근 지역에 갈 때 직업 비자를 가지고 가게 되면서 등장한 유형이라고 할 수 있다. 대부분은 직업적 전문성이 약해서 계속 비자를 유지하기가 쉽지 않다는 것이 문제점이다.

	1유형	2유형	3유형	4유형	5유형
타이틀	선교사	직업을 가진 선교사	선교사가 된 직업인	해외에 있는 직업인	국내에 있는 직업인
소속 단체	유	유	유	무	무
사역적·재정적 책무	유	유	유	무	무
언어와 문화 이해	높다	높다	높다	낮다	전무
후원	필요	필요	대부분 필요	필요 없음	필요 없음
선교지 비자	선교사 비자	직업 비자	직업 비자	직업 비자	없음
사역의 기대	높다	높다	상대적	낮다	낮다
선교지의 선택	의도적	의도적	중간	비의도적	없음

3유형은 1, 2유형과는 달리 직업적 전문성이 매우 높다. 본국에서 대부분 그 직업을 가지고 일한 경험이 있는 이들이 선교사의 사역적·재정적 책무를 이해할 때, 다시 말해 직업인이 선교사가 되어 선교지에서 섬기는 것을 말한다. 대부분 봉사의 형태로 섬기기 쉽다. 사역이 많아지면 3유형은 현지에서 어려움을 당할 수 있고 사역이 없으면 선교사를 지원하는 교회들이 후원을 끊을 가능성이 많아 마치 양서류처럼 자신의 영역을 적절하게 설정해야 한다.

4유형은 3유형처럼 전문적인 자기 직업을 가지고 타문화에서 사는 직업을 가진 성도를 말한다. 다만 3유형과 차이가 있다면 사역적·재정적 책무를 지지 않는다는 것이다. 어떻게 생각하면 4유형이야말로 사도행전에 나오는 흩어진 사람들과 비슷한 이들이라고 할 수 있을 것이다. 4유형의 경우는 굳이 선교사라는 타이틀을 붙일 필요가 없다.

5유형은 국내에서 직업을 가지고 타문화 사람들을 섬기는 경우를 말한다. 오늘날은 직업을 찾아 세계를 옮겨 다니는 시대다. 2014년 현재 우리나라에는 200만 명의 외국인이 와 있으며 앞으로도 이 추세는 가속될 것이다. 이들 가운데는 선교사의 입국이 매우 제한적이거나 거의 불가능한 국가에서 온 사람들도 있다. 이들을 대상으로 국내에서 선교를 하는 것은 훨씬 더 자유롭다.

진정한 선교적 교회

우리가 꿈꾸는 선교적 교회란 무엇인가. 그것은 더 많은 배드민턴 선수를 태릉선수촌에 보내는 것으로 그치는 것이 아니라 전 국민이 배드민턴과 친근해져서 그 결과 자연스럽게 우수한 선수가 나오고 그 선수단이 국제 무대에 가서 메달을 따는 것과 비슷한 것 아닐까.

선교적 교회란 모든 교인이 각각의 위치에서 타문화 선교에 동참하는 것이다. 직업과 선교와의 관계에서 설명하는 것처럼 타문화에 직업을 가지고 나가 있는 그리스도인들은 모두 선교를 감당할 수 있다. 심지어 자기 나라에 온 외국인 근로자, 이민자, 유학생 들에게 그리스도를 증거하는 것 역시 선교가 될 수 있다.

중국의 덩샤오핑, 베트남의 호치민, 그리고 캄보디아의 폴 포트 모두 공산주의자로 자신의 나라에 큰 영향을 끼친 사람들이다. 이들은 모두 프랑스에 유학하는 동안 공산주의자가 되어 자기 나라로 돌아갔다. 만약 이들이 프랑스 유학 동안 그리스도를 만났다면 역사는 분명 바뀌었을 것이다. 이렇게 전방위적으로 직업을 가진 일반 성도들에 의해 선교가 일어날 때 우리가 꿈꾸는 선교적 교회는 우리 앞에 드러날 것이다.

6.3

가난한 사람들 섬기기 : 구제와 개발 사역의 단계

새뮤얼 부히스(타문화권에서 비정부 구호 및 개발 기구 책임)

딜레마

경험이 없으면 그들은 당신을 채용하지 않을 것입니다. 채용되지 않고는 당신은 경험을 얻지 못합니다. 어떻게 해야 합니까?

일반적으로 개발 기관들은 해외 경험이 없는 사람을 국제적인 임무에 고려하지 않는다. 대부분의 젊은 사람들은 그런 경험이 없다.

구제나 개발 사역에 참여할 길을 찾고 있는 젊은 사람들에게 이것에 대해 수없이 질문을 받고 난 후, 나는 내 자신의 경험과 최근 몇 년간 함께 사역한 다른 사람들의 경험에 대해 깊이 생각하게 되었다.

단지 꿈이었다

오늘날 많은 젊은이들처럼 30년 전 나는 선교지에 가서 하나님을 섬기겠다는 꿈이 있었다. 복음을 듣지 못한 사람들에게 복음을 전하고, 극빈함과 불공정으로 고통 받는 사람들에게 실제적인 도움을 주겠다는 꿈이었다. 정말로 일어날 것이라 생각했던 것이 아니라 그야말로 그냥 꿈이었다.

나는 루이지애나의 늪지대에서 성장했다. 내 가족은 사냥하고 덫을 놓아 동물을 잡아서 그 모피로 생계를 꾸렸다. 나는 해외 선교에 대해 아는 것이 거의 없었다. 그러나 내게는 주를 위해 살고 주가 원하시는 어떤 방법으로든 주를 섬기겠다는 타오르는 열망이 있었다. 나는 기독교 사역Christian Ministries 석사 과정으로 위튼 칼리지에 가서야 국제 선교를 접했다.

위튼 칼리지에서 나는 아시아, 남미, 아프리카에서 온 교수와 학생들을 만났다. 내 룸메이트는 자이레에서 온 선교사의 자녀였다. 우리는 밤에 축구장에 누워서 언젠가 함께 아프리카에 가 있는 것을 꿈꾸곤 했다. 그는 학위를 마치면 그의 부모님이 소속된 선교기관을 통해 아프리카로 돌아갈 계획을 세웠다. 그러나 나는 소속된 교회도 없었고 선교기관에 대해서도 아는 것이 없었다.

장차 내 아내가 될 에밀리Emily는 위튼 칼리지에서 석사 과정을 마치고 국제현대인의성경LBI, Living Bibles International에서 일하고 있었다. 결혼한 후 에밀리는 나이로비에 있는 LBI 아프리카 사무소에서 일해 달라는 요청을 받았다. 기도하고 간구하는 가운데 결혼 6개월이 지난 후, 우리는 케냐에서 우리의 '신앙 모험'을 시작했다. 그리고 지속적인 연락과 관계 구축을 통해 나는 케냐복음주의선교회Evangelical Fellowship of Kenya에서 전국 목회자들과 교회 리더 훈련을 돕는 사역을 해 달라는 요청을 받았다.

우리의 아프리카 모험은 그렇게 시작되었다. 아프리카 대륙에 대한 비전을 가진 현지 리더들과 함께 사역하면서 우리는 우리가 상상할 수 있는 최고의 소중한 경험을 했다. 우리는 그곳에 1년 동안 있다가 우리의 전문 사역을 계속할 생각이었다. 그러나 주님은 다른 계획을 갖고 계셨다. 1년이 지난 후 아프리카 동료들을 통해 주님이 우리를 이 사역에 장기 헌신하도록 부르고 계신다는 큰 확신을 얻었다. 우리는 헌신했다. 25년이 지난 지금 우리는 여전히 아프리카에서 사역한다.

시작을 위한 6가지 아이디어

어떻게 시작해야 하는가? 기독교 구제와 개발 활동을 하는 국제 원조 기관에 어떻게 발을 들여 놓을까?

1 | 믿음을 갖고 위험을 감수하라

핵심 구성 요소들은 믿음(기꺼이 꿈꾸고자 하는 것)과 믿음으로 발걸음을 내디디려는 마음이다. 이것은 전문가로서의 진로가 아니라 부르심이어야 한다. 위험을 기꺼이 감수하려고 해야 한다. 명확한 길도 공식도 없다. 내가 아는 대부분의 사람들이 나와 비슷한 경험을 갖고 있다. 그들은 준비 없이 기독교 개발 사역의 길에 들어

섰다. 지금은 국제와 지역 사회 개발 분야의 대학원 프로그램이 있어서 이것이 바뀌고 있을 것이다.

2 | 전문 기술을 가지라

학위를 마치라. 사용할 수 있는 전문 기술을 가지라. 기독교 구제와 개발 사역에는 아주 실제적인 기술들이 필요하다. 공중 보건, 농업, 금융, 조달, 성인 교육과 훈련, 통신(영상, 사진 보도, 컴퓨터 기술) 분야는 언제나 도움 요청이 많다.

캘리포니아의 한 젊은이가 대학을 마치고 대학원에 들어가려던 중 '선교지 경험'을 원했다. 오퍼튜니티 인터내셔널Opportunity International을 통해 1년 동안 짐바브웨에 가서 현지 기관과 일했다. 그는 대출 신청 처리를 위한 컴퓨터 프로그램 설치와 기본적인 컴퓨터 교육을 도와줄 수 있었다. 그는 좋은 경험을 하며 기여했다. 어떻게 될지는 하나님만 아시지만, 그래도 그는 시작했다.

3 | 제2 외국어를 배우라

제2 외국어를 할 줄 알고 적절한 전문 기술이 있으면 경험이 있는 것처럼 도움이 될 때가 있다. 특히 긴급한 상황에서 필요한 단기간의 명확한 임무 수행에서 더욱 그렇다.

4 | 단기 기회들을 찾으라

단기 선교나 연구 기회를 찾으라. 보통 해외에서 한 학기나 1년 동안 과정의 일부를 할 수 있다. 아프리카 대학교의 농과 대학이나 사회학 대학에서 한 학기를 지내라. 얼마 전 짐바브웨 북동 지역에서 한 젊은이를 만났는데, 노스캐롤라이나에 온 것을 나타내는 티셔츠를 입고 있었다. 그는 로터리 장학금으로 1년간 짐바브웨에 온 헌신된 그리스도인으로서, 짐바브웨 대학교University of Zimbabwe와 협력해 석사 과정의 일부를 하고 있었다. 로터리 프로그램에서 요구하는 지역 사회 봉사의 일환으로, 그는 모잠비크 난민들에게 영어를 가르쳤다. 그는 짐바브웨에서 제네바로 가서 유엔 난민 본부에서 자원봉사를 했다.

5 | 자원봉사를 준비하라

졸업한 후라도 단기 사역과 자원봉사 기회를 찾으라. 졸업 후 보수를 받는 일자리나 향후 채용에 대한 보장이 없이 무보수로 일하는 것에 대해서는 생각해 보지 않았을 것이다. 그러나 그것이 시작이 될 수도 있다. 셰릴Cheryl과 랜디 러브조이Randy Lovejoy의 경우가 그렇다. 그들은 대학을 졸업하고 6개월 이상 멕시코 단기 선교에 참여했다. 이것을 통해 그들은 언어와 서민들의 문화를 경험했다. 그들은 첫 단기 선교 경험, 전문 기술, 언어 능력으로 모잠비크에 있는 월드비전World Vision에서 계약직 제의를 받았다.

당신의 장기적인 직업과 관련 없는 분야에서 시작해야 될 수도 있지만, 그래도 현지에 나갈 수 있다. 일단 현지에 가면 경험을 쌓고 미래를 위한 중요한 관계를 만들게 될 것이다. 러브조이 부부가 제의받은 일은 그들이 경력을 쌓아 가려고 했던 일은 아니었다. 그러나 그들은 현지에 있게 됨으로써 다른 기회로 연결되는 관계를 만들 수 있었다.

6 | 기독교 조직을 통해서만 하지 말라

해외 선교 기회는 기독교 선교 조직을 통해서만 생기는 것은 아니다. 많은 사람들이 평화봉사단Peace Corps 자원 봉사자로 출발했다. 이 일은 고임금 직업은 아니지만 언어와 타문화 훈련, 서민 지역 사회 개발 경험 등을 얻을 수 있는 기회를 제공한다.

국제 원조 기관은 기독교 조직뿐만 아니라 정부와 민간 조직들도 있다. 이런 조직들은 지속되는 기아와 전쟁의 재해에 계속해서 대응할 것이다. 이런 조직에는 유엔의 원조 기관들과 미국 국제개발처USAID, United States Agency for International Development가 있고, 보건(국제의료봉사단)International Medical Corps, 농업(하이퍼 인터내셔널)Heifer International, 주택(사랑의집짓기)Habitat for Humanity의 문제를 다루는 수많은 민간(비정부) 기관들이 있다. 한국의 경우 한국국제협력단KOICA, Korea International Cooperation Agency이 있다. 이런 조직들을 통해 전문 사역의 기회를 갖게 되고, 가장 가난하고 가장 복음화가 되지 않은 사람들이 사는 지역으로 갈 수 있다.

당신의 꿈은 무엇인가

나는 나이로비에서 첫 해를 지내면서 가정 성경공부 그룹에 속한 친구들을 통해 월드비전을 알게 되었고, 이런 관계를 통해 나중에 그들에게 일자리를 제의받았다. 그때 이후 나는 울퉁불퉁한 길로 수천 킬로미터를 다녔고, 수많은 마을에서 묵었고, 70여 개 나라의 현지인들과 함께 일하며 배울 수 있는 특권을 누렸다. 그들은 불가능해 보이는 빈곤의 역경을 이겨 내고자 하나님의 도우심을 구하는 사람들이었다. 이 모든 것이 29년 전 위튼 칼리지 축구장에 누워 처음 꿈을 꾼 후 일어난 일들이다.

당신의 꿈은 무엇인가? 앞으로 몇년 후, 하나님이 당신을 어떻게 사용하고 계실까? 지금 시작하라. 그 때는 생각보다 더 일찍 찾아온다.

6.4

당신의 전문 기술은 하나님 나라에 영향력을 끼칠 수 있다

란다 콥(예수전도단 열방 대학교 커뮤니케이션 대학 창설 국제 학장)

성경의 하나님은 단지 영적인 삶이나 예배만이 아니라 삶의 모든 부분에서 주가 되신다. 우리 삶의 세속적인 것과 신성한 것 사이의 경계선을 지워 버리고 나면, 우리는 그 구분이 없는 계획을 자유롭게 검토할 수 있다.

당신이 전문성을 가진 배경이나 '분야'는 하나님이 깨어진 세상을 회복하기 위해 사용하기 원하시는 무대 중의 하나다. 비즈니스가 주요 분야 중의 하나이기는 하지만 유일한 분야는 아니다. 다음 6개의 주요 분야들을 고려해 보라.

하나님이 그런 거대한 규모의 변화를 일으키는 일에

우리를 초청하고 계신다. 그러므로 이것은 남은 것을 가지고 파트타임으로 할 일이 아니다. 이것은 당신의 전문성이 어떻게 하나님 나라에 영향력을 끼치는 수단이 되는지 발견하는 것이다. 왜냐하면 변화는 단지 당신이 무엇을 하는지만이 아니라 왜, 어떻게, 어디서 하는지에 의해 시작하기 때문이다.

이런 분야들을 이해하면 당신의 전문적인 능력을 의도적으로 하나님 나라의 자원으로 바꾸는데 도움이 된다. 당신의 직업 전문성, 훈련, 경험, 영향력, 관계, 기회들은 급료 이상의 의미가 있다. 당신의 일은 독특하고 거룩한 부르심이며, 당신의 삶과 주님의 세계를 위한 하나님의 크신 목적의 일부분이다. 각 분야에 대해 말한 성경의 주제들을 생각해 봄으로써 성경적인 기초를 깊고 넓게 만드는 수단이 되게 하라.

경제 · 비즈니스

성경에서 경제에 대해 연구할 때 찾아야 하는 주제들은 금융, 대출, 농업, 노동자, 노동, 경영자, 상속, 임금에 관한 윤리와 원리들이다. 이스라엘이 이집트의 노예생활에서 떠날 때 하나님이 그들에게 주신 약속들은 본질상 보이지 않는 복에 제한되어 있지 않았다. 하나님은 농작물, 가축, 비즈니스를 비롯한 삶의 모든 영역에서 그들에게 복을 주시겠다고 약속하셨다. 그들이 하나님께 순종하면 그들의 땅에서 가난하게 살지 않을 것이었다.

히브리인들은 유형이나 무형으로 드러나지 않으면 복이란 개념을 이해하지 못했다. 하나님의 선하심은 부분적으로는 먹을 것, 입을 것, 잘잘 곳과 관련된다. 복은 실제적이고 물질적이다. 하나님의 재정 지침은 경제 개발, 빈곤 제거, 그리고 다른 사람들에 대한 축복으로 이어졌다. 경제 분야는 여호와 이레, 즉 우리의 공급자이신 하나님을 드러낸다. 경제를 책임지는 하나님의 주요 속성은 선하심이다.

과학 · 보건 · 기술

성경에서 과학에 대해 연구할 때 생각할 주제들은 보건, 자연, 위생, 의약, 공학, 기술, 생태다. 이것의 목적은 하나님이 창조하신 물질세계를 발견하고 관리하는 것인데, 우리에게 경이로움과 감탄은 물론 해결책을 얻게 한다. 오늘날 많은 그리스도인들이 우리의 믿음 때문에 우리가 과학에서 멀어졌다고 생각한다. 또한 과학을 누군가가 하나님의 존재가 틀린 것이라고 증명하려는 전장이라고 믿거나, 그렇지 않으면 최소한 그렇게 믿는 것처럼 행동한다. 어떤 사람들은 과학은 낮은 수준의 '물질' 세계며, '영적' 세계만큼 중요하지 않다고 느낀다.

가장 중요한 몇몇 윤리적인 문제들이 과학의 세계에서 질문되고 있는 세상에서 이것은 아주 중대한 위험이 될 수 있다. 과학은 모든 영역 중에서 가장 제한되어 있다. 왜냐하면 과학자들은 하나님이 창조하지 않으신 것은 아무것도 발견할 수 없기 때문이다. 하나님은 하나님의 자연법칙을 사용해 우리를 겸손케 하시고 주의 경이로운 능력과 지혜를 나타내신다. 이 영역은 창조주를 드러낸다. 과학이 드러내는 하나님의 주요 속성은 질서와 능력이다.

예술·커뮤니케이션

성경에서 예술에 대해 연구할 때 생각할 주제들은 음악, 디자인, 스포츠, 춤, 문화, 의복, 시, 문학, 공예다. 하나님이 만드신 모든 것이 아름답다. 우주에는 색깔, 형태, 디자인이 없는 것은 아무것도 없다. 하나님은 재를 아름다움으로 바꾸신다. 하나님은 우리의 노래요, 토기장이요, 아름다움의 주시다. 예술은 음악, 말, 색깔, 디자인, 균형, 움직임, 조화, 리듬을 통해 창조주를 드러낸다. 시편 저자는 해, 달, 별들에게 주를 찬양하라고 한다. 오늘날 하늘이 완벽한 화음으로 진동하는 것이 완전히 가능하다고 생각하는 물리학자들이 있다.

하나님은 아름다움을 통해 우리를 새롭게 하시고 회복시키신다. 하나님은 우리를 아름다움과 기쁨이 필요하며 그것들을 즐거워하는 존재로 창조하셨다. 그리스도인 예술가들은 그런 세상의 필요에 대한 하나님의 대답의 일부다. 이 영역은 하나님을 아가 Song of Songs 요 토기장이로 나타낸다. 예술이 드러내는 하나님의 주요 속성은 아름다움이다.

교육

지혜와 지식과 교육은 하나님으로부터 비롯되며, 하나님은 그것들을 장려하신다. 성경의 모든 것은 배움에 대한 것이다. 성경은 우리에게 하나님의 길을 교육해서 알게 하도록 하는 하나님의 영감을 받은 책이다. 모세의 가르침으로 훈련된 히브리 사람들에게 앎 knowing 이란 적용 application 이나 행동 action 을 포함한 개념이었다. 대부분의 교육 시스템은 적용 능력이나 요구 없이 주제에 대한 정보를 보유함으로써 알 know 수 있다는 개념에 기초한다. 이것은 성경적인 생각이 아니다. 하나님은 정부나 교회가 아니라 가족에게 자녀들을 교육할 책임을 주셨다. 부모는 그들의 권한을 위임할 수는 있지만, 그들이 지원을 그만두거나 또는 그들의 권한이 교육기관에 의해 무시되거나 부인되기까지 하는 경우, 그 학교는 그 자녀들에 대한 성경적인 권한이 거의 없다고 봐야 한다. 교육의 영역은 하나님을 위대한 교사요 랍비로 나타낸다. 교육이 드러내는 하나님의 주요 속성은 지혜다.

법률·정부

성경에서 정부의 영역을 연구할 때, 우리는 정부의 입법, 사법, 행정, 군사 기능 같은 분야를 살펴본다. 우리는 법률, 국가와 지역의 권한, 국가 간의 관계, 전쟁의 규칙, 정부와 관련된 지역 사회 개발의 영역을 살펴본다. 우리는 재판관, 왕, 그리고 공식적인 능력을 가지고 그들을 위해 일한 사람들의 역할과 행동을 살펴본다.

정부의 주요 목적은 객관적이고 신뢰할 수 있는 정의의 원천이 되어 한 나라의 국민을 섬기는 것이다. 정부는 하나님에 의해 제정되었고 사람들에게서 그 권한을 얻는다는 것을 신명기에서 발견한다. 정치 지도자들은 모든 사람들을 대표하며 갈등을 공정하게 해결할 수 있는 원천이 되어야 하므로 그 인격이 매우 중요하다. 정부의 영역은 하나님을 왕의 왕으로 나타낸다. 정부 영역이 책임지는 하나님의 주요 속성은 정의다.

사회복지

사회복지는 성경에서 별도의 범주로 연구하기가 어렵다. 이것은 오늘날 실행되는 것처럼 대부분 다른 영역의 요소들과 결합하고, 가족과 공동체의 유익에 초점을 맞춘다. 그 다른 영역에 대한 연구는 21세기의 사회복지를 향한 하나님의 목적에 대해 통찰력을 갖게 한다. 이 영역에서 가장 명확하게 나타나는 하나님의 속성은 자비와 회복이다.

6.5

비즈니스, 하늘의 언어로 다시 쓰다

조 샘 (인터서브코리아, 캐나다)

총체적 선교, 비즈니스 다시 보기

선교사들이나 기업인들과 함께 BAM Business as mission 에 대해 이야기를 나누다가 자주 놀라는 것은 많은 사람들이 비즈니스 자체에 대해서는 별로 중요하게 생각하지 않는다는 것이다. 비즈니스와 연관되어 발생하는 다양한 결과들, 예를 들면 일자리 창출, 가난한 이들을 도울 수 있는 재정 확보, 직장 내에서의 제자훈련 등에 대해 이야기할 때는 흥분하다가도 비즈니스 자체에 대해서는 별로 이야기하고 싶어 하지 않는 경우를 본다.

2004년 태국 파타야에서 있었던 BAM에 관한 로잔위원회 모임의 가장 큰 소득은 비즈니스를 미션을 위한 도구로 전락시키는 '선교를 위한 비즈니스' Business for mission 에서 비즈니스를 미션과 동등하게 보려 하는 '선교로서의 비즈니스' Business as mission 개념을 등장시킨 것이다.

비즈니스를 선교의 하위 개념이나 수단으로 보지 않고 동등하게 보는 이유는 선교를 총체적으로 보기 위해서다. 하나님 나라의 총체성 가운데 선교를 바라볼 때 우리의 삶과 복음 전도는 분리되지 않는다. 마찬가지로 비즈니스를 통해 얻어지는 복음 전도와 교회 개척도 중요하지만, 비즈니스의 다양한 활동이 우리 삶 가운데 이미 이루어진 하나님의 통치의 장이라는 것도 똑같이 중요하다. 비즈니스는 도구다. 비즈니스 자체는 중립적이어서 좋게 쓰면 좋은 것이고 나쁘게 쓰면 나쁘게 된다. 창조된 모든 것이 귀하며 하나님이 우리 인간에게 주신 선물이다. 다만 이 모든 귀한 것들이 현재 상태로는 타락해 저주 가운데 있을 뿐이다.

성경적인 비즈니스란?

비즈니스를 기업으로 생각하는 경우가 많다. 나는 비즈니스를 일로 정의한다. 창세기에 의하면, 일은 피조물을 섬기기 위해 새로운 가치를 창조하는 일이다. 그

가치를 창조하기 위해 우리는 노동과 창의력을 사용한다. 이 일이 현대로 오면서 시장 메커니즘을 통해 이루어지게 되는데, 이를 비즈니스라고 말하는 것이다.

이 경우 비즈니스란 사람에게 필요한 가치를 공급하기 위해 자연에서의 기본 재료에 사람의 창의성과 노동을 부가함으로써 생산하고, 이를 돈과 시장이라는 매개체를 통해 교환하는 일련의 모든 활동들이다. 필요한 가치가 무엇인지 알기 위해서는 다른 사람들과 사회가 필요한 것이 무엇인가를 생각하고 관찰해야 하며, 그 가치를 만들어 내기 위해 가지고 있는 자원을 투자하고, 우리 안의 창조성을 끄집어내고 땀을 흘리는 노동이 필요하며, 많은 경우 여러 사람들의 협동이 필요하다. 이를 교환하기 위해서 사회의 각 구성원들은 동등한 자격으로 서로에게 필요한 가치를 만들어야 하며 동시에 만나야 한다.

이렇게 보니 비즈니스는 사람을 서로 섬기게 하는 일이다! 사람과 사람을 연결하는 일이다. 더구나 이 비즈니스를 통한 사람의 섬김은 다른 형태의 섬김-예를 들면 자원봉사-보다 귀한 점이 많다. 따라서 비즈니스를 통한 사람 섬김은 봉사보다 귀하고 보편적인 삶의 형태가 된다.

예언의 힘

비즈니스를 둘러싼 인간의 탐욕과 이기심, 착취, 거짓말 등 악의 문제는 실재한다! 이런 것들로 인해 비즈니스 자체에 대해 혐오하는 태도가 많은 지역과 사회 가운데 존재한다. 악은 실재하고 강력하다! 이런 실재하는 악의 문제가 비즈니스와 깊이 연결되어 발생하는 것을 잘 몰라 비즈니스가 귀하다고 말하는 게 아니다. 그보다는 본질적으로 똑같은 현상을 어떤 관점에 볼 것이냐는 선택과 믿음에 관한 문제다.

자기성취예언 self-fulfilling prophecy이라는 말을 들어 보았는가? 나쁘다고 생각하고 얘기하니, 그것이 예언이 되어 상황이 더 나빠지는 것이다. 리더들이 비즈니스를 부차적이고 하찮은 것으로, 심지어 악한 것으로 여기는 사회에서 비즈니스는 더러워지고 오염된다. 비즈니스를 악한 것이요 욕심으로 규정하니, 실제로 그런 것들만 남게 된다. 좋고 귀한 것을 가꾸지 않을 때 남는 것은 고통과 악의 문제들이다. 무기 장사, 마약 밀매, 인신매매 등이 번성하고 실업률이 높아지는 것은 많은 범죄의 뿌리가 된다.

바른 예언을 하는 이들이 필요하다. 바다 속에 오랫동안 잠겨 조개와 해초와 진흙으로 뒤덮여 이제는 바위덩어리처럼 보이는 것이 실제로는 아름다운 도자기임을 볼 줄 아는 이들이 필요하다. 그 더러움을 벗기고 원래의 아름다움과 쓸모를 찾아내는 사람들. 그리고 이것은 믿음으로만 가능하다. 하나님의 말씀에 서서 세상을 보며, 타락의 관점이 아닌 구속과 회복의 관점에서 세상을 볼 때 가능하다. 그리고 그 믿음은 순종으로만 증명된다. 정말 믿는 사람은 그 관점에서 더럽고 악해 보이는 비즈니스를 소망과 기쁨으로 손을 댄다.

선교를 위한 비즈니스? 선교로서의 비즈니스!

BFM인가 BAM인가? 비즈니스맨/위민들을 위한 BAM 워크숍을 진행하다가 겪은 일이다. 미술학원을 경영하는 한 사업가를 만났다. 그는 현재 유치원과 초등학교 1-3학년을 대상으로 미술 사업을 프랜차이즈화 하는데, 이를 BAM으로 사용하고 싶어 했다. 팀 워크숍의 형태로 이것이 왜 BAM의 사례가 될 수 있는지 의논하고 PPT로 정리해 발표하도록 시간을 주었다.

드디어 발표 시간. 이 사업이 왜 BAM의 케이스가 되는지 하는 부분에서 팀은 이 사업을 통해 창출되는 이익이 어떻게 교회 개척에 사용되고, 동시에 선교사들에게 전수해 줄 수 있는 사업 아이템이 되는지를 설명했다. 사업에서 창출되는 이익과 확장, 그리고 결과적으로 나오는 교회 개척과 선교사들을 돕는 것 모두 중요하고 아름다운 일이다. 그러나 뭔가가 빠졌다.

일단 프레젠테이션을 거기서 중단시켰다. "그런 것들 모두 귀하지만, 그 사업 자체가 만들어 내는 서비스와 상품이 고객에게 주는 가치가 무엇인지 정리해 보세요." 당황해 하는 팀원들은 시간을 갖고 의논하더니 다음과 같이 대답했다. "이 미술 교육을 받으면, 학생들의 창의력이 높아져서 나중에 몸값이 열 배가 될 수 있습니다." 아! 탄식이 절로 나왔다. 이쯤에서 다시 프레젠테이션을 중지시킬 수밖에 없었다. "아니, 몸값을 높이는 것이 하나님의 관점에서 사람들을 섬기는 것입니까? 그것이 바른 관점입니까?"

이 문제 제기 앞에 그 팀뿐만이 아니라 당시 워크숍에 참석한 모든 이들이 갑자기 이상한 침묵에 들어갔다. 그 침묵은 마치 "그러면 도대체 무얼 어떻게 해야 BAM이 되는 겁니까?" 하고 내게 반문하는 느낌이었다. 우리 안에 깊이 뿌리 내린 이원론이 얼마나 강력한지 볼 수 있었다. 사실은 일종의 좌절감이 들었다. 비즈니스의 다양한 활동 그 자체를 하나님 나라의 통치 안에 두는 것, 즉 주님을 경외함이 삶의 현장에 필요하다는 것이 그렇게도 받아들이기 어려운 것일까? 우리가 직장에서 일하고, 동료들과 점심식사를 같이 하며 땀을 흘리는 그 모든 것을 하나님을 경외함으로 할 때 그것이 바로 예배가 된다는 것이 그렇게도 알기 어려운 것일까? "도대체 어디서 예배를 드려야 하나요?"라고 묻던 사마리아 여인의 질문이 여전히 우리들의 질문이었다.

BAM에서 가장 중요한 것은 비즈니스의 결과물이나 부산물이 아니다. 이 말은 큰 돈을 벌어서 교회를 돕거나, 고용창출을 하거나, 전도하는 것이 하찮다는 뜻이 아니다. 물론 이런 것들도 매우 중요하다. 그러나 그것보다 훨씬 더 중요한 것은 비즈니스 활동과 과정 자체를 하나님 나라의 가치로 구속하고 회복하는 것이다. 그리고 그 시작은 고객들이 필요로 하는 것을 하나님 나라의 가치로 바라보고 찾아내 그 필요를 채워 주려고 일하는 데서 출발한다.

Love of Business

BAM을 하기 원한다면, 비즈니스에 대한 사랑이 필요하다. 비즈니스는 종합예술이다. 마케팅, 판매, 서비스, 생산, 재고관리, 품질관리, 공급관리, 회계, 자금, 투자, 현금관리, 정보관리, 기술과 개발, 공학기술, 인력관리, 심리, 리더십, 팀워크, 조직과 전략 등등 수많은 활동들의 조화가 필요하다. 또한 비즈니스 활동은 많은 사람들에게 영향을 미치게 되므로 앞뒤를 생각해야 한다. 따라서 많은 에너지를 소모케 하며 끊임없이 우리의 시간을 요구한다. 그러므로 우리가 비즈니스 자체를 사랑하지 않는다면, 계속 하기가 쉽지 않을 것이다.

앞서 말한 대로 선교는 이미 임한 하나님 나라와 앞으로 완성될 하나님 나라의 시간적 괴리 사이에 있는 중간기의 현상이다. 이 선교에 임하는 우리가 복음을 전하는 것도 중요하지만, 그보다 훨씬 근본적인 것은 삶의 변화다. 그것이 우리가 전하는 구원의 소식과 미래에 완성될 천국의 증거가 된다. 기존의 교회 개척 중심의 선교와 달리 BAM은 삶 속으로 깊이 들어가겠다는 결심이다. 이제 우리들이 행하는 비즈니스 활동 가운데 하나님 나라의 임재 증거가 필요하다. 우리는 남을 변화시키기를 꿈꾼다. 그러나 BAM 사역에서는 내가 먼저 변화되어야 한다.

그리고 그 시작은 비즈니스를 귀하게 여기는 것에서 출발한다. 아! 비즈니스는 사랑할 만하며 귀하다는 사실이 감사하다. 비즈니스는 이권과 불확실성 앞에서 우리가 실제로 얼마나 약하고 악한지를 보게 해주며, 하나님 앞에 변화를 위해 간구하도록 우리를 낮춰 준다. 또 비즈니스는 우리를 삶의 다양한 현장에서 다양한 사람들을 만나게 하며, 이해하게 하며, 사랑하게 하며, 섬기게 한다. 비즈니스에서 경험할 이 모든 것들의 시작은 비즈니스 자체를 사랑함으로써 가능하다. 그리고 그 사랑은 비즈니스를 하나님의 관점에서 믿음으로 이해할 때 시작된다.

6.6
의료 선교의 기회

박준범(인터서브코리아 대표, 중동)

세상을 위한 의료 선교! 역사적으로 복음주의의 세계 선교 역사에서 의료 선교는 인류의 질병 퇴치와 생명을 구원하는 일에 위대하고 광범위한 역할을 해 왔다. 복음에 저항이 강한 지역과 문화에서 의료 선교사들은 항상 그 선교지의 영혼들을 그리스도의 사랑과 충심으로 섬기며 그들을 하나님의 복음으로 초청했다. 의료 선교는 성육신적 선교와 삶의 방식을 드러내는 데 탁월한 방식임에 의심의 여지가 없다.

의료 선교medical/health missions는 세상에서 하나님의 선교the mission of God 목적의 성취를 위해 복음이 제시하는 하나님의 전인적인 건강과 치유를 하나님의 교회와 성도가 그 건강을 필요로 하는 개인과 사회, 타문화 선교지를 위해 수행하는 선교 활동이다. 이는 병원 중심의 치료의학 선교 활동은 물론이고, 공중 보건과 지역사회 개발, 물리치료나 작업치료사, 의료 교육 등을 현대 사회가 광범위하게 요구하는 공공의료 등을 광범하게 포함하는 영역들에서 보건 활동health activities으로 섬기는 선교 활동도 포함한다.

우리가 성경의 시편을 통해 볼 때, 도도히 흐르는 주제들 중 뚜렷한 것은 하나님께서 열방에 구원을 선포하시는 선교적 메시지며, 인간과 그 인간이 사는 세상을 치료하시는 하나님의 주권과 능력에 대한 확신에

찬 반복되는 언급이다. 시편에서 보여 주는 인간의 건강과 영적 상태 및 구원의 회복에 대한 상관관계는 매우 구체적이고 다양하다. 시편을 통해 예언되는 세계 열방에 대한 하나님의 구원의 약속들이다.

세상의 육체적 질병과 고통은 하나님의 구원과 선교의 대상인 인간이 가장 우선적으로 도움을 받아야 할 절급한 문제다. 대개 복음의 불모지로 남겨진 대다수의 미전도 국가들은 경제적 가난, 자원의 부족, 교육의 부재, 부조리, 취약한 공공 의료 체계 등으로 국민들이 합당한 의료적 돌봄을 받지 못하기에 아직도 많은 의료 선교사들이 환영받는다. 다양한 방식으로 참여할 의료 선교 활동이 우리를 기다린다.

그런데 선교지의 공동체와 정부는 과거 30년의 의료 선교와는 다른 방식의 전문화된 의료 선교 방식을 요청하고 기대한다. 과거의 주된 의료 선교 방식은 환자를 개별적으로 돌보는 임상 서비스였다. 그러나 지금은 과거 외국인 의료 선교사들이 감당하던 그 나라의 2차, 3차 의료 서비스를 정부가 병원들을 국립화 하고 정부의 조직과 관리 아래 마을의 치료 보건소들을 보편화함으로써 관리한다. 그래서 의료 선교사들의 구별된 역할이 필요하다. 현대의 의료 선교는 선교지의 정부와 공동체가 기대하는 방향에서 현지의 의료인들을 훈련시키고, 암 임상 치료를 위한 경험을 전수하고, 아동 치료를 전문화하는 데 기여하고, 진단의학 기술을 향상시킬 전문적인 의료인들을 더욱 요청하고 환영한다. 의료 선교에서 참여의 깊이가 더 깊어진 것이다. 직접 선교에서 멘토링과 의료 지식 전수 방식의 제자훈련이 요청된다.

의료 선교를 준비할 때 다음과 같은 다섯 가지 질문들과 보편적인 답을 생각해 볼 수 있다.

1 | 저는 이제 대학 과정을 시작하는데, 의료와 교회 개척에 대한 마음이 있습니다. 이 둘 중에서 어떻게 선택해야 합니까? 둘 다 할 수도 있습니까?

의료 선교와 복음 전파, 즉 교회 개척 등에 참여하는 사역은 분리하지 않고 함께 통합해 이 두 가지 목적을 동시에 실현하는 총체적인 방식의 선교를 수행해야 한다.

2 | 저는 이제 대학 과정을 시작하는데, 의료에 관심이 있습니다. 어떤 전공을 추천하십니까?

의학을 전공하는 것을 포함해 간호학, 공중보건학, 국제보건 등을 전공할 수 있다. 또한 의료와 관련된 직능으로서 치위생학, 방사선학, 물리치료, 작업치료 등 포괄적인 치료 사역의 전문대학 전공도 의료 선교지의 병원과 공동체를 섬기는 방식이다.

3 | 저는 의과 대학 학생입니다. 의료 선교를 위해 어떤 전문 분야를 추천하십니까?

의료 선교를 위해 더 선호되는 전공을 말하는 것은 어리석은 일이다. 의료와 보건의 모든 영역의 전문성이 가난한 저개발 국가의 부족함을 채우는 하나님의 축복의 통로가 된다. 특별한 전공 선택에 대해 고민할 필요가 없다. 자신이 좋아하는 전공을 즐겁게 준비하고 경험을 쌓으라! 전문성이 깊게 구비될수록 깊이 섬길 수 있다.

4 | 저는 간호사입니다. 지역 사회 보건, 가정 보건,

소아과 혹은 산부인과 같은 것에 대해 더 훈련받아야 할까요? 석사학위를 받아야 할까요?

간호사로 과정을 마치고 질문에서 언급된 영역의 학업과 경험을 갖는다면 선교지에서 더 유효하게 사역을 감당할 것이다.

5 | 저는 학업을 마친 의료 전문가입니다. 저는 어느 정도의 신학 교육을 받아야 할까요?

만약 신학 교육의 여건이 주어진다면 1-2년의 단기 신학 교육을 권면한다. 신학 교육을 위해 본국 체류가 길어질수록 의료 선교 부르심에 적시에 부응해 파송되는데 더 많은 난관을 만나는 경우가 있다. 의료 선교사의 꿈을 가진 경우 의료 전문성을 완수하는 데 긴 시간을 보냈다는 사실과, 성장하는 자녀들의 학령기 나이 등을 고려하면 타문화에 들어갈 적합한 나이를 넘기게 되는 경우가 많으므로 장기간의 신학 공부는 주의해야 한다.

의료 선교사들을 만나고 많은 선교기관들과 접촉하면 보다 나은 정보를 얻을 수 있다. 아래의 의료선교대회는 의료 선교사의 꿈과 비전 안에서 성장하는 데 도움이 된다.

- 한국의료선교대회 Korea Medical Mission Conference, www.medicalmission.or.kr
- 세계선교의료 컨퍼런스 Global Missions Health Conference, www.medicalmissions.com

의료 선교 훈련을 위한 정보는 아래 단체들에서 얻을 수 있다.

- 한국의료선교협회 www.medicalmission.or.kr 산하의 의료선교교육훈련원(서울·경기, 부산, 대전, 대구·경북, 인천 등).
- 인터서브코리아 in2Serve 전문인선교학교(의료 선교 멘토링 과정), www.interserve.kr
- 한국누가회의료선교학교 www.kcmf.org

다양한 선교 단체들과 교회의 선교 훈련 학교에 부분적으로 의료 선교 강의가 있는 경우도 있다.

6.7

두려움의 요인 제거하기

스티브 호크

중대한 결정을 내리는 것은 틀림없이 많은 그리스도인들을 겁에 질리게 만드는 일이다. 사실 중요한 결정일수록 두려움의 요인은 더 많아진다. 그러나 그것은 절대로 하나님 아버지의 의도하신 바가 아니다.

의사결정은 예수님을 따를 때 당연히 생기는 일이다. 이것은 예수님과의 여정을 더 오래할수록 더욱 유기적이고 관계적이 되는 영적 실천으로 여겨진다. 우리가 예수님과 함께 더 멀리 동행하며 친밀함이 더욱 커질수록 의사결정은 어려움을 덜 겪으면서 감춰진 보물을 찾는 일처럼 된다.

우리 안에 계신 성령의 음성을 듣고 분별하는 일 또한 그렇다. 성령은 하나님의 격려자요 지혜로운 상담자로서 명확한 커뮤니케이션과 마음의 하나됨을 중요하게 여기신다. 엘리자베스 엘리엇Elisabeth Elliot은 인도하심을 구하는 것을 '하나님의 뜻을 확인하는 것'이라고 불렀다. 이것은 신비로운 것을 발견하는 것이라기보다는 명백한 것을 확인하는 것이다.

나는 의사결정에서 특별한 방식을 고수하는 기독교 환경에서 성장했다. 그 방식은 신의 청사진 접근법 divine blueprint approach이다. 우리의 삶을 위한 완벽한 하나의 계획을 찾으라는 말을 들었다. 완벽한 배우자 같은 것 말이다. 우리는 하나님이 그려 두신 우리 삶의 도면을 알아내도록 성경을 살펴보고 신호signs를 찾으라는 권고를 받았다.

1980년에 나는 성경학 교수가 저술한 탁월한 책 한 권을 발견했는데, 내게 그리스도인의 의사결정에 대한 이해의 폭을 넓혀 주었다. 게리 프리슨Garry Friesen의 「나의 결정과 하나님의 뜻」(Decision Making and the Will of God, 생명의말씀사)은 청사진 견해를 강하게 비판하며 지혜를 대안으로 제시한다. 프리슨은 하나님이 우리에게 도덕적인 의지와 원리(지혜)를 주셔서 우리가 그 원리에 따라 행동하며 살도록 하셨다고 주장한다. 우리는 이런 원리에 기초해서 선택하며, 지혜가 자라면서 우리는 이 경건한 감각godly sense을 매일의 상황에 적용한다. 프리슨은 하나님이 우리를 마치 장기의 졸과 같이 하나님의 뜻대로 이리저리 움직여 놓으신다는 추론을 받아들이지 않는다. 우리는 우리가 해야 하는 모든 결정에 대해 하나님의 뜻이 한 가지만 있다는 기대를 하지 말아야 한다. 여러 가지가 있을 수 있다.

나는 1980년에 게리의 책을 읽고 '분별 신호'wisdom signs에 대한 그의 요약이 중대한 의사결정에 아주 실제적이라는 것을 발견하고 '의사결정 점검표'를 고안했다.

최근 고든 스미스Gordon T. Smith는 그의 책 「분별의 기술」(Listening to God in Times of Choice, 사랑플러스)에서 제3의 방법을 주장하는데, 이것이 우리가 여기에서 권하는 접근법이다. 고든은 분별을 영적 훈련으로 개발할 것을 제안한다. 하나님 아버지와의 관계에서 성장하는 개인적인 측면을 강조함으로써, 우리는 위기의 시기만이 아니라 모든 일상 삶에서 하나님 뜻의 개인적이고 관계적인 본질을 이해하게 된다. 우리는 매일 우리의 삶에 말씀하기 원하시는 하나님의 영과 교류하는 관계로 성장해 간다. 성령이 인도하시는 이런 종류의 대화는 문서로 된 '청사진'도 아니고 고정된 '분별 신호'나 인쇄된 지도도 아니라는 것을 알 수 있다. 스미스는 이렇게 말한다.

내가 또 우려하는 것은, 분별 모형wisdom model은 우리의 감정을 거의 고려하지 않는다는 것이다. 감정은 우리의 사고에 강력한 영향을 끼치며, 손쉽게 의사결정 과정을 형성하고 왜곡할 잠재력도 있다. 더욱이 지혜 모형은 선택 과정 형성에 불가피한 동기들이 혼합되어 있는 현실을 적절히 다루지 못한다.

우리는 크고 작은 모든 결정과 분별을 위해 "혼란스럽든 그렇지 않든, 우리의 사고에 영향을 주는 동기들과 우리의 감정적인 기질을 받아들일 수 있는"[1] 모형이 필요하다고 생각한다.

다음의 내용은 지혜, 경청, 인도에 대해 성경이 말하는 것을 모두 점검하는 아주 실제적인 접근법이다. 이것은 타문화 사역에 돌입하는 것에 대한 주요 의사결정과 관련되어 있으므로 이 접근법을 고려하라. 영적인 것들을 기계적인 공식으로 바꾸지 않고 하나님의 음성을 분별하는 필수적인 접근법이다.

그리스도인의 의사결정에는 자유와 위험이 동반된다. 성경은 우리에게 어떤 지표, 즉 '분별 신호'를 통해 하나님의 도덕적인 뜻(성경에 계시된 대로)God's moral will을 확인하도록 가르친다. 이런 신호들은 우리의 의사결정을 인도하는 특유한 성경적인 방법들이다.

결정 유형

그리스도인의 의사결정은 두 개의 범주로 나눌 수 있다. 첫 번째 범주에는 **성경에 구체적으로 언급된 영역**들이 해당된다. 즉, 하나님이 계시하신 원리와 명령으로서 반드시 따라야 하는 것들이다. 그런 성경적인 지침들은 즉 권고와 금지로, 둘 다 신자로서 우리의 생활방식을 형성한다.

두 번째 범주에는 **성경에서 따르도록 주신 명령이나 원리가 없는 영역**들이 해당된다. 이런 경우 자신들의 행동방침을 성경적인 지침의 테두리 안에서 자유롭게 선택하는 것은 신자들의 책임이다.

이런 것들은 우리의 여정에서 직면하는 구체적인 의사결정에 어떻게 적용되는가? 예를 들면, 우리가 부담과 열정을 느끼는 사역은 무엇인가, 어떤 교회에 다녀야 하는가, 어떤 선교기관에 연락을 해야 하는가, 결혼해서 자녀를 가질 것인가에 대한 의사결정이다. 하나님은 말씀에 명시해 놓으신 일반적인 지침 외의 이런 삶의 결정에 도움을 주시는가?

우리는 삼위 하나님은 멀리 떨어져 계신 분이 아니라 개인적이고 사랑하시는 하나님이라는 것을 믿는다. 하나님 아버지는 우리가 하나님을 알도록 초청하신다. 하나님은 우리의 머리털까지 세셨다고 말씀하신다. 우리를 인도하고 격려하고 능력을 주기 위해 성령을 주셨다. 예수님은 우리 안에 사신다. 주님은 우리 삶의 모든 면에서 매우 개인적으로 관여하신다고 하는데, 그렇다면 우리가 특별한 결정을 내려야 할 때 우리를 향한 주님의 마음을 어떻게 이해할 수 있을까?

7가지 분별 신호들

성경은 다음의 7가지 분별 신호들을 기술한다. 이런 지표들은 당신의 삶에 대한 하나님의 뜻을 발견하고 확인하도록 돕는다.

1 | 상식 Common senses

하나님은 사람들이 사실에 기초해서 타당한 판단을 내릴 수 있는 타고난 능력을 갖도록 창조하셨다. 이것은 하나님이 모든 인류에게 주신 은혜의 한 부분인 지혜의 한 형태다(잠 1:1-3; 3:5-6; 4:11을 보라).

선교와 관련된 선택을 할 때, 상식적으로 말하자면 선교 조직의 목적, 가치관, 비전, 사역, 리더들, 감독, 현지, 비용 같은 것들을 비교해야 한다. 당신의 능력, 경험, 영적 은사들도 살펴보아야 한다.

상식은 분별 신호가 된다. 왜냐하면 상식은 아이디어, 사람, 선택안에 대한 우리의 직감적인 기본 반응을 수용하거나 거부하기 때문이다. 이것은 상식이 하나님의 도덕적인 뜻과 조화를 이루면서 하나님이 성경에 이미 계시하신 것과 상반되지 않는 한 그렇다.

2 │ 영적 조언 Spiritual counsel

잠언에서는 성숙한 신자들의 지혜로운 조언을 구하는데 있어 균형과 지혜가 있어야 한다고 가르친다(잠 10:23; 15:22; 19:20; 히 13:7-8을 보라). 이 조언자에는 부모, 가까운 친구, 교사, 목회자, 다른 영적 리더들이 포함될 수 있다. 그들은 '주제에 관한 전문가'라기보다는 분별 과정에 도움을 주는 사람들이다. 극단적인 개인주의는 당신이 소속된 그리스도인 신앙 공동체의 지혜와 지원으로 바로잡을 수 있다.

지혜로운 그리스도인들과 함께 있을 때 질문해 보라. 당신의 관심사를 이야기하고, 그들의 생각을 들려달라고 하라. 그들이 문제를 어떻게 해결해 가며, 다양한 선택안들을 어떻게 살펴보는지 들어 보라. 그들이 오랜 세월을 통해 얻은 통찰력을 잘 정제해서 당신의 상황에 적용할 수 있는 원리에 녹아들게 하라.

상담자의 조언들이 어떤 부분에서 상충된다면 서로 다른 관점을 갖게 된 이유를 살펴보라. 상담자의 유형마다 가진 장점들을 기억하라. 부모는 당신을 가장 잘 알 것이고, 교사나 전문 상담가들은 당신이 간과했던 개념적인 맹점들을 알아내도록 도울 것이고, 목회자나 다른 영적 상담가들은 사실과 상황을 적절한 영적 관점으로 이해하도록 도울 수 있다.

3 │ 개인의 소원 Personal Desire

영적 성장은 개인의 갈망에 상당한 영향을 끼친다. 시편 저자는 주 안에서 기뻐할 때 주가 마음의 소원을 이루어 주신다고 기록한다(시 37:4; 잠 21:21을 보라). 하나님의 외교 정책에서 당신의 역할을 감당하는 데 있어 당신의 마음의 소원은 무엇인가?

떠돌아다니는 갱단이나 암스테르담의 노숙자들을 위한 사역에 당신의 마음이 있는가? 러시아에서 가정 교회를 개척하거나, 혹은 중앙아시아에서 새로운 리더들을 가르치고 준비시킬 때 당신의 가슴이 뛰는가? 당신이 성숙해 가면서 당신의 동기와 소원에서 종종 하나님의 소원이 나타난다. 그러나 개인의 소원이 절대적인 권위를 갖는 것은 아니다. 하나님의 말씀으로 판단해야 한다.

완전히 동등한 두 가지 선택안을 고려하고 있을 때, 당신이 제일 즐겁게 할 수 있는 일을 선택하는 것이 분별 신호가 말해 주는 것이다. 마음이 이끄는 대로 하라! 그것이 새 삶을 얻은 자들의 놀라운 자유다.

4 │ 환경 Circumstances

당신이 처하게 될 상황situation과 배경context은 의사결정에 있어 필수적인 요소다. 당신은 몸을 떠나서 혼돈의 시대를 기괴하게 떠다니는 유령이 아니다. 당신은 아주 고유하게 창조되고 고유한 부르심이 있는 특별한 사람이며, 성령이 "이 때를 위[하여]" 특별한 환경 속에 있게 하셨다(에 4:14). 배경은 이해를 위해 필수적인 것이며, 하나님이 말씀하시는 무대다.

당신의 상황을 주의 깊게 분석해 보라(잠 16:9, 33; 20:24를 보라). 선교 참여에 대해 깊이 생각하면서 상황, 즉 시기, 사람, 사건, 환경, 비용, 여행 등과 같은 요소들을 분석해 보라. 모든 선택안마다 각각의 장·단점들이 있다. 당신이 내린 결정의 의미와 그 결과를 좀더 예리하게 분별해 보라. 예를 들면, 최근 어떤 특정한 사역을 통해 갖은 리더와의 만남에서 하나님은 당신에게 무엇을 말씀하시는가? 방해되는 어떤 사건이나 상황을 통해 당신에게 새로운 선택의 기회들이 갑작스럽게 생기게 되었나? 최근 주위에 도움이 필요한 사람들에게 즉흥적으로 사역을 하는 과정에서 하나님이 무엇을 말씀하고 계시는가?

깨달은 것이나 생각을 적어 놓으면, 당신이 감정이나 충동에 의한 결정으로 희생자가 되지 않게 간단한 해결책이 된다. 우리는 모든 사건을 영적으로 해석하거나, 아무것에서나 영적 진리를 찾으라고 하지 않는다. 하나님은 환경을 사용해서 우리의 인격을 형성시키고 주의 목적으로 인도하신다는 것을 기억하라. 성령이 당신의 의사결정을 돕기 위해 일상의 구성 요소들과 그것들의 역학관계를 어떻게 사용하시는지 더욱 주의를 기울이라.

5 | 성경말씀 Scripture

하나님의 도덕적인 뜻은 말씀에 나타내신 대로 객관적이고 온전하고 적절하다. 하지만 성경은 모든 상황에 정확한 답을 주지는 않는다. 성경이 우리에게 가르치는 것은, 지혜를 얻어서 그것을 우리의 결정에 적용하라는 것이다(잠 6:20-23; 8:10-11, 32-33; 9:10을 보라). 우리는 '운명'에 맡기고 성경책을 펼쳐서 결정에 영향을 미치는 정확한 구절을 손가락으로 짚는다는 사람들이 있다는 우스갯소리를 들어 봤다. 한번은 내 가까운 친구 하나가 신학교를 선택하던 중에 성경책을 펼쳐서 한 구절을 짚은 적이 있다. 그 말씀은 "은혜 Grace가 너희에게 있을지어다"였다. 그는 즉시 그레이스 신학교 Grace Seminary에 원서를 냈다. 이것은 엉뚱한 일이다. 성령이 기록된 말씀을 통해 우리에게 말씀하시고자 하는 방법을 잘못 사용한 것이다.

우리 마음에 즉흥적으로 떠오르는 생각들이 있다. 내부에서 일어나는 이런 느낌들의 출처는 하나님, 사탄, 과거의 경험, 습관적인 행동, 스트레스, 욕정, 미성숙, 소화불량, 불면증 등으로 다양하므로, 반드시 하나님의 말씀으로 판단해 보아야 한다. 깊이 생각하고 살펴본 후, 어떤 느낌이 실제로 선한 계획, 즉 하나님을 섬기는 지혜로운 방법이라고 결론을 내리거나 혹은 무시해 버려야 하는 어리석은 생각이라고 결정할 수 있다.

6 | 기도 Prayer

기도는 하나님과의 대화다. 즉 하나님의 마음과 인도하심을 알기 위해 하나님과 소통하는 수단이다. 기도는 양방향 대화다. 우리는 우리의 마음과 필요와 요구를 말씀드리고, 하나님은 주의 사랑의 마음과 통찰, 지시하는 말씀을 나누어 주신다. 대부분의 의사결정은 여기에서 이루어진다(엡 6:18을 보라). 당신이 의사결정에 대해 생각하고 그에 관한 정보를 수집하며 보내는 시간은 매일 기도로 나누는 대화와 짝을 이루어야 한다. 때로 기도를 기록하면 기도 집중에 도움이 된다. 중대한 결정을 두고 고심하면서도 그것에 대해 5분도 기도하지 않는 사람들이 있다. 하나님을 사랑의 하나님으로 신뢰한다면, 하나님이 지혜를 구하는 당신의 간구에 기도라는 친밀한 통로를 통해 응답하시기를 간절히 원하는 것은 당연하지 않은가?

253페이지의 '의사결정 점검표'는 기도 일지로 사용하기 위해 만들어졌다. 생각한 것, 들은 것, 발견한 것들을 기록하고, 성령이 뭐라고 하시는지 성령과 대화하기 위한 것이다. 성령이 내게 주신 놀랍도록 구체적인 통찰과 말씀들을 계속 기억해 두는데 이 점검표가 내게 도움이 되었다. 이것은 의사결정 과정에서 전혀 영적인 의미를 제거하지 않는다. 성령이 나와 대화하기 원하시는 모든 것들에 내가 훨씬 더 의지하고 반응하도록 한다.

7 | 과거의 경험 Previous experience

인생은 교실이다. 초등학생으로 돌아가고 싶은 사람은 없을 것이다. 똑똑해지라. 과거의 결정들을 잘 생각해 보고, 그것들이 어떻게 좋고 어떻게 좋지 않은지에 대해 배우라(잠 10:24; 21:1을 보라). 당신이 지금 처한 형편과 선택할 수 있는 기회들에 영향을 끼치는 중대한 결정에는 어떤 것이 있는지 기록해 보라. '타임라인'(316-317페이지)은 '하나님이 나의 지난날에 어떻게 역사해 오셨나?' 그리고 '하나님이 내게 무엇을 말씀해 오고 계신가?'라는 질문에 대답하는데 아주 도움이 되는 방법이다. 타임라인을 완성하는 마지막 단계는 성령이 지난 수년 간 당신에게 가르쳐 주신 영적인 통찰과 리더십 교훈을 추출해 내는 것이다. 타임라인은 수년 간의 영적인 통찰을 알아내는 한 방법이다.

과거 경험을 생각함으로써 당신이 발견할 수 있는 것들은 예를 들면, 당신이 고립되거나 더 크게 성장해 갈 때 어떤 고통과 어려움을 겪었는지, 그리고 당신이 진정한 관계를 맺고 더 철저한 책임감을 가질 때는 어떤 복을 얻었는지에 관한 패턴이다. 혹은 멘토가 있을 때는 어떻게 급성장했는지 알게 되고, 지혜로운 조언자들과 너무 떨어져 있을 때는 불안과 방황의 시기가 있었음을 보게 될 것이다.

로마서 8:28은 주의 뜻에 헌신한 그리스도인으로서 내리는 모든 결정에 하나님이 역사하신다고 말씀한다. 이 말씀은 당신이 할 수 있는 가장 최선의 결정을 내릴 때, 하나님은 선한 결과를 이루시리라는 것을 신뢰할 수 있다는 말이다.

의사결정 점검표

다음의 의사결정 점검표는 당신이 직면한 구체적인 의사결정에 대한 장·단점을 비교한 '대차대조표' balance sheet 모델로 사용할 수 있다. 이것은 당신의 사고와 평가를 도와줄 간단하고 논리적인 도구다. 이것은 의사결정 과정에서 신비를 빼내기 위한 것이 아니라 신비주의적인 것을 제거하기 위한 것이다. 점검표의 왼쪽 열에 나열된 7가지 분별 신호들을 살펴봄으로써 의사결정 과정에서 성경에 언급된 지침의 주요 영역들이 무엇을 말하는지 찾게 된다. 한편 당신이 주의 크신 영광이라는 궁극적인 목적을 놓고 깊이 생각하는 과정에 하나님이 깊이 역사하셨다는 것을 잊지 말아야 한다.

개인 경험

중요한 결정을 할 때 나는 고려하고 있는 선택안마다

별도의 점검표를 작성한다. 예를 들어, 학교 세 곳을 조사하고 있다면, 나는 각 학교마다 점검표를 준비할 것이다. 이동하는 문제를 놓고 기도하고 있다면, 나는 각 방법마다 점검표를 만들 것이다. 각 분별 신호들을 신중하게 검토하면서 각각의 장·단점들을 기록한다. 이 일은 며칠 혹은 몇 주가 소요되기도 한다. 이것이 너무 기계화되고 자연스럽지 못하다고 여길 사람들도 있겠지만, 그들도 자동차나 컴퓨터 구매를 위해 장·단점을 검토하는 데 몇 주가 걸릴 것이다. 당신이 중요한 결정을 내려야 하는 상황이라면, 이 일은 분명 노력을 기울일 가치가 있다고 생각한다.

나는 이 과정이 나를 더 기도하게 하고 신중하도록 돕는 훈련임을 안다. 이 과정은 의사결정을 더 쉽게 만드는 것이 아니라 문제들을 더욱 명확하게 보게 한다. 고등학교 이후로 나는 모든 결정을 내릴 때 하나님을 기다려야 한다는 것을 이 과정을 통해 분명히 알았다. 이 과정이 주님을 의존하는 것을 대체하지는 않는다. 오히려 내가 정말로 주께 완전히 의지해야 하는 영역들을 고통스러우리만큼 분명하게 알려 준다.

이 점검표를 의사결정의 영적인 보조 도구로 사용하라. 이것은 술책도 아니고 점괘판도 아니다. 그러나 선택안이 많아서 혼란스럽고 세부 사항과 고려 사항들이 너무 많아 보인다면, 이 도구가 당신이 살펴보아야 할 분별 요인들을 틀림없이 밝혀 줄 것이다.

과정

각각의 분별 신호를 통해 어떤 통찰과 지혜를 얻었는지 생각하고, 그것들을 놓고 기도하면서 해당되는 부분에 그 통찰을 기록하라. 기도하는 마음으로 영적인 '숙제'를 마쳤을 때, 당신은 한 선택안이 다른 선택안의 장·단점들보다 분명 월등하다는 것을 알 수도 있다. 그것이 이 도구의 목적이다. 즉 어떤 선택안이 가장 지혜로운 결정이 될지 결정하는 데 도움을 주는 것이다.

평안

분별 신호들이 어떤 특정 선택안을 지목하는 것 같을 때는 기도하면서 최종 결정을 하라. 그 선택안에 대해 하나님이 평안한 마음을 주신다고 느끼면 그것이 지혜로운 결정이라고 확신해도 된다. 그것이 골로새 교회 성도들에게 바울이 제안한 실제적인 패턴이다(골 3:15를 보라). 하나님의 평안으로 당신이 지혜로운 결정을 했다는 최종 확인('심판')을 삼고, 확신을 가지고 순종하며 나아가라.

하나님의 뜻을 분별하는 깊은 기술을 갖게 해줄 기본서로 고든 스미스의 「분별의 기술」을 추천한다.

주의: 한 가지 이상의 선택안을 검토할 수 있도록 점검표를 복사해서 사용하라.

- David G. Benner, *Desiring God's Will*(Downers Grove, Ill.: InterVarsity Press, 2005). 「하나님의 뜻을 갈망하다」(한국 IVP).
- Dalla Willard, *Hearing God: Developing a Conversational Relationship with God*(Downers Grove, Ill.: InterVarsity Press, 1984, 1993, 1994). 「하나님의 음성」(한국 IVP).

1. Gordon T. Smith, *Listening to God in Times of Choice*(Downers Grove, Ill.: InterVarsity Press, 1997), p.102. 「분별의 기술」(사랑플러스).

6.8 의사결정 점검표

스티브 호크

날짜:	결정해야 할 날짜:
결정 사항:	

분별 신호	장점	단점
상식		
영적 조언자		
개인의 소원		
환경		
성경말씀		
기도		
과거의 결정들		
평안		
결론		

Global Perspectives 6.9

이태웅

글로벌 교회가 함께 감당할 선교 사역

세계화된 세상에서 선교에 참여하기 위해 무엇보다 먼저 신약 성경이 선교에 대해 어떻게 말하고 있는지 귀를 기울이지 않으면 안 된다. 우리는 성경말씀 중 최소한 다음 두 가지에 대해 고려하지 않으면 안 된다.

첫째, 성경말씀은 선교가 범세계적으로 이뤄져야 할 것을 명시한다. 이는 오랜 기간 동안 선교 사역에 참여한 서구권이나 새롭게 선교를 시작하는 비서구권이나 모두 다 선교에 참여해야 하는 것이 신약 성경에서 말씀하고 있다는 사실이다. 다시 말해 교회의 전 라이프 사이클 중 그 어느 때도 선교를 배제해서는 안 된다는 뜻이다. 따라서 서구 교회는 타문화 상황에서의 전도, 교회 개척 및 전인적 사역을 비서구 교회에 위임하고 자신들은 자신이 속한 지역에만 치중한다는 식의 책임 회피가 있어서는 안 된다. 세계 교회 모두가 다 같이 항상 선교에 참여해야 한다.

추천하는 선교 훈련과 기타 협력의 영역들

둘째, 서구와 비서구는 각각 자신들에게 적합한 선교 전략을 수립할 자유가 있다. 그러나 서구 교회가 비서구 교회보다 더 역사가 깊기 때문에 유리한 위치를 차지하는 영역들이 많다. 서구 교회가 비서구 교회와 진정으로 협력할 수 있는 영역의 예는 다음과 같다.

자원과 인력의 공유로 선교 훈련에 전문성을 제공하는 영역, 국제 선교 단체 조직을 통해 비서구 선교사들이 서구 선교사들과 나란히 사역할 수 있는 우호적인 분위기를 조성하는 영역, 비서구 선교 단체들이 선교지에서 정체성을 잃지 않게 불필요한 국제 조직을 중복적으로 형성하는 것을 자제함으로써 상호 협력을 하는 영역, 비서구 선교 단체가 인프라를 형성할 수 있게 돕는 영역, 위기 상황에 상호 지원하는 영역이 그 예들이다.

서구 교회가 하지 말아야 할 것 중 한 가지는 자신의 지역으로 철수해서 자신의 지역에만 집중하는 일이다. 전 세계를 복음화 하는 데에는 세계적인 선교 세력이 있어야 한다. 그때까지는 서구와 비서구권의 교회가 모두 신약 성경의 본을 따라 힘을 합해 총력을 기울여서 세계 선교에 참여해야 한다.

 ## My Journey 6.10

장영호(GP 한국 대표, 러시아)

나의 인생 여정을 돌아보면 모든 것이 '하나님의 은혜'다. 돌이켜 보면 "갈 바를 알지 못하고 나아갔으며"(히 11:8)라고 기록된 아브라함의 삶과 비슷함을 보게 된다. 내 부모님은 6·25전쟁 때 북한에서 죽음의 위협을 무릅쓰고 월남하셨다(만약 그때 남한으로 오지 않으셨다면 나는 지금도 북한에서 살고 있을 것이다). 전쟁 후 어려운 생활환경 속에서도 부모님은 신앙인의 본을 보이며 나를 믿음으로 양육하셨다. 아버님은 전도와 선교에 특별한 열정을 품고 계셔서 "한국은 좁으니 세계를 무대로 살라"고 말씀하시며 세계 비전을 심어 주셨다. 이것이 '은혜의 시작'이다.

1991년, 선교학을 공부하기 위해 아내와 딸과 함께 미국으로 떠났다. 당시 구소련이 무너졌고, 1993년 러시아 제2의 도시인 상트 뻬쩨르부르그로 들어갔다. 지난 21년 동안 하나님께서는 내가 알지 못했고 계획하지 않았던 일들을 행하셨다. 러시아 교회를 개척했고(1993년), 초교파 선교 단체인 미르선교회를 상트 뻬쩨르부르그에서 한인 선교사 및 러시아 목회자들과 함께 창설했고(1996년), 미르고려사람교회 및 미르한인교회를 담임 목회자로 섬겼고, 2012년에는 GP선교회 한국 본부의 책임을 맡아 사역하게 되었다.

지난날 많은 러시아 목회자들과 고려인 사역자들, 그리고 국내외 선교사들을 만나 그들과 교제하면서 내가 도리어 더 많은 축복을 받았다. 이에 더해 하나님께서는 특별한 섭리 가운데 두 자녀를 더 우리 가정에 보내 주셨다. 러시아에서 아들 인성이가 아내의 태중에 있을 때 러시아 의사는 산모가 위험하고 태아는 기형일 가능성이 있으므로 태아를 제해야 한다고 주장했다. 그런데 한국으로 이송해 정상아로 출생했다. 이 모든 것이 하나님께서 베푸신 '은혜 위의 은혜'다.

하나님께서는 종말에 대한 기대와 부담을 내게 주셨다. "천국 복음이 모든 민족에게 증언되기 위하여 온 세상에 전파되리니 그제야 끝이 오리라"(마 24:14)는 말씀을 따라 지금까지 러시아 선교에 힘썼다. 앞으로도 러시아의 복음화를 위해 러시아 목회자들과 동역하며 동시에 구소련에서 이스라엘로 이주해 간 러시아계 유대인들을 통한 이스라엘 선교에 힘쓸 것이다. 현장 선교사들의 필요를 파악하고 함께 협력해 모든 민족에게 주 예수 그리스도의 복음을 전하는 일에 생명을 다할 것이다. 이 일들을 위해 하나님의 '지속적인 은혜'를 간구한다.

요즈음에는 찬양을 부를 때 은혜를 더욱 많이 경험한다. "나의 길 오직 그가 아시나니…나를 단련하신 후에…내가 정금 같이 나오리라…." 멀지 않은 미래에 우리 모두 하나님 앞에 서서 그분을 영원히 찬양하며 기뻐할 날을 소망하며, 오늘도 죽어질 때 살아나는 기독교의 역설적 진리가 삶의 현장에서 매일 일어나기를 소원한다.

"마라나타! 아멘 주 예수여, 오시옵소서!!"

Work Sheet 6.11

스티브 호크

당신은 지금 어디에 있는가?

미전도 종족에게 복음을 전하려는 선교사들을 알고 있는가? 그들은 지금 어디에 있는가? 그들은 어디에서 섬기려고 하는가? 개인적으로 아는 선교사가 없다면, 이 과제를 통해 적어도 두 사람을 찾아서 대화하게 될 것이다.

당신의 소속 교회가 미전도 종족에게 복음을 전하고 있는 선교사나 현지 사역자들을 후원하는가? 그렇지 않다면 가까운 교회 중에 복음이 전해지지 않은 새로운 지역에 진출하려는 뜻을 품고 있는 몇 교회를 찾으라. 그 교회들이 어떻게 이런 전략적인 초점을 갖게 되었는지 만나서 대화를 나누도록 약속을 잡으라.

- 당신은 전 세계의 다른 문화와 민족에 얼마나 친숙한가?

- 최근 가장 많이 관심이 가는 나라 셋을 들어 보라.

 1.
 2.
 3.

다음에 해야 할 일은 무엇인가?

- 세계의 필요에 대해 언제 교회나 선교기관과 토의할 것인가? 어떤 교회 혹은 선교기관인가?

- 당신이 관여하게 될 수도 있는 미전도 종족이나 복음화 되지 않은 세계의 주요 지역에 대해 언제, 어떻게 직접 조사할 것인가?

- 어떤 대륙인가?

- 어떤 지역 혹은 나라인가?

- 어떤 종족인가?

- 미전도 종족에 대해 연구 조사하면서 당신 자신을 위해 세우려는 구체적인 학습 목표를 최소한 세 개 적어 보라.

    1.
    2.
    3.

미래는 어떤 모습일까?

- 하나님이 당신에게 어떤 유형의 선교사가 되도록 인도하신다고 믿는가? 즉, 교회 개척 과제나 전도 팀 안에서 당신만의 특별한 역할은 어떤 것일까?

- 사역에 대한 부담감과 열정에 초점을 맞춤으로써 당신의 의사결정 과정에 어떤 통찰을 갖게 되었나?

- 하나님이 당신을 어디에서 섬기게 하실 것이라고 믿는가?

- 어떤 교회나 선교기관과 함께 섬기게 되겠는가?

- 어떤 종족이나 지역과 관련을 맺을 것인가?

- 아직도 기도하고 있는 질문이나 고민들을 써 보라.

- 성령이 당신의 마음에 깨닫게 해주신 것들이나 응답해 주신 것들을 기록해 두라.

- 당신의 미래를 위해 성령을 기다리는 중에 성령이 당신에게 깨닫게 해주시는 것은 무엇인가? (다른 종이를 더 사용하거나, 원하는 방법으로 이런 기도의 응답들을 기록하라.)

7

선교사 실습 훈련

이제 당신이 기본적인 학문 훈련을 마쳤고, 교회나 지역 사회에서 진지하게 현장 사역 훈련을 했고, (기대하기는) 유급 사역의 경험도 가지게 되었다고 전제한다.

그렇다면 당신은 최소한 한 번 정도는 짧은 기간 동안 타문화권에서 지냈거나, 국내나 해외에서 2년 정도 단기 사역을 했거나, 타문화 경험을 했을 것이다. 어려움들을 겪었을 것이고, 그 결과 더 강하게 성장했다.

이제 어떤 종류의 훈련이 더 필요한지 알아봐야 할 때다. 이 장에서는 현지에서 하게 될 특정 사역에 대비한 실제적인 준비에 초점을 맞춘다. 우리가 아는 교회 개척가들 중에 본국에서 해 본 사역이라고는 고등학생들을 훈련시키고 성인 주일학교에서 가르친 경험이 전부인 사람들이 있다. 이것은 다양한 계층과 문화적 배경 속에서 사역할 사람들에게는 적절하지도 현실적이지도 않은 훈련이다. 공동체에서 살아 본 경험이나 혹은 사역 팀에서 다른 사람들과 긴밀히 협력하며 일해 본 경험이 한 번도 없는 사람이 팀에서 섬기겠다고 오는 경우도 있다고 한다.

지금쯤이면 선교사로서 당신이 감당하고자 하는 역할을 어느 정도 결정했을 것이다. 이 책에서는 당신이 고려하는 역할이 교회 개척이라고 가정한다. 그러나 하나님이 당신을 전문인(텐트메이킹) 사역이나 혹은 다른 선교사들을 훈련하는 사역을 하도록 인도하고 계실 수도 있다. 알고 있겠지만 이 모든 역할은 궁극적으로 복음을 들어 보지 못한 사람들에게 복음을 전하고 예수님을 예배하는 공동체를 세우기 위해 성령께 쓰임 받는 것이다.

어쩌면 하나님이 당신에게 사역할 특정한 대륙이나 나라 혹은 민족을 보여 주셨을 수도 있다. 총체적인 사역을 위해 그곳에 무엇이 필요한지 연구할 기회가 있었을 수도 있다. 특정한 사역을 시도하도록 성령이 이끄신다고 느낄 수도 있다. 혹은 '입양한' 미전도 종족이나 나라에 팀을 파송해서 교회를 개척하는 등의 특정한 선교에 힘을 쏟는 교회에 소속되었을 수도 있다. 혹은 미전도 종족의 언어를 번역하는 일에 주력하는 교회에 소속되었을 수도 있다.

이런 모든 요인들은 당신이 받아야 하는 선교사 훈련의 범위와 유형에 영향을 끼친다. 프로필에서 기술한 세 가지 영역, 즉 인격과 영성 자질, 사역 기술, 그리고 지식에서 능력을 개발하는 데는 시간과 실제 사역 경험이 필요하다. 당신의 기초가 하나님께 깊이 뿌리내리게 하라.

기본을 완전히 익히라

첫째, 하나님과 말씀에 견고한 기초를 세워야 한다. 이 기초는 적용할 수 있는 튼튼한 성경 지식을 말하는데, 이것이 당신의 믿음을 세워 주고, 가치관을 뒷받침해 주고, 행동을 인도한다. 둘째, 성경이 기록된 문화적 배경을 잘 파악해야 한다. 여기에는 성경 역사와 문화에 대한 지식은 물론 다른 문화에 예수님을 소개할 때 유념할 문화적인 문제에 대한 민감성이 포함된다. 이것이 없이는 하나님의 말씀을 다른 문화에 효과적으로 전하지 못할 것이다. 셋째, 이 살아 있는 말씀이 새로운 문화에서 초자연적으로 살아 역사할 날을 꿈꾸라.

무엇보다 성경 지식을 소중히 여겨야 하는데, 그 이유는 이것이 명성이나 권력을 주기 때문이 아니라 사역을 진행하는 데 꼭 필요하기 때문이다. 성경 지식은 당신이 될 수 없었던 사람이 되게 하고, 할 수 없었던 일을 할 수 있게 만든다. 그것이 바로 우리가 인격 자질('존재'의 목표)과 사역 기술(사역의 목표)에 먼저 집중했던 이유다. 이 두 가지 자격 요건은 효과적인 선교사 사역을 위해 당신에게 어떤 지식이 필요한지 결정하는 데 도움이 된다.

견고한 사역 기술을 쌓으라

현지에서 효과적으로 사역하기 위해서는 선교사 훈련 중에도 목적의식이 있어야 한다. 교회에서의 초기 현장 훈련은 교회에서 필요한 다양한 사역들을 통해 가르침, 전도, 제자훈련, 그리고 다른 사람들을 준비시켜 파송하는 것 등을 실행해 봄으로써 사역 '근육'을 발달시키기 위한 것이다. 선교사 준비 과정에서 이런 실제적 훈련 단계는 선교지에서 가장 많이 사용하게 될 구체적인 사역 기술을 연마하는 단계다. 당신이 성장하고 재생산하는 교회 셀 그룹에 속해 활동하기를 기대한다.

자신의 역할을 알고 훈련에 집중하라

선교지 교회 개척을 위한 가장 적합한 준비는 **본국에서** 교회 개척 팀이나 공동체 구축 팀에 동참해 중요한 책임을 맡는 것이다. 이와 마찬가지로 선교지의 팀워크를 위한 가장 적합한 준비는 본국의 사역 팀에 적극적으로 참여하는 것이다. 이웃에게 복음을 전하고, 이웃의 필요를 알고 도우며, 주위 사람들과 관계를 맺고, 복음을 전하기 위해 성경공부를 시작하고, 셀 그룹을 만들고, 리더들을 양성하고, 새로운 신자들을 2세대와 3세대까지 제자훈련 하는 것들이 중대한 교회 개척 기술들이다. 이런 것들이 자신이 속한 지역 사회와 교회에서 습득하고, 개발하고, 개선해야 하는 실질적인 자질들이다.

선교학적·신학적으로 적절한 준비를 하라

여기에 해당되는 것은 역사 속에 있는 하나님의 목적이 무엇인지, 교회의 역사에서 성령이 어떻게 역사하셨는지, 신학이 어떻게 발전되어 왔는지, 그리고 하나님이 우리에게 말씀하신 것을 사람들은 대대로 어떤 방법으로 알아들었는지 이해하는 것이다. 그러나 이것이 실제적인 것이 되도록 해야 한다. 이 연구의 목적은 당신의 삶뿐만 아니라 다른 사람들에게 그리스도 중심적인 의미 있는 삶을 살도록 준비시키는 일을 더욱 효과적으로 하게 돕는 것이다. 당신이 갖게 될 지식은 결코 그 지식 자체가 목적이 아니다.

단순화된 선교 구호와 대위임명령을 엉성하게 단순화 하려는 경향을 피하라. 창조와 하나님 나라의 가치에 대한 견고한 신학을 발전시키라. 모두에게 적용되는 것은 아니지만, 많은 선교사들이 1-3년간의 정규 학습을 통해 큰 유익을 얻었다. '퍼스펙티브스' 훈련은 최고의 선교 신학 입문 과정이다. 아직 이 과정을 이수하지 않았다면, 지금 이수하라. (자세한 내용은 '부록 1'을 보라.)

사회과학에 대해 폭넓은 훈련을 받으라

사회과학, 특히 인류학, 사회학, 정치학은 전 세계 선교 사역의 역사와 현재의 효과성과 밀접한 관련이 있다. 인류학은 당신의 문화는 물론 당신이 섬길 민족의 문화의 기원과 본질을 고찰해 보도록 한다. 사회학은 사람들이 공생의 규칙을 어떻게 만드는지 이해할 수 있는 표현 형식과 정신적인 모델을 제공한다. 정치학은 사회에 순기능(또는 역기능)을 하는 역학적인 긴장을 이해하고, 사회가 정치적으로 어떻게 조직되는지 이해하는 도구가 된다. 선교사들은 한 민족의 신앙과 관습을 배우면서 성경의 진리를 전달할 효과적인 다리를 발견한다.

언어와 문화를 배우는 데 집중하라

이것에 대해서 노력을 아끼지 말라. 지혜로운 교회들과 대부분의 파송 기관들은 모든 선교사들에게 요구하는 오리엔테이션, 문화 연구, 언어 능력을 제시한 명확한 방침이 있다. 그러나 이것이 실제적인 선교사 훈련의 가장 어려운 부분들 중 하나일 수 있기 때문에, 어떤 교회들과 선교기관들은 이 부분의 자격 요건을 완화하기도 한다.

사실 교회와 선교기관들은 선교사들에게 최소한의 요구사항보다 더 많이 갖추도록 권장해야 한다. "수년 전 우리가 언어를 유창하게 구사할 수 있도록 시간과 노력을 들였다면 좋았을 텐데. 가족과 현장이 요구하는 것들과 긴급한 일에 쫓겨서 우리는 언어 능력을 충분히 갖추지 못한 채 사역해야 했다. 우리의 사역이 훨씬 더 많은 영향력을 끼쳤을 수도 있었을 텐데" 하고 후회할 선교사들이 많다.

언어 습득과 문화 학습은 서로 관련된다. 한 문화에서 사용되는 용어terms로 생각하게 되기까지는, 즉 그 문화의 관용어idioms를 사용할 줄 알고, 농담을 듣고 웃을 수 있고, 고통을 느끼고 울 수 있게 되기까지 그 문화를 정말로 이해한다는 것은 어려운 일이다. 문화에 맞게 생각하기 위해서는 도시에서 사용되는 단순한 통상어trade language만이 아니라 유창하게 언어를 구사할 줄 알아야 한다.

한 친구가 말한 것처럼, "사람들이 생각하고, 꿈꾸고, 사랑할 때 사용하는 언어로 유창하게 소통할 수 있어야 한다." 언어 습득에서 가장 좋은 훈련은 본국의 사전 오리엔테이션 워크숍과 연계해 주어진다. 많은 선교기관들은 문화 오리엔테이션 훈련을 모두 현지에서 하는 것으로 바꿨다. 즉, 실제 사역할 땅과 나라의 '현장에서' 하는 것이다.

대부분의 사람들은 언어나 언어 이론에 대해 거의 훈련을 받지 않는다. 북미인이나 한국인 대부분은 한 언어를 사용하지만 다른 나라들은 그렇지 않다. 이것이 언어 학습에서 그들의 분명한 약점이다. 그러므로 새로운 언어를 배우려고 뛰어들기 전에 언어 이론이나 언어학에 대해 기본적으로 알면 도움이 된다. 또한 최근에 새로 개발된 언어 습득 기술을 공부하면 훨씬 더 도움이 될 것이다.

가장 효과가 있는 언어 습득 방법 중의 하나는 그 언어를 사용하는 사람들 속에서 배우는 것이다. 톰과 베티 수 브루스터Tom and Bety Sue Brewster는 1970년대에 램프(실용적인 언어 습득)LAMP, Language Acquisition Made Practical 방법을 처음 개발했다. 이 방법은 현지인 가정에 살면서 간단한 문구를 배우고 그것을 반복해 사용하거나 혹은 선교 대상 문화의 현지인 '언어 도우미'와 정기적으로 대화할 것을 강조한다. "조금 배우고 많이 사용하라"는 것이 그들의 표어다. 문화 속에 완전히 잠겨서 언어와 문화를 배우는 방법은 새로운 문화와 '결합'하는 가장 자연적인 방법이다. 이 방법은 오늘날 많은 선교기관에서 주요한 언어 습득 기술로 널리 실행된다.

세계가 더욱 도시화됨에 따라 선교사들이 도시에 살며 사역 준비하는 것을 더욱 강조한다. 도시 타문화 선교 인턴 과정은 도시 거주자들, 특히 도시 빈민들 속에서 성육신적인 삶을 살기 위한 이상적인 준비가 된다. 예를 들어 보자. 매해 여름 로스앤젤레스에서 실시되는 8-10주간의 도시 인턴 과정은 여러 선교기관과 교회가 공동으로 후원하는데, 선교사로 임명된 사람들은 그들이 가게 될 '대상 민족'의 환경과 비슷한 환경에서 사역하며 배운다. 각 참가자들은 그들이 사역하려고 계획하는 민족 출신의 가족과 함께 산다. 교수진은 참가한 교회, 선교기관, 근처의 신학교에서 온 사람들로 구성된다. 참가자들이 받는 훈련에는 상호 참여가 많은 현장 문화 경험과 조사, 언어 습득, 영성 형성(성경공부와 묵상 포함), 팀 구축과 리더십 개발이 있다. 뉴욕이나 시카고 같은 대 도시에서도 다른 선교기관과 교회를 통해 비슷한 훈련 프로그램이 실시된다. 한국에서는 일주일 동안 국내 외국인 근로자 마을에 찾아가는 국내 단기 선교 여행 프로그램을 운영하기도 한다.

사우스캐롤라이나의 콜롬비아에 있는 콜롬비아 국제 대학교Columbia International University 러시아어 학부의 언어 프로그램처럼 여러 혁신적인 언어 연구 프로그램들이 생겨났는데, 이것은 동유럽과 미전도 종족 지역으로 가는 북미인들의 증대하는 요구에 부응한 것이다. 언어학과 언어 습득의 최근 발전으로 볼 때, 이런 프로그램들은 선교지에 나가서 문화와 언어의 스트레스를 겪기 전에 안정되고 익숙한 환경에서 언어 기본에 대해 탄탄한 기초를 쌓게 해준다. 고맙게도 언어 학습 기술을 익힐 수 있는 2주간의 집중 과정들이 있다. 단기간의 집중적인 언어 습득 워크숍을 개설하는 선교사 훈련 기관을 알아 보라.

한국인들의 경우 영어를 배우는 것이 큰 과제다. 모든 선교사가 영어를 잘할 필요는 없다. 오히려 현지어 능력이 더 중요하다. 그러나 어느 정도의 영어 구사 능력은 필요하므로 최근 SIM 등 몇몇 단체에서 선교 헌신자들을 위한 영어 집중 과정을 개설했다.

평생 한 언어만 배우게 될 것이라는 잘못된 생각에 갇히지 말라. 하나님이 당신을 또 다른 곳으로 옮기실 수도 있다. 앞으로는 선교사들이 사역 도중에 다른 나라로 재배치되는 일이 많아질 것이다.

다른 언어를 배울 수 있는 능력을 가지면, 하나님 나라의 다른 어느 곳에서든 새로운 과제를 감당할 수 있도록 유연성이 커진다. 고등학교에서 언어를 배울 때 가진 좋지 않은 경험이 악영향을 끼치지 않도록 하라. 교실에서 해 본 것들은 당신의 능력을 제대로 시험한 것이 아닐 수도 있다.

다양성으로 인해 대도시의 문화가 풍성하게 되었음에도 불구하고, 이 다양성을 독특한 특성을 가진 문화들과 사람들이 공존하는 '찌개'stew pot나 '버무린 샐러드'tossed salad로 보기보다는 많은 문화들이 특징 없이 섞인 '용광로'melting pot로 보는 경향이 있다. 확실히 새로운 세기는 다양성과 포용성을 강조하고, 포스트모던 세대는 문화와 세계에 대해 과거 세대들보다 더 폭넓은 시각을 가졌다. 그러나 많은 경우 아직도 차이를 받아들이고 누리기보다는 그것에 대해 좋지 않는 반응을 나타내는 경향이 자주 있다. 다행스럽게도 '열방'nations이 우리 앞으로 밀려옴에 따라 이 상황이 급진적으로 변하고 있다.

선교의 역사에는 자신의 문화는 물론 복음 전도 대상의 문화도 이해하지 못한 선교사들이 수없이 많다.

그들의 시도는 진실되기는 하지만 슬픈 것들이다. 이웃 문화에 대한 학습을 통해 '문화 탐정'cultural detective이 되는 길에 들어설 것이다. 즉, 다른 사람들과 그들의 생활방식에 대해 알고 이해하는 데 천부적인 탐구심이 많을 뿐만 아니라 진정으로 관심이 있는 사람이 되는 것이다. 첫 단계는 자신과 자신의 문화적인 배경과 편견을 이해하는 것이다.

언어와 문화 학습을 포함해서 실제적인 선교사 훈련을 위한 학교와 자료에 관해 '부록 1'을 보라.

※ **국제선교훈련원**(Mission Training International)
www.mti.org(언어 습득 훈련 프로그램 참조, Program in Language Acquisition Training, PILAT).
※ **문화간훈련센터**(Center for Intercultural Training)
www.cit-online.org

7.1

선교지에서의 선교사 훈련이 효과적인 이유

박종승(GP 선교회 훈련원장, 말레이시아)

선교사로 출발하기 위해 훈련은 필수 요소다. 지난 20여 년간 느낀 것은 훈련을 제대로 받은 사람과 그렇지 못한 사람들의 차이가 많다는 것이다. 최근 몇년 동안 선교 현지에서 적게는 1-2년, 많게는 10년 이상 사역 경험을 하고도 수습 선교사 혹은 경력 선교사 허입 훈련을 다시 받고 시작하는 선교사들이 늘고 있다. 선교사에게 훈련은 무엇보다 중요하고 사역의 질을 결정하는 중요한 부분이기 때문이다.

특별히 선교 훈련은 파송국sending body 중심이 아닌 선교 현장receiving body 중심이 되어야 한다. 현대 한국 선교 역사의 초창기에는 선교 현지의 교단이나 신뢰할 만한 리더들과 협력해 현장에 필요한 선교사를 파송해 왔다. 그러나 선교사 수가 증가하며 선교 현장의 필요와 상관없이 파송 단체나 교단들의 전략, 나가서는 선교사 개인의 부르심에 따라 사역지와 사역의 형태를 결정하는 상황으로 변화되었다. 물론 미전도 종족 사역이나 전방 개척 선교의 중요성이 강조되는 현상에서 필요가 있기도 하지만, 아직도 대부분의 사역지에서 현장에 필요한 선교사를 기대하고 있다는 사실을 기억해야 한다.

막연한 이론보다 현실적인 이슈

국내에서 선교 훈련을 받고 준비하며 선교 현지에 대해 막연한 동경과 낭만을 꿈꾸는 사람들이 있다. 경험이 있고 좋은 훈련 단체들에서 훈련을 받고 나가는 경우도 있지만, 선교사가 되기 위한 하나의 과정만 훈련 받고 바로 현장으로 가는 경우도 있기 때문이다. 한국 선교 단체와 훈련에 대한 통계에 의하면, 400여 개의 선교사 파송, 훈련, 중보 지원 단체들이 있는데, 이중 선교 훈련을 하는 단체는 30퍼센트 정도다. 그중 합숙 훈련을 하는 경우는 17퍼센트고, 해외에 훈련원을 두고 타문화권에서 공동체 및 합숙 훈련을 하는 경우는 손으로 꼽을 만큼 적다.

대부분의 선교 단체들의 훈련 베이스가 서구 중심이었다. 물론 국제단체들이 서구 유럽에서 선교를 시작했고, 그 역사와 전통, 그리고 전략적인 면을 고려하면 최고의 선택이었다. 그러나 현 시대는 2/3 세계가 선교사를 파송하기 시작했으며, 서구 베이스 중심의 훈련에서 현장 중심의 선교 훈련으로 변화되고 있다.

막연한 이론보다는 현장에서 부딪치며 체험하는 현실적인 이슈들인 문화와 언어, 기후, 음식의 적응 문제 등 더 효과적인 선교사 훈련이 이루어지기 때문이다.

창의성을 가지고 글로벌 문화에 적응하는 훈련

최근 다문화 가정의 증가로 국내에서도 이전보다 더 다양한 문화를 경험할 수 있지만, 대부분은 아직도 단일 문화 속에서 생활한다. 단일 문화Mono Culture를 넘어 타문화권에서 문화의 다양성을Cultural Diversity 인정하는 글로벌 환경의 창의성을 가지고 사역을 효과적으로 운영하는 능력을 키우는 선교사 훈련이 필요하다.

K선교사 후보생은 한국의 전통적인 보수 교단 신학대학교를 졸업하고 선교사 훈련에 참여했다. 그런데 훈련 시작 직후 토론 시간에 다른 동료들과 의견 충돌이 있었다. 예를 들면, 식사를 직접 만들어 먹을 것인지 반찬을 현지 음식점에서 사와서 먹을 것인지를 토론하는 시간이었다. 대부분의 훈련생들은 시간을 절약하고 현지 음식 적응을 위해 반찬을 사와서 먹자는 의견이었다. 그러나 K훈련생은 선교 후원으로 살아가는 것이니 사먹기보다는 만들어 먹어야 한다는 논리였다. 그런데 현지 음식은 사먹는 것이 만들어 먹는 것보다 더 저렴했다! 논란의 핵심은 자신이 현지 음식에 익숙하지 못하니 만들어 먹자는 논리였다. 그러나 현지 훈련을 통해 현지 음식에 적응하며 이제는 현장에서 잘 살아가고 있다.

글로벌 리더는 열린 마음과 융통성을 가지고 다른 사람들에게 다가가며, 서로 다른 배경을 가진 사람들과 상황들에 잘 대처하고, 의지를 가지고 개인적인 태도들과 개념들을 재점검하는 것이다. 그런 의미에서 본국을 떠나 타문화권에서 훈련하는 것은 자신의 생각과 가치, 그리고 문화의 범주를 넘어서는 융통성과 수용성을 통해 창의성을 개발하는 기회가 될 수 있다.

언어 습득의 기회

현장 훈련은 광의적 의미로는 국제 언어international Language인 영어, 중국어, 스페인어 등의 필요성을 체험하고, 협의적 의미로는 현지 언어local language나 지방언어dialect를 자연스럽게 접하고 습득할 수 있는 기회가 된다. 어떤 나라들은 영어가 현지 언어를 배우는 매개 언어로 사용되지만, 일반적으로는 현지 언어를 통해 곧바로 현지 언어를 배우게 되므로 당장의 생존을 위해 언어를 습득해야만 하는 상황이기에 현장에서 언어를 배우며 자연스럽게 현지의 문화와 역사 등을 함께 습득 훈련하게 된다.

말레이시아에서 훈련을 받으며 현지 교회 셀 그룹에 나가던 P선교사 후보생은 자신을 '공기'라고 표현했다. 처음엔 반갑게 맞아 주고 서로 대화하려고 노력했지만, 언어 소통이 되지 않으니 나중엔 셀 그룹이 진행되는 동안 공기처럼 가만히 있다가 온다는 것이다. 물론 그럼에도 불구하고 이를 잘 극복하고 좋은 선교사로 자리매김했지만 말이다.

현장에서 언어를 배울 때는 그날 배운 단어들을 사용해 현지인들에게 질문하고 답을 듣고는 기록해 오도록 한다. 또한 비교적 환경이 좋지는 않지만, 대중교통을 이용해 학교와 시장을 다니며 현장의 주민들과 접촉하며 직접 배우는 훈련을 할 필요가 있다. Y선교사는 현지인들과 배드민턴을 치며 언어를 습득했을 뿐만 아니라 좋은 동역자들을 만나는 계기가 되어 사역의 기초를 놓았다고 한다.

인격 성숙을 개발하는 훈련

선교 현장에서의 훈련은 어른인 선교사 훈련생이 어린 아이와 같이 언어와 문화를 습득하는 과정이다. 즉, 어른 아이로 새로운 환경 가운데 겸손한 자세로 모든 것을 현지인으로부터 배우는 기간이다. 자신의 생각과 지식을 잠시 내려놓고 처음부터 하나씩 배워 가며 자신의 인격적 성숙integrity을 개발할 수 있는 좋은 기회다.

선교사의 인격적인 성숙은 정직과 신뢰가 중요한 기본 요소다. 선교사들은 기본 원리에 충실하며 책임을 감당하는 사람들이다. A선교사는 한국의 유수한 대학을 나온 엘리트였지만, 선교지에 도착하자 자신이 아무것도 혼자 할 수 없는 어린아이가 되었음을 발견하고 심리적으로 많이 힘들었다고 한다. 그는 인격적이고 지적인 품위를 가진 남편이요, 아버지라고 자타가 공인하는 사람이었다. 그러나 마켓이나 택시 등을 이용할 때 현지인들이 속임수를 쓴다는 사실을 알고는 언성을 높여 싸우는 일이 빈번해졌다. 그런데 그 모습을 보고 아내나 자녀들이 실망했다는 사실을 알게 되었고, A선교사는 충격을 받았다. 이렇게 복잡하게 얽힌 현지의 상황은 선교사의 인격을 시험하고 성숙하게 하는 좋은 기회가 될 수 있다.

현지 교회와 연합

한국 선교 단체들 중 GP 선교회가 해외 훈련원을 말레이시아에 정착하기로 결정하게 된 주요 이유 중 하나는 지역 교회와의 협력 때문이다. 선교 훈련의 우선순위를 현지에서 겸손하게 다양한 언어와 문화, 인종, 종교들을 배우며 훈련하는 것에 둔 것이다.

선교 훈련생들에게 주어지는 비형식적인 훈련 프로그램 중 하나는 매주 현지 교회 주일 예배와 셀 그룹에 참여해 현지인들의 기대와 현지의 필요들을 피부로 체험하는 것이다. 더 나아가 본국에서 소속한 교단이나 교회의 분위기와 반대 혹은 다른 성향의 현지 교회에 참여해 사고의 폭을 넓히고 현실을 받아들이는 아량을 넓히는 훈련을 한다. 예를 들어, 조용한 장로교단 출신은 열정적인 순복음교회로, 순복음 출신은 침례교단이나 성공회, 감리교회로 참여해 여러 면에서 틀린 것이 아닌 다름을 경험한다. 이렇게 현지인들 속에 들어가 함께하며 훈련하는 것이다.

또한 선교 훈련생들은 현지인들에게 한국의 문화와 신앙의 열정을 전달하는 통로가 되기도 한다. 선교사 후보생의 열정과 헌신을 보고 현지인들도 선교사가 될 수 있다는 격려와 도전을 받는다.

현지 네트워크 활용

P선교사는 캠퍼스 전도를 위해 현지 캠퍼스 선교회 C단체와 협력해 훈련생들과 함께 친구 사귀기 전도를 하며 현장 실습을 통한 배움의 기회를 만들 수 있었다. 현장에는 다양한 국제 선교 단체들이 와 있는데, 경험이 많은 선교사들이나 지역 신학교 등의 강사 풀을 사용하는 등 서로 협력할 수 있다. 그 외에도 타 단체나 교단 파송 사역자들을 초청해 오픈 세미나에 함께 하거나 현지에서 진행되는 세미나에 선교사 훈련생들이 참여할 수 있도록 해 서로에게 배우며 도움을 주는 역할을 할 수 있다.

나가면서

이제는 서구 배경의 훈련이나 한국 배경의 훈련에서 탈피해 수습 선교사들이 아시아 혹은 2/3세계의 선교 현장에서 훈련을 통해 비서구권의 다양함을 체험하고 선교 현장에 연착륙할 수 있도록 도와주는 것이 필요하다.

즉 자신의 언어와 다른 언어, 자신의 문화와 타문화, 그리고 익숙함과 낯설음의 경계선을 넘어서는 훈련이 절실히 요청되는 시대에 와 있는 것이다.

7.2
자신에게 맞는 사전 훈련을 하라

스티브 호크

교실 밖에도 배움의 세계가 있다. 이것은 실제적이고, 지도자가 있고, 문화에 따른 구체적인 교육으로서, 세계에서 가장 뛰어난 선교기관들이 제공한다. 선교기관들은 점점 더 그들이 섬기는 특정한 지역과 사람들을 위한 훈련을 고안한다. 이런 내부 프로그램은 현장에서 가장 잘 배울 수 있는 원리와 기술을 가르칠 것이다. 훈련은 본국에서 시작되고 선교 현지에서 강화되는데, 다음의 10가지 중요 영역을 다룬다.

1. 사역 철학

모든 선교 활동을 이끄는 핵심 가치와 신념은 가르쳐 주는 것이 아니라 알게 되는 것이다. 선교사들과 현지 동역자들과 어깨를 맞대고 일하면서 가장 잘 배울 수 있다. 선교 철학에 대한 기초 개념은 1주에서 3개월 동안 진행되는 사전 오리엔테이션이나 선교사 후보생 학교를 통해 배울 수 있다. 현지에 가면, 그것이 실행되는 것을 보게 될 것이다. 성경적 원리, 연구, 그리고 현장 경험은 영적·타문화적·관계적 기술을 개발하는 데 도움이 되도록 공유된다.

한 선교기관 실무자는, "우리의 4개월 과정의 사전 훈련 프로그램은 현지에서의 사고를 방지할 수 있는 가장 중요한 요인이다"라고 말한다. 덴버의 강의실에서 한 선교기관의 철학에 대해 듣는 것과 캘커타 현지에서 실제 사역을 통해 배우는 것은 별개의 문제다. 어떤 사역을 하든 신임 선교사들은 타문화 속에서 어려움을 겪어 가며 그들 자신만의 고유한 사역 철학을 가장 잘 개발한다. 다른 실무자는 이것을 이렇게 설명한다. "우리는 팀 사역자들을 찾는다. 그러나 우리가 어떻게 제자훈련하고 교회 개척을 하는지 신임 선교사들이 배울 수 있도록 돕고자 한다. 일단 뛰어난 사역자를 발견하면, 우리는 그들이 팀워크를 통해 훨씬 더 효과적인 사역자가 되도록 힘을 쏟는다."

2. 메시지

선교기관마다 각각의 사역 방식을 반영하는 창의적인 방법으로 복음의 메시지를 만들어서 전달한다. 대학생 선교회Campus Crusade, 네비게이토Navigator, 기독학생회 IVF가 이런 그룹에 속한다. 이 기관들은 여러 세대를 이어 오면서, 청년들이 그룹의 특색에 따라 명확하고 간결하게 복음을 제시함으로써 자신들의 신앙을 나눌 수 있도록 한다. 초기 워크숍을 통해 선교기관의 기본적인 복음 제시 방식을 익히고, 현장 훈련과 '거리의 신학교'seminary of the streets를 실행에 옮김으로써 이해를 넓히고 기술을 연마한다.

또한 수년 동안 선교기관에서 발전되어 온 가치, 신념, 생활방식, 언어, 그리고 문화로 구성된 선교기관의 '잠재적 교과과정'hidden curriculum에도 풍부한 메시지가 들었다.

하나님의 은혜와 선하심으로 인해 마음에서 지속적으로 우러나오는 감사를 하나님께 즉각적으로 표현하는 것은, 한 특정 선교기관의 특징이 되는 '삶으로 전하는 메시지'life message다. 한 선교기관의 '메시지'는 그들과 함께 사역하는 동안 당신에게 물든다.

3. 돈

사전 훈련 프로그램을 통해 시간과 재능, 그리고 재산 관리에 관한 가장 훌륭한 지도를 받을 수 있다. 삶의 모든 부분에서 하나님을 신뢰하는 것, 즉 믿음으로 사는 것은 선교사 후원 모집의 기반이다. 믿음을 구축하는 이런 과정에서 당신의 마음을 이해하는 베테랑 선교사들이 가르치는 것이다. 예산을 세우고 돈을 관리하는 기술은 경험 있는 사람 밑에서 개발된다. 친구 모집friend raising과 후원금 모금fundraising에 관한 기본은 이 과정을 함께해 줄 멘토 밑에서 숙달된다. 수년에 걸쳐 현지 선교사는 후원 모집이 지속적인 영성 형성의 가장 큰 원동력이라는 것을 배웠다(178-182페이지에서 개인 후원 모집의 열쇠에 대해 열거한 내용을 보라).

4. 의미

메시지의 형태와 색채, 특징은 그것이 전달하는 의미에 영향을 미친다. 선교기관은 당신에게 당신의 삶과 새로운 제자들의 삶을 향한 예수님의 메시지의 의미를 이해하도록 돕는다. 사역 중에 진행되는 훈련은 당신의 삶에 더 큰 영적 효과와 힘을 조성할 수 있다. 이것은 결국 당신에게 다른 사람들을 향한 새로운 활력과 의미를 가지고 소통할 수 있게 해준다.

각 선교기관의 독특한 프로그램을 통해서 기독교 사역에 각각의 고유한 의미들이 더해진다. 전에는 단순히 상투적인 문구나 개념에 불과하던 것들이 삶을 바꾸는 진리가 된다. 선교지로 가기 전에 새로운 개념들을 듣지만, 맹렬한 전투를 통해 그것들을 스스로 소화할 때, 이 진리 속에 있는 영양분들을 발견할 것이다.

5. 방법

선교기관은 언어와 문화의 장벽을 넘어서 복음을 전하는 새롭고 다양한 방법들을 가르친다. 사역 방법은 개인 전도와 제자훈련 프로그램에서부터 전문적인 언어

학과 인류학 훈련에 이르기까지 다양하다. 선교기관은 보통 1개월에서 2년 과정의 현장 인턴 기간 동안 사역 기술과 전문적인 자료를 사용할 수 있도록 가르친다.

훈련에는 비공식 모임, 인터뷰, 정규 수업, 그리고 삶을 통한 전도나 제자훈련, 도시 교회 개척이나 노방 전도, 혹은 리더 훈련 같은 영역의 정기 실습 과목이 포함된다.

점점 더 선교 대상 민족에게 맞는 전략이 필요하다. 무슬림, 중국인, 이민 노동자, 힌두교도, 불교도, 정령숭배자들을 대상으로 하는 전도를 위해서는 숙련된 현지인과 현역 선교사들에 의한 집중적이고 전문화된 현장 훈련이 있어야 한다. 언어도 현장에서 가장 잘 배울 수 있고, 유창하게 구사하기까지 2개월에서 2년이 걸릴 수 있다.

6. 사역 모델

각 선교기관은 전도든, 제자훈련이든, 교회 개척이든, 그들의 사역 방식을 개발했고, 이것은 사역을 계획하는 뼈대가 된다. 많은 선교기관이 자신들의 사역 접근 방식을 뒷받침하는 원리를 의도적으로 가르친다. 가두 연극과 설교에서부터 고층 건물 지역의 셀 그룹 전도에 이르기까지, 연구 조사에 기반을 둔 교회 개척에서부터 기아 구제, 지역 사회 개발의 통합적인 참여, 대학교 전도에 이르기까지 사역 접근 방식은 다양하다.

선교기관의 사역 모델은 타문화 선교에 대해 당신이 자신만의 견해를 갖도록 해주고, 사람들에게 더욱 창의적으로 그리스도를 전하는 방법을 개발할 수 있도록 한다. 동역자들의 사역 형태를 비평적인 눈으로 관찰하고, 그들의 말을 주의 깊게 듣고, 선교 수행에 대한 당신 자신의 생각을 기꺼이 고쳐 나가고자 해야 한다.

7. 모델과 멘토

모든 선교기관에는 마음씨 착한 거인들 gentle giants이 있다. 그들은 선교 운동 전반에 영향을 끼치는 사람들로서, 공식적인 리더일 수도 있고 드러나지 않는 비공식적인 리더일 수도 있다. 그들과 함께 있는 시간만으로도 하나님의 '명예의 전당'에 이름을 올린 사람들과 삶으로 만나는 강력한 훈련 경험이 된다. 그들은 흠이 없는 사람들은 아니지만, 사역을 어떻게 하는지 알고 있다. 그들에게 기대하는 핵심적인 인격 자질 두 가지는 믿음과 의존이다.

진실로 이들이 갖고 있는 경험의 진수를 캐내고 싶다면, 그들을 찾아가 함께할 수 있는 시간만이라도 내주기를 부탁하라. 할 수 있다면, 인격과 삶을 존경하고 그 사역을 본받고 싶은 베테랑 선교사나 현지 목회자의 지도와 멘토링 아래 인턴이나 견습 과정을 할 수 있도록 기획해 보라. 두려워하지 말고 "제 멘토가 되어 주십시오" 하고 부탁하라.

8. 운영 방식

선교기관에 소속되고 나서 며칠 안에 사역관리에 관한 조언과 원리, 다른 사람들을 인도하고 관리하는 법, 동역하는 법 등을 익히기 시작할 것이다. 경건한 사람들로부터 믿음, 용기, 계획, 조직, 리더십, 비전을 전하는 것, 조력, 지도, 사역 평가 하는 것에 대해서 교훈을 얻는 기회로 활용하라.

각 선교기관마다 운영이나 리더십에 독특한 방식이 있다. 어떤 기관은 서구식 접근 방식을 써서 측정할 수 있는 목표와 평가 과정을 정해 놓고, 어떤 기관은 선교사 선발과 훈련, 사역의 흐름을 지도하는 데 훨씬 느슨하게 한다. 어떤 기관은 생활 방식이나 사역에 대해 상당한 통제를 가하고, 어떤 기관은 더 많은 자율권을 허용하고 더 큰 책임을 지도록 한다. 엄격한 기관도 있고, 융통성이 있는 기관도 있다. 당신에게 어떤 리더십 방식이 가장 맞을지 알아보라. 이 팀들을 움직이게 하는 역학과 '화학반응'chemistry에 대해 가능하면 미리 모든 것을 알아보라.

9. 선교사 복지

점점 더 많은 선교기관들이 소속 선교사들에게 균형 잡힌 TLC(훈련, 학습, 돌봄) 제공의 중요성을 깨닫고 있다. 여기에는 사전 훈련training, 평생 학습learning의 기회, 그리고 선교사와 가족에 대한 적절한 돌봄care이 포함된다. 간단한 사전 오리엔테이션이 도움은 되지만, 그것이 평생 효과를 내지는 못한다. 초기 훈련을 한 후에는 현지에서 전문성을 갖추고, 연구 휴가와 지속적인 안식년 교육 기회를 통해 보충해 가야 한다.

어떤 선교기관은 선교사들의 필요를 충족시켜 줄 수 있는 상당한 기반과 스태프들을 갖추고 있고, 어떤 선교기관은 아주 빈약해서 선교사들을 거의 돌보지 못한다. 사역 중간 평가와 사역 상담을 제공하는 선교기관도 있고, 어떤 선교기관은 들어 주고 격려하고 숙련된 전문가에게 연결해 주기만 한다. 어떤 선교기관은 귀국하는 선교사들이 타문화권 생활에서 오는 스트레스를 줄일 수 있도록 재입국 워크숍을 개발한다. 이 워크숍을 통해 다른 선교사들과 함께 모여서 그들의 경험을 돌아보며 앞으로 있을 일에 대해 함께 나눈다. 건강한 재입국을 위해서는 현지에 있을 때와 판이하게 다른 일정과 환경에서도 영적·관계적·신체적 건강을 유지하는 법을 알아야 한다.

교회와 선교기관은 선교사들을 돌보고 양육하는 일에 점점 더 관심을 기울이면서, 선교사들이 개인 프로그램을 개발해 자신의 사역을 정진해 나갈 수 있도록 돕는다. 대형 선교기관들의 또 다른 중요한 사역은 선교사 자녀들의 교육과 변화, 복지를 보살피는 것이다. 상담 서비스, 사역 평가, 은퇴 계획을 갖추어야 완전한 선교사 돌봄member health 프로그램이 된다.

10. 동원

선교기관은 당신이 더 효과적으로 다른 사람들을 선교에 동원하도록 가르친다. 당신의 경험은 다른 사람들을 끌어당기는 강력한 자석이 되어 그들에게 세계를 품은 그리스도인이 되어야 하는 필요성을 깨닫게 할 수 있다. 당신이 경험한 타문화 사역은 강력한 본보기가 될 수 있다. 선교기관은 당신이 갖고 있는 선교에 대한 부담감에 응할 사람과, 기도하고 베풀고 섬기는 일에 함께 참여할 사람들을 찾도록 도울 수 있다.

공식 훈련을 마치면 고유한 배움의 세계가 펼쳐진다. 이것은 개인적이고, 강력하고, 삶을 변화시키는 것이다. 하나님의 학교에서 가장 훌륭한 교사들과 경건한 멘토들을 만날 준비를 하라. 요구사항과 재정에 대한 부담이 있는 정규 프로그램과 달리 선교기관은 당신의 은사와 배경에 맞추어 개인화된 프로그램을 제공한다. 이런 비공식적인 프로그램을 통해서 사람들의 삶에 직접적인 영향을 끼치는 사역에 관한 전문 지식을 직접 얻을 것이고, 현장에서 사역하면서 가장 잘 배울 수 있는 기술을 배울 것이다. 지금까지 받은 교육은 시작에 불과하다. 교육은 점점 더 나아질 것이고, 당신도 그렇게 될 것이다.

※ *Missions Today'96*(Evanston, Ill.: Berry Publishing, 1996)에 실린 글을 출판사의 허락을 받고 변경해서 실음.

- 수년간 프로그램 목록의 상위에 올라서 이름이 알려진 많은 사전 오리엔테이션 프로그램들이 있다. 많은 선교기관은 자체 내부 프로그램을 갖고 있다.

- 국제선교사훈련원(Missionary Training International, www.mti.org)은 다양한 언어 습득 훈련, 사전 훈련, 재입국 훈련 워크숍을 제공한다. 대부분 2-3주 과정이며, 매우 상호 참여적인 형식으로 구성되었다.
- 문화간훈련센터(Center for Intercultural Training, www.cit-online.org)에서는 보다 다양한 언어 습득, 사전 훈련과 재입국 훈련 워크숍이 상호 참여적인 형식으로 최장 11주 과정으로 제공된다.
- 게이트웨이타문화선교훈련원(Gateway Training for Cross-Cultural Service, www.gatewaytraining.org)은 선교사 준비에 전문적인 훈련을 제공한다.
- 아프리카내지선교회는 TIMO(Training In Ministry Outreach, 아웃리치 사역을 통한 훈련, www.timo-aim.com)를 후원한다. TIMO는 아프리카의 다문화 교회 개척 팀의 구성원이 되는 모든 사람에게 실시하는 혁신적인 현장 훈련이다.
- 언어문화전략연구소(Institute of Strategic Languages and Cultures, www.strategiclanguages.org)는 아랍어, 중국어, 러시아어를 사용하는 사람들에게 그리스도를 전하고자 준비하는 선교사들에게 필수적인 타문화와 언어를 훈련하는 초교파적인 조직이다.
- Tom and Betty Sue Brewster, *Language Acquisition Made Practical*(Pasadena: William Carey Library, 1976).

7.3

현지 훈련 : TIMO 사례 연구

데이비드 헤닉(TIMO 디렉터, 탄자니아)

"관계라는 맥락에서 볼 때, TIMO는 잃어버린 영혼들을 제자 삼기 위해 팀 사역을 하는 장기 선교사들을 효과적으로 훈련하기 위해 존재한다."

배경

1980년대 초, 아프리카내지선교회^{AIM}의 디렉터인 딕 엔더슨 박사^{Dr. Dick Anderson}가 랠프 윈터스 박사^{Dr. Ralph Winters}를 만나 복음을 듣지 못한 사람들에게 복음을 전하는 가장 전략적인 방법에 대해 질문했다. 그 대화를 토대로 AIM의 한 위원회가 대략적인 전략을 구상했는데, 이것이 TIMO의 시작이다. 이것이 발전해서 현재 AIM 최고의 훈련과 전도 프로그램의 하나가 되었다.

TIMO는 2년 과정의 프로그램인데[1], 이 프로그램에는 두 개의 목표가 있다. 첫째, 현지에서 신임 선교사들에게 전도와 교회 개척의 기본을 훈련하는 것이다. 둘째, 미전도 종족이나 복음화가 많이 되지 않은 종족에 교회를 세우는 것이다.

첫째 목표는 2년 프로그램을 수행할 경험 있는 선교사들을 선발해서 준비함으로써 이루어진다. 팀 리더의 선택이 팀의 성공에서 중요하다. 팀 리더는 TIMO에서 제공하는 '팀 리더 지침'Team Leaders Manual과 '교과과정 안내'Curriculum Guide를 사용해서 2년간 팀을 지도하는데, 직접 본을 보이고 가르치며 팀을 이끈다. 프로그램이 최대한의 효과를 내는데 팀 리더가 분명 가장 큰 책임을 진다.

둘째 목표는 팀이 2년간 배운 대로 사역 대상 민족 속에서 살아감으로써 이루어진다. 그들은 언어와 문화를 배우고, 관계를 형성하고, 그 관계를 통해 자연스럽게 그리스도를 전한다. 교과과정과 훈련을 통해 그들이 이 일을 더욱 효과적으로 할 수 있게 된다.

2년 과정을 연대순으로 보면 다음과 같다.

모든 팀원들은 현장에 동시에 도착해서 동일한 일을 같이 처리해야 한다. 처음 2주는 TIMO에 대한 오리엔테이션을 하면서 베테랑 언어학자인 톰과 베티 수 브루스터가 만든 LAMP의 개정판을 공부한다. 늘 그런 것은 아니지만, 보통 이 2주 과정은 현장이 아닌 곳에서 진행되는데, 동일 언어 그룹으로 모여 진행하는 것이 바람직하다. 이 기간에는 실제적인 것들도 다루어져야 한다.

오리엔테이션과 LAMP에 이어 팀은 현장으로 이동한다. 그곳에서 새로운 환경에 정착해 며칠을 지내고, 팀 리더가 선정한 현지인 가족과 함께 일주일을 지낸다. 이것의 목적은 선교 대상 민족 속으로 들어가서 그들의 생활방식, 언어, 문화에 대한 관찰을 시작하는 것이다. 보통 지속적인 관계는 이 '홈스테이'home stay로부터 생긴다. 다시 잠시 동안 적응하고 정착할 시간을 갖고 나서 TIMO 훈련이 계속된다.

팀 리더는 보통 언어 도우미를 찾아서 매일 각 팀원들의 언어 수업을 돕도록 한다. 이 기간 동안 LAMP 과정을 통해 배운 도구들이 활용된다. 팀원들은 하루의 대부분을 그 민족의 지역 사회에서 새로운 언어를 연습하며 보낸다. 주마다 모이는 팀 모임은 기도, 성경공부, 예배, 교과과정 연구, 그리고 행정적인 회의로 하루를 보낸다.

오리엔테이션 단계라고 부르는 첫 3개월의 나머지 시간들은 타문화권에서 산다는 것이 무엇을 의미하는지 파악하고, 문화적인 스트레스를 이해하고, 사람들 간의 문제 해결법을 배우고, 언어에 매진하는 단계다. 두 번째 단계에서는 기도와 영적 전쟁, 그리고 그에 관한 다양한 견해들에 대해 공부한다. 세 번째 단계에서는 민속에 대한 연구를 비롯해 타문화 커뮤니케이션을 공부한다. 네 번째 단계에서는 타문화 환경에서의 전도와 교회 개척에 대해 공부한다. 다섯 번째 단계에서는 제자훈련을, 그리고 마지막 여섯 번째 단계에서는 이동과 사역의 이양에 관한 문제를 다루고 마친다.

지역마다 다르기는 하지만 TIMO 팀은 최소한 6개월까지는 절대 공식적인 사역을 시작하지 않는다. 왜냐하면 TIMO에서는 먼저 배우고, 이해하고, 그러고 나서 준비되었을 때 사역의 유형과 방법이 자연적이고 유기적으로 그들에게 생겨나는 것을 바라기 때문이다. 그 특정한 사역이 어떤 것일지는 팀마다 크게 다르지만 말이다. 예를 들어, 많은 팀들에게 '스토리텔링'storying나 '이야기 구연'narrations은 복음을 효과적으로 전달하기 위한 사역의 중요한 요소다.

아프리카의 여러 나라와 환경에서 사역하면서 TIMO는 선교사의 유연성을 구현함으로써 주어진 상황의 필요를 충족시킨다. 이런 유연성과 적응의 결과,

TIMO 팀은 다른 팀들과 매우 달라 보여서 어떤 사람들은 "TIMO를 TIMO 되게 만드는 것은 무엇일까?" 궁금해 한다. 가치 중심적인 사역이 아니라 프로그램 중심적인 사역에 익숙한 사람들이 많다.

다음에 열거하는 12가지 가치는 TIMO팀에게는 양보할 수 없는 것들이다. 이것은 우리의 철학philosophy과, TIMO를 경험한 팀원들에 대한 바람desires을 압축해 놓은 것이다. 이것은 TIMO의 핵심 가치다. 2년 과정을 마칠 때 참가자들 모두 그들 자신의 것으로 취하기를 희망하는 것이다.

1 | 예수 그리스도의 구원의 소식을 가지고 잃어버린 자들에게 찾아간다

잃어버린 자들은 전형적인 '미전도자들', 즉 복음을 접하지 못한 자들일 수 있지만, 복음을 듣고도 아직 받아들이지 않은 사람들도 포함된다. 이것이 TIMO의 중심 가치다. 일반적으로 TIMO는 다른 단체가 이미 복음을 효과적으로 전한 곳에서는 사역하지 않고, 복음이 가장 필요한 종족을 찾아 나선다. 우리의 동기는 사람들이 삼위 하나님과 관계를 가짐으로써 하나님 나라가 확장되는 것을 보는 것이다.

2 | 현지 언어와 문화를 배우는데 전념한다

복음을 효과적으로 전하기 위해 중요한 것은 듣는 사람들의 환경에서 그들의 모국어로 복음을 분명하게 표현하는 것이다.

3 | 관계, 관계, 또 관계다

모든 선교 사역에는 관계, 즉 우리 주님, 팀원과 동료 선교사, 현지 교회 협력자, 그리고 우리가 사역하는 사람들과의 관계가 수반된다. TIMO에서는 기술과 은사만이 아니라 자기 전부를 사역에 내놓으라고 한다. 이것은 큰 희생이 따르는 고통스러운 일이지만, 보상이 있는 일이고 하나님을 영화롭게 하는 일이다. 우리의 목표는 사도 바울처럼, "우리가 이같이 너희를 사모하여 하나님의 복음뿐 아니라 우리의 목숨까지도 너희에게 주기를 기뻐함은 너희가 우리의 사랑하는 자 됨이라"(살전 2:8)고 고백할 수 있게 되는 것이다.

4 | 생활방식과 말씀으로 전도한다

복음의 진리를 우리의 삶에 구현하는 것과, 그 메시지를 말로 전하는 것은 동전의 양면과 같아야 한다. 하나가 없는 다른 하나는 불균형을 초래한다.

5 | 사역 대상 속에서 산다

현지 언어와 문화를 학습하고 삶으로 전도하는 일에 헌신한다면 당연히 사역 대상들 속에서 살아야 한다.

6 | 배우는 자의 자세를 가지고 들어간다

많은 사람들이 모르는 관계에 대해 우리는 알고 있다 하더라도, 주께서 복음에 대한 지식을 나눌 수 있는 기회를 마련해 주실 것이라 신뢰하고 배우는 자의 자세로 들어간다. 진심으로 그들의 언어와 문화를 배우고, 사람들이 듣게 하려면, 전문가가 아니라 배우는 자요, 종으로 들어가야 한다.

7 | 단순한 생활방식

최소한의 소유를 추구하면 물질적인 것들의 구속에서

자유하게 된다. 단순한 생활방식은 또한 현지인과 우리 사이의 장벽들을 허물어뜨린다. TIMO에서 단순한 생활을 소중하게 여기는 세 번째 이유는 비용 효율성 cost effectiveness 때문이다.

8 | 팀 정신

우리가 사랑하면 우리를 그리스도인으로 알 것이다. 예수님이 제자들에게 말씀하신 것처럼, 사랑하는 헌신된 팀으로서의 역할을 잘 수행하는 것이, 우리가 누구를 따르는 자인지 보여 주는 생생한 증거다. 팀 정신이 중요하다. TIMO에서는 팀원들이 순조롭게 팀의 역할을 온전히 수행하도록 훈련하지만, 기술이 아니라 서로에 대한 사랑과 헌신이 팀을 지탱해 주는 힘이 되어야 한다.

9 | 기도가 사역이다

기도는 단지 우리가 사역하기 전에 행하는 것이 아니다. 기도는 하나님 나라의 일이고 전쟁 그 자체이지, 단지 전쟁을 위한 준비가 아니다. TIMO에서는 2년간의 프로그램 내내 성경에서 가르치는 기도를 사역으로 강조한다.

10 | 훈련은 평생 하는 것이다

TIMO에서는 선교사 훈련 완료를 목표로 삼지 않고, 평생 배움의 본을 만들려고 한다. 끊임없는 영적·감성적·정신적 성장이 TIMO를 마친 모든 사람들에 대한 목표다.

11 | 사역은 존재에서 흘러나온다

우리가 누구인가 하는 것이 우리가 하는 일에 직접적인 영향을 준다. 우리는 우리에게 있는 것만 줄 수 있다. 우리는 보통 그들이 보고 듣는 첫째 되고 유일한 메시지다. 성숙한 사역은 주님과의 성숙한 관계에서 나오며, 그런 관계는 사역만큼이나 필수적인 것이다. TIMO에서는 예수님과의 개인적인 관계가 언제나 우리 삶의 가장 본질적인 측면이 되어야 함을 강조한다.

12 | 지역 교회를 높이 평가하라

지역 교회는 하나님이 전도와 제자훈련을 위해 사용하시는 가장 주된 형태다. 보편 교회 universal church를 확장하고 성숙하게 할 수 있는 타당하고도 성경적인 다른 형태들도 있지만, 지역 교회 local church가 교회의 지원, 책임, 그리고 그리스도의 몸의 구성원으로 일하는 다양한 은사를 가진 사람들을 통해 지속적으로 수적·영적 증식을 하기 위한 가장 강력하고 효과적인 도구라고 믿는다. 그러므로 TIMO는 하나님 나라의 확장을 위해 지역 교회를 개척하고 지역 교회와 함께 사역하는 것에 헌신한다.

현재 TIMO에 참여했던 사람들이 모두 AIM에 흩어져 있으며 상당수가 최고 리더의 자리에 있다. 23년이 지난 후, TIMO에 참여했던 사람들의 약 60퍼센트가 AIM에서 사역하고, 15-20퍼센트는 다른 기관에서 사역한다. 참가자들 중 나머지 상당수는 그들의 본국에서 전임으로 사역한다. AIM에서는 전략적인 전도 사역에 TIMO를 마친 사람들을 절실히 원한다.[2]

1. TIMO 팀들은 보통 2년 동안 지속되지만, 더 오래 계속되는 팀도 있다. 교과과정은 실제 기간에 관계없이 2년 과정으로 기획된다. 현재까지 가장 오래 소요된 팀은 3년이 걸렸다. 이 글에서 '2년'이라고 할 때, 그보다 더 긴 기간이 소요될 수도 있다는 것을 기억하라.
2. 한국 AIM을 통해 한국 선교 관심자들도 TIMO 프로그램에 참여할 수 있다.

7.4

영성과 선교학

이태웅

현대 선교 운동이 일어날 때만 해도 선교사들은 선교학은 잘 몰랐지만 영성에 대해서는 의심하는 사람이 없었다. 이런 강인한 영성으로 인해 당시 아무리 열악한 선교지라도 모든 희생을 감수하고 계속해서 달려갔다. 지금은 하루나 이틀이면 세계 어느 곳이든 자유자재로 왕래할 수 있지만, 그때는 유럽에서 아프리카에 도착하는 데 수개월에서 반년이 걸렸다. 게다가 현지에 도착해서는 선교사의 절반이 1년 내 순교했다.

이런 현상은 심도는 다르지만 우리나라도 어느 정도 비슷하게 나타났다. 1970년대 전후에 선교사로 나간 경우, 학생 단체나 교계 내에서 많은 준비를 하고 사명감이 투철한 상태였기 때문에 이들은 선교지에서의 어떤 고난도 마다하지 않고 희생적으로 사역했다. 나아가 이들의 영성은 타의 추종을 불허할 정도로 강했다. 그런 강한 영성이 있어 이들은 선교 체제가 형성되지 않은 지역에서의 어려운 생활도 견딜 수 있었다. 물론 이로 인한 부작용이 전혀 없지는 않았다. 그러나 이들의 강인한 투지력, 쉽게 포기하지 않는 근성, 하나님의 뜻이라면 무엇이든지 하겠다는 헌신, 하나님을 전적으로 의지하며 오직 말씀만 선포함으로써 얻어지는 힘 등은 우리 한국 선교사가 현지에서 보여 준 아주 고무적인 현상들이었다. 다만 이들은 선교사로서 선교학적인 면을 제대로 갖추지 못해 현지인들이나 국제 선교 공동체 내에서 문화적인 예민성을 갖지 못한 흠을 드러냈다.

이제 청년기로 접어든 한국 선교 운동에서 한국 선교사는 어떻게 평가될 수 있을까? 좀더 과학적인 방법으로 구체적인 연구를 통해 이를 평가해 보아야겠지만, 이 글에서는 내가 보고 느낀 것을 말하고 싶다. 이제는 한국 선교사들이 선교학적인 면은 꽤 많이 갖춘 반면 오히려 영성에서 소홀할 가능성이 보인다. 물론 아직도 대다수의 선교사들은 깊은 영성을 가지고 어떤 고생도 마다하지 않고 견뎌 내는 소위 끈질긴 심성 sturdiness의 사람들일 것이다. 그러나 우리나라가 점점 잘살게 되면서 편안한 환경에서 자란 사람들은 강인한 근성이 줄어들어 우리보다 더 어려운 환경에서 견디는 것은 힘들어한다. 선교지도 어느 정도의 생활수준이 되어야 견디고, 그렇지 못할 때는 신체적으로, 나아가 인간관계가 얽혀 상처투성이가 될 가능성이 크다. 예전 선교사들은 이런 가운데서도 끝까지 버텨 냈다.

하지만 지금은 이런 상황에서 먼저 치유받지 않고서는 더 이상 지탱하지 못하는 예가 과거에 비해 월등히 많을 것이라 생각된다. 그리고 이와 같은 증상은 갈수록 심화될 것이다. 즉 영성은 갈수록 약해지고 선교학적인 면은 갈수록 더 잘 갖추어지는 양상으로 귀결된다. 이런 현상이 바로 서구가 오랜 세월을 통해 지금까지 우리에게 보여 준 것이다.

이런 것들을 해결하기 위해 1990년 중반 이후부터는 선교사 멤버 케어(목회관리)가 각광을 받기 시작했다. 물론 멤버 케어는 약한 선교사들에게만 필요한 것이 아니다. 멤버 케어는 모든 선교사와 선교사 가족들에게 필요한 것이다. 모든 일이 잘 돌아갈 때도 멤버 케어는 필요하다. 예전에는 멤버 케어에 대해 잘못된 인식을 가지고 있었기 때문에 선교사의 멤버 케어가 부진했다. 그럼에도 불구하고 우리가 솔직히 시인해야 할 것은 앞으로 갈수록 멤버 케어가 더 필요해질 텐데, 그 이유는 우리 영성의 약세 현상 때문이라는 점이다.

이런 양극 현상을 어떻게 해결할 수 있을까? 우선 그 원인부터 생각해 보자. 선교학에서 영성에 대해 소홀히 다룬 것이 하나의 중요한 원인이다. 현재 우리의 선교학은 대부분 서구에서 시작된 것으로서, 서구에서는 영성을 가정이나 교회에서 다루고, 선교 훈련은 주로 마지막 단계로서 신학교에서 학문적으로 다룬다는 인상이 짙다. 본의 아니게 우리는 이런 서구 선교학의 영향을 주로 받았다. 그래서 우리는 선교학을 한다고 할 때 영성 분야는 이미 갖춘 것으로 간주하는 경향이 많다.

이런 선교학의 부조리한 면들을 고칠 때가 되었다. 우리는 선교학을 좀더 통합적으로 보아야 한다. 아카데믹한 면만 선교학에 포함시키는 서구적 가치관을 수정해서 영성에 관한 것도 선교학에 포함시켜야 할 것이다. 선교사의 삶과 사역의 전 영역을 선교학에서 다루는 쪽으로 고쳐 가야 한다. 선교학을 공부할 때 영성이 우선시되는 새로운 선교학의 장을 우리가 열어 가야겠다.

한국 선교사들은 선교 현지에서나 본국에서 실천을 통해 이런 선교학적인 새로운 장을 열어 가는 데 매우 유리하고 중요한 위치에 서 있다. 우리의 세계관은 비교적 통합적이기 때문에 실천적인 것과 이론적인 것을 함께 포용할 수 있는 의식구조가 이미 형성되었다고 할 수 있다. 우리는 이런 새로운 통합적인 선교학의 방향을 제시함으로써 우리 선교사들이 더 이상 영성과 선교학의 양 극단으로 가지 않고, 선교학 내에서 영성과 선교 이론을 모두 담아 양면을 동시에 갖춘 사람들로 선교지에 가게 해야 한다. 이는 한국 선교와 교회의 큰 도전이며 책임이다.

※ "한국선교 KMQ"에 기고했던 글을 필자의 허락을 받아 약간의 수정을 해서 수록한다.

7.5 선교사 리더십 개발

한철호

선교사들에게 리더십 개발은 매우 중요한 과제인데, 몇 가지 차원에서 그렇다. 먼저 선교지에서 동료 선교사들 사이에 좋은 팀 사역이 일어나게 하기 위해서다. 또한 선교지에서 한국 선교사들 외에 다른 나라에서 온 선교사들과 협력하고 동역하기 위해서다. 현지 교회나 새롭게 만들어진 젊은 기독 공동체를 잘 섬기기 위해서도 선교사들에게는 리더십이 필요하다. 따라서 미래의 선교사들이 잘 준비된 리더로서 성장하도록 돕는 일은 매우 중요하다. 아래의 내용은 '바람직한 현장 선교사의 리더십'이란 주제로 개최된 '방콕포럼[1] 2008'에서 논의된 선교사 지도력에 대한 토론 내용을 요약한 것이다.

팀 사역

선교사의 바람직한 현장 리더십 개발을 위해서는 선교지 현지의 사역 구조가 기본적으로 팀team 사역이어야 한다. 팀 사역과 효과적인 팀 리더십이 가능해지기 위한 구성 요소들에 대해 심층적인 연구가 필요하다. 선교지의 각 팀은 이런 연구를 토대로 도출된 가치나 사역 방향을 반영한 필드 매뉴얼을 만들어 사용하도록 격려한다. 한편 성숙한 한국 선교사들의 현장 리더십을 바탕으로 현지인들의 리더십 개발에도 지속적인 관심을 기울인다.

이를 위한 구체적인 행동으로 첫째, 각 단체들은 좋은 모델들을 계속 발굴하는 데 서로 협력한다. 둘째, 여러 사례를 비교 연구하면서 공통적인 원리를 찾아 간다. 셋째, 국제단체들의 현지 구조와 리더십에 관한 연구도 병행한다. 넷째, 각 교단과 단체가 팀 사역 리더십 개발과 좋은 모델을 만드는 일에 최선의 노력을 다하고, 그 성과를 평가한다.

리더의 개발

한국의 선교 현장에서 발견되는 리더의 선발 기준은 나이(시니어리티), 리더십 자질, 경험과 기술, 인성과 성품 순으로 이루어지는 반면, 서구는 인성과 성품, 리더십 자질, 경험과 기술 순으로 이루어지는 대조를 보인다. 따라서 더 성숙한 선교 현장의 리더십 형성을 위해서는 한국적 가치를 존중하면서도 초문화적 가치를 충분히 반영하는 리더를 양성하고 선발할 필요가 있다.

글로벌 리더십을 발휘하기 위해 한국 선교사들이 보완해야 할 점은 ①세계 선교 상황에 대한 이해, ②의사소통 기술과 태도 개선, ③심도 있는 타문화 사역 경험, ④파트너십과 관계 기술 발전, ⑤다른 문화와 그 세계관에 대한 이해, ⑥타문화와 다른 선교 단체에 대한 존중, ⑦국제 사회 기본 에티켓 습득, ⑧학문적 자질과 영적 균형, ⑨한국 문화와 한국인의 특성에 대한 선 이해가 강화되어야 한다.

여성 리더십

선교 현장에서 여성 리더십의 중요성을 인식하고, 이를 조속히 개발하기 위해 힘쓴다. 이를 위해 사역 현장에서 여성 선교사의 리더십이 올바르게 평가되고 세워지도록 모두가 노력할 필요가 있다. 특히 현재 선교 현장에서 교회 개척 사역을 하는 여성 선교사들의 형편을 고려해 특별한 상황 하의 여성 선교사의 성례권 문제를 진지하게 검토할 필요가 있다. 또한 여성 선교사와 관련된 기타 이슈들을 위해 광범위한 연구조사를 실시할 필요가 있다.

세대 간 리더십

성공적인 팀 사역과 한국 선교사들이 각 세대별로 긍정적인 영향력을 발휘하기 위해서는 각 세대 간의 특성과 역할에 대한 이해가 증가되어야 한다. 각 세대가 가진 장점이 극대화되어 선교 현장에서 리더십을 발휘하기 위해서는 한국적 리더십의 장점을 극대화하면서도 동시에 글로벌한 가치가 반영되어야 한다.

이를 위한 구체적인 행동은 첫째, 차세대 리더의 풀pool을 만들고 그들의 리더십 개발을 위한 프로그램을 개발한다. 둘째, 은퇴를 포함해 중견 선교사 역할의 극대화에 대해 구체적인 연구가 이루어져야 한다. 이를 위해 모델이 되는 사례를 모으고 연구하는 일에 단체를 초월해 협력한다. 셋째, 한국적 문화와 초문화적 가치를 동시적 존중하는 차세대 리더가 나올 수 있는 프로파일을 만든다.

한국 선교사들이 글로벌 리더로 성장하기 위해서는 4가지 영역에서의 발전이 필요하다. 첫째, 역사·문화적 배경에서는 탈한국화와 탈서구화가 동시에 일어나야 한다. 둘째, 리더로 준비되기 위한 기술이 개발되어야 한다. 셋째, 개인적 자질의 향상이 필요하다. 넷째, 리더로 세우는 절차가 필요하다. 이렇게 각 영역에서의 세부 사항을 281페이지의 도표에서 보는 것처럼 세계관, 성육신, 글로벌 리더십, 신학적·사역적·전략적 균형의 관점으로 세분화해서 논의했고, 각 영역을 돕기 위한 구체적인 프로그램을 소개했다.

리더십 개발을 위한 다양한 프로그램을 논의하는 가운데 발견한 것은 한국에 선교사들의 리더십을 개발하기 위한 프로그램이 많지 않다는 것과, 국제적인 프로그램들은 많지만 언어 문제와 한국적 상황에의 적합성 문제들로 인해 국제 프로그램의 한국화 혹은 한국적 적용이 필요하다는 논의가 있었다. 또한 한국 선교사의 리더십은 다른 동료 선교사들과의 관계에서도 개발되어야 하지만, 동역하는 현지 리더들과의 관계에서도 좋은 리더십을 발휘할 수 있도록 해야 한다. 현장에서 사역하는 선교사들을 찾아가서 돕는 리더십 훈련 과정이 필요하다.

미래 과제

이제까지 한국 선교가 많은 선교사를 내보내는 일에 성공적이었다면, 이제부터는 준비된 선교사를 내보내

	세계관	성육신	글로벌 리더십	신학적·사역적·전략적 균형	프로그램
역사적·문화적 배경: 탈한국화 탈서구화	• 선교를 회심의 긴 과정으로 이해하는 선교사로서의 성경적 리더십의 본질 이해. • 자문화의 객관화를 통한 전통적 리더십 관점 극복. • 자문화 중심적 폐쇄성 극복.	• 특정 훈련 과정 이수보다 어떤 사람이 되었는지에 초점. • 현지인과 동료 선교사들에 대한 성육신적 태도.	• 외국(세계) 및 현지 리더십과 동반자적 섬김의 자세. • 우리의 한계 극복과 더불어 우리의 장점(예: 관계 중심성) 발휘. • 국제 문화에 대한 이해 및 존중.	• 탈한국화: 균형 잡힌 신학적·선교적 통찰력. • 탈서구화: 교회와 함께하는 리더십(경쟁적 관계가 아닌 상호보완적 원-원 리더십).	• Perspectives(선교한국파트너스) • WCF(World Christian Foundation, WCI)
사역 기술 습득	• 한국 선교사끼리만 뭉치는 배타성 극복 훈련. • 공동체 환경과 훈련을 통한 원만한 대인관계 기술 함양. • 조직(팀)과 인간에 대한 이해 증진.	• Empowering leadership. • Mission planting: ① Train trainers; ② Produce reproducers. • 동일시: 사역과 삶의 눈높이(수준) 맞추기. • 심플 라이프와 & 저비용 사역 훈련.	• 국제적인 흐름과 선교의 큰 그림 파악. • 글로벌 파트너십 노하우 습득. • 커뮤니케이션이 가능한 외국어. • 다문화 대인관계와 의사소통 기술. • 조직적·행정적 기술.	• 본국 교회 및 현지 교회와 함께 가는 리더십 개발. • 팀 사역, 팀 리더십. • '4P' 이해와 실천. • 자신의 역할을 정확히 파악하고 실천하는 능력.	• Partners Int'l • LMC(leadership Matters Course; www.leadershipmatters.ws/) • MDOC • SYIS(SHARPING YOUR INTERPERSONAL SKILLS) • Daniel Oh Ministry • PT(Project Timothy, OMF)
개인적 자질	• 사람에 대한 이해와 관심. • 매일/평생 배우는 자세. • 원칙 중심의 리더십.	• 순교자의 자세. • 현지 문화와 생활방식을 저해하지 않는 개척자적 자질. • 지체들 돌보기 & 중보.	• 국제 선교에 공헌할 한국인의 독특한 강점 확인 & 개발. • (현지/국제)언어와 문화 습득.	• Being & doing의 균형: 사역과 가정, 일과 삶의 균형과 모범. • 화해와 중재의 리더십.	• Peace Makers Ministry. • PT(Project Timothy, OMF).
리더를 세우는 절차	• 리더가 양성되고 세워지는 절차를 긴 과정으로 이해하기(한국 선교는 이 과정에 대한 이해 부족과 기간 단축으로 많은 시행착오를 겪었다).	• 사역 초기부터 현지 리더십을 양성하고 지원해야 한다(현지 지도자를 헬퍼가 아닌 파트너 또는 리더로 인정하고 선교사가 헬퍼 역할을 감당해야 한다).	• 글로벌 리더십 양성을 위한 장기적·체계적 투자가 필요하다. • 다문화적 상황에서 리더십 훈련을 시행하는 게 효과적이다.	• 단계별·분야별 리더십을 발휘할 수 있는 과정이나 시스템이 필요하다. • 잠재적 리더들이 교류하고 함께 훈련받는 기회를 통해 장기적 협력의 기초를 놓는 일이 필요하다.	• GLF(Global Leadership Focus, GMF).

는 일로 무게중심을 옮겨야 한다. 준비된 선교사의 자질 중 특히 리더십은 여러 측면에서 더욱 중요하다.

첫째, 선교사의 수적 증가는 자연스럽게 조직 안에서의 리더십을 요구하게 된다. 리더십은 그냥 생기는 것이 아니라 만들어지는 것이다. 따라서 짧은 시간 안에 엄청나게 커져 버린 한국 선교가 그 역할을 감당하기 위해서는 선교사의 리더십 개발과 구축이 매우 절실하다. 둘째, 세계 선교에서 한국 선교가 차지하는 위상의 변화 때문이다. 한국 선교의 확장은 단순히 한국 선교 내의 문제가 아니라 다른 나라 교회 혹은 선교와 필연적으로 연결되었고, 파트너십을 이루어 나가야만

한다. 선교 현장에서 현지 교회 리더들과의 파트너십뿐만 아니라 선교하는 다른 나라들과의 파트너십을 이루어 가야 하는 시대다. 이미 국제적으로 한국 선교사들이 리더십을 발휘해야 하는 일이 생기기 시작했다. 따라서 한국 선교사들이 국제적으로 좋은 섬김의 리더로 준비되어야 할 필요가 더욱 높아졌다.

---

[1] 방콕포럼은 선교사들의 사역을 돕기 위해 선교 현장에서 일어나는 여러 가지 문제를 살펴보고 대안을 만들기 위해 2004년부터 시작된 현장 선교사들의 포럼이다. 그동안 선교사의 책무 문제, 선교지 현지 구조, 선교사 리더십, 선교사 자녀교육, 선교 동원, 출구 전략, 선교사 은퇴 등의 주제를 다뤘다.

7.6
생명력 있는 선교사를 위한 역할 개발

브렌트 린드퀴스트(링크케어센터 총재, 미국)

이 글은 도널드 라슨Donald N. Larson의 독창성 풍부한 글인 "생명력 있는 선교사: 배우는 자, 거래자, 이야기꾼" The Viable Missionary: Learner, Trader, Story Teller1에 대한 내 견해를 밝히는 것이다. 도널드는 1975년부터 2000년까지 나의 멘토였다. 새로운 선교사 세대와 이 서평을 나눌 수 있는 것이 영광이다.

도널드는 선교사 개발이 본국에서 어떻게 시작되는가를 중요하게 생각했는데, 그보다 더 중요하게 여긴 것은 선교사 개발이 어떻게 계속되었으며, 또 현지인들이 자원과 대리 가족 구성원의 역할을 함으로써 선교사 개발이 어떻게 향상되었나 하는 것이다. 신임 선교사들은 효과적으로 생활하고, 증거하고, 사역하기 위해 그들이 무엇을 알고, 이해하고, 배워야 하는지 모르는 경우가 아주 많다.

도널드의 글은 신임 선교사들이 영향력을 끼치는 효과적인 사람이 되기 위해 밟아야 할 발전 과정을 설명하는데, 이 과정을 통해 그들은 선교 대상 지역 사회에 대한 경험과 배경, 그리고 세계관에 대한 이해를 확장시켜 나가게 될 것을 보증한다. 세 가지 역할은 배우는 자, 거래자, 이야기꾼이다.

1. **배우는 자**learner의 역할에서 강조하는 것은 언어 학습인데, 사역 대상 지역 사회와 일체감을 나타내는 주요한 상징으로 이해한다. 언어 도우미와 코치와 함께 풀타임으로 공부하고 많은 시간을 지역 사회 안에서 연습함으로써, 3개월 후에는 많은 관계를 형성하게 된다. 이 관계는 그들이 대화하고 의사를 표명하고 간단한 질문을 하거나 대답을 하는데 도움을 준다.

2. 4개월째가 되면, 여기에 **거래자**trader, 즉 현지인들과 통찰과 경험을 '주고받는' 역할이 더해진다. 사진이나 다른 도구를 이용해서 문화의 경험을 나누는데, 이렇게 함으로써 배우는 자나 현지인이나 모두 세계관과 관계에 대해 배운다. 신임 선교사는 이 기간을 마칠 때가 되면 배우는 자요, 다른 사람들에게 관심을 가진 사람으로서 잘 자리 잡는 길에 들어서게 된다.

3. 7개월째 더해지는 역할은 **이야기꾼**storyteller이다. 성경 시대의 이야기나 그리스도와의 개인적인 만남과 신앙에 관한 이야기들을 현지 언어로 다시 전해 줄 수 있도록 준비한다. 이런 이야기들이 매일매일의 일들과 상황에 결합된다. 신임 선교사는 이 기간을 마칠 때쯤에는 사람들을 알고 지내면서 친구를 사귀었을 뿐만 아니라 배우는 자, 거래자, 이야기꾼으로서 좋은 인상을 많이 남겼기를 바란다. 그렇게 함으로써 앞으로의 사역 기간뿐만 아니라 평생토록 새로운 역할들을 더해 갈 준비를 갖추게 될 것이다.

지면 관계상 이것에 대해 더 이상 자세히 나누지는 못하지만, 나는 선교사 관리 책임자로서 이 접근법에 감탄한다. 이것은 간단하지만 많은 관점을 수용할 수 있다. 신임 선교사들에게 현지인들과 만나도록 할 뿐만 아니라 이 접근법에는 가까이 하려는 성향이 내재되어 있기 때문에 친밀감intimacy까지는 아니더라도 상호교류

interaction를 용이하게 한다. 이 방법은 분리와 자율 지향적인 경향뿐만 아니라 외로움과 우울함으로 인해 생기는 문제들도 방지한다. 그리고 적극적인 학습, 관계 형성, 그리고 우리가 닮기를 원하는 성육신하신 주님의 삶을 따르는 성육신적인 삶을 강조한다.

이 글이 처음 발표되고 30년이 지나 많은 상황이 바뀌었지만, 핵심 개념들은 계속 남아서 이런 발전적인 역할들이 효과적으로 사용되도록 다듬어지고 발전되었다.

---

1. *Missiology: An Annual Review 6*, no.2(April, 1978)에 처음 발표됨.

Global Perspectives 7.7

유병국(WEC 국제 동원 대표, 감비아)

비서구 선교사의 역할

한국 선교사들은 이미 기성 선교 세력이라고 할 수 있으므로, 이들은 기존의 서구 선교사들과 같은 부류에 포함시켜야 한다. 새롭게 선교 대열에 합류할 신흥 선교사 파송국들의 역할은 분명하다. 이미 영성도 고갈되고 신분도 노출된 타성적인 선교사의 모습을 한 기존의 선교 세력만으로는 더욱 어려워진 오늘날의 선교를 감당할 수 없다. 이들 선교지에 새로운 선교 세력들이 보강되고 교체가 이루어져야 한다.

무엇보다 오랜 시간 준비한 선교사들이 겨우 사역을 시작하려는 시점에서 추방이라는 피할 수 없는 정치적 문제에 직면하게 되는 것은 대표적인 고비용 선교의 한 현상이다. 이들 신흥 선교 세력들은 기존의 사역자들로부터 사역 경험을 배워야 한다. 그러나 신흥 선교 파송국에서 선교지로 들어온 사역자들이 전부 선교의 최전방에서 서양 선교사들의 역할을 대신하는 것만이 최상의 사역 방법은 아닐 것이다. 이들도 이방인이기 때문에 얼마 안 있어 서양 선교사들이 경험하고 직면했던 동일한 문제에 부딪칠 수 있기 때문이다.

결국 현재 남은 미전도 지역에서 최종적으로 이 일을 감당하고 마무리해야 할 선교 세력은 바로 자국인들이거나 동일 문화권, 동일 언어권, 지역 공동체 국가에서 나와야 하는 것이 분명하다. 그러므로 새롭게 들어오는 선교사들은 선교지의 지역 교회에 집중적으로 선교를 심는Mission Planting 일을 해야 한다. 그래서 머지않아 자신들마저 약화될지 모를 영성의 문제, 선교지 철수 문제 등에 부딪쳐서도 끝까지 남아 사역을 이어갈 선교적 교회와 제자를 만드는 일을 해야 한다.

다음 세대의 선교적 과제

교회의 영성과 선교는 자연스럽게 비례하는 현상을 보인다. 교회의 영성이 죽어 가는데 그들 가운데서 새로운 영성을 가진 젊은 선교 세력이 배출될 것을 기대하는 것은 무리다.

한국이라면 우리의 세대에 아직 남아 있는 이 영성과 열정을 가지고 새롭게 일어나는 신흥 선교지에 선교를 동원하고 훈련시키는 일에 동참할 수 있다. 지금 WEC선교회 국제 선교 동원 사역 팀들이 경험하고 이루어 가는 일들은 매우 놀랍고 흥미롭다. 다음 세대는 이런 것을 볼 수 있게 해줘야 한다. 어차피 한번 기울어 가기 시작한 한국 교회의 영성을 새롭게 회복하는 일이 현재 상태에서는 일어나기 쉽지 않을 것이라는 현실적 인식을 가지고 있다면 말이다. 불행하게도 이 말은 앞으로 한국 교회의 선교도 그 역할을 다하고 오늘날 유럽의 교회처럼 선교사 파송 지역에서 선교 대상 지역으로 자리매김할 날이 멀지 않았음을 뜻한다.

이런 현실을 무시한 채 여전히 '우리가 해야 한다'는 객기를 앞세워 무리하게 선교지로 달려가 이미 실패했던 방법들을 다시 재현하는 오늘날 선교 행태는 지양해야 한다. 차라리 한국에 들어와 있는 외국인 유학생이나 노동자들을 선교사적 열정을 가지고 양육해 그들을 파송하는 새로운 사역으로 방향을 전환할 필요가 있다.

영성과 훈련

그럼에도 불구하고 한국 교회의 선교는 계속 이어져야 하고 이어질 것이다. 놀랍게도 우리 세대의 선교사들이 겪는 가장 약한 부분은 영성인 것 같다. 영성이 떨어진 선교사에게 영적 열정을 가지고 선교하라고 다그치는 것은 무리다. 선교지로 갈 다음 세대가 받아야 할 훈련은 첫째도 영성, 둘째도 영성이다. 이 영성이란 말은 '믿음'을 의미하고 '부르심'을 의미한다. 믿음이 바탕이 되지 않은 선교는 어차피 가능하지 않다. 그러므로 어떤 환경에서도 흔들리지 않는 믿음으로 굳건히 서서 일할 진정한 의미의 용사를 만들어야 한다.

거기에 부수적으로 전 세계 누구와도 동역할 수 있는 다문화, 다민족, 다용도 선교사 훈련이 곁들여진다면 더할 나위가 없을 것이다. 이제 새로운 선교 세력으로 등장하는 신흥 선교사 파송국의 선교사들, 기존의 다양한 나라에서 이미 들어와 있는 선교사들과 함께 일하는 이 일이 이루어지지 않는다면 한국 선교사들은 또 다시 선교지에 한국을 건설하려는 선교 국수주의에 빠진 주역들이 될 것이기 때문이다. 다음 세대는 반드시 세계적 차원의 선교사들이 되게 해야 한다.

My Journey 7.8

이대행 (선교한국대회 상임위원장, 한국)

내 어린 시절 장래희망은 선생님에서 출발해 철들기 전 포부를 심은 국회의원으로 바뀌었다가, 정부 행정 공무원이 되는 것이 현실적이라는 판단 아래 행정학을 전공으로 선택하는 데까지 이르렀다. 대학교 1학년 때, 학생 선교 단체 활동을 통해 하나님 나라에 대한 관점이 넓어졌고, 2학년 말 해외여행 자유화 바람에 힘입어 단체의 국제 수련회에 참석하면서 타문화권에서 복음을 접하게 되었다. 언어도 문화도 다르지만 같은 하나님을 바라보며 예배한다는 것의 감격을 경험한 시간이었다.

1990년에는 선교한국 대회에 참석해 말씀과 도전 기도를 통한 순종의 결단을 하게 되었다. 그것은 하나님께서 원하시면 내가 타문화권에서 사역하게 될 가능성을 제한하지 않겠다는 것이었다. 졸업 후 몇몇의 동역자들과 인터서브의 온트랙 과정 1기의 2개월 중동 지역 탐방 기회를 가졌다. 중동 지역 여성 사역에 대한 가치에 무게를 두고 있었기에 신중한 발걸음이었다. 이후 2년간 단기 선교 사역을 통해 장기 사역의 가능성을 타진했다. 그 과정 중에 선교한국 사역에 대한 부르심이 있었다. 선교에서 국내 사역의 중요성이 거의 이해되지 않을 때였다. 선교한국은 동원의 역할을 하기 때문에 정체성 또한 모호한 단계였다. 하지만 나의 전공을 고려한 하나님의 부르심임을 확인하고, 하나님 나라의 행정부서를 섬긴다는 마음으로 사역을 시작했다.

국내에서 타문화권 사역을 한다는 것이 익숙하지 않은 상황이어서(현재도 그렇다) 마음고생도 많았지만, 내가 하고 싶은 일이 아니라 해야 할 일을 한다는 자부심으로 사역을 감당해 왔다. 한국 교회 선교의 성장과 함께 선교한국의 역동적인 역사를 써 나갈 수 있었던 시간들이라 내·외적 어려움은 내 사역의 정체성을 크게 방해하지 못했다.

여전히 감내해야 하는 사역의 무게가 있지만, 아직도 하나님께서 나를 가장 유용하게 사용하고 계시다는 증거를 날마다 발견하며 섬기고 있다. 지금도 나를 보고 깜짝 놀라는 사람들이 많다. 선교계에서 잔뼈가 굵어 이제는 지도자로 섬겨야 하는 위치의 사람이 여성이라는 사실 때문에, 엄마면서 개척 교회 목사의 아내라는 사실을 알면 더 놀란다. 그만큼 여성으로서 선교 사역의 현장에 장기적으로, 또 다양한 역할로 섬기는 일이 녹녹치 않다는 반증일 것이다.

그러나 하나님 나라의 일은 여성과 남성의 구분도 필요 없고, 국내와 국외의 차이도 없다는 사실을 기억해야 한다. 하나님 나라를 이루는 일을 소망하는 삶의 방향이 분명하다면 그 모든 것이 합력하여 선을 이루기 때문이다. 또 고민도 많고 대가도 지불해야 하지만, 그것이 가치가 있는 일이라는 확신이 있기에 오늘도 즐겁게 내가 맡은 일을 감당해 나간다.

Work Sheet 7.9

스티브 호크

당신은 지금 어디에 있는가?

- 교회와 학교, 그리고 실제적인 선교 훈련을 제공하는 다른 곳에 대해서 현재 얼마나 많이 알고 있고, 어느 정도 수준으로 알고 있는가?

- 문화와 언어 훈련을 받을 수 있는 대학원이나 고급 훈련 과정에 대해서 알고 있는 것은 무엇인가?

- 어떤 외국어를 구사할 수 있는가? 외국어를 공부한 적이 있는가? 어느 정도로 했는가?

- 자신의 문화와 다른 문화를 이해해야 하는 상황에 처해 본 적이 있는가? 어떤 상황이었나? 문화에 대해서 어떻게 배웠나? 그것에 어떻게 잘 적응했는가?

- 실제적인 훈련이나 학교에 관해서 조언해 줄 수 있는 사람을 알고 있는가?

　목회자:
　선교사나 선교 리더:
　캠퍼스의 그리스도인 스태프:
　교회 친구:
　교사:

다음에 해야 할 일은 무엇인가?

- 실제적인 훈련 프로그램에 대해 교회 리더나 선교기관과 의논하고, 이 책 부록의 자료들을 살펴보라. 그러고 나서 더 알아보고 싶은 훈련 프로그램이나 학교를 나열해 보라.

　1.
　2.
　3.

- 언어를 배울 방법에 관해서 교회, 학교 상담가, 선교기관과 언제 의논할 것인가?

- 언제, 어떻게 언어와 문화 학습 통합 프로그램을 계획할 것인가?

- 방문하거나, 전화하거나, 이메일이나 편지를 보낼 학교는 어떤 학교(들)인가? 언제 할 것인가?

미래는 어떤 모습일까?

- 현재 훈련과 교육이 더 필요하다고 하면, 경제적인 상황을 고려해 볼 때 그것들을 위해서 얼마나 시간을 내야 하는가?

- 하나님이 당신을 인도하고 계신다고 느끼는 민족에게 복음을 전하기 위해 어떤 언어를 배워야 하는가?

- 본국에서 언어 습득을 위해 다닐 수 있는 언어 학교나 언어 프로그램에는 어떤 것이 있는지 상위 3가지를 써 보고, 수준, 위치, 일정, 학비를 고려해 순위를 매겨 보라.

    1.
    2.
    3.

- 실제 현장에서의 경험이 훈련 계획에 어떤 영향을 미치겠는가?

- 풍부한 현장 경험을 하면서 학교 교육을 병행하는 것이 가장 최선이 되겠는가?

- 이 모든 것들이 결혼이나 가족계획과는 어떤 관련이 있는가?

시작하기

3

8

견습과 인턴 과정

선교 전문가들은 가능하면 선교 대상지와 가까운 곳이 실용적인 선교사 실습에 이상적인 장소라고 한다. 위튼 근교나 콜로라도스프링스는 선교사 후보생들이 다문화 도시 생활을 직접 경험하는데 도움이 되는 이상적인 훈련 장소가 아니다. 때문에 많은 선교기관들이 사역지에 도착한 선교사들을 위해 매우 실용적인 현지 오리엔테이션 프로그램을 신중하게 기획한다.

역사적으로 **견습제도**는 새로운 세대의 숙련된 공예가들을 훈련시키는 제도다. 견습제도를 통해 견습생들은 대장장이든 유리 세공이든, 직업으로 선택한 특정 공예의 경력을 쌓아 간다. 대부분의 훈련은 직업 현장에서 이루어지는데, 견습생들은 숙련공이 되면 일정 기간 계속해서 일하기로 하고 고용주에게 기술을 배운다. 현장 견습제도는 새로운 세대의 선교사들이 타문화 사역이라는 공예를 효과적으로 할 수 있도록 훈련하는 방법이다.

인턴은 견습과 비슷한 것으로, 고용이라기보다는 현장 훈련에 중점을 둔 임시직이다. 인턴은 보통 대학생들이 하지만, 고등학생이나 대학원생들이 새로운 직업을 위해 기술을 익힐 목적으로 하기도 한다. 학생 인턴 제도는 학생들이 현장에서 경험을 얻거나, 특정 직업에 대한 자신의 관심도를 알아보거나, 연락 가능한 네트워크를 만들거나, 또는 학점을 이수할 수 있는 기회가 된다.

현지 인턴('신임 선교사'라고 부르기도 한다) 과정은 현지 문화권에 도착하는 대로, 타문화 커뮤니케이션은 물론 현지 언어와 문화를 이해하는데 필요한 기본적인 기술을 개발하는 기회가 된다. 일반적으로 인턴에게는 다른 사역 책임이 없다. 언어와 문화에 능통하게 되는 것만이 그들의 일이다. 그곳에서 자격과 경험이 있는 선교사나 현지 리더와 함께 그들이 경험을 통해 배운 것들을 바탕으로 사역을 구축해 갈 수 있기 바란다.

우리는 견습과 인턴이라는 말을 구별하지 않고 사용할 것이다.

아직 대학 과정에 있다면, 타문화 사역 인턴이 되는 것이 먼 일처럼 느껴질 수도 있다. 아마 그럴 것이다. 그러나 미래를 잘 이해하는 것이 그것을 준비하는 하나의 방법이다. 미래가 어떻게 될지 정확하게 예측할 수는 없지만, 미래에 영향을 미치게 될 계획을 세울 수 있고, 결정을 내릴 수 있다.

어떤 경험을 하게 될지는 기대하는 것에 따라 상당한 영향을 받는다. 새로운 일을 할 때, 모든 것이 좀처럼 기대했던 대로 되지 않는다. 새로운 경험들도 그와 같다. 타문화권에서 처음으로 해야 할 과제도 마찬가지다. 그렇다고 해서 분명히 '낙담'할 것이라는 말은 아니다. 믿음을 가지고 처음에 기대했던 것들에 매이지 않도록 하라는 말이다. 주께서 그 기대들을 새롭게 만드시거나 바꾸시는 대로 따르겠다는 마음을 가지고 그 기대들을 주께 가져오라. 선교는 생각했던 것보다 더 힘들어질 것이다. 그러나 견뎌내라. 그 일은 그럴 만한 가치가 있다.

타문화 경험을 통해 당신의 역량이 커지고 깊이 있게 될 것이다. 당신의 인생에서 개인, 가족, 그리고 사역의 성장이 가장 활발히 일어나는 시기를 맞이하게 될 것이다. 영적 전쟁을 통해서 영적 근육이 커갈 것이다. 여러 문화의 그리스도인들과 공동체로 사는 것은 마치 도가니에 들어가 있는 느낌일 것이다. 그 속에서 압력에 눌려 깨지고 뜨거운 열로 새롭게 빚어진다. 현실적인 믿음을 가지고 그런 경험을 예상할 때, 주를 더욱 의지할 것이고, 사역 공동체에서 더욱 생명력 있는 구성원이 되고자 헌신할 것이다. 만약 결혼을 했다면 (자녀가 있든 없든), 스트레스와 어려움이 더 있을 것에 대비해야 한다.

앞으로 어떻게 될지 알아보기 위해 할 수 있는 일은 많다. 준비하는데 도움이 될 수 있도록 교회와 선교기관에 물어 보라. 다음의 내용은 1년차 인턴 과정의 견본이다. 한 부부가 베네수엘라 카라카스에서 했던 인턴 과정을 기록한 '첫 걸음' barefooting을 특별히 주의 깊게 읽어 보라. 이 글을 읽으면서 현지에서 첫 해를 가장 잘 활용하기 위해 이 견본을 자신의 상황에 맞게 어떻게 적용할 수 있을지 신중하게 생각하라.

8.1

현지 인턴 과정 첫 해의 사례

스티브 호크

다음의 개요는 실제 훈련 내용으로서, 현지에서 첫 해의 훈련 절차와 가정, 그리고 활동을 기록한 견본이다. 무엇을 기대하고, 어떤 기회가 있고, 어떤 자료들을 사용할 수 있는지 명확히 알려 주고자 작성되었다. 교회와 선교기관에 맞게 이 견본을 사용할 수 있다.

전제

당신은 선교지로 나가기 전에 사전 오리엔테이션 워크숍과 언어 습득 워크숍을 모두 마쳤다. 이 훈련을 통해 문화 학습에 필요한 태도와 감각, 그리고 기술을 개략적으로 배웠다. 벌리츠Berlitz나 램프LAMP, 또는 이와 동등한 집중 언어 학습 프로그램을 통해 새로운 언어를 접해 보았다.

타문화 생활과 커뮤니케이션에 관한 일반적인 사전 오리엔테이션을 마친 후, 문화에 관한 정보와 언어를 배울 수 있는 가장 좋은 장소는 선교지다. 현지인은 물론 그들의 문화와 '유대관계를 맺는 것'은 장기적으로 새로운 문화를 본국의 문화처럼 느낄 수 있게 만드는 중요한 일이다. (선교지 문화와 유대관계를 맺는 실제 과정에 대한 내용은 톰과 베티 수 브루스터의 저서 「실용적인 언어 습득」을 보라). 언어 학습은 **곧** 사역이다. 그러므로 현지인들과 지속적으로 유대관계를 맺고 관계를 쌓아 갈 뿐만 아니라 가능하면 빨리 언어를 유창하게 구사할 수 있도록 전념해야 한다(2년까지는 풀타임으로 공부해야 한다).

신임 선교사들은 언어 공부의 우선순위를 잃지 않을 적정한 수준에서 준비 작업이 필요치 않은 사역을 해 보아야 한다. 언어와 문화를 배우는 첫 기간에는 지도자 없이 완전히 자발적으로 하는 것보다 **지도를 받는 인턴 과정**이 더 효과적이고 바람직하다. 입국, 언어 학습, 그리고 일반적인 문화 적응을 도와줄 멘토나 지도자가 있어야 한다.

학습 목표

첫 해(혹은 언어에 따라서 두 해)의 현지 인턴 과정을 마치면 다음의 일들을 할 수 있어야 한다.

- 기초적인 영적 주제를 가지고 간단한 대화를 한다. 언어의 정확도와 이해도는 80퍼센트 정도다.
- 거주하는 도시의 역사와 문화에 대해서, 그것에 중요한 영향을 끼친 주요 인물과 사건들을 들어가며 설명한다. 관계를 통한 효과적인 사역을 위해 관계 구축의 출발점이 될 수 있는 것에는 어떤 것들이 있는지 기술한다.
- 현지의 역사, 문화적 가치, 음식과 생활양식을 포함해 현지 문화를 존중하고, 그것에 민감하고, 그 가치를 인식하고 있음을 입증한다.

절차

다음의 내용은 1년 인턴 과정에 적용할 수 있는 학습 활동의 유형을 기술한 것이다.

- 현지의 첫 6개월 중 3주 동안은 현지인 가족과 함께 생활해 '유대관계를 맺는다.'
- 문화에 대한 신뢰할 만한 '정보 제공자'informant이면서 현지인으로서 본보기가 될 만한 사람(만약 당신의 개인 교사나 현지인 가족과 다르다면)을 찾아 그와의 관계를 개발한다.
- 언어 수업에 꾸준히 출석하고, 언어 개인 교수와 정기적으로 만난다.
- 현지 가족이나 부부와 가까운 관계를 맺고, 그들과 함께 휴가를 보낸다.
- 이웃이나 새로 사귄 친구들에게 음식 대접을 하며 현지인들은 어떻게 함께 식사하는지 배운다. 최대한 창의력을 발휘해서 현지인들의 식사하는 방식과 대접하는 방식에 맞춘다.
- 현지인이 인도하는 소그룹이나 셀 그룹에 참여한다.

- 현지 언어로 진행되는 현지 교회에 참석한다.
- 교회 수련회에 참석한다.
- 현지 교회의 방식으로 진행되는 리더십 훈련에 참석한다.
- 최소한 3가지 이상의 현지 문화 축제나 종교 축제에 참석해서 관찰한다.
- 여러 교파에 걸쳐 3-6개의 다른 현지 교회를 방문해 본다.
- 현지 도시를 돌면서 기도하고, 가능하면 다른 도시에서도 다른 사람들과 동참한다.
- 당신에게 이웃을 연결해 주는 다리 역할을 할 사람이나 혹은 사역의 통로로 성령이 미리 예비해 두신 "합당한 자"(마 10:11)를 알려 주시도록 계속 기도하라. 예수님이 열두 제자들에게 그 사람이 누구일지 '찾거나' 혹은 '물으라'고 지시하신 것처럼, 새로운 문화에서 당신을 도울 사람으로 하나님이 미리 예비해 두신 사람들을 세심히 살펴보라.
- 선교기관에서 '당신의' 선교지에 대해 준비해 준 요약 정보를 읽고 연구하라. 그 정보는 신임 선교사들을 위해 선교기관에서 선교지의 배경에 관한 주요 기사, 책의 일부분, 그리고 서면으로 된 다른 자료들을 모아 편집한 것이다.
- 현지 국가에서 관심 있는 도시와 지역을 최소한 두 곳 이상 방문하는데, 현지의 역사와 문화를 배울 목적을 가지고 그 지역적인 독특성과 차이점, 그리고 비슷한 점을 관찰하라.
- 일반적인 이 모델과, 다음에 나오는 베네수엘라 카라카스에서의 한 부부의 인턴 과정을 기록한 '첫 걸음' barefooting을 비교해 보라.
- 선교사 멘토와 현지인 문화 정보 제공자와 계속 함께 시간을 보내라. 현지인들이 당신에게 그 지역에 대한 전문가 역할을 하도록 하라.

8.2

첫 걸음, 현지에서의 첫 해

스티브 호크

첫 6개월

카라카스에서의 첫 3개월은 현지인 가정이나 자신이 마련한 집에 정착하고 새로운 문화에 적응하는 일만 한다. 이 기간에 할 일은 다음과 같다.

- 거주할 곳과 가구를 찾는다.
- 이웃들을 만난다.
- 스페인어 공부(수업, 개인 교습, 관계)에 전념한다.
- 환전하는 곳을 알아 둔다.
- 버스, 택시, 지하철을 이용해서 다니는 법을 배운다.
- 우체국과 상점의 위치를 알아 둔다.

- 여러 교회와 목회자들을 방문한다.
- 전화를 사용하는 법, 공과금과 임대료를 납부하는 법 등을 배운다.
- 베네수엘라인 멘토나 도우미를 찾는다(또는 한 가정을 '입양'한다).
- '세둘라'(공식 신분증)Cedula, 의료보험증, 운전면허증을 발급받는다.

다음 3개월 동안은 다음과 같은 일들을 통해 적응 기술을 늘린다.

- 은행 구좌 개설하기.
- 자동차 구입하기(주의: 어떤 사람들은 더 오래 기다려야 될 수도 있다).
- 소속 교회를 찾는다.

두 번째 6개월

두 번째 6개월 동안은 다음과 같은 일을 통해 지식과 관계의 기반을 확장한다.

사역 가능성에 대해 알아본다.

기독교 서점, 카라카스 목회자협회(현지 목회자 협회), 복음주의연합회, 신학교육센터를 방문해서 여러 자료들을 찾아 익히고, 도시에서 이루어지는 사역들을 숙지한다.

- 새로 소속된 교회에서 계속해서 관계를 쌓아 간다.
- 일간지, 주간지, 베네수엘라 문화를 다룬 최근의 책을 읽는다.

세 번째 6개월

조직적인 사역을 시작한다.

다음의 장소에 가거나 모임에 참석해서 문화에 대한 이해를 넓힌다.

- 결혼식
- 경마
- 극장
- 장례식
- 축구 경기와 야구 게임
- '바리오'(도시 근교)barrio에는 안전 유의 사항에 대해 디렉터와 점검한 후 갈 것.
- 해변

사역이 점점 더 분명한 윤곽을 나타내야 한다. 어디서, 누구와, 무슨 사역을 할지, 어떤 기술이 있어야 할지에 대한 명확한 그림을 그려야 한다.

네 번째 6개월

사역 개발에 집중한다. 주의할 사항은 다음과 같다.

- 자기 나라 사람들하고만 시간을 보내지 않도록 주의하라.
- 이메일에 사용하는 시간을 제한하라. 신임 선교사들이 이렇게 시간을 잘못 쓰는 경우가 있다.
- 인터넷을 통해 연락할 때(가족에게라도) 시차와 환율을 고려하라.

- 다른 과학기술technology로 인해 개인 관계들이 무력하게 되지 않도록 하라.
- 집에서 DVD를 보면서 도피한다거나 또는 건강하지 못하게 그것에 의지하지 말라.

이 견본을 당신의 상황과 요구, 그리고 가족에 맞게 바꾸어 사용하라. 이런 주제를 다룬 책을 읽는 것이 아니라 실습을 통해 실제로 배워야 한다. 거리에서 현지인들과 더 많은 시간을 보낼수록 문화 학습의 보폭이 넓어지고 그 깊이가 더해질 것이다.

8.3

수하물 찾기 연습

테드 워드(미시간 주립 대학교, 트리니티 복음주의 신학교 교수)

다른 나라로 수하물을 보내는 국외 거주자와 선교사는 가방, 상자, 혹은 운송통shipping barrel의 내용물 목록을 기록하는 수하물 신고서를 자세히 작성해야 했다. 이와 마찬가지로 이 연습은 사람들이 그들의 '문화적 수하물'을 살펴볼 수 있는 기회가 된다. 문화적 수하물이란 해외 체재자로서 과제를 수행하러 갈 때 함께 가지고 가는 가치, 습관, 생활방식, 그리고 기대를 가리킨다. 이 연습은 혼자서 할 수도 있지만, 새로운 문화에 입국한 경험이 있는 동료들과 소그룹으로 모여 나눌 때 가장 좋은 결과를 낼 수 있다.

각 개인이 자아 인식과 자기 평가에 대한 질문에 답하고, 2-4명이 한 그룹으로 모여서 각 항목에 대해 토론하라.

수하물 신고서의 각 항목에 각자의 답변을 작성하라. (참가자 수에 맞게 수하물 신고서와 수하물 점검표를 복사하라.)

수하물 신고서

개인 특징
- 본국에서, 당신이 사람들에게 다가갈 때 그들의 눈에 띄는 것은 무엇일까?

- 당신이 가려는 나라에서, 당신이 그들에게 다가갈 때 그들의 눈에 띄는 것은 무엇일까?

- 당신이 사람들의 눈에 띄지 않게 하려고 하는 것은 무엇인가?

- 당신이 가장 즐거워하는 것은 무엇인가?

관계 스타일
- 어떤 유형의 사람과 함께 일하기를 더 좋아하는가? 주요 특징이나 특성 혹은 자질들을 말해 보라.

- 어떤 유형의 사람과 함께 어울리고 레저 활동하기를 더 좋아하는가? 주요 특징이나 특성 혹은 자질들을 말해 보라.

- 권위authority에 대해 어떻게 느끼는가?

- 평등equality에 대해 어떻게 느끼는가?

- 거리에서 걸인이 다가올 때 당신은 어떤 마음을 가지고 그들을 대하는가?

- 당신은 공식 행사나 권위 있는 행사에 초대받았을 때 어떤 반응을 보이는가?

   수하물 신고서 작성을 마친 사람들은 서로 짝을 이루어 신고서 내용을 가지고 토론하면서, 모든 사람들이 작성을 다 마칠 때까지 기다린다. 모두 작성을 마치면, 다음 단계인 수하물 점검표 작성으로 넘어간다.

- 모든 사람들에게 다음의 글을 설명해 주거나 크게 읽어 준다.

   우리 모두가 알고 있듯이, 어떤 나라에 입국할 때 가지고 갈 수 없는 물품들이 있다. 개인이 판단해서 가져가지 말아야 한다고 알고 있는 것들이 있다. 다음 연습을 통해 무엇을 가져가고 무엇을 남겨 두어야 할지 세심히 판단해 보라.

수하물 점검표

문화적 수하물 목록을 작성하고, 다음의 세 범주에 들어가는 항목들이 어떤 것인지 써 보라.

반드시 가져가야 할 것
- 나의 직업이나 사역 수행에 꼭 필요하기 때문에 내가 원하든 원하지 않든 남겨 두고 가서는 안 되는 것들의 예를 하나 들어 보라.

남겨 두고 가고 싶지만 그렇게 할 수 없을 것 같은 것
- 나는 판단은 잘하는데, 그것을 실행하는 능력은 그보다 못하다. 나는 이런 것들을 가져가지 않으려고 할 것이다. 그러나 그것들이 마치 '밀입국자들'처럼 등장할 수도 있다. 이런 것에 해당되는 예를 하나 들어 보라.

반드시 남겨두고 가야 할 것
- 이런 항목들에 관한 한 내게 주어진 선교지 과제는 내 인생의 새로운 장이 될 것이다.

- 가져가지 않을 것들의 예를 하나 들어 보라.

나눔

각자 위에서 언급한 항목들의 의미에 대해 이야기하고, 그 항목에 해당되는 예를 몇 가지 나누어 보라. 그 다음에 각자 수하물 점검표를 작성하라.

작성이 끝나면 2-4명씩 그룹으로 모여 서로 나누어 보라. 토론을 이끌어 갈 수 있도록 다음 질문을 칠판에 적어 두라.

- 선교지로 가져가면 당신을 난처하게 만들 수 있는 '수하물'은 어떤 것인가? 왜 그런가?
- 남겨 둘 것들은 어떻게 할 것인가? (구체적으로 특정 항목을 가지고 토론하라.)
- 당신의 선한 뜻을 실천에 옮기기 위해 어떤 도움이 필요하겠는가? (이 문제도 구체적으로 특정 항목을 가지고 이야기를 나누라.)

당신이 작성한 목록에 다음의 내용이 들어 있다면 그에 해당되는 예를 찾아보고, 어떻게 해야 할지 토론해 보라.

- 감정을 상하게 할 만한 문제들.
- '성격 차이'가 생기는 원천들.
- 선교지에 거주하는 주목적에 방해가 될 문제들.

※ Ted Ward, *Living Overseas: A Book of Preparations*(New York: Free Press/Macmillan, 1984), pp. 302-305. 저자의 허락을 받아 수정해 실었음.

8.4
수하물 신고서

분별 신호	반드시 가져가야 할 것	남겨 두고 싶은 것	남겨 두어야 하는 것
욕구 (음식과 다른 것들에 대한)			
다른 사람에 대한 태도			
자국과 외국에 대한 감정			
습관 (특히 무의식적으로 하는 것들)			
물건 (예, 전자레인지)			

8.5

선교지에서의 첫 언어 배우기

이용웅(GP 선교회 연구개발원장, 태국)

가족과 함께 이민 가방 여덟 개를 들고 태국에 입국하는 순간부터 무거운 중압감이 어깨를 눌렀다. 무더운 날씨는 그렇다고 해도 방콕 전체를 감싼 이상한 향 내음, 매연, 교통 체증, 그리고 알 수 없는 태국어 글씨들이 뒤섞여 급기야 신체 이상을 초래했다. 입국 다음날부터 눈이 사각거리며 가려운 현상이 나타났다. 인근 약국에 달려가 안약을 사서 수시로 넣으면서 톡톡히 신고식을 치렀다.

집을 구하고 언어 학교에서 언어 공부를 시작하면서 '이 나이에 완전히 어린애가 되었구나' 하는 생각이 스쳤다. 그 당시 내 나이 39세. 언어를 배우기에 아주 늦은 나이는 아니었지만 그렇다고 빠른 나이라고 할 수도 없었다. 그러나 선배들이 그래왔던 것처럼 초기 2년은 현지어 학습에 몰입해야 한다는 조언에 따라 우리 부부는 아침 여섯 시에 집을 나서 하루 네 시간 동안 태국어를 배우고 집에 돌아와 약간의 쉼을 갖고 다시 다음날의 언어 공부를 예습하는 과정을 무려 1년 9개월 동안 반복했다. 당시 우리에게는 초등학교 1, 2학년에 다니는 두 딸이 있었는데, 초기에는 돌봐 주는 사람이 없어 아이들만 놓고 우리 부부가 먼저 언어 학교에 가야 했다. 적잖이 불안했지만 자명종을 맞추어 놓고 애들 스스로 깨어 학교에 가도록 단단히 알려 주는 것 외에는 다른 방도가 없었다.

우리가 다닌 언어 학교는 태국기독교총회Church of Christ in Thailand에서 운영하는 오랜 역사를 가진 유니언 랭귀지 스쿨ULS, Union Language School이다. 교사는 모두 경험 많은 태국인이었고, 학생의 절반은 선교사, 나머지는 주재원, 사업가, 주부 등이었다. 긴장된 마음으로 언어 학교에 간 첫 날부터 머리가 아파 왔다. 신입생을 모아 놓고 오리엔테이션을 하는데, 처음 마이크를 잡은 원장이란 분이 시종일관 태국어만 사용하는 것이었다. 온갖 제스처를 쓰며 "킷디디, 팡디디, 풋디디"라고 하는데, 도대체 무슨 말인지 알 수가 없었다. 눈치 빠른 학생들은 무릎을 치며 '알았다'는 표정을 짓는데 나를 비롯해 몇몇 학생들은 영문을 모르는 표정을 짓고 있는 수밖에 없었다.

한참 후에야 그 말이 "잘 생각하고, 잘 듣고, 말을 잘 해야 한다"라는 의미임을 파악했다. 이렇게 하루 네 시간 동안 영어는 일체 사용할 수 없고 태국어만 사용해야 하는 환경에서 지내는 것이 여간 힘든 게 아니었다.

태국어는 자·모음이 72개인데다가 성조가 5개(참고로 중국어는 성조가 4개다)나 되니 자·모음이 고작 24개에 성조가 없는 한국에서 온 우리 같은 학생들은 당연히 헤맬 수밖에 없었다.

첫 달 같은 반에서 공부한 싱가포르에서 온 중국계 선교사 부부는 영어도 잘하고 중국어도 익숙해서인지

진도가 무척 빨리 나갔다. 태국어 어순이 중국어와 비슷하고 성조도 익숙해서일 것이다. 어떤 시간에는 이들 부부가 수업을 독점하여 부러움이 아니라 시샘의 대상이 되기도 했다. 그럼에도 우리는 유급제도를 떠올리며 수업에 집중하기 위해 무진 애를 썼다. 일명 체면 문화에서 온 한국 학생들은 유급당하는 부끄러움을 당하지 않기 위해 기를 쓰고 언어 공부에 집중했다. 우리처럼 부부가 같이 공부하는 경우는 부부조차 경쟁 상대가 되기도 한다. 보통 여자들에게 언어의 은사가 더 많게 마련인데, 부부가 같은 반에서 공부하다가 싸우는 일도 종종 벌어졌기 때문에 되도록 부부가 한 반에서 공부하지 않도록 조치하기도 했다.

이렇게 열심히 언어 공부에 몰입해 3개월 정도 지나니 기본적인 말을 하고, 6개월 정도 지나니 쉬운 글을 읽을 수 있게 되었다. 그때 얼마나 흥분했는지 모른다. 내 평생에 태국어가 들리고 눈에 들어오다니!

태국에 갈 때 부친께서 일본어 성경을 한 권 주셨다. '태국에 가는데 웬 일본어 성경을…' 하고 생각했지만 아버지의 성의를 생각해서 받아 갔다. 당시 언어 학교의 같은 반에 일본에서 온 '유지'라는 형제가 있었다. 한 반이 일곱 명 내외였기에 같이 점심을 먹기도 하고 집에 초대해 식사를 하기도 했다. 한번은 유지와 다른 학생 몇 명을 우리 집에 초대해 교제하며 아버지가 전해 준 일본어 성경책을 유지에게 선물로 주며 복음을 전했다. 그에게 교회에 나가도록 권유했다. 그후 유지는 방콕에 있는 교회에 나가게 되었고, 나중에는 태국 선교사가 되기 위해 일본에 돌아가 신학을 공부한다는 이야기를 들었다. 원래 유지는 사귀던 일본인 여자 친구와 헤어지게 되면서 일본에 돌아가지 않겠다고 하던

형제였다. 그런데 그 형제가 우리 가정을 통해 주님을 영접하고, 일본에서 신학 공부를 하며 선교사가 될 준비를 하고 있다니 하나님의 놀라운 섭리에 그저 놀라울 뿐이다.

지금 우리 부부는 한국에 돌아와 본부에서 사역하며 주말에는 의정부에 있는 태국인 노동자 교회를 섬긴다. 이것도 우리가 계획한 것이 아니다. 이 교회는 우리가 한국에 오기 전에 이미 세워진 태국인 교회인데, 사역자 자리가 갑자기 공석이 되어 사람을 찾던 중 우리 부부와 연결이 되었다. 교인들 대부분이 공장에서 일하는 태국인들인데, 우리 부부는 이들을 교회에서 말씀으로 지도하는 것 외에도 임금 체불 문제나 병원에 갔을 때의 정확한 의사소통 문제, 불법 체류자들이 단속에 걸려 강제 추방되는 과정 등에도 관여한다. 태국에서 배우고 익힌 태국어가 얼마나 요긴하게 쓰이는지 모른다. "눈물을 흘리며 씨를 뿌리는 자는 기쁨으로 거두리로다"(시편 126:5).

태국어를 처음 배울 때에는 힘든 순간이 많았지만 '하나님께서 우리를 태국 선교사로 보내셨다'라는 사명감을 가지고 인내하니 어느 순간 혀가 돌아가고 태국어 간판이 눈에 들어오는 황홀함을 맛볼 수 있었다. 그리고 그 언어로 지금도 태국인에게 복음을 전하고 한 영혼 한 영혼을 주님께 인도하니 그 기쁨을 어디에 비할 데가 없다!

Global Perspectives 8.6

해리 호프만(예수전도단, 아시아)

선교사의 역할

나라마다 강점과 약점이 있다. 서구 선교사들이 아직도 하나님의 세계적인 사업에서 담당할 역할이 있느냐 하는 것이 지금 내게는 중요한 이슈다. 나는 독일인이다. 우리의 강점은 사고력과 전략적인 계획, 고급 제품 등이다. 그러나 우리는 잘 웃는 편이 아니라 꽤 자주 심각한 모습을 보인다. 그래서 우리에게는 춤추고 웃는 브라질 사람들이 필요하다. 나라마다 각자의 고유하고 특별한 것들을 가지고 기여하는 일이 필요하다. 그것이 비록 언제나 환영받는 것은 아니지만, 필요한 일이다.

각 나라마다 고유한 은사와 부르심, 성격이 있지만, 서구의 다음 세대는 삶과 하나님, 사역, 선교에 대해 내 세대보다 훨씬 더 혼란스러워할 것이다(나는 40대다). 많은 젊은 세대들이 이혼과 학대, 중독, 성적 혼란, 상한 감정 등으로 얼룩졌다. 그래서 젊은 사람들은 먼저 평화를 구하고, 자신의 치유와 관계의 치유를 구한다. 예수님을 안다는 것이 삶이 자동으로 정리된다는 것을 의미하는 것은 아니다. 이 세대는 좋고 지속되는 관계, 자기들이 존경할 수 있는 사람들을 찾는다. 그런데 선교에서 그것을 찾기란 거의 불가능하다.

몇몇 사람들에게는 실망이 될 수도 있겠지만 정직하게 말하겠다. 나 자신을 포함해서 내 동료 선교사들 중 많은 사람들이 의지력이 강하고, 목표 지향적이고, (자신들은 하나님 중심적이라고 부르지만) 자기중심적인 사람들이다. 우리는 소위 마음의 상처를 지닌 세심한 관리가 필요한 사람들이 들어오는 것을 어떻게 할 수는 없다. 우리는 그저 이렇게 대응한다. "음란물을 본다거나 혹은 다른 성적인 문제가 있습니까? 선교지를 떠나십시오. 왜 그렇게 감정적이냐고요? 그렇다면 당신을 무시해 버리지요."

때로 냉소적인 기분이 들 때, 나는 이것을 강자만이 살아남는 '선교 다원주의'라고 부른다. 현지의 선교 컨퍼런스에 참석해서 현지에서 10년 이상 사역한 사람에게 물어 보면, 내가 하는 말의 의미를 알게 될 것이다.

다음 세대 유치하기

나는 무엇이 다음 세대의 마음을 끌지 잘 모른다. 그들은 이전 세대가 했던 것과 같은 것들을 해 본다. 아직 신선한 대안은 없다. 그들은 그저 더 빨리 포기하거나, 국제적 기업에서 더 빨리 일자리를 잡고 그곳에서 그리스도를 따라 살려고 해 본다. 그들은 그것을 '사역'과 '선교하는 것'이라고 부른다. 나는 그것을 큰 소리로 말할 수 없는 것이, 이 용어들은 '실제' 선교사들에게만 사용될 수 있는 말이기 때문이다. 직장생활을 하면 소식지를 보내지 않아도 되고, 성공한 이야기로 파송 교회를 기쁘게 해야 할 필요도 없고, 재정적인 문제도 없이 자신을 위해 삶을 더 잘 관리할 수 있다.

어떤 특정한 인격이나 영적 기질이 필요한지 묻는 것은 잘못이다. 선교 다원주의를 생각하고 있는 게 아니라면 말이다. 왜 묻는가? 당신은 그곳에서 전투에서 살아남을 만큼 강한가? 당신은 지나치게 감정적인가? 당신에게 500여 종의 성격장애 중 어떤 것이 있는가? 나는 예수전도단을 좋아한다. 예수전도단은 거의 누구나 받아들인다. 그러나 6개월간의 공동체 생활을 하며 잘 가르쳐야 하고, 또 다시 6개월간의 공동체 생활을 하며 잘 가르치는 일을 거쳐야 전임으로 사역을 나간다. 문제는 능력이 아니다. 약점과 의존성에 관한 것이다.

사람들은 자신이 중대하게 여겨지기를 원한다. 그런데 선교 조직이 늘 사람에 관한 문제를 상대하고 있을 수는 없다. 완수해야 할 '과업'이 있기 때문이다. 그것이 선교 조직들로 하여금 사람에 대한 가치관을 세우는 데 머무르지 않고 과업 완수라는 실제적인 우선순위로 재빠르게 옮겨 가게 한다. 그러나 사람들은 자신이 일반적인 사회규범을 잘 따르지 않는 사람이고 포스트모던적인 사람일지라도 자신의 참 모습에 대해 알아주기를 원한다. 우리 모두에게는 그런 간절한 갈망이 있는데, 젊은 세대들은 더 그렇다. 그것이 복음이 아니겠는가? 하나님이 당신을 알고 계시고 당신을 받아들이신다는 것? 그것이 우리가 목표로 하는 사람들에게 전하려고 하는 것이다.

My Journey 8.7

말콤 · 리즈 맥그리거(SIM, 스코틀랜드, 나이지리아, 에티오피아, 미국)

리즈와 나의 순례는 새로운 것을 계속 발견해 온 과정이었다. 우리가 선교에 헌신하게 된 경로는 신학교나 성경학교를 경유하거나, 소위 "마케도니아인의 부름"을 체험하는 등의 일반적인 경로와는 달랐다. 우리는 직장 생활을 하면서 자연스럽게 선교에 참여하게 되었다.

1975년, 우리는 처음으로 나이지리아를 방문했다. 당시 우리는 선교사가 아니었고, 그런 방향으로는 조금도 생각해 보지 않았다. 우리는 다른 문화권에서 한번 살아 보고 싶은 생각을 지닌, 그저 모험을 좋아하는 스물네 살 동갑나기 부부였다. 우리는 그리스도인이었고, 교회에서 청소년 사역에 열심히 참여하고 있었지만, 아직 성장하고 배워야 할 것이 많은 상태였다.

나는 건축을 전공했고 리즈는 음악을 전공했다. 당시에는 1973년 OPEC가 원유 가격을 갑자기 인상한 직후였고, 나이지리아는 경제적으로 급성장을 하고 있었다. 그래서 나는 나이지리아의 한 회사에서 자문으로 일할 수 있었다. 리즈는 나이지리아 방송국에 속한 음악 강사로 일했다. 나이지리아에 7년간 머무르는 동안 우리는 SIM^{Serving in Mission}과 네비게이토의 여러 선교사들을 통해 멘토링을 받고 제자훈련을 받을 수 있었다. 그들은 우리를 믿고 기꺼이 많은 시간을 투자해 주었다.

우리는 '직무 현장 교육'On the Job Training을 받은 셈이다. 우리는 훌륭한 선교사들과의 삶과 사역을 가까이서 지켜보았고, 그들을 도우면서 멋진 도제 기간을 보냈다. 그들은 우리 안에서 약간의 가능성을 보고 의도적으로 우리가 성장하도록 도와주었다. 그 경험들은 오늘날 우리의 모습을 만들어 준 자양분이다.

하나님은 또한 우리를 단련하셨다. 나이지리아에 사는 동안 우리의 삶은 결코 순탄하지 않았다. 리즈는 두 번이나 자궁외 임신을 했고, 집에 강도가 네 번 들었고, 나이지리아 기업의 부패한 관행 때문에 커다란 윤리적인 갈등을 겪었으며, 그 외에도 일상 속에서 다루기 어려운 많은 일들을 겪었다. 그러나 이런 환경을 헤쳐 나가도록 하나님께서는 우리 곁에 사람들을 붙여 주셨다. 그들을 통해 우리는 하나님을 더 잘 알아 가게 되었고, 우리 속에 하나님을 새로운 방식으로 섬기고자 하는 열망이 생겨났다.

나이지리아에서 7년간의 도제 선교사 '직무 현장 교육'을 마치고 우리는 SIM의 선교 사역에 헌신하게 되었다. 우리는 당시 마르크스주의 국가였던 에티오피아로 갔는데, 우리가 입국한 시기인 1984-1985년에 그 나라에 큰 기근이 있었다. 그 시기는 에티오피아 역사에서 아주 어려운 때였다. 우리는 에티오피아에 11년간 머무르며 SIM에 소속되어 대학생들을 대상으로 제자훈련 사역을 시작했다. 우리는 다시 건축과 음악 전공을 활용해 파트타임으로 아디스아바바 대학에서 가르치는 일을 하면서 사역을 개척했다.

돌아보면, 우리의 사역 중에서 가장 의미 있었던 일은 청년들에게 복음을 전하고, 그들로 하여금 성경적인 원리에 근거해 사업을 하도록 도왔던 일이다. 그들이 일으킨 사업들이 오늘날까지 운영되고, 지금은 에티오피아인 지도자들에 의해 진행되는 제자훈련 사역을 경제적으로 든든하게 뒷받침해 주고 있다.

우리는 지금 SIM에서 리더십 책임을 맡고 있지만, 지금도 여전히 배워야 할 것이 많다. 우리는 다른 사람들에게 귀 기울이고 배우는 것을 좋아하며, 하나님이 세상 속에서 하시는 일을 관찰하고, 우리가 살고 있는 이 시대를 분별하고, 폭넓게 읽고 정보를 얻는 일을 좋아한다. 또한 사람들을 제자 삼고 그들이 하나님이 주신 잠재력을 최대한 발휘하는 모습을 보고자 하는 불타는 열정이 지금도 여전히 우리를 사로잡고 있다.

Work Sheet 8.8

스티브 호크

당신은 지금 어디에 있는가?

- 당신의 소속 교회와 선교기관은 현지 사역을 위해 신임 선교사들을 어떻게 준비시키는가?

- 당신이 생각하는 좋은 인턴 과정이나 견습 과정이 어떤 것인지 그려 보고, 교회와 선교기관에서 실제로 진행하고 있는 것과 비교해 보라.

- 이 모든 것들에 대해 어떻게 생각하는가? 감정, 두려움, 생각, 의문, 아이디어 등을 써 보라.

- 실제적인 현지 언어 학습의 중요성에 대해서 들었을 때, 당신의 첫 반응은 무엇이었나?

- 다른 문화권에 가는 대로 처음 배우고 싶은 것은 무엇인가?

- 다음에 해야 할 일은 무엇인가?

다음은 첫 해의 훈련 프로그램에 대해 교회나 선교기관에 물어 보아야 할 질문들이다.

- 현지에 도착할 때까지 오리엔테이션을 얼마나 받는가?
- 언제, 어디서 언어 학습을 하는가?
- 언어를 공부하는 동안 내가 맡게 될 책임은 무엇인가?
- 이 모든 과정은 얼마나 소요되나?
- 언어를 배우고 난 후에는 어디로 배치되는가?
- 선교사 멘토나 코치가 나와 함께 사역하는가? 어떻게 하는가? 만약 그렇지 않다면, 나의 첫 현장 학습과 문화 적응을 도와줄 사람을 어떻게 찾는가?
- 현지에 있으면서 현지인 교회와 선교기관 활동에 어떻게 참여할 수 있나?
- 첫 훈련 기간에 피해야 할 함정이나 장애물에는 어떤 것이 있나?
- 지금 키워야 하는 능력은 어떤 것인가?

최근 선교지에 도착해서 잘 적응하는 것 같아 보이는 사람들을 알고 있는가? 이메일이나 전화로 그들의 첫 인상과 반응이 어땠는지 물어 보라.

미래는 어떤 모습일까?

- 당신이 찾은 사역 지역과 관련된 견습이나 인턴 프로그램에는 어떤 것이 있나?

- 당신이 관계를 맺거나 가입해야 할 전문기관이나 선교협회는 어떤 것이 있나? 어떤 선교 잡지나 저널을 구독해야 하나? 이종문화 intercultural에 관한 저널이나 책은 어떤 것들

이 있나?

- 당신이 살게 될 나라는 물론 선교의 발전과 변화에 대해 정통할 수 있는 방법에는 무엇이 있나?

- 현지에 가면 어떤 유형의 전달자communicator와 일꾼이 되고 싶은지 적어 보라. 여정의 초기인 이 시점에 하나님이 당신에게 주신 열정, 즉 하나님 아버지와의 친밀함을 가지고 사역하며 당신 안에 계시는 그리스도의 향기를 나타내는 삶을 사는 성육신적인 증인이 되고자 하는 열정을 깨닫도록 하라.

9

평생 학습

주의: 다음의 내용은 청장년에 해당되는 사람들에게는 지금 당장은 별로 상관없어 보일 수 있고, 조금 나이가 든 사람이라면 다음의 연습이 적절하다고 느낄 것이다. 그러나 나이와 경험에 관계없이 이 과정에 관심을 가질 필요가 있다. 젊은 사람인 경우에는 이 과정을 함께 할 수 있는 멘토를 찾아보라. 이 연습은 소그룹으로 할 때 가장 효과적이다.

- 20년간 사역한 한 선교사가 이렇게 질문한다. "다음은 어디로 가지?"
- 한 선교 리더가 자신이 그저 해야 할 일만 하고 있음을 인식한다. 그는 중점적으로 하는 사역도 없고 고유한 은사와 부르심도 잊었다.
- 한 선교사의 아내는 그늘에 가려 아무 일도 하지 않는다. 그녀에게는 상당한 사역 능력이 있지만, 그녀가 역할을 찾을 수 있도록 그 누구도 도와주지 않는다. 그래도 다른 사람들을 돕거나 돌보는 일에 지속적으로 전력을 다한다.

위의 예는 과거에 대한 시각이나 미래에 대한 뚜렷한 초점이 없는 선교사들에게 흔히 발생하는 시나리오다. 그들의 잘못은 아닐 것이다. 우리는 '사역 기간'의 개념을 바꾸어야 한다. 앞으로는 선교사들에게 훨씬 더 많은 유동성이 요구될 것이다. 사역의 상황이 변한다든지, 사역이 종료된다든지, 비자를 받지 못하는 경우가 많아진다든지, 혹은 자녀들에게 특별한 중등 교육의 필요가 생길 것이다. 타문화권에서 선교 사역을 한 당신의 자질과 능력은 다른 나라나 지역에서도 사용될 수 있다. 은사와 기술이 원숙해짐에 따라 하나님이 당신에게 새롭고 창의적인 영역을 열어 주셔서 사역에서는 물론 한 개인으로도 성장하게 하실 것이다.

배우는 일에는 결코 끝이 없다. 선교사로서 살아가면 늘 새로운 상황을 접한다는 것이 힘든 일이다. 그러나 그 속에서 새로운 것을 배우고 행할 기회 또한 늘어난다. 따라서 지속적으로 자기 계발을 하고 전문 기술을 익히는 것에 대해 어떤 시각을 갖고 있느냐가 장기 사역을 효과적으로 하는 데 매우 중요하다. 사역을 하며 꾸준히 배우고 성장해야 퇴보하지 않고 시대를 이끌어 갈 것이다.

풀러 신학교의 문화 간 연구학교School of Intercultural Studies의 리더십 교수 로버트 클린턴 박사는 그의 책에서 다음과 같이 썼다. "정체기에 빠지는 것을 막는 가장 중요한 한 가지 해결책은 잘 개발된 학습 자세다. 그런 자세는 또한 성령이 비전을 주시는 중요한 통로 중의 하나이기도 하다."[1]

'급한 일에 쫓겨서' 사역이 곁길로 새는 것과, 너무 짧은 시간에 지나치게 많은 일을 하려다 스트레스를 받는 것, 이 두 가지 모두 개인의 발전을 등한시하고 분주히 사역하는 선교사가 빠지기 쉬운 함정이다. 중요한 것을 폭넓고 장기적인 관점으로 보지 못하는 경우가 아주 흔하다.

"리더와 따르는 자의 차이는 관점에 있다. 평범한 리더와 효과적인 리더의 차이는 더 나은 관점에 있다"고 한 클린턴의 말이 옳다. 리더십이 부담이 크고 어려운 일이라는 것은 선교사들도 잘 알고 있다. 그러나 선교사가 자신의 삶과 사역을 잘 마치려면, 가능한 모든 관점을 가져야 한다.

그렇다면 어떻게 지속적으로 관점을 폭넓게 발전시켜 갈 수 있을까? 어떻게 배움과 성장을 지속할 수 있을까?

- **꾸준히 읽으라**: 훌륭한 리더들에게서 볼 수 있는 두드러진 특징은 그들이 독서가라는 사실이다. 당신의 리더와 동료들이 읽는 도서뿐만 아니라 "크리스채니티투데이"Christianity today에서 매년 게재하는 올해 최고의 도서 목록에서 꼭 읽어야 할 주요 도서들을 정리해 연간 독서 목록을 만들라.

- **폭넓게 읽으라**: 일간지, 주간지, 기독교와 선교 저널, 신학, 선교학, 사역에 관한 최근의 저서들도 독서 목록에 포함하라. 영성과 영성 형성에 관한 고전적인 책들과 현대의 책들을 읽어 마음을 살찌우도록 하라.

- **지속적인 교육에 힘쓰라**: 특별 과정이나 학위 프로그램을 위해 본국 사역(안식년)을 활용하라. 장기 학습 계획을 세우는 것이 가장 현명한 처사다. 대학원 공부나 사역의 최첨단에 있게 해줄 수 있는 워크숍, 과정, 세미나에 최소한 정기적으로 참석하는 것도 포함해서 계획을 세우라.

- **연구 휴가를 계획하라**: 연구 휴가를 떠나거나 원격 학습을 이용하라. 또는 웨비나webinars 온라인 과정에 등록하라. 많은 선교기관에는 사역의 효율성 향상을 위해 대학원 프로그램을 마칠 수 있도록 베테랑 선교사들에게 1년 이상의 기간을 허락하는 규정들이 있다.

- **안식년을 가지라**: 선교기관들은 소속 선교사들에게 7년마다 3-9개월의 안식년을 갖도록 함으로써 '투자 수익'을 본다. 세계의 어려운 지역에서의 고된 타문화 사역을 고려할 때, 안식년은 더 이상 선택 사항이 아니라 필수 사항이다. 안식년은 일상적인 사역의 요구에서 떠나 오랜 시간 동안 개인 개발과 영성 형성에 집중하도록 만들어졌다. 선택할 수 있는 견본 프로그램들을 아래에 소개한다.

성숙한 그리스도인 리더십을 개발하는 데에는 평생이 소요된다. 하나님은 평생에 걸쳐 우리의 인격과 가치, 리더십 기술을 제련해 가신다. 리더는 많은 사람과 사건과 환경을 통해 개발되며, 이런 요소들은 당신의 삶에 오래 남는 중요한 것들이다. 이런 획기적인 것들은 우리 삶과 사역에 중대한 교훈을 가르친다. 우리는 하나님이 우리 삶에 지속적으로 역사하신다는 것을 깊이 생각함으로써 하나님의 행하심을 깨닫는다. 하나님은 중대한 사건들을 통해 리더들에게 중요한 깨달음을 주셔서 그들을 개발시키셨다. 그들은 그것이 어떤 사건인지 안다.

개인 타임라인

개인 타임라인Personal Timeline을 살펴보면, 하나님이 당신을 빚어 가실 때 당신이 어떻게 반응했는지 추적해 볼 수 있다. 이 타임라인은 당신의 성장을 평가하는 데 도움이 된다. 당신이 어떻게 변화되었는지 그 고유한 과정을 알 수 있고, 평생토록 영향을 미칠 관점을 갖게 한다. 317페이지의 타임라인Symbol Timeline을 작성해 보면, 하나님이 당신의 삶을 어떻게 인도하셨고, 당신의 정체성을 어떻게 형성하셨는지 시간순으로 살펴보는 데 도움이 된다. 다른 그리스도인 리더나 선교사들의 일반적인 성장 과정을 당신과 비교해 봄으로써, 미래의 사역 방향과 결정에 대한 통찰력을 얻을 수 있다. 이 통찰력이 경건한 관점을 갖는 데 도움이 된다.

사역은 근본적으로 존재에서 흘러나온다. 시간을 내서 개인 타임라인을 작성하라. 남은 인생에 대한 관점과 방향을 갖는 데 귀중한 한 단계를 완수하게 될 것이다.

하나님은 믿음의 여정을 지나며 얻는 삶의 경험을 통해 우리를 변화시키시기 때문에, 모든 선교사들은 개인의 성장과 발전을 위해 반드시 특별히 시간을 따로 떼어 놓을 필요가 있다. 당신에게 학문적인 준비와 훈련만 필요하다고 말하는 것이 아니다. 당신 스스로 정한 개인적인 성장과 전문적인 성장 목표가 중요하다. 이것을 염두에 두고 평생 동안 발전하기 위해 개인적인 성장 목표를 구체적으로 정하라.

329페이지에서 소개하는 개인 개발 계획Personal Development Plan은 목표 설정 작업표이자 행동 계획표로, 프로필의 세 가지 부문, 즉 성품과 기술과 지식의 영역에서 구체적인 성장을 이루고 학습 목표를 세우기 위해 고안되었다. 이 연습을 통해서 앞에서 주의 깊게 살펴본 과업과 성장 영역을 한데 모아 일관성 있는 완전체를 만들 수 있을 것이다.

자기 개발 계획은 학습에 대한 새로운 방향을 설정하는 용도로 사용될 수도 있고, 이것을 수정해서 평생 학습 과정을 분석하고 만들 때 도움이 되는 독학 지침으로 매년 사용할 수 있다. 이 장에서는 워크시트 대신 간단하고 실용적인 두 가지 연습을 소개하는데, 하나는 '타임라인 작성'이고 다른 하나는 '개인 개발 계획'이다. 자신의 과거를 더 명확히 보고 미래를 위한 성장 계획을 개발할 수 있도록 이 두 가지 연습을 잘 마치기 바란다.

- Bob Buford, *Half-Time: Changing Your Game Plan From Success to Significance*(Grand Rapids: Zondervan/HarperCollins, 1994). 「하프타임: 승부는 후반전에 결정 난다」(국제제자훈련원).
- J. Robert Clinton, *The Making of a Leader*(Colorado Springs: NavPress, 1988). 「영적 지도자 만들기」(베다니 출판사).
  _____, *Focused Lives*(Altadena, Calif.: Barnabas Publishers, 1995).
  _____, *Reading on the Run: A Continuum Approach to Reading*(Altadena, Calif.: Barnabas Publishers, 1995). 클린턴은 연속 읽기(reading continuum)를 고안했다. 이것은 정보를 얻기 위한 독서 기술인데, 집중하지 않는 깊이 없는 독서에서 집중하고 깊이 있는 독서로 바

꾸는 것이다. 각 독서 유형마다 다른 목표가 있고, 원하는 정보를 얻는 데 다른 기술을 이용한다. 독서 방법에는 연속 읽기 외에 훑어보기, 살살이 살펴보기, 대강 읽기, 요점만 대충 읽기, 읽고 연구하기 단계가 있다.

- Bill Hybels, *Making Life Work: Putting God's Wisdom into Action*(Downers Grove, Ill.: InterVarsity Press, 1998).「인생 경영」(한국 IVP).
- Richard A. Swenson, *Margin: Restoring Emotional, Physical, Financial and Time Reserves to Overloaded Lives*(Colorado Springs: NavPress, 1992).「여유」(부글북스).

- "크리스채니티투데이"에서는 매년 창작 소설에서 선교에 이르는 분야 걸쳐서 수상 도서의 목록을 발행한다. www.christianitytoday.com에서 'book awards'를 입력해 찾으라.

1. J. Robert Clinton, *Focused Lives*(Altadena, Calif.: Barnabas Publishers, 1995), p. 503.

9.1

관점 갖기 : 타임라인 작성 연습

스티브 호크 · 테리 월링

이 연습은 혼자서 할 수도 있고 동료 순례자들과 소그룹으로 모여서 할 수도 있다. 당신의 인생을 출생부터 현재까지 타임라인에 그림으로 생생하게 나타내 보라. 개인 여정의 진행 과정을 설명하는 데 도움이 될 수 있는 그림, 건물, 사람, 핵심 단어 등 아무 상징이나 사용하라. 당신의 발전 과정에 영향을 끼친 주요 인물, 상황, 사건을 포함하라. 중요한 날짜와 장소, 과도기와 변화기를 기록하라.

초안을 완성한 후, 타임라인을 보면서 자신의 발전에 도움이 될 수 있는 통찰력과 확신을 가져 보라. 당신은 어떤 방식으로 하나님께 반응해 왔는가? 하나님이 가르쳐 주신 주요 교훈은 무엇인가? 당신은 어떤 상황에 처했을 때 자신에 대해 가장 잘 배웠는가? 하나님에 대해서는 어떤가? 사역에 대해서는 어떤가?

다음을 유의해 보라.

- 하나님이 주요 인물과 상황과 사건(과정 요소들)을 어떻게 사용해서 당신의 발전에 영향을 끼치셨는가?
- 당신은 인생의 다양한 과정 또는 성장의 계절(발전 과정들)을 어떻게 지나왔는가?
- 긍정적이거나 부정적인 인생의 모든 경험이 당신을 어떻게 더 큰 성장과 사역의 단계에 이르게 했는가? 많은 경험들이 당신의 인생과 사역의 가치관 개발에 기여한다.

이 간단한 타임라인을 통해서 당신의 인생과 그리스도인으로서의 성장 과정을 큰 그림으로 보게 될 것이다. 이렇게 얻은 관점을 통해 새로운 통찰력을 갖고, 하나님이 당신의 삶에 지금도 신실하게 역사하신다는 사실로 인해 힘을 얻을 것이다. 또한 하나님이 지금까지 어떻게 당신과 동행해 오셨는지 다른 사람들에게 설명하는 데에도 도움이 된다.[1]

개인 타임라인

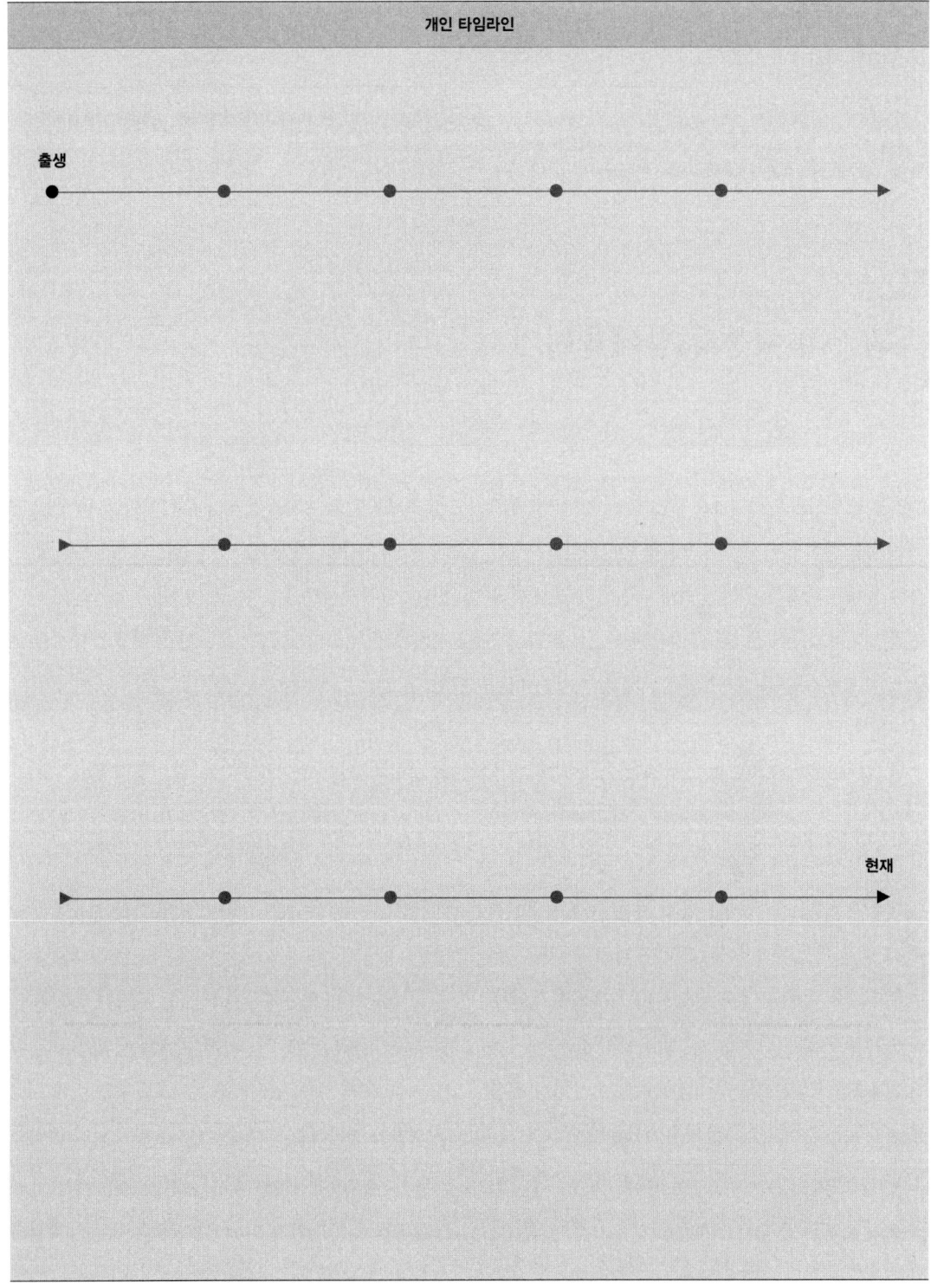

개인 타임라인 작성을 마친 후, 329-331페이지의 개인 개발 계획을 작성하라.

※ 좀더 보완되고 코칭 도움과 해석 원리까지 포함해서 확장된 개인 타임라인을 원한다면, 테리 월링의 책 *Perspective: Personal Mission(Calling) Statement*(St. Charles, Ill.: ChurchSmart Publishing, 1998)를 참조하라.

1. www.churchsmart.com에 들어가서, 왼쪽의 Product Categories에서 Leadership Development를 클릭하라. 그곳에서 'Focused Living Resource Kit'를 찾으라.

9.2

과거의 어두움 받아들이기

브렌트 린드퀴스트

우리들 대부분은 안타깝게도 '기능장애'dysfunctionalities라는 짐을 계속 짊어지고 이 세상을 살아간다. 우리 가정의 상태가 어떻든 우리는 쉽게 해결되지 않는 많은 문제를 가지고 선교사 생활을 시작한다. 사실 그것들 중 어떤 것은 타문화 생활이라는 시련의 장에서 더욱 심각해진다.

이 '짐'baggage은 어떤 것인가? 여러 가지가 있을 수 있겠지만, 주로 의존성dependencies, 중독성addictions, 그리고 기능장애라는 그룹으로 나눌 수 있다. 의존성은 우리의 약점, 되돌아가려는 성향, 혹은 우리의 대인관계, 감성, 영적 발전을 향상시키지 못하는 행동들을 반복하는 것을 말한다. 중독성은 이런 행동들이 영적으로 통제할 수 없게 되거나 더욱 악화되는 것을 말한다. 기능장애란 손상된 것들을 정상화하는데 사실상 적응에 해가 되는 방법으로 하는 것을 가리킨다.

우리는 이런 우리의 장애를 효과적으로 치유하지 못하고 그냥 살아왔다. 어떤 이유로 인해 과거의 정신적인 충격에 고착되어 빠져 나오지 못하거나 혹은 증상을 '치료'하려고 파괴적인 행동을 반복한다. 음란물, 인터넷 과다 사용, 마약, 술 등에 의존하거나 중독될 수 있다. 이런 문제들은 바이러스가 되어 우리 삶의 대인관계와 감성, 그리고 영적인 모든 영역을 감염시킬 수 있다.

이 글에서 다루는 범위를 훨씬 넘어서는 문제와 치료 방법들이 있지만, 거의 모든 것을 한데 묶는 유일한 근본적인 원리가 있다. 즉, 우리가 약할 때 하나님은 강하시다는 것이다. 이것을 통해 나는 내게는 일이 어떻게 될지 통제할 수 있는 능력이 정말로 없다는 것을 알았다. 내가 포기할 때 치료가 시작되고, 보다 중요한 것은 그 치료가 계속된다는 사실이다. 나는 내가 속한 공동체에 도움을 구한다. 그 공동체에는 나의 변화를 위해 내가 어떤 선택을 해야 하는지 도와주고 함께 새로운 변화의 공동체를 세워 갈 수 있는 누구나, 즉 하나님 아버지, 친구, 가족, 동료, 전문가들이 포함된다.

당신이 선교사를 소망한다면, 바로 지금이 당신의 과거를 직시할 때다. 그것을 받아들이라. 그리고 변화를 위해 자원들을 모으라. 과거를 감출수록 그것은 더 강해질 뿐이다. 당신이 다음 세대를 책임지는 리더라면, 당신의 상처와 그 치료 과정이 모델이 되게 하라. 당신의 연대 조직을 책임, 완수, 후속조치를 위한 장으로 만들어 가라.

- 폴 마브로조지(Paul Marvrogeorge, 석사, 결혼과 가정 치료사)는 「순환 고리 끊기」(Breaking the Cycle)라는 놀라운 책을 썼다. 이 책은 독자에게 인터넷 음란물을 비롯해 의존 혹은 중독 과정을 충분히 해결할 수 있도록 한다. marvrogeorgeconsunting@gmail.com으로 연락해 저자에게 구매할 수 있다.
- 공동체 안의 변화를 이해하는데 도움이 되는 책으로 앨런 도이치먼(Alan Deutschman)의 Change or Die(Los Angeles: Regan Books, 2007). 「변하지 않으면 죽는다」(황금가지)를 소개한다.

9.3

대기석에서 앉아서 : 고립 중에 하나님이 빚어 가시다

셸리 트레베쉬(국제 OMF 선교사 개발 디렉터)

"내가 다시 영향력 있는 사역을 할 수 있을까? 본국에서 나는 성경공부를 인도했고, 예수님을 따라 살았던 내 삶을 나누었다. 지금은 아무것도 하지 않는다. 그저 자리에 앉아서 하루 종일 공부한다. 내가 말하려고 하면 사람들은 우스꽝스런 표정을 짓거나 비웃는다. 나는 쓸모없는 것 같다."

이 젊은 타문화 사역자는 '고립'의 고통을 겪으면서 변화되어 가고 있다. '고립'이란 일정한 기간 동안 사역에서 떨어져 있는 것이다. 이 '떨어져 있음'setting aside은 타문화 사역의 시작(언어 학습 기간 중), 연구 휴가, 안식년 휴가 같은 요인에 의해 자발적으로 일어나거나 혹은 질병이나 사고, 수감, 조직의 처리 등으로 본의 아니게 일어나기도 한다.

자발적이든 비자발적이든 평생을 살면서 특히 타문화 사역을 하는 경우에는 상당한 기간 고립되어 보내게 된다. 그 각각의 기간 동안 하나님이 역사하셔서 영성이 깊어지고, 성격 특성과 행동, 사역에 창의성과 획기적인 대 전환을 가져오는 변화를 일으키신다.

고립에는 보통 네 가지 단계가 있다.

- 벗겨 내는 단계stripping: 우리의 외부적인 신분을 벗겨 낸다. '사역'의 신분을 제거한다.
- 씨름하는 단계wrestling: '사역'하지 않을 때 나는 누구인가를 이해하고자 몸부림친다. 이 단계 중 극심한 불안감이나 열등감을 경험할 수 있다.
- 변화transformation: 고립을 통해 하나님이 뜻하신 변화와 선한 일들을 하나님이 이루어 가신다.
- 확장expansion: 변화는 사역에 강한 영향을 끼치는 사역 책임, 영적 권위, 돌파력을 커지게 한다.

고립되는 상황이 생기면 그것을 받아들이겠다고 지금 바로 결정하라. 그리고 고립된 시기를 이렇게 사용하라.

- 하나님과의 관계를 깊게 하라. 영적 훈련을 연습하고, 말씀을 연구하고(나중에 사용할 자료도 준비하라), 다른 방법으로 기도해 보라. 예를 들면, 묵상하기, 듣기, 기록하기.
- 치유, 인격 형성, 성격 변화에 마음을 열라. 당신의 인생 이야기를 살펴보고 인성검사를 해 보는 것도 도움이 될 수 있다.
- 후원 공동체를 찾으라. 직접 방문하거나 이메일이나 스카이프Skype를 통해서 하라.

부디 요구되는 만큼 고립 상태에 있으라고 당부하고 싶다. 이것은 보통 고통스러운 일이다. 그래서 우리는 이 상황을 벗어나 다시 사역 활동으로 삶을 채우기 위해 필요한 일은 뭐든 한다. 이런 유혹을 물리치라! 고립된 당신을 위해 주님이 준비하신 보배가 기다린다.

9.4

선교지에서 배운 가정 사역의 정도(正道)

정민영

내 가정을 공개하는 형식으로 선교지에서의 바람직한 가정 사역을 제안해 달라는 요청을 받았을 때, 내 대답은 당연히 안 되겠다는 것이었다. 자식에 대해 큰 소리 칠 수 있는 부모가 어디 있으며, 아내에게 인정받을 자신이 있는 남편이 얼마나 있겠는가? 더구나 사역과 가정을 별개의 것으로 치부하면서 사역을 가정보다 중시하는, 그래서 사역을 위해 가정을 희생한다는 그럴싸한 궤변이 '은혜롭게' 통하는 우리네 풍토에서 사역 소개라면 모를까 가정을 자신 있게 공개할 위인이 과연 몇이나 될까? 물론 있겠지만 나는 분명 아니다.

그런데 왜 이 글을 쓰게 되었는가? 내 가정을 모범답안으로 제시할 자신이 있어서가 아니고 (그럴 수 있다면 좀 좋으랴!) 시행착오를 통해 배운 진리를 제시하는 것도 한 방안일 수 있기 때문이다. 그런 걸 '반면교사'라고 하던가? 아무튼 모범적 가정도 못 되고 가정 사역의 전문가도 아닌 사람이 이런 글을 쓰게 되었으니, 그저 붓 가는 대로 생각 흐르는 대로 써 내려가겠다.

가정 사역 하면 제일 먼저 떠오르는 게 자녀교육이다. 자녀교육이란 제도권 학교의 정규 교육과 다르며 심지어 주일학교에서 진행되는 신앙(종교) 교육과도 구분된다. 편의상 포괄적으로 '양육'이라 칭하자. 굳이 신명기 6장을 들추지 않더라도 자녀 양육이 가정이라는 환경에서 부모의 책임 아래 이루어져야 한다는 사실은 예수님을 믿는 사람이라면 누구나 알 것이다.

문화와 세계관을 공부해 보면 믿음이나 가치관이 공론적인 것과 시행적인 것으로 구분된다는 사실을 알 수 있는데, 내 생각에 우리네 교회 문화에서 자녀 양육을 비롯한 대부분의 복음적 가치는 시행적이기보다는 공론적 차원에 머물고 있지 않나 여겨진다. 나 자신을 포함해 수많은 그리스도인들의 삶을 관찰해 볼 때 그런 느낌을 떨쳐 버리기 힘들다. 예컨대 자녀 양육이 가정이라는 환경에서 이루어져야 할 부모의 책임이라는 '정답'은 곧잘 말하지만, 실천적으로는 학교와 학원, 과외 교사, 그리고 교회와 주일학교에 모든 책임을 떠맡긴 우리네 현실이 그것을 단적으로 증명한다.

목회자나 선교사도 예외가 아닌 듯하다. 물론 나도 예외가 아니었다. '아니었다'라는 과거형으로 감히 말할 수 있다는 사실이 새삼 기쁘다. 남들보다 영적으로 민감하거나 신앙 인격이 성숙해서 그 비결을 터득한 것은 물론 아니다. 선교지의 상황이 기대하지 않았던 가정의 축복으로 다가와 성경적 자녀 양육론이 공론적 차원에서 시행적 차원으로 바뀌기 시작했던 것이다. 따라서 하나님의 주권적 섭리에 대한 믿음을 배제하고 인간적으로 말한다면 그것은 순전히 우연이었다. 계획에 없던 노다지를 캔 것 같은.

모든 선교지가 우리 가족이 머물던 곳과 같지는 않을 것이므로 내 개인적이고 주관적인 경험을 마치 모든 선교사들이 공유하는 보편적인 것인 양 말할 수는 없다. 아무튼 우리 가족이 인도네시아 동쪽 끝 이리안자야Irian Jaya의 한 미전도 종족을 섬기게 된 것은 선교 사역 차원에서 뿐 아니라 가정 사역 차원에서도 큰 특권이자 축복이었다. 흔히 '최후의 원시림'이나 '땅 끝' 등의 별명으로 불리는 그곳을 처음 향하던 때만 해도 주변 사람들이나 우리 스스로도 가장 어려운 선교지인 줄만 알았고, 따라서 남다른 비장한 각오를 품은 채 마치 죽으러 가는 심정으로 조국을 떠났었다. 문명의 이기로부터 격리된 곳, 20세기의 석기 시대, 식인종과 악어와 모기와 독충과 온갖 혐오스런 것들이 우글대는 곳. 당시 많은 이들이 막연히 상상하며 두려워했던 곳이다.

그러나 현실은 정반대였다. 물리적인 환경은 예상했던 것과 큰 차이가 없었지만, 일단 초기의 충격을 벗어나 적응하기 시작하면서부터 그곳에서의 삶은 고통보다는 그야말로 '신선놀음'에 가까운 방향으로 바뀌기 시작했다. 지리적으로 격리된 내지(內地) 마을의 환경은 차라리 외부 문명 세계를 쉽게 포기하고 정글생활 특유의 맛을 신속히 즐기도록 도와주었다. 육체적·정서적 어려움이 전혀 없었다고 하면 거짓말이겠으나, 적응과 정착은 대부분의 외적 문제를 해결해 주었다. 문명화된 세상에서 지내다 온 사람으로서 당연히 문화생활에 대한 그리움이 컸지만, 도시생활에서는 결코 맛볼 수 없는 무공해 전원생활이 그 상실감을 충분히 보상하고도 남았다. 그러나 무엇보다도 큰 상급은 하루 24시간, 1년 365일 대부분을 온 가족이 함께 지낼 수 있게 된 환경이었다.

그간 익숙했던 지역 교회나 주일학교 및 교육 기관 등과 단절된 환경에서 비로소 자녀양육에 관한 제반 책임이 부모인 우리 부부의 손으로 되돌아왔다. 더 이상 세 아이들의 정규 교육이나 신앙 교육을 위탁할 곳이 없었기 때문에 시간이 흐르면서 가정 학습과 가정 예배는 자연스런 삶의 일부분이 되었다. 그러나 수많은 시간을 틀에 박힌 수업이나 예배 의식으로 채울 수는 없는 법, 이윽고 우리 가정의 생활 전반이 세 아이들을 위한 학문과 신앙의 장으로 다가오게 되었다. 짜여진 틀과 범주 안에 국한된 닫힌 교육이나 종교적 행위 중심의 의전(儀典)적 경건보다는 관찰과 대화를 통한 열린 교육과 일상을 통해 복음적 가치관을 형성하는 쪽으로 가정 사역의 방향이 서서히 잡혀 가게 된 것이다. 당시에는 거의 의식하지 못한 채 자연스럽게 진행된 변화였지만, 지금 돌이켜보면 그것은 대단히 중요한 자녀 양육관(觀)의 본질적 변화였다.

전형적 한국산(産)인 우리 부부는 주어진 환경의 도움이 아니었다면 결코 전통적인 자녀 양육의 틀을 벗어날 수 없었을 것이다. 물론 아직도 부족한 점이 많고 여전히 다양한 문제들을 안고 있지만, 일단 그렇게 자리 잡힌 양육의 틀은 선교지 사역을 정리하고 귀국한 후에도 계속 유지되었다. 더 정확히 말해서, 이제는 부모가 다시 옛 방식으로 돌아가려 해도 아이들에게 통하지 않게 돼 버렸다. 한국의 상황은 선교지 마을과 완전히 다르지만, 가정 사역 및 자녀 양육의 틀은 환경을 초월해 적용될 수 있고 또 그래야 마땅하다고 본다.

믿거나 말거나 한국은 가정적으로나 사역적으로 선교지보다 100배, 1000배나 어려운 환경으로 우리에게 다가왔다. 복합적이고 다원화된 본국 사역은 내 시간과 에너지를 우리 가정으로부터 거의 송두리째 빼앗아갔고, 한국의 고등학교에 입학한 아이들은 새벽부터 자정까지 비인간적이고 강압적인 학교생활에 부대끼며 시달려야 했다. 순식간에 우리 가정이 박살난 것 같은 느낌에 우리 모두는 경악했고, 귀국 이후 지난 수년간은 우리 가정에게 반복하고 싶지 않은 기나긴 악몽이었다.

그러나 선교지에서 시작된 우리 가정의 자녀 양육 틀이 물리적인 환경에 의해 와해되거나 변질되기보다는 오히려 귀국 이후 지속된 충격을 완화시켜 주었고, 우리 가정의 빼앗긴 시간과 공간에 대한 분노와 원망의 쓴 뿌리를 순화시켜 주었다. 다시 말해 우리에게 그러한 가정 사역과 양육의 틀이 없었다면 아마도 본국 사역을 오래전에 포기하고 제3국으로 도피했을 것이다. 고통스러워하며 쉴 새 없이 불평을 쏟아대는 세 아이들을 끌어안고 함께 울고 웃으며 우리가 지금 왜 여기 머물러야 하는지, 하나님께서 현재 우리 가정에게 요구하시는 일이 무엇인지, 우리 가정이 무슨 가치와 목표를 가지고 살아야 마땅한지, 힘이 든다고 도피하는 것이 과연 옳은 일인지, 비록 당장은 어렵지만 이런 과정이 아이들 자신의 성장 과정과 장래를 위해 얼마나 소중한 경험인지 등에 대해 가슴을 열고 대화할 수 없었다면 오늘의 우리 가정은 결코 존재할 수 없었을 것이다.

더 이상 하루 24시간을 온 가족이 함께 보내지는 못하지만, 그래서 그 좋았던 시절에 대한 향수가 가슴에 사무치지만, 이제 한 주에 겨우 한두 번 있을까 말까 하는 우리 가정만의 시간을 우리는 예전보다 훨씬 더 소중하게 여기며 거기에 우선순위를 두고 그 시간을 기다리는 재미에 산다. 이른바 '한계효용 체감의 법칙'에 따른 희소가치 때문일까? 아무튼 요즘 어렵사리 시간을 잡아 함께 나누는 우리 가정의 시간은 양이 아닌 질 바로 그 자체다. 그 시간만큼은 선교부 일도, 중요한 손님도, 큰 녀석의 데이트도, 아내의 동창회도, 심지어 교회 행사도 결코 방해할 수 없다. 우리 모두 그 시간을 너무도 소중하게 여기기 때문이다.

내게 부여된 사역의 특성상 여러 교회와 다양한 모임에서 자주 설교와 강의를 하는 편이지만, 내 공식적인 사역이나 대외 지명도가 나에 대한 우리 아이들의 존경심이나 신뢰감을 결정하는 것이 아님을 나는 잘 알고 있다. 그 아이들과 어깨를 부딪치며 지내는 평범한 일상에서 숨김없이 드러나는 우리 부부의 성품과 인격, 영성의 수준만큼만 우리는 아이들의 신앙과 인격에 영향력을 미칠 수 있을 것이다. 한국 교회가 자랑스럽게 여기고 나도 깊이 존경해 온, 이제는 고인(故人)이 된 한 목회자의 따님이 "나는 우리 아버지를 목회자로서는 존경하지만 아버지로서는 존경하지 않는다"라고 내게 실토했을 때의 충격을 나는 평생 잊지 못할 것이다. 그분은 물론 더 이상 나의 역할모범이 아니다. 나는 한국 교회가 자랑하는 선교사로 기억되기보다 우리 세 아이들에게 인정받고 그들의 인생에 한 모델이 되는 아빠로 내 평생을 살고 싶다.

9.5
안식년 휴가를 중요하게 여기라

스티브 호크

선교에서 안식년 휴가 Sabbaticals는 최근에 혁신된 것으로서 오랜 역사를 가졌다. 안식년 휴가에 대한 성경적인 원리와 전례 precedent는 구약에서 찾을 수 있다. 일곱째 날이 휴식을 취하는 안식일 Sabbath day로 구별된 것처럼(출 20:8; 신 5:12를 보라), 일곱째 해는 안식년 Sabbath year으로 구별되었다(레 25:1-7을 보라). 사람과 땅은 육체적·영적 보충을 위한 시간으로 1년 동안 휴식을 갖도록 되었다(4-5절을 보라).

학계에서는 매 일곱째 해를 따로 떼어 놓는 제도와 생각을 오래전 중세 시대부터 종신직 교수에게 주어지는 혜택으로 여겼다. 최근에서야 교회(개신교와 가톨릭)와 기독교 조직들이 개인 개발과 전문적인 개발을 위해 일종의 안식년을 허락했다.

다음의 내용은 선교 조직에서 실제로 하고 있는 것을 바탕으로 한 제안이다. 이 선교 조직들은 그들의 안식년 휴가 프로그램을 그들의 최고 리더들을 계속 남아 있게 하고 그들의 영을 견고하게 하기 위한 가장 효과적인 방법으로 여긴다.

안식년 휴가의 목적

안식년 휴가는 교회와 선교 조직이 파송한 선교사들이 개인 성장과 전문적인 성장을 극대화하는 데 도움이 되도록 만들어졌다. 선교사들이 주기적으로 오랜 시간 동안 갱신과 성장에 초점을 맞추도록 권장하는 것이다. 목표는 다음과 같다.

• 매 일곱째 해마다 3개월에서 1년 동안 전임 사역의

의무에서 벗어나 사역을 뒤돌아볼 수 있게 한다.
- 집중적으로 시간을 들여 육체적인 원기 회복, 영적 강화, 사역 개발을 할 수 있게 한다.

오랜 시간 떠나 있는 것에 대한 근거

하나님 나라의 사역을 위한 교회와 선교기관의 주요한 자원은 사람이다. 그러므로 교회와 선교기관은 선교사들을 돌보고 발전시켜야 하는 청지기로서의 동반 책임이 있다. 또한 타문화 선교사들에게는 영적 성숙을 위한 평생 훈련과 끊임없는 성장이 그들의 지속적인 발전과 효과성에 매우 중요하다. 선교기관과 교회는 단순히 위기 상황이 발생했을 때 개입하는 것이 아니라 예방적인 돌봄과 양육 시스템을 만들어야 한다. 발전적인 안식년 휴가는 우리의 가장 중요한 자원인 현지 선교사들을 위한 보다 나은 돌봄의 중요한 하나의 단계다.

로버트 클린턴의 연구에 의하면 리더의 90퍼센트가 고립을 겪는다. (원리는 이렇다. 하나님이 어떤 사람을 크게 사용하기 원하실 때, 그들에게 심한 곤란을 겪게 하신다. 고린도후서 1:3-4를 보라.) 그러므로 모든 기독교 사역자들은 이 과정을 통해 그들 인생의 어떤 순간에 큰 유익을 얻는다.

고립 상태에 있거나 거의 그런 상태에 처한 선교사들이 일반적으로 생각하는 것보다 더 많다. 안식년 휴가는 이런 현실을 표면에 드러나게 함으로써 위기 상황시의 개입보다는 예방과 발전적인 지원을 하는 데 도움이 된다. 성경을 따라 7년마다 1년을 쉬면서, 분명 선교 조직들은 리더들이 새롭게 되어 더 높이 더 멀리 비상하는 것을 보고 있다.

기간

안식년 휴가 기간은 목표나 상황에 따라, 보통 3개월에서 1년이 된다. 안식년 휴가 중에 있는 사람은 전 기간 동안 정상적인 임금과 혜택을 받을 수 있어야 한다.

활동 유형

아래의 내용은 안식년 휴가 기간 동안 일반적으로 하는 활동 목록의 일부다.

- 영적 지도자의 도움 아래 삶을 뒤돌아보고 개인 성장을 위한 영성 리트리트.
- 특별히 관심을 갖는 영역이나 혹은 다음 단계의 사역에서 사용될 기량의 영적 성장을 이루고자 함.
- 아주 새롭고 폭넓은 리더십의 책임을 맡기에 앞서 반추, 재충전, 초점을 맞추는 시간.
- 사역 과제와 관련된 특정 프로젝트에 대한 조사와 연구(단, 기본적으로 안식년 휴가는 학문을 마치기 위한 연구 휴가가 아니다).
- 조사와 저술 프로젝트.
- 전문 자격을 향상시키거나 혹은 조직 내의 새로운 과제를 준비하기 위해 기획된 연구, 교환 교육, 사역 강좌 등록.
- 전문 인턴 과정.
- 개인 사역 과제와 관련된 기술을 위한 창의적인 프로젝트.

보고와 책임

목표가 어떻게 달성되었는지 혹은 달성되지 못했는지에 대한 내용을 설명과 함께 요약하고, 안식년 휴가가 사역에 어떻게 긍정적인 영향을 미치게 될지에 대한 내용을 간단하게 정리해 안식년 휴가 기간이 끝난 후 90일 이내에 보고한다.

사역하는 동료들에게 당신이 경험한 안식년 휴가의 가치를 적절하게 알려 줄 수 있을 것이다. 더 나아가 하나님이 당신의 삶에 어떻게 역사하시는지, 그리고 당신이 성령을 통해 배운 것이 앞으로 다른 사람들과 수 개월 동안 대화할 수 있는 충분한 깊이를 갖게 한다는 것을 알게 될 것이다.

- "크리스채니티투데이"에서는 안식년의 실제, 안식년을 계획하고 지내는 법에 관한 자료들을 보유하고 있다. www.ctlibrary.com에서 'sabbaticals'를 찾아보라.
- 네비게이토는 매년 3월과 10월에 콜로라도스프링스에 있는 네비게이토 본부에서 나흘 과정의 안식년 오리엔테이션 워크숍을 연다. 이 워크숍은 몇 가지 기본적인 안식년 휴가 기술을 갖출 수 있게 하고, 안식년 휴가 계획 작성을 도와주고, 당신에게 맞는 안식년 휴가를 계획할 수 있게 한다. 더 자세한 내용은 인력자원팀에게 이메일(peopleresource@navigators.org)을 보내거나 전화(719-594-2555)로 연락하라.

Global Perspectives 9.6

피터 타란탈(OM 선교회, 남아프리카)

과업은 누구에게?

"아프리카의 시대가 왔다!"

이 말은 2006년 2월 나이로비에서 열린 아프리카자국인주도운동Movement for African National Initiatives 협의회에 참석한 520명의 리더들을 환영하는 자리에서 한 말이다. 분위기는 열광적이었고, 많은 참석자들이 아프리카가 세계 복음화의 중요한 역할을 할 것이라는 생각에 울부짖었다. 선교를 받는 자에서 선교에 공헌하는 자가 되어야 한다는 것을 이해하며 굳은 헌신을 했다. 이것으로 나는 교회가 경이적으로 성장하는 남반구에서 현재 낙관적으로 느끼고 있는 것에 대해 확고히 생각하게 되었다.

현재 남반구에서 선교에 대한 새로운 주인의식이 일어나는 것을 볼 때, 북반구 출신 선교사들의 미래 역할은 무엇일까? 우리는 북반구의 교회가 종종 엄청난 희생을 치루며 공헌한 것에 대해 깊이 감사한다. 북반구 교회는 선교에 아주 많은 경험이 있다. 그 경험을 활용하지 않고 새로운 방식의 타문화 선교를 권장하면 우리는 또 다시 많은 실수를 반복하게 될 것이다.

모든 사람이 멘토가 되기에 적절한 은사가 있는 것은 아니지만, 나는 남반구와 북반구 리더들이 서로 멘토가 되어 주기를 제안한다. 그들은 모두 그들의 삶과 영성, 은사를 젊은 리더와 동료들에게 쏟으며 가치 있는 방법으로 재생산해 갈 수 있다.

우리가 남반구 교회에 권장하는 선교 모델은 근접 선교proximate mission다. 이것은 비슷한 민족 언어를 사용하며 근접해 사는, 또 경제력이 대체로 비슷한 계층의 사람들에게 복음을 전하는 것이다.

우리는 세계 포럼에 동등한 자격으로 참석해야 한다. 경제력과 권력자원을 가진 사람들에게는 의제를 지배하려는 유혹이 있다. 남반구 출신의 선교사들에게 있을 수 있는 유혹은 선교사들의 숫자와 하나님이 남반구에서 행하시는 일로 인해 갖는 승리주의다. 위의 두 가지 태도는 모두 잘못된 것이다.

다음 세대 유치하기

나는 다음 세대의 선교사들에게 최첨단을 경험하게 하고 그들을 안전지대에서 나오게 할 세계적인 사역들이 그들을 유치할 것으로 본다. 나는 많은 젊은이들 속에 예수 그리스도를 위해 목숨을 바치기 원하는 간절함이 새로워지는 것을 느낀다. 요즘 선교 중도 포기에 대해 논의되고 있지만, 선교사들을 돌볼 적절한 인프라를 갖춘 사역들은 다음 세대를 성공적으로 유치하고 유지할 것이다.

추천하는 사전 훈련

지정학적인 변화가 계속해서 일어나는 이 지구촌의 부락에서 효과적으로 사역하기 위해, 우리 모두 타문화권에 살고 사역하기 위한 준비를 갖추어야 한다. 그 두 가지 준비가 같을 필요는 없다. 나는 남아프리카에서 우리 훈련 프로그램에 참여한 많은 사람들에게 견고한 성경 교육이 부족하다는 사실을 발견했다.

하나님의 말씀에 중점을 둔 훈련이 가장 도움이 될 것이다. 우리는 또한 새로운 선교 모델을 기꺼이 접하려고 해야 한다. 우리는 이론과 실천을 결합해야 한다. 내 친구 빌 테일러가 말하듯이 우리는 '사색하는 사역자'reflective practitioners가 되어야 한다.

성품과 영적 자질

나와 함께 사역하는 리더들의 인내력을 나는 높이 평가한다. OM 선교회에서는 우리 OM 선교회 선교사들이 FAT한 사람이 되어야 한다고 말한다. 즉 유연하고flexible, 적응력 있고adaptable, 잘 배울 줄 알아야teachable 한다고 말한다.

나는 다양성을 인정하고 다양한 사람들을 품을 수 있는 사람들과 함께 사역하는 것이 즐겁다. 우리는 평생 배우는 자가 되어야 한다. 나는 스무 살 적에 모든 것을 알았지만, 나이가 들어갈수록 내가 아는 것이 얼마나 적은지 점점 더 많이 깨닫는다. 나는 더욱 창의적인 사람들을 높이 평가하고 그들을 필요로 한다.

My Journey 9.7

피어스 밴더(시더스프링스 장로교회 세계 선교 디렉터, 미국, 짐바브웨, 프랑스, 남아프리카)

짐바브웨의 작은 아프리카인 마을에서 기독교가 아닌 가정에서 자랐고 인생의 대부분을 사업을 하며 살았던 사람이 미국 남부의 큰 장로교회의 세계 선교 디렉터가 되는 것이 가능한 일일까? 오직 하나님만이 이런 각본을 써 내려 가실 수 있었다. 그것은 바로 하나님이 하신 일이다.

하나님은 내가 열아홉 살인 학생 때 예수께 나를 부르시고 6개월 동안 내 죄를 깨닫게 하셨다. 묘하게도 이 일은 프랑스에서 시작되었는데, 교회나 그리스도인들과 전혀 관계 없이 일어났고, 마침내 어떤 대리 설교자가 전한 로마서 1:18-20의 설교를 듣기에 이르렀다.

하나님은 내게 사업 기술과 교회와 선교에서 다방면의 경험을 하게 하셨다. 그리고 약 10년에 걸쳐 내게서 성공과 명성에 대한 사랑을 벗겨 내셨다. 그러나 이 과정에서 나는 사역에 더 깊이 참여하고 싶은 열망이 더욱 강하게 되었다.

그리고 나서 하나님은 네 가지 방법으로 이것이 주께서 원하시는 것임을 확실히 알려 주셨다. 첫째, 나는 나의 멘토이자 테네시 주 녹스빌에 있는 시더스프링스 장로교회의 전임자인 지금은 작고하신 맥 셀스 Mac Sells를 알게 되었다. 나는 세계 선교 디렉터의 역할이 내가 즐거워하면서 할 수 있는 일이라는 것을 깨달았다. 둘째, 교회의 청빙이었는데, 지역에서 함께 살고 있는 믿음의 친구들이 내게 전임 사역을 하라고 말해 주었다. 셋째, 나를 가장 잘 아는 가족들이 하나님이 나를 이리로 인도하고 계신다고 느꼈다. 내 처남은 하나님이 선교로 나를 부르실 것이라는 예언을 했다고 알려 주었는데, 그것은 내가 같은 것을 깨닫기 오래전의 일이었다.

넷째, 하나님이 아주 크게 보이는 장애물들을 기적적으로 제거해 주셨다. 가장 큰 것은 미국에서의 내 신분 문제였다.

이런 요소들이 모두 합쳐져서 부르심에 대해 반박할 수 없었다. 부르심에 응하지 않는다면 그것은 불순종이었다.

개인 개발 계획 9.8

스티브 호크

지침

330페이지의 도표에서 왼쪽에서 오른쪽으로 한 열씩 작성하라. 알고 있으면 좋은 것이나 혹은 배우고 싶은 것들을 기록하지 말라. 인격-영성 형성, 사역 형성, 혹은 지식 목표 부문과 관련된 특정 훈련 영역에 초점을 맞추라.

개발이 필요한 것을 먼저 찾으라. 이렇게 함으로써 당신이 '필요하다고 느끼는 것들'에 계속 집중할 수 있다. 자신이 필요한 영역이라고 정말로 느끼지 않는 한 이런 기술을 개발하려고 하지 않을 것이기 때문에 이 일이 중요하다.

측정할 수 있는 학습 목표를 기록해 두면 자신이 성취할 수 있는 구체적인 성장의 정도를 확인하는데 도움이 된다. 그 목표를 성취했는지 그리고 얼마나 잘 성취했는지 측정할 방법을 생각하는데 도움이 되도록 목표를 기술하라.

학습 자료를 생각나는 대로 적어 두라. 여기에 대한 정보가 부족하면, 목회자, 친구, 또는 멘토에게 물어서 아이디어를 얻으라. 기독교 서점에 가면 어떤 사역의 주제에 관해서든 10여 권의 책을 찾을 수 있다. 현지에 있다면, 동료들과 이야기해 보고 당신이 사용할 수 있는 자료에 대해 알고 있을 만한 친구들에게 이메일로 연락해서 알아보라. 이 책의 각 장 끝 부분과 '부록 2'에 수록된 참고문헌들을 살펴보라. 또 리더에게 책을 추천해 달라고 부탁하라.

시간표 란에 실현 가능한 완료 일자를 정해 두라. 예를 들면, 모든 목표를 12월 31일까지 완수하려고 하지 말라. 그보다는 언제든지 무엇인가 하고 있도록 하고, 한번에 모든 것이 몰려서 감당할 수 없게 되지 않도록 1년에 걸쳐서 골고루 배열하라.

책임감을 높이도록 목회자, 현지 리더, 멘토 또는 코치에게 당신의 계획을 검토하고 서명해 달라고 부탁하라. 특정한 날짜에 다시 만나서 진척도를 알아볼 수 있도록 그들에게 최근의 경과를 알려 주라.

개인 개발 실행 계획 이름: 팀에서의 역할:

개발이 필요한 것	목표/방법	자료	질문	시간표
어떤 특정한 지식, 태도, 기술, 혹은 성품이 필요한가? 이 필요를 채움으로써 어떤 결과를 이룰 수 있는가?	개발이 필요한 것들을 달성하기 위해서, 측정할 수 있는 어떤 학습 목표(구체적인 실행 단계들)를 설정하기 원하는가? 어떤 유형의 학습 방법이 가장 도움이 되는가? 기획되어야 하는 것은 어떤 것인가?	어떤 코치나 멘토, 책이나 자료, 훈련 과정이나 방법이 필요한가?	멘토나 감독자에게 물어볼 질문.	언제 실행에 옮길 것인가?
영성/성품 형성:				
사역 형성:				
전략 형성:				
기타:				

날짜: 감독자/멘토 서명: 날짜: 작성자 서명:

현황 파악

개인 개발 계획을 작성하고 난 후 최신의 상태를 유지할 수 있도록 다음의 제안을 한다.

- 묵상 시간과 연구 주제에 대한 강조와 같은 세부적인 것들을 포함해서, 개인 개발 계획을 매년 갱신하라.
- 독서 목표를 정하라. 매년 가장 읽고 싶은 책 10-15권을 정하고 중요한 순서대로 읽어 나가라.
- 성장과 책임을 위해 멘토링 관계를 유지하라. 엄선된 '상위 멘토들' 뿐만 아니라 동료나 관계를 맺고 있는 멘토들의 이름을 적어 넣으라.

10

강건하게 잘 마치기

나는 책상 왼쪽에 놓인 낡은 신발을 물끄러미 쳐다보았다. 그 신발이 나를 쳐다보는 것 같다. 지금은 먼지가 쌓였지만 나는 가끔씩 먼지를 떨어냈다. 지금은 그 신발이 침묵하지만, 말을 할 때도 있다. 이 신발의 주인은 나의 옛 친구, 마라톤 경주자의 것이다. 그는 힘껏 살아온 인생의 마지막 경주를 마쳤다.

1990년대 초 나는 순간적인 충동으로 그에게 전화를 해서 아주 오래된 신발 한 켤레를 보내 달라고 했다. 그는 웃으면서 무슨 일로 그것을 달라고 하는지 물었다. 나는 이렇게 말했다. "인생, 결혼, 부모 역할, 타문화 사역, 리더십, 웃고 사랑하고 섬기는 것을 잘 마치는 법에 대해 눈에 보이는 직접적인 증거를 갖고 싶습니다."

며칠 후 작은 종이 상자에 담겨진 그 신발이 도착했다. 그 갈라지고 낡은 신발을 보며 나는 그 신발이 나타내는 것에 대해 하나님께 감사했다. 그 신발의 주인인 베테랑 선교사는 10대의 나이에 그리스도와 함께 그의 마라톤을 시작했다. 그는 애틀랜타에 있는 삼촌의 사업을 물려받기로 되어 있었지만, 그는 사업에 대한 열정이 없다고 삼촌에게 말했다. 그의 마음은 예수님께 있었다. 보복은 바로 내려졌다. 화가 난 삼촌은 조카의 상속권을 박탈했다.

그러나 그 일로 이 경주자는 하나님 중심의 미래에 자유롭게 되었다. 그는 이 경주를 함께할 인생의 파트너와 결혼해서 인생과 사역의 마라톤을 함께 시작했다. 무디성경학교Moody Bible Institute에서 공부하며 동부 시카고의 스웨덴 커버넌트 교회Swedish Covenant Church에서 목회 사역을 했다. 당시 시작한 지 얼마 안 된 위클리프 성경번역선교회에서 언어학 공부를 한 후 이들은 바나나 보트를 타고 남미로 갔다. 그곳에서 바로 아들을 낳았다.

경주는 계속되었다. 10년간 사역하고 나서 기술을 더 향상해야 할 필요를 느끼고 더 공부하기 위해 위튼 칼리지로 왔다. 그후 수십 년 동안 그들은 남미 3개 국에서 사역하며 경주를 계속했다. 그리고 나서 12년 동안은 미국의 선교기관 CEO로 섬겼다.

독창적인 삶을 산 이 사람의 60세 생일날, 그와 그의 아내는 선교기관의 지도자에게 스페인에 가서 사역하기를 바란다고 말했다. 그렇게 되면 그들은 몇년 전 자신들이 뽑은 아주 젊은 사람의 지휘 아래서 섬기게 될 것이다. 위원회는 깜짝 놀랐고, 위원장이 그에게 "은행장은 창구 직원으로 돌아가지 않습니다"라는 말로 답변했다. 이 경주자는 조용히 말했다. "나는 은행에서 일하지 않습니다."

그들은 스페인에서 5년 동안 섬기면서 마드리드 서부에 활기 넘치는 캠프와 컨퍼런스 센터를 개발해 스페인 지도자들에게 이양하고 미국으로 돌아왔다. 지금은? 전투에 지친 이 베테랑 선교사들은 은퇴할 수도 있었지만, 그들의 영은 강했고 몸은 아직 몇 바퀴는 더 떨 수 있는 상태였다. 그들은 자신들이 태어난 지역으로 돌아가서 히스패닉 교회를 개척했다. 오늘날 애틀랜타 도시 내 17개 스페인어 교회가 이 비전으로 인해 생겨났다.

나는 이 경주자의 깊은 성품에 가장 감동을 받는다. 그는 타고난 능력과 영적 능력이 잘 결합된 사람이다. 비저너리 리더십과 행정의 은사가 영적 통찰력과 세심한 목양, 그리고 건강한 유머감각과 잘 결합되었다. 그는 정말로 웃을 줄 아는 사람이었다. 그는 더 젊고 뛰어난 리더들로 인해 위협을 느끼지 않았고, 그들이 리더십의 자리에 들어서도록 자리를 열어 두었다. 사역 기간 동안 그는 아주 많은 젊은 라틴계 리더들을 멘토했다. 또 자기 아내의 은사를 알아보고 아내가 그 은사를 실현해 동역할 수 있도록 했다.

이 낡은 신발에서 나는 눈을 뗄 수가 없다. 이 경주자의 걸음이 느려졌다. 알츠하이머병에 걸렸다. 그의 아내는 치매에 걸렸다. 그들은 서로 깊이 사랑했고, 열심히 책을 읽었고, 80대에 들어서 주간 성경공부를 가르쳤다. 그는 자기 부부가 무엇을 보든지 많이 웃는다고 말했다. 서로를 보고 웃고, 다른 사람들을 보고도 웃는다고 했다. 그가 병으로 자신의 예리한 지성을 잃을 때까지 그와 나눈 마지막 대화들이 내게는 감미로운 추억이다.

두 가지 기억이 남았다. 환자 요양 시설에 있는 침대에 앉아서 눈을 지그시 뜨고 나를 바라보며 떨리는 목소리로 그는 이렇게 말했다. "빌, 저기 있는 아름다운 여인 보이나? 내 아내야. 세상에서 가장 아름다운 사람이지."

경주를 마칠 날이 다가오던 어느 날 나는 그를 찾아갔다. 그는 내 손을 잡고 내 눈을 바라보며 간신히 더듬더듬 말했다. "빌… 네가… 나에게… 잘… 마치는 법을… 가르쳐 주었지… 지금… 그렇게… 하려고… 한다." 나는 울었다. 그는 88세의 나이로 세상을 떠났다. 그의 몸무게는 30킬로그램이었다.

왜 이 낡은 신발 이야기를 하는가?

내가 이 이야기를 하는 이유는 68세인 나에게 조직이나 사역 목표의 관리가 아니라, 생산성을 높이 평가하는 사회의 거짓되고 자율적인 목표가 아니라, 측정할 수 있고 만질 수 있는 결과, 즉 계속 늘어만 가는 눈에 보이는 성공(겸손한 방법으로 그곳에 도달했든 그렇지 않든)에 대한 프로필이 아니라, 궁극적인 목표에서 눈을 떼지 않도록 하는 계속적인 격려가 필요하기 때문이다.

남녀노소 할 것 없이 우리 모두는 우리를 빠뜨리려고 설치해 놓은 함정을 조심해야 한다. 어떤 함정은 일시적으로 우리를 넘어뜨릴 것이다. 우리는 아마도 죄의 고백을 통해 혹은 자연적으로 성숙하면서 회복될 것이다. 그러나 어떤 함정은 치명적이어서 우리의 삶과 사역, 그리고 우리의 진실성과 우리의 가족을 파괴할 수 있다.

이 글을 읽는 많은 사람들에게 아직까지는 먼 후의 일로 생각되는 것, 즉 잘 마치는 것에 대해 세심하게 살펴보자. 적어도 지금 당장 할 수 있는 일은 자신에 대해서 아는 것과 저 밖에 있는 잠재적인 지뢰밭을 예상하는 것이다. 그리고 위험을 분별하고 싸움을 잘 마친 사람들에게 배우는 것이다.

성경의 두 가지 사례

다니엘을 살펴보라. 그는 굉장한 공직자이고, 하나님의 전문인 사역자 중 한 사람이고, 최소한 다섯 전제 군주의 정권에 걸쳐 일할 만큼 기민한 사람이었다. 그는 우리의 표준일 수도 있다. 포로로 잡혀가 살면서 강제로 국제 연구 프로그램을 해야 했던 초기에, 이 명석한 젊은이는 몇 가지 급진적인 선택을 한다. 그는 세상의 문화와 종교와 권력의 압력에 굴복하지 않기로 작정했다. 그것은 무서운 선택이었지만, 그가 이런 급진적인 결정을 했을 때 하나님은 다니엘이 약속을 지킬 수 있도록 그에게 권능을 주셨다. 힘을 잃어 가는 나이가 되어서도 그는 자신이 서약한 것을 충실하게 지켰다. 굶주린 사자들을 피하기 위해 그가 세운 기준을 정당하게 낮출 수 있었을 때도 그는 확고했다. 그 이유로 높으신 하나님이 그를 "큰 은총을 받은" 사람이라고 부르신다. 왜? 그가 잘 마쳤기 때문이다.

다른 사례인 사도 바울의 삶을 연구해 보라. 그는 감옥에서, "나는 선한 싸움을 싸우고, 나의 달려갈 길을 마치고, 믿음을 지켰으니"라고 썼다(딤후 4:7). 그는 살면서 그의 친구들과 사역 동료들이 경주를 중단하거나 그 시대의 문화와 종교의 다원주의에 굴복하는 것을 지켜보았다. 그러나 바울은 끝까지 잘 마치기를 원했고, 그렇게 했다. 로마제국은 제국 체제에 위협이 된다고 그를 처형했다.

잘 마친다는 것의 의미

잘 마친다는 것은 직업에 상관없이 현대의 사역 생산성의 위대한 본보기로 칭송받으며 개인의 경력을 최고 수준으로 완료한 사람을 의미하지 않는다. 잘 마친다는 것은 은퇴 축하 잔치, 일대기, 성공 비결 소개, 또는 10단계 영상 프로그램 제작을 의미하지 않는다. 이것은 마음을 완전히 사로잡는 강사, 자립 안내서를 쓴 사람, 능력 있게 동기 부여를 하는 강사, 복음주의의 유명 인사, 예언적인 은사가 있는 사람, 대중에게 알려진 위대한 중재자, 국제 선교 동원가, 또는 전설적인 선교사에게 주는 상을 의미하지 않는다. "내 모든 자녀들이 하나님을 향해 불타오르고 하나님을 섬기므로 하나님을 찬양합니다"라고 말하는 부모들에게 주는 큰 상을 의미하지도 않는다.

그렇다면 잘 마친다는 것이 정말로 의미하는 것은 무엇인가? 진정한 믿음과 진실성으로 인생 경주의 마지막에 다다른 것을 의미한다. 나는 인생을 잘 마치는 것과 관련해 두 가지 열정이 있다. 첫째, 나는 여전히 내 삶과 아내, 자녀들에 대한 진실성은 물론 기독교의 진리를 붙잡고 내 인생을 마치고 싶다. 내 장례식에서 나는 내 자녀들이 "어버지는 어머니를 끝까지 사랑하시며 온전히 신실하셨고, 사역을 위해 돌아다니시기 위해 우리를 희생시키지 않으셨다"라고 말하게 되기를 소망한다. 두 번째는 모든 문화와 세대, 모든 사람들이 예수 그리스도의 복음을 듣고 이해해서 그것을 받아들이든 거부하든 정당한 결정을 내릴 수 있는 정당한 기회를 갖게 하는 목표를 위해 내가 기여할 수 있는 모든 것을 하는 것이다. 당연히 그래야 한다.

타문화 사역을 잘 마친다는 것은 선교사로 계속 남아 있어야 한다거나 평생 같은 지역이나 같은 문화에 계속 있어야 한다는 것을 의미하지 않는다. 미래의 타문화 사역자들은 세계적이고 지역적인 요구에 따라서 상황과 기회, 기술과 은사에 기초해 보다 유동성을 가지고 섬기게 될 것이다. 그들은 세상 모든 땅에 그리스도의 교회를 세우는 데 헌신해서, 복음화 되지 않은 힘든 지역으로 하나님 나라를 확장해 나가고자 할 것이다. 대위임명령의 온전한 의미는 대명령과 복음의 선포와 교회의 교화edification 사이에서 동일한 균형을 이루는 것이다. 궁극적으로 열쇠는 직업이나 지역 또는 사회에서의 역할이 아니라 진실성, 예수님 안에서 살아 계신 하나님을 향한 열정, 믿음의 공동체에 대한 섬김, 그리고 예수님을 전하고자 하는 헌신이다.

잘 마치는 일은 공동체, 즉 확대 가족, 영적 가족, 교회의 가족, 사역 동료, 중보 기도자, 멘토, 그리고 다른 나라와 문화에서 온 믿음의 친구들 안에서 이루어진다. 잘 마친다는 것은 또한 단지 마지막 단계와 과제만이 아니라 사역의 여러 단계와 과제들을 올바른 방법으로 완수하는 것을 의미한다.

많은 사람들이 그리스도인의 삶을 하계 올림픽으로 연상함으로써 시달린다. 나는 이 글을 2008년 올림픽이 열리는 중에 쓰고 있다. 우리는 가장 높이 뛴 사람, 가장 빨리 달리거나 수영한 사람, 가장 오래 참은 사람, 그리고 무엇보다도 금메달을 받은 사람들을 영예롭게 여기고 환호한다. 올림픽에서 동메달을 받은 사람을 누가 기억하는가? 더욱이 어떤 경기든 누가 꼴찌를 기억하는가? (사실 꼴찌 한 몇 사람들의 이야기를 알고 있다. 그들의 이야기는 훨씬 더 감동적이다.)

그러나 그리스도인의 삶은 조그만 마을에서 열리는 스페셜 올림픽과 더 흡사한 평생의 순례로 생각하는 것이 도움이 된다. 스페셜 올림픽 게임은 누가 이기느냐를 중요하게 여기지 않기 때문에 커다란 의미가 있다. 육상선수나 수영선수는 관중과 코치의 환호소리를 들으며 결승점을 통과한다. 이것이 우리에게 더 좋은 비유가 된다. 그리스도인의 삶은 스페셜 올림픽이다. 중요한 것은 우리 각자가 나이와 성별, 직업에 관계없이 팔다리를 마구 흔들며 그 결승점을 통과하는 것이다. 우리는 경기를 마친다. 그리고 우리의 코치가 되시는 분이 우리를 맞이하신다.

잘 마친다는 것은 깨어진 꿈, 응답받지 못한 기도, 못다 이룬 소망을 간직한 채 자녀들이 그리스도와 동행할 수도 있고 그렇지 않을 수도 있는 상태에서 인생을 마치게 되는 것을 의미할 수도 있다. 높은 생산성이나 만질 수 있는 가치를 사람들에게 보여 줄 수 있는 증거가 거의 없을 수도 있다. 능률성과 효과, 측정할 수 있는 높은 생산성에 따라 보상하는 문화에 사는 우리들에게는 특별히 문제가 된다.

많은 사람들이 잘 마치지 못하는 이유

나는 수년 동안 선교의 여정을 지나면서 마주치는 큰 함정들에 대해 의견을 모았다. 어떤 사람은 이것을 발전 정지 장치development stopper라고 부른다. 로버트 클린턴 같은 사람은 이 주제를 놓고 통찰력 있는 글을 썼다.

우리 모두에게는 약한 면이 있는데, 이것을 일찍 인식하고 강화하면 할수록 더 나아진다. "저는 아직 젊어서 이 모든 것들을 이해할 수가 없습니다. 부정적으로 들립니다. 그러니 여기에서 시간을 낭비할 필요가 어디 있겠습니까?"라고 말할 수도 있다. 그렇다면 확실히 말하겠다. 이것은 시간 낭비가 아니다. 당신보다 더 먼 여정의 길을 걷고 그 길에서 많은 것을 경험한 사람들의 믿음을 받아들일 수 있기 때문이다.

다음은 타문화 선교에서 우리를 옭아맬 수 있는 몇 가지 큰 함정들이다.

잘못된 재정 관리

돈에 관련된 문제를 조심하라. 특히 빈곤한 지역에서 살다 왔거나 특권과 부를 누리는 지역에서 살다 왔을 경우 더 그렇다. 사역을 하며 빈곤해지면서 이런 현실을 다루어야 할 수도 있다.

독신이든 기혼자든 상관없이 성적인 죄

이것은 오늘날 전에 없이 남녀 모두에게 있는 위험이다. 많은 젊은 선교사들이 깨어진 가정에서 자랐고 그리스도를 만나기 전 성적으로 자유분방했다. 어떤 사람들은 하나님의 영에 의해 자유하게 되기까지 성 정체성 혼란으로 갈등한다.

유혹의 패턴들이 나중에 다시 등장해 타락하게 만든다. 기혼 남성이 기혼 여성보다 더 불륜에 빠져드는 경향이 있는데, 그 이유는 다양하다. 배우자에 대한 부정이 모두 가정 파괴로 이어지는 것은 아니지만 깨어진 신뢰는 회복되기 어렵다. 인터넷 음란물이 세계의 외딴 지역에서조차 아주 많은 남성 선교사들을 파멸시키는 것이 현실이다.

심각한 가정 문제

이 문제는 보통 사랑해 주어야 할 진정한 부모의 역할이 제대로 되지 않았을 때 생기는데, 우리의 결혼과 가정에 심리적인 문제와 대인관계 문제를 야기한다. 이 문제는 지혜롭게 용기를 가지고 다루어야 한다. 완전한 가정은 없다는 것을 기억하고, 치유와 회복이 이루어져 새로운 가정을 만들기 위해 씨름하라.

권력 남용

대부분의 선교사들은 수입이 많지 않은데, 어떤 사람들은 그 손실을 다른 것으로 대체한다. 그들은 권위에 굴복하려고 애쓰다가 권위를 가지면 파괴적인 방법으로 그것을 남용한다. 시간이 지나면 어떤 사람들은 리더의 대열에 들어갈 것이다. 세계 타문화 선교에 대한 최근 연구에 의하면, 유독한toxic 리더십에는 파괴적인 힘이 있어 미성숙하고 고통스러운 마찰을 일으킨다.

사역의 자리에서 '최고의 위치에 오르려는' 자만과 야망

많은 경우 겸손하게 표현되지만, 사람들이 리더십과 영향력이 높은 지위에 오르기 위해 사용하는 권모술수를 보면 아주 놀랍다. "주 앞에서 낮추라. 그리하면 주께서 너희를 높이시리라"고 한 야고보의 말을 기억하라(약 4:10).

적절한 때 리더십과 권위를 이양하지 못하는 무능력

리더십 임기를 마치거나 은퇴할 때가 되었을 때, 아주 많은 사람들이 이것을 놓지 않으려고 한다. 그 결과는 뻔하다. 많은 사람들과 조직에게 피해를 준다. 어떤 사람들은 이것을 '설립자 증후군'founder's syndrome이라고 부른다.

사역 도중에 있는 시험

인생의 어떤 시점에 살아 계신 하나님이 그의 종들을 더 깊은 단계의 깨어짐과 고통으로 부르신다. 이것은 우리가 지은 죄의 결과로 생긴 것이어서 우리가 그 결과를 거두어들이고 있는 것일 수도 있고, 혹은 다른 사람의 손을 통해서 올 수도 있다. 깨어짐은 고통 받으신 종, 메시아의 길을 따르라고 하나님이 주권으로 부르시는 복합적인 초청일 수도 있다.

하나님은 왜 우리에게 이런 일을 행하시는가? 하나님이 우리를 해체시키거나, 정결케 하거나, 혹은 사역의 다음 단계를 위해 준비시키시는 중일 수 있다. 아이러니하게도 다음 단계라는 것이 사람들에게 주목받는 위험이 있는 곳에서 벗어나서 (변두리에서) 사역하는 것을 의미할 수도 있다. 마치 야곱이 천사와 씨름하고 나서 다리를 절었던 것처럼, '인생을 절름거리며' 걷는 것으로 마칠 수도 있다. 나는 이사야서에 "여호와께서 그에게 상함을 받게 하시기를 원하사 질고를 당하게 하셨은즉…"(사 53:10)이라고 기록한 것을 읽고 감동했다. 모든 경우 이것은 유동성에 있어서의 내리막 길, 즉 십자가로 내려가는 것을 의미한다.

이런 종류의 시험은 우리 안에 최선의 결과나 최악의 결과를 만들어 낼 수 있다. 하나님이 우리를 깨어짐의 길로 초청하실 때, 하나님은 이것을 우리에게 강요하지 않고 선택하도록 하신다. 우리가 받아들이지 않으면, 하나님의 복은 없어지지 않겠지만, 우리는 하나님이 원래 고통을 통해 뜻하셨던 성장을 이룰 수 없게 될 것이다. 우리는 해체하고 다시 재건하는 일에 겸손히 우리 자신을 내어 맡길 때에만 하나님이 원하시는 사람이 된다.

끝을 향해 서서히 움직이기

이것은 과업을 행할 활력이 떨어졌거나 영이 메말라서 버둥거리는 사람들이 빠지는 특유의 함정이다. 그들은 체제를 유지하고 그저 일상적인 사역의 일정을 수행하며 겉으로 보이는 종교적인 행동을 한다. 그러나 그들은 거기에 마음이 없다. 물론 성령의 능력도 없다.

영적 전쟁

우리는 적의 우두머리가 공격하는 우리의 특유한 약점을 분별할 줄 알아야 한다. 그 약점들은 우리의 배경, 신체적인 요인, 성품의 약점에 깊이 뿌리를 내리고 있을 수 있다. 적은 당신이 사역을 포기하도록 하기 위해 할 수 있는 모든 것을 할 것인데, 보통 가족의 가장 취약점을 공격한다.

해결책은 무엇인가?

좋은 소식이 있다. 무엇보다 삼위의 하나님이 우리 편에 계신다는 사실이다. 하나님의 영이 우리 안에 계시고, 하나님의 아들이 아버지 앞에서 우리를 위해 변호하신다. 기억해 두어야 할 간단한 몇 가지를 제시하겠다. 이것은 세계복음주의연맹을 통해 세계는 물론 남미에서 수십 년간 타문화 사역을 하면서 만들어진 것들이다.

약점을 다루라

개인의 성품과 영성의 약점을 파악하고 그것들을 강화하라. 그것들 중 어떤 것은 마음, 의지, 감정, 그리고 행동에 '숨겨진 중독'이다. 우리는 그것들에 민감해야 한다. 하나님은 그것들을 우리에게 드러내시기 위해 다른 방법을 사용하실 것이다.

많은 죄와 당신이 취약한 방법들에 대해 민감한 마음을 갖도록 하라. 주권자이신 사랑의 성부, 성자, 성령께 늘 부드러운 마음을 가지라. 매일 고백과 회개를 생활화하라.

기혼자라면 결혼서약을 절대 잊지 말라

남미에서 사역하던 초기에 나는 남편으로서 몇 가지 실수를 했다. 다행히 그것들이 '큰 죄'가 되는 문제는 아니었다. 그러나 나의 어린 신부가 타문화권에 살면서 외국어를 배우려고 씨름하며, 여성으로서 그리고 사역하는 여성으로서 자신의 정체성을 키워 가며, 어린 자녀들의 요구와 '선교사로서의 삶'에서 오는 기대치 사이에서 균형을 이루기 위해 애쓰는 것에 나는 아주 민감하지 못했다. 나는 '본국'으로 돌아온 선교사 자녀였다. 그래서 아내가 고투하고 있는 것을 알아차리지 못했다. 하나님은 내 아내 이본을 사용하셔서 내가 변해야 하고 성장해야 하는 것들을 보여 주셨다.

여행의 초대에 대한 유혹을 조심하라

이것은 특히 집에 자녀가 있는 경우에 해당된다. 감사하게도 이본과 나는 세상을 구하라는 이런 멋진 초대를 통제하기 위해 미리 지침을 마련해 두었다. 우리는 동료들이 밖에 나가서 자신의 일을 하다가 그들의 자녀나 결혼 또는 둘 다 잃어버린 경우를 너무 많이 봤다.

책임을 지는 공동체를 키우라

주요 인물 한 사람이나 소그룹 하나를 찾으라. 당신은 모든 사람을 책임지거나 모든 사람에게 온전히 마음을 열고 솔직할 수는 없다. 당신이 깊이 고민하는 것을 나눌 수 있는 사람을 신중하게 선택하라. 모든 사람이 그런 것을 다 감당할 수는 없다.

적의 공격을 조심하라

사역을 위해 여행하는 때와 같이 홀로 있을 때 특히 조심하라. 나는 해로운 요소가 있는 TV 프로그램과 영화나 인터넷의 유혹을 피하기 위한 서로의 결단을 굳게 해줄 수 있도록 호텔에서 다른 동료와 함께 묵는 것을 선호한다.

다른 사람들이 당신을 위해 기도하게 하라

당신을 위해 성실한 중보 기도자가 되어 줄 친한 친구들로 기도의 방패를 만들 수 있도록 도와 달라고 하나님께 구하라. 이들 중 평생 당신을 위해 기도해 줄 사람도 있을 것이고, 잠시 동안 그렇게 할 사람도 있을 것이다.

영적으로 계속 자라 가라

변화된 영성의 내면의 모습을 세워 가는 데 전념하라. 당신에게 깊은 감명을 준 중요한 저자를 몇 명 선택하라. 기독교 영성의 고전들을 읽고 깊이 받아들이라. 현대 저자들 중에도 우리에게 감명을 주는 사람들이 있다. 헨리 나우엔Henri Nouwen, 달라스 윌라드Dallas Willard, 유진 피터슨Eugene Peterson이 그런 사람들에 속한다.

배우고, 읽고, 연구하고, 시야를 넓히는 일을 절대 중단하지 말라. 결혼했다면, 책을 읽고 연구하면서 성장하도록 서로 권면하라. 사역과 그리스도 안에서 개인 성장에 대해 평생 간직할 관점을 개발하라.

멘토가 되고, 멘토를 찾으라

멘토링을 받고, 또 다른 사람을 멘토하는 데 전념하라. 이것이 마지막 장에서 우리가 개발하게 될 것이다.

중도 포기를 막는 한 가지 해결책

지금까지 스티브와 내가 쓴 것을 모두 검토해 보았다. 우리는 얼마간 예방할 수 있는 고통스러운 중도 포기를 막기 위해 이 글을 썼다. 무엇보다 중요한 것 중 하나는 현지로 출발하기에 앞서 당신이 소속된 교회 공동체가 돕는 범위 안에서 이런 많은 주제들을 붙들고 씨름하는 것이다. 그 주제에 해당되는 것들은 성품과 영성의 문제, 감정의 성숙, 권위 아래서 창의적으로 섬기는 능력, 공동체 생활, 교회의 사역을 통해 나타나고 검증되고 평가받은 은사, 기본적인 교육의 완료, 그리고 영적 전쟁이다.

미래의 선교사를 위해서는 강력한 교회 공동체가 아주 중요하다. 교회는 선교사의 모판이고, 선발과 검증의 주된 장소이고, 기본적인 준비가 이루어지는 곳이고, 파송과 중보기도의 주요한 기지다. 지혜로운 교회는 전문 교육기관과 함께 사전 훈련에 협력할 것이고, 그들의 사역자들을 적절하게 감독하고 돌보기 위해 현지의 선교기관과 전략적인 협력에 참여할 것이다.

잘 마치는 것에 대한 마지막 생각

나는 우선 당신을 격려하고 싶다. 나는 이 책을 읽는 사람들 대부분이 그리스도의 젊은 제자이고, 타문화에 가서 위대한 이야기를 전하고자 깊이 생각하고 헌신했다고 생각한다. 우리와 함께 여기까지 온 것을 축하한다. 예수님은 유일하시다. 거기에 대해서는 논할 것이 없다. 유종의 미를 다루는 이 장이 당신에게 이론적인 것이 되지 않기를 소망한다. 세계로 향한 하나님의 길 위에서, 우리는 머나먼 순례의 길에서 끝까지 진실하게 살아가며 번성해 가는 당신과 당신의 속사람을 보기 갈망한다.

그러니 마음을 강하게 하라. 힘을 내라. 수많은 증인들과 우리가 당신과 함께 있고, 당신을 위해 있다.

아, 그리고 그 베테랑 마라톤 경주자와 그의 신발 말인데, 나는 그와의 마지막 통화를 또렷이 기억한다. 나는 이렇게 말하면서 통화를 마쳤다. "아버지, 아버지와 어머니를 진심으로 사랑해요."

그렇게 해서 그 낡은 신발이 아직도 내 컴퓨터 책상 옆에 있는 책꽂이에 있다. 내 부모님은 이제 본향으로 가셨지만 그 신발들은 여전히 내게 말을 건넨다.

개인 점검 사항

- 잘 마친 사람이나 현재 잘 마치고 있는 사람을 알고 있는가?

- 그들의 이야기를 통해 어떤 교훈을 배울 수 있나? 그들의 삶에서 부각되는 원리들을 적어 보라.

- 당신이 아는 사람 중에 그리스도인의 삶을 잘 마치지 못한 사람들은 어떤가? 도움이 된다면, 생각나는 이름을 써 보라.

- 그들을 방해했던 주된 원인은 무엇이었나? 그들은 어떤 함정에 빠졌나?

- 그들의 이야기를 통해서 당신 자신의 삶에 적용할 수 있는 것은 어떤 것인가?

- 강화해야 할 당신의 약점은 어떤 것인가?

- 당신이 잘 마치는 데 있어 당신을 힘들게 할 만한 것은 무엇인가? 당신에게 사역을 그만두게 할 만한 개인, 가족, 재정, 환경의 문제들을 찾아 보라.

- 베테랑 마라톤 경주자와 그의 신발 이야기가 당신에게 어떤 격려가 되었나?

10.1

중도 포기를 어떻게 해야 하나

빌 테일러

나는 1994-1996년 기간 동안 진행된 장기 선교사 중도 포기에 대한 14개 국의 연구를 편성하는 데 참여했다. 중도 포기attrition는 어떤 이유로든 타문화 사역에서 떠나는 것을 말한다. 우리는 장기 선교사들의 약 5.1퍼센트가 매년 현지를 떠나고, 그들 중 71퍼센트는 '예방할 수 있는' 이유 때문에 떠났다는 것을 발견했다. 현재 타문화 장기 선교사들을 15만 명이라고 추산했을 때, 매년 5.1퍼센트씩 감소한다면 매년 7650명의 선교사가 현지를 떠나고, 4년 임기 동안에 그 수는 3만 600명으로 껑충 뛴다. '예방할 수 있는' 비율인 71퍼센트를 3만 600명의 장기 선교사에 적용하면 2만 1726명이 된다. 이것이 끼치는 경제적인 영향은 놀랄 만하고 계산도 할 수 있다. 그러나 사람에게 미치는 영향은 더욱 엄청나다. 그러므로 우리는 할 수 있는 모든 방법을 동원해서 이 '예방할 수 있는' 중도 포기를 줄여야 한다. 중도 포기의 주된 원인은 다음의 문제들을 중심으로 생긴다.

- 영성 형성과 성품의 부적절함 혹은 섬김으로 인해 치러야 하는 희생에 대한 오해.
- 가족이나 동료 선교사들 혹은 현지 사역자들과의 대인관계에서 오는 갈등과 관련된 문제.
- 자신의 특정 사역에 대비한 올바른 공부와 목적의식이 있는 지식의 부재.

우리가 조사한 바에 의하면, 유형들이 서로 중복되기도 하지만 몇 가지 유형이 있다.

- 피할 수 없거나 예상했던 일반적인 중도 포기에 해당되는 것으로서 사망, 은퇴, 사역 계약이나 개발 프로젝트의 만료, 정치적인 불안.
- 예방할 수 없는 중도 포기에 해당되는 것으로서, 자녀교육, 건강상의 이유, 혹은 다른 사역으로의 이동으로 인한 직무 변화와 관련된 문제, 가족이나 팀원들 사이의 갈등 혹은 재정 후원 감소.
- 고통스러운 이유가 있으나 예방할 수 있는 중도 포기에 해당되는 것으로서, 감정적 혹은 윤리적인 문제, 기도나 자금의 부족, 직무 내용과 기대치에 대한 오해, 파송 선교기관과의 의견 충돌, 동료와의 갈등, 부르심에 대한 의식 부족, 부적절한 사전 훈련.

현지를 떠나게 되는 주된 이유들이 옛 파송 국가들과 새로운 파송 국가들 간에 현저히 다르다.[1] 10여 년 후, 한 연구 팀이 선교사 유지 문제에 더 초점을 두고 중도 포기에 대한 연구를 다시 했을 때, 파송 교회와 선교기관이 최선으로 실행해야 할 것들을 분명하게 보여 준다.[2]

---

1. 더 자세한 내용은 다음의 책을 보라. William D. Taylor, ed., *Too Valuable to Lose: Exploring the Causes and Curse of Missionary Attrition*(Pasadena, Calif.: William Carey Library, 1997).「잃어버리기에는 너무 소중한 사람들: 선교사 허입, 훈련, 후원과 중도 탈락의 상관관계」(죠이선교회).
2. 랍 헤이(Rob Hay)와 그의 팀이 20개 국에서 선교사 유지에 대해 설문조사한 결과를 자세히 읽어 보라. *Worth Keeping: Global Perspectives on Best Practice in Missionary Retention*(Pasadena, Calif.: William Carey Library, 2007).

10.2
잘 마치는 리더들의 6가지 특징

데이비드 도허티(국제 OMF 리더 개발 전문가, 미국)

평생 성경적 리더십을 연구한 로버트 클린턴 박사는 성경의 리더들과 근래 역사의 리더들에 대해 비교 연구했다. 그에 따르면, 잘 마치는 사람은 소수에 불과한데 그들의 삶과 리더십에는 6가지 요소가 있다.[1] 이것은 자신들의 리더십을 통해 영원한 결과를 만들어 내려는 현대 리더들에게 성장의 본보기를 제공한다.

서론

리더십에 초점을 맞추고 성경을 여러 번 읽으면 많은 의미가 담긴 중요한 내용 4가지를 관찰할 수 있다.

1. 잘 마치는 사람이 적다.
2. 리더십은 어렵다.
3. 권능을 부여하시는 하나님의 임재가 성공적인 리더십의 필수 요소다.
4. 영적 리더십은 영향력이 있다.

성경의 리더들에게 맞는 것은 역사 속 그리스도인은 물론 현대의 그리스도인 리더에게도 똑같이 맞다. 이것이 내가 여기에서 말하려고 하는 첫 번째 의견이다. 나는 소수의 리더만이 잘 마친다는 사실에 놀랐고, 그것으로 인해 평생 연구를 하게 되었다.

6가지 특징

효과적인 리더들에게는 다른 특징들도 있겠지만 아래의 6가지 특징들은 매우 중요한 요소다. 잘 마친 리더들에게 이 6가지 특징이 모두 나타나는 것은 아니지만 그들의 삶에 최소한 몇 가지는 나타난다. 구약의 다니엘과 신약의 바울 같은 사람들은 6가지 모두를 나타낸다.

1 | 하나님과 개인적이고 생명력 넘치는 관계를 끝까지 유지한다

이것을 잘 보여 주는 사람은 구약의 전형적인 리더 다니엘이고, 신약에서는 베드로, 바울, 요한이다. 그들의 마지막 글들을 보라. 그들의 어조, 하나님과의 교제, 하나님의 계시, 그들의 삶에 권능을 부여하시는 은혜에 대한 신뢰를 보라.

2 | 배우려는 자세를 유지하고 여러 곳에서 배운다

오래가는 리더들은 계속해서 진리를 구하고 더 많은 명철을 구한다. 그리고 하나님의 말씀에 끝없이 목말라 한다. 그들은 겸손한 자세로 살고, 할 수 있는 대로 누구에게든지 기꺼이 배우고자 한다.

다니엘이 이것을 보여 주는 전형적인 구약의 리더다. 다니엘 9장을 보면, 만년에 계속해서 하나님의 말쏨을 공부하고 배우는 사람의 모습을 보여 준다. 바울과 베드로는 배우려는 자세를 가진 신약의 전형적인 리더다(벧후 3:18; 딤전 4:13을 보라).

3 | 예수님을 닮은 성품을 나타낸다

이것은 그들의 삶에서 맺은 성령의 열매로 입증된다. 이번에도 역시 다니엘이 경건한 삶의 전형적인 예가 된다(겔 14:14, 20에서 그의 삶을 요약해 주는 말을 보라). 신약에서는 바울의 삶에서 성품이 변화된 증거를 주목해 보라(딤후 2:24와 빌레몬서를 보라). 이들의 리더십 스타일은 거칠면서 강인한 것에서 부드러우면서 강인한 것으로 평생에 걸쳐 바뀌었다.

4 | 진리의 삶을 삶으로써 하나님에 대한 확신과 약속이 실재하는 것으로 보인다

여호수아가 그의 고별사에서 하나님의 약속은 절대로 그를 실망시키지 않는다고 한 말이 하나님을 믿고 하나님의 진리에 그의 삶을 건 사람의 특징을 나타낸다(수 23:14를 보라). 바울이 디모데전서와 후서에 써 놓은 진리에 대한 많은 글들을 보라. 또 사도행전 27:22-25에서 울리는 그의 유명한 감동적인 확신을 보라.

5 | 하나 이상의 궁극적인 공헌을 한다

잘 마친 효과적인 리더들이 남긴 유산에 대해 연구하면서 나는 다음의 영역들을 발견했다. 모범적인 삶, 다른 사람들이 본받는 사역 모델, 대규모적이고 효과적인 공중 연설 사역, 잘못을 바로잡음, 새로운 조직과 사역을 세움, 운동movements을 시작함, 무슨 일이 왜 일어났는지에 대한 조사, 글과 음악의 능력, 다른 사람들을 동원하고 준비시킴. 물론 이런 일반적인 영역 외에도 그들이 남긴 고유한 유산들도 있다.

6 | 운명의식을 갖고 살며, 그것의 일부 혹은 전부가 이루어지는 것을 본다

운명의식sense of destiny은 리더의 내면에 있는 확신이다. 이것은 하나님은 특별한 목적을 위해 특별한 방법으로 리더를 다스리신다는 것을 알아 가는 한 번 혹은 여러 번의 경험에서 생긴다.

리더는 평생 하나님에 의해 운명이 준비되고, 그 운명을 이루도록 인도하심을 받고, 점차 그 운명을 완성한다. 하나님을 위해 많은 것을 성취한 성경의 리더 중에서 운명의식을 갖지 않은 사람은 없다. 그것은 보통 그 리더의 평생에 걸쳐 자라났다.

결론

잘 마치고 유산, 즉 그리스도와 그의 나라를 위해 궁극적인 공헌을 남긴 선교사와 선교 리더의 명단에 들어야 하지 않겠는가?

리더는 잘 마치기를 소망해야 한다. 클린턴 박사는 이렇게 말한다. "나는 절대 소수의 사람만이 잘 마친다고 경고하지 않는다. 잘 마치기를 원합니까? 하고 도전하면 엄청나게 반응하며 그렇게 하기를 원한다고 한다. 그렇다면 이 6가지 요소에 주의를 기울여야 한다. 당신의 삶에 이 특징들을 개발하기 위해 주도적인 조치를 취해야 한다. 잘 마치라!!!"

---

1. 로버트 클린턴의 연구와 저서에 의함.

10.3
개인 효과성 점검표

스티브 호크

다음의 표는 로버트 클린턴이 기술한 효과성의 6가지 특징에 비추어 개발을 평가하는 점검표다. 각 문장 옆에 현재의 실천 상태를 가장 정확히 나타내는 숫자에 동그라미를 하라. 문장에서 말하는 습관에 전혀 해당되지 않으면 숫자 0에, 효과적으로 꾸준히 실행하고 있으면 숫자 5에 동그라미를 하라.

	아주 못함					탁월함
1. 나는 하나님과 개인적이고 생명력 넘치는 관계를 유지한다.	0	1	2	3	4	5
2. 나는 배우는 자세를 유지하고, 여러 원천에서 배울 수 있다.	0	1	2	3	4	5
3. 나는 성령의 열매를 통해 입증되는 예수님 닮은 성품을 나타낸다.	0	1	2	3	4	5
4. 나는 진리의 삶을 통해 확신과 하나님의 약속이 실제하는 것으로 보인다.	0	1	2	3	4	5
5. 나는 하나 이상의 궁극적인 공헌을 하고 있다.	0	1	2	3	4	5
6. 나는 운명의식을 갖고 살며, 그것의 일부가 이루어지는 것을 본다.	0	1	2	3	4	5
합계:						

당신의 점수는 각 습관에 대한 당신의 상대적인 강점과 약점을 대략 알려 준다. 합계한 점수에 근거해서 해석하지 말고, 각 습관에 해당하는 점수가 다른 것과 어떻게 비교되는지에 근거해 해석해야 한다. 그러면 어디에 집중해서 노력해야 하는지 결정하는 데 도움이 된다.

10.4

개인 멘토 찾기 연습

스티브 호크 · 테리 월링

당신은 지금까지 개인 타임라인을 작성해 과거의 형성과 과정을 명확히 했고, 사명 선언문을 가지고 미래의 방향을 더 분명히 했다. 이제 마지막 질문은 당신이 사명을 성취하도록 누가 도와줄 것이냐다.

당신은 하나님이 뜻하신 사람과 리더로 성장하고 발전해 가며 당신에게 관점을 갖게 해주고, 지혜를 주고, 후원해 주고, 자원을 공급해 주고, 지도해 줄 사람을 찾는가? 다른 사람이 성장해서 자신이 경험해 보지 못한 수준의 효과성을 성취하도록 돕기 바라는가? 다음 세대의 그리스도인 리더들에게 영향을 끼치기를 바라는가?

이 연습은 이 주제에 대한 기본 연구서인 폴 스탠리와 로버트 클린턴의 책 「인도: 삶으로 전달되는 지혜」에서 얻은 영감과 통찰력으로 스티브 무어가 앞에서 설명한 멘토링과 연계해 만든 것이다.

멘토링이란 무엇인가

멘토링은 리더들을 다른 사람들의 자원에 연결시켜서 그들이 보다 더 개인의 성장과 사역의 효과를 이룰 수 있도록 힘을 북돋아 준다. 멘토링이란 "한 사람이, 하나님이 주신 자원을 나누어 줌으로써 다른 사람의 역량을 강화시키는 관계적인 경험이다."[1] 멘토링이란 멘토의 개인적인 강점, 자원, 그리고 네트워크(친분과 관계)를 이용해 후배(멘티)가 그의 목표에 도달하도록 돕는 것이다.

멘토는 하나님이 주신 자원을 나누어 주는 사람이고, 멘티는 역량이 강화되는 사람이다. 멘토와 멘티 간의 상호작용을 통한 전이transfer를 역량강화empowerment라고 한다.

- 멘토는 역량강화 자원을 제공한다. 멘토와 멘티의 관계는 공식적 혹은 비공식적일 수 있고, 정기적 혹은 산발적일 수 있다. 자원의 교환은 오랜 시간에 걸쳐서 일어나거나

혹은 단번에 일어날 수도 있다. 이런 역량강화는 주로 직접 만나면서 이루어지지만, 오늘날에는 전화나 팩스, 이메일을 통해 아주 먼 거리에서 일어나기도 한다.
- 멘토는 격려하고, 인생과 사역의 경험을 가지고 적시에 조언을 해줌으로써 멘티들의 역량을 강화시킨다.
- 멘토는 리더십과 사역 습관의 모델이 되어 주고, 멘티에게 폭넓은 시각을 갖고 새롭게 성숙하도록 도전한다. 이런 가르침을 통해 멘티는 확신과 신뢰를 갖는다.
- 멘토는 멘티에게 중요한 자원, 즉 도서, 소논문, 사람, 워크숍, 재정 자원, 그리고 멘토와 함께 사역할 기회들을 연결한다.

멘토링의 3가지 유형

로버트 클린턴은 「멘토 해 주세요」 *Please Mentor Me* 에서 "그리스도인 사역자들에게는 멘토 받을 수 있는 관계가 있어야 하고, 서로 멘토 할 동료가 필요하고, 멘토 할 사람이 있어야 한다. 이것이 삶과 사역의 균형과 건강한 관점을 보장하는 데 도움이 된다"고 말한다.

평생의 리더십 개발은 3가지 유형의 멘토링 관계가 균형을 이룰 때 크게 향상된다. 즉 상위 멘토링, 동료 멘토링(내부 혹은 외부), 그리고 제자 멘토링이다(아래의 멘토링 군집 견본을 보라).

- 상위 멘토링Upward mentoring은 리더들이 잠재력을 확대하도록 리더들을 밀고 나간다. 상위 멘토들은 더 큰 그림을 보고 리더의 현재 상황이 그 그림에 어떻게 들어맞는지 보는 리더들로서, 전형적으로 연로하고 보다 성숙한 그리스도인들이다. 그들의 경험과 지식의 기초는 멘티들보다 더욱 진보되었다. 그들은 소중한 조언을 해주고, 멘티들이 인내하고 성장할 수 있도록 도전한다.
- 동료 멘토링Co-mentoring은 리더가 매일 만나는 대상 안팎의 동료들과 갖는 나란히 함께 하는 멘토링alongside mentoring이다. **내부 동료 멘토들**은 당신의 사역 환경 내에 있는 동료로서 영적 성숙도가 거의 비슷한 사람들이다. 그들은 상호 성장과 책임, 조직 내에서의 상황에 따른 통찰력, 그리고 힘든 시기에 우정을 나눈다. **외부 동료 멘토들**은 당신이 하는 사역 밖에 있는 사람들이기 때문에, 객관적인 관점을 갖게 하고 사고와 행동에 도전을 줄 수 있다.

- 제자 멘토링Disciple-mentoring이란 젊거나 경험이 부족한 리더들에게 역량을 길러 주는 것을 말한다. 이것은 당신이 찾고, 선택하고, 개발을 도와야 할 신임 리더들의 삶에 유기적으로 참여하는 것이다. 이런 관계를 통해 새 리더들을 받아 주고, 관점을 갖게 하고, 그들의 말을 들어 주고, 안전을 제공하고, 책임감을 갖게 하고, 도전하고, 통찰력과 매우 중대한 기술을 제공한다.

멘토링 군집 구축하기

멘토링 관계의 시작은 대부분 멘티에게 달렸다. 당신의 삶에 알맞은 멘토들을 찾기 시작할 때 다음의 질문을 생각해 보라.
- 어떤 종류의 도움이 가장 필요하다고 느끼는가?

- 멘토링에서 당신에게 필요한 것은 무엇인가?

내년에 당신의 삶과 사역에서 우선순위가 되는 목표를 최소한 3가지 써 보라. 각 목표 옆에는 가능성이 있는 멘토의 이름을 기록하라. 멘토를 부탁하고 싶은 사람은 누구인가?

인생 개발 목표　　　　　　　　　　　　　**잠재적인 멘토**

1.
2.
3.

사역 개발 목표　　　　　　　　　　　　　**잠재적인 멘토**

1.
2.
3.

이제 다음의 조언을 염두에 두고 잠재적인 후보자들을 아래 멘토링 군집도에 표시하라.

- 지역, 부서, 조직을 넘어서 생각하라.
- 그들은 당신의 군집도에서 어디에 해당되는가?

멘토링 군집도 견본

다음의 예는 당신의 개발을 지도해 줄 3가지 유형의 멘토링과 멘토를 나타낸다.[2]
    리더들은 4가지 유형 모두에 언제나 멘토가 있는 것은 아닌데, 이것은 정상적이다. 그러나 그것이 장기간 계속되면 위험하다. 균형을 이룰 수 있도록 기도하라.

멘토링 패러다임

상위 멘토
❶ 앨런(코치-교사)
❷ 스콧(코치-상담가)

동료 멘토(내부)
❶ 샘/조직(후원자)
❷ 파울라/기도자(영적 지도)

동료 멘토(외부)
❶ 존/자원(목회자)
❷ 랍/리더십(코치)
❸ 캐롤(선교 상담)

멘티
❶ 랍
❷ 안드레아
❸ 데이비드

멘토링 관계 지침

다음은 스탠리와 클린턴이 개발한 '멘토링 십계명'이다. 효과적인 멘토링 관계에 도움이 될 것이다.[3]

1. **관계를 구축하라**: 멘토링 관계는 때로 그냥 생겨나고 때로는 의도적으로 만들어져 성장되어 간다. 멘토링은 관계가 명확히 구축될 때 보다 쉽게 역량을 강화할 수 있다. 관계가 튼튼할수록 역량이 더 강화된다.
2. **목적**: 멘토링 관계를 갖는 목적에 대해 서로 동의하라. 기대치를 분명히 해 두면 충족되지 않은 기대와 실망을 피할 수 있다.
3. **규칙적인 만남**: 얼마나 자주 만날지 정하라.
4. **책임**: 책임의 본질을 정하라. 책임을 어떻게 규정하고 감시할지에 대해 함께 동의하라. 보고서를 쓰거나, 전화를 하거나, 말로써 피드백을 할 수 있다.
5. **커뮤니케이션 방법**: 커뮤니케이션 라인을 분명히 규정하라. 언제, 얼마나 자주, 그리고 어떤 방법으로 교류할지에 대해 논의하라.
6. **비밀 유지**: 멘토링 관계에서는 참가자의 성품과 비밀 유지에 대해 존중해야 한다. 개인적인 문제는 공개해도 된다는 동의가 없는 한 비밀로 해야 한다는 것을 명확히 하라. 이것은 투명성이 있는 '안전한' 환경을 조성하기 위한 필수적인 단계다.
7. **멘토링의 라이프 사이클**: 멘토링 기간은 역량강화가 되는 시간의 길이에 따라 다양하다. 멘토링 관계가 영구할 것이라고 기대하지 말라. 당신이 선택한 멘토링 유형에 대한 현실적인 시간제한을 정하라. 주기적인 점검 시점과 마치는 시점, 즉 양쪽이 모두 관계를 위기에 빠뜨리지 않고 떠날 수 있는 시점을 마련해 두라.
8. **평가**: 효과적인 멘토링 관계를 위해서는 침체에 빠지지 않도록 주기적인 평가가 있어야 한다. 지혜로운 멘토는 멘토링의 지속 상태를 평가하기 위해 매력, 반응, 책임 등 세 가지의 역학관계를 사용하고, 중간 궤도 수정을 한다. 공동 평가가 최선이다.
9. **기대치**: 기대치에 미치지 못한 것들은 대부분 멘토링에 대해 실망하는 근원이 된다. 평가와 피드백을 가지고 당신의 기대치를 수정해서 실제 멘토링 관계에 맞추도록 하라. 이상적인 기대치에 도달하기는 거의 어렵겠지만, 현실적인 기대치에는 도달할 수 있다.

10. **마무리 짓기**: 마지막을 염두에 두고 시작하라. 멘토링이 긍정적으로 마무리되기 위해서는 어디에서 어떻게 역량이 강화되었는지 양쪽이 모두 평가하고 인정하는 결말이 있어야 하며, 쌍방이 멘토링 관계를 끝내야 한다. 당신이 멘토든 멘티든 충분한 성장이 있다고 느끼거나, 선교지로 이동하거나, 혹은 양쪽이 모두 마무리할 때가 되었다고 느낄 때, 멘토링 관계를 마무리하라.

- Keith R. Anderson and Randy D. Reese, *Spiritual Mentoring: A Guide for Seeking and Giving Direction*(Downers Grove, Ill.: InterVarsity Press, 1999). 「영적 멘토링」(한국 IVP).
- Mindy Caliguire, *Discovering Soul Care*(Downers Grove, Ill.: InterVarsity Press, 2007. 「영혼의 돌봄」(생명의말씀사).
  _____, *Spiritual Friendship*(Downers Grove, Ill.: InterVarsity Press, 2007). 「영혼의 친구」(생명의말씀사).
- Gordon MacDonald, *Mid-Course Correction: Re-Ordering Your Private World for the Next Part of Your Journey*(Nashville: Thomas Nelson, 2000). 「인생의 궤도를 수정할 때」(한국 IVP).
- Paul D. Stanley and J. Robert Clinton, *Connecting: The Mentoring Relationships You Need to Succeed in Life*(Colorado Springs: NavPress, 1992). 「삶으로 전달되는 지혜」(네비게이토).
- Terry Walling, *Finding Personal Mentors Workbook*(St. Charles, Ill.: Church Smart, 1998); 멘토의 용어와 유형에 관한 내용은 이 책을 참고하라.

1. Paul D. Stanley and J. Robert Clinton, *Connecting: The Mentoring Relationships You Need to Succeed in Life*(Colorado Springs: NavPress, 1992), p.33. 「삶으로 전달되는 지혜」(네비게이토).
2. 멘토의 용어와 유형에 대한 자세한 내용은 테리 월링의 *Finding Personal Mentors Workbook*(St. Charles, Ill.: Church Smart Resource, 1996)을 참조하라.
3. Paul D. Stanley and J. Robert Clinton, *Connecting: The Mentoring Relationships You Need to Succeed in Life*(Colorado Springs: NavPress, 1992), p.197-208. 「삶으로 전달되는 지혜」(네비게이토).

Global Perspectives 10.5

문상철(KRIM 원장, 한국)

다수 세계 선교사의 역할

다수 세계the Majority World 선교사들은 가난한 자로서 가난한 자에게 다가가는 선교를 할 필요가 있다. 우월감을 배제하고 복음의 능력만 믿고 성령님을 의지하며 나아가야 한다. 한국 선교는 이미 다수 세계 선교의 양태를 띠지 않고 오히려 전형적인 서구 선교의 모습을 많이 닮았다. 한국 선교사들은 성경적인 선교가 무엇인지 깊이 생각하며 사역에 임할 필요가 있다.

글로벌 시대의 선교에서 협력은 필수 사항이다. 현지 교회와도 서구 선교사들과도 긴밀히 협력해야 한다. 그러나 이 점에서 우리 선교사들이 썩 잘하는 것 같지는 않다. 미래의 선교사는 협력과 파트너십 향상을 위해 더 적극적으로 노력할 필요가 있다.

영성과 훈련

선교지로 가기 전 지식적인 훈련뿐만 아니라 성품적인 영역에서도 훈련받아야 하고, 관계적인 훈련 또한 반드시 받아야 한다. 선교는 준비 없이 할 수 있는 간단한 일이 아니다. 오랜 세월 동안 준비해야 하는 어려운 일이다. 그러므로 선교에 헌신했다면 반드시 훈련 과정을 거쳐야 한다. 정규 훈련 과정뿐만 아니라 개인적인 차원에서 자신의 약점을 극복하는 훈련을 스스로 해야 한다.

선교 관심자들은 성령의 아홉 가지 열매를 성품 속에 구현할 필요가 있다. 물론 완벽할 수는 없겠지만 그런 내적인 열매를 맺어 가는 노력을 해야 한다. 거기에 사역적인 역량을 기르기 위한 노력을 함께 해야 한다. 낙후된 타문화권에서 살며 사역할 수 있는 준비가 되어야 한다. 성육신적 영성과 역량을 구비하는 것이 핵심 과제다.

한국 선교의 역사가 깊어지면서, 또 선교 환경이 급변하는 가운데, 세계가 요청하는 선교사의 모습이 세밀하게 규정되는 가운데, 선교사로 살며 일하기 위해서는 많은 준비와 노력이 필요하다. 이 과정을 끈기 있게 감당하며 부르심에 합당한 삶을 살 수 있기를 기대한다.

My Journey 10.6

김병선(GP 선교회, 코디아 대표, 인도네시아)

나는 신학생 시절 무슬림에게 복음을 전하는 선교사의 수가 극히 적다는 정보에 충격을 받고 선교사의 길로 들어섰다. 아내와 다섯 살 된 딸과 함께 18개월간의 선교 훈련을 마친 후 세계에서 무슬림이 가장 많은 나라로 알려진 인도네시아로 파송받았다. 현지에 도착해 언어 교육과 현지 선교 단체의 오리엔테이션을 마치고 남부 수마트라로 보냄을 받아 단중에님 신학교의 교수로, 자바인 이주민 지역과 주청 소재지인 팔렘방 시의 교회 개척자로 사역했고, 대학생을 제자 삼는 IVF/Perkantas를 팔렘방에서 시작했다.

첫 안식년을 지낸 후에는 선교 본부의 행정과 선교사 훈련을 담당하며 국내에서 선교 동원가로 활동했다. 그후 선교지에 대한 부담감으로 다시 인도네시아로 돌아간 나는 신학교에서 강의하고, 현지인 교회를 목회하며, 외국으로 파송될 인도네시아인 선교사들을 훈련했다. 그러던 중 광화문에 소재한 내수동 교회의 청빙을 받고 지역 교회 목회를 하며 GP 선교회의 이사로 섬겼다. 다시 선교사의 신분으로 돌아온 나에게 GP선교회의 이사회와 동료 선교사들은 선교 훈련을 담당하는 훈련원장으로, 그 후에는 선교회의 국제 대표로서 선교회를 대표하며 선교 행정을 총괄하는 사역을 하도록 했다. 국제 대표의 임기를 마치고는 코디아KODIA, Korean Diaspora with a Mission의 대표로 해외의 한인 디아스포라들이 그들이 있는 나라의 종족들, 특히 미전도 종족의 복음화에 참여하도록 하는 일을 하고 있다.

나는 선교 사역의 어떤 이론이나 경험보다 성경의 지침을 따르는 것을 중요하게 여긴다. 특히 예수님은 모든 민족의 복음화를 강조하셨다. 미전도 종족 사역의 우선성(마 24:14, 28:18-20, 막 16:15)이다. 미전도 종족이 가장 많은 지역의 하나로 알려진 수마트라 섬남부 지역의 미전도 종족들을 복음화 하는 일에 부담감을 느낀다. 지금은 "성경의 중심 주제: 세계 선교"를 강의와 설교로 전하면서 미전도 종족 선교를 중심으로 하는 사역을 위한 인적·물적 선교 자원 동원에 집중하고 있다. 이제 노년의 나이로 접어들어 국민연금을 받는 나이가 되었지만, 나 자신이 미전도 종족들이 집중되어 있는 인도네시아의 선교지로 돌아가 "땅 끝에서 주님을 맞이하기"를 기대한다.

마치는 말, 그리고 당신의 여정 : 뒤를 돌아보고 전진하기

스티브 호크 · 빌 테일러

당신은 열방을 향해 떠나는 여정을 계획하는 과정에 신중히 착수했다. 믿음과 노력과 인내로 여기까지 마쳤다. 축하한다! 칭찬받을 만하다.

이 책에서 조언하는 대로 순례의 길에 첫 발걸음을 내디디며 인격은 물론 교회 기반과 사역 효율성 및 전반적인 지식이 성장했으리라 믿는다. 미래에 대해 더욱 선명하게 보고, 순종하는 믿음으로 발걸음을 내디디며 권능을 부으시는 하나님의 임재를 느꼈기 바란다. 또한 당신은 연락처, 웹 페이지, 그리고 한동안 지낼 수 있는 기타 자원을 충분히 갖고 있을 것이다.

어디로 가는지 늘 정확히 알 수는 없겠지만, 하나님이 함께하시며 인도하신다는 것을 알고 있을 것이다. 약하게든지 강하게든지 하나님이 당신의 삶을 만지시는 것을 느껴 왔을 것이다. 기도의 응답을 눈으로 보았을 것이고, 응답되지 않은 기도들도 있을 것이다. 삶에서 약간은 모호한 것들도 다룰 수 있게 되었을 것이다. 관계와 개인의 삶에서 고통스러운 실패들 혹은 가족이나 사역에서 오는 상실도 이미 경험했을 것이다. 이 모든 것은 제자로 변화되어 가며 경험하는 것들이다. 하나님이 만나 주시는 것을 경험했고, 사람들을 만나게 하시는 것도 경험했다. 조언과 상담을 해주는 멘토와도 관계를 맺었다.

전반적으로 우리는 당신이 복음화가 거의 되지 않은 세계의 광대한 지역에서 장기간 적극적으로 그리스도를 섬기기 위한 여정에서 분명한 진전이 있었다고 믿는다. 또 주님이 당신의 고유한 은사와 기술들이 가장 잘 사용될 세상, 즉 인간적이고 영적인 요구가 많은 또 다른 거대한 세상에서 당신이 감당할 역할이 무엇인지 확증해 주셨을 것이다. 우리는 당신이 현재 어디에 있든지 우선 하나님을 아는 것에 초점을 맞추고, 그 다음 전 문화에 걸쳐 하나님 나라를 세우는 데 초점을 맞추기를 기도한다. 이 일은 실제적으로 하나님의 사랑을 나타내고, 제자 삼고, 교회를 개척함으로써 이루어진다. 평생 가던 길을 멈추지 않고 본국에서든 선교지에서든 잘 마쳐야 한다는 목표를 가지고 더 강하게 성장해 가기를 바란다.

믿음의 여정은 평생토록 해 나가는 과정이다. 하나님이 그의 백성과 함께 일하시는 방법은 그들을 평생에 걸쳐 발전시켜 가는 것이다. 그래서 그리스도인의 삶을 평생의 순례라는 말로 가장 잘 표현할 수 있다. 용기를 잃을 수도 있고, 죄에 대한 유혹과 포기하려는 유혹을 받을 수도 있다. 멋지고 평화스러워 보이는 힌두교도, 불교도, 회교도, 혹은 세속주의자들을 만나게 될 것이고, 이런 관계를 통해 내적 전쟁이 일어나 깊은 영적 의심이 생기면서 다른 신앙 체계들 중 기독교가 유일하다고 주장할 필요가 있는가 하는 생각이 들 수도 있다. 하나님의 구원의 이야기를 말하는 법과, 사람들이 그들의 삶을 주께 맡기기에 앞서 넘어서야 할 경계를 분별하는 법에 대해 잘 이해해야 한다.

당신은 친구들이나 분명 같은 그리스도인이었던 사람들이 예수님에게서 떨어져 나갈 때 상심할 것이다. 병에 걸릴 수도 있고, 상상했던 것보다 더 고통스러워서 죽어서 끝을 내고 싶기까지 할 수도 있다. 이것은 다 과정에 속한 일이다. 예수님을 기억하라. 포기하고 싶은 유혹이 찾아올 때는 삼위의 하나님을 사랑하고 높이는 것이 당신의 궁극적인 소망이라는 것도 기억하라.

대부분 자신의 경주를 힘차게 시작할 것이고, 당신은 최소한 우리보다는 젊은 사람일 것이다. 헌신과 결단으로 경주를 시작하고, 계속해서 인내하며(계 14:12를 보라) 수십 년을 지내라. 5년가량 타문화 사역을 하고 급진적으로 변화되어 '본국'으로 돌아와 평생 세계를 품은 그리스도인으로 살 수도 있다. 혹은 더 긴 기간 사역하기로 하고 점차 타문화 사역을 확대해 갈 수도 있다.

가장 중요한 것은 예수님의 제자로서의 삶을 어느 곳에서 이루어 가느냐가 아니라 어느 곳에서든지 열정적으로 주님을 추구하는 것이다. 그러므로 계속 초점을 잃지 않고 인내하며, 주의 이름을 영화롭게 하는 살아 계신 하나님에 의해 변화될 준비를 하고, 하나님이 영광에 참여하도록 부르실 때 즐거워하라. 모든 나라와 족속과 언어의 사람들과 함께 있는 때를 즐기라. 언젠가 그들은 하나님 나라의 보좌에 둘러서서 당신과 함께 예배할 사람들이다. 그것이 우리가 목숨을 걸 만한 가치가 있는 비전이다.

선교사가 되기에 앞서 선교적 삶에 헌신하라

한철호

이 책에서 이미 여러 번 언급되었듯이 선교는 한 번의 사건이 아니라 인생 전체를 통해 일어날 긴 여정이다. 이 책이 당신의 인생 전체 여정에서 어떻게 선교적 삶을 살 것인가 하는 고민을 돕는 계기가 되기를 기대한다. 이 책은 비록 선교지로 떠나는 선교사들을 위한 준비 과정을 중심으로 다뤘지만, 이 여정은 우리 모든 그리스도인들이 통과해야 할 여정이기도 하다. 왜냐하면 오늘날 선교는 단지 가거나 보내거나 하는 구분을 넘어서기 때문이다. 우리 인생의 전 여정 가운데 가는 참여, 영접하는 참여, 보내는 참여, 동원하는 참여 중 어느 하나는 반드시 일어나야 하기 때문이다. 당신이 지금은 보내는 일에 참여하지만, 인생의 어느 시점에서는 참여가 일어날 수도 있기 때문이다.

따라서 우리는 선교사가 되는 여정을 통과하기 전에 먼저 선교적 삶을 사는 여정을 가야 한다. 어떻게 좋은 선교사가 될 것인가? 좋은 그리스도인이 좋은 선교사가 된다. 한 번 헌신자 카드를 작성했다고 선교사가 되는 것이 아니라, 순종하는 그리스도의 제자가 되어 좋은 선교적 삶을 지속적으로 살아갈 때 결과적으로 좋은 선교사가 될 수 있다.

선교적 삶을 살아가는데 있어 하나님은 우리의 등대이시다. 우리는 선교적 삶의 결단을 내리고 나아가며 막연히 하나님께서 우리의 내비게이션이 되어 주실 것을 기대한다. 그러나 하나님은 오히려 우리의 등대이시다. 물론 하나님께서 우리의 걸음걸음을 인도해 주시는 것이 맞는 말이다. 그러나 하나님이 요술 방망이처럼 5분 후 내게 일어날 일을 눈앞에 보여 주실 것으로 생각하면 안 된다. 물론 하나님은 그렇게 하실 수도 있다! 그러나 하나님은 우리 삶의 목적을 보여 주시며 우리가 그 목적을 향한 여정을 가기를 기대하신다. 그리고 그 여정 가운데 함께하신다.

이 책에서 제시된 방향과 방안들은 그 길을 가는 이들에게 안내자가 될 것이다. 어떤 방식은 어떤 사람에게는 적합하지 않을 수도 있다. 한국인들의 시각에 맞게 편집하고 보완하려고 노력했음에도 불구하고, 서구 사람들의 시각에서 제시한 일부 방안들은 우리 몸에 맞지 않을 수 있다. 그러므로 내게 가장 적합한 선교적 삶의 여정은 내가 만들어 가야 한다.

모든 것이 다 준비된 후에 여정을 떠날 수는 없다. 목적을 향해 걸음을 내딛지 않는 것이 더 어리석은 일이다. 우리 모두에겐 소망이 있다. 그 최종적인 소망은 온 땅이 여호와를 찬양하며, 하나님께서 모든 민족과 열방들에게 영광을 받으시며, 이 세상이 온전한 하나님의 나라가 되는 것이다. 성경은 이 일이 이뤄지기 위해, 천국 복음이 모든 민족에게 증언되기 위해 온 세상에 전파될 것이라고 선언한다(마 24:14).

우리가 말하는 소망은 막연한 기대가 아니다. 우리가 말하는 소망은 분명히 이뤄질 일에 대한 확신이다. 그리스도께서 분명히 모든 민족과 열방과 나라들 가운데에서 영광을 받게 되는 날이 반드시 올 것이다. 이것이 우리의 소망이다. 그래서 소망을 확신한 사람들에게 나타나는 것이 바로 믿음이다. 즉 소망하는 것이 분명히 이루어진다는 믿음이다.

믿음을 가진 사람들의 특징은 무엇인가? 성경은 믿음을 가진 사람들의 특징은 남이 보지 못하는 것을 보고 남이 가지지 않은 증거를 가진 자들이라고 말한다. "믿음은 바라는 것들의 실상이요 보이지 않는 것들의 증거니"(히 11:1). 온 세상이 하나님의 영광 가운데 들어가는 것을 위해 선교적 삶을 사는 우리들이 그 소망 때문에 이전에 보지 못했던 것들을 보고, 이전에 가지지 못했던 새로운 삶의 증거들을 가지게 되는 일이 일어나길 기대한다. 그러기 위해서는 이제 우리 모두가 그 발걸음을 내디뎌야 한다.

이제 우리는 더 이상 성경을 자기중심적으로만 볼 수 없게 될 것이다. 성경의 중심이 내가 아니라 하나님이심을 발견하게 될 것이다. 하나님께서 나를 구원하시는 것 정도가 아니라, 온 세상을 구원하기 원하신다는 것을 발견하게 될 것이다. 하나님의 축복이 내게 임하는 것 정도가 아니라 나를 통해 온 세상으로 흘러가는 것임을 발견하게 될 것이다. 아직은 복음을 듣지 못해 어둠과 절망 가운데 있는 종족과 도시들이지만 머지않아 그들도 하나님을 예배하는 민족이 될 것이라는 것을 믿음의 눈으로 보고 그들을 위한 걸음을 내딛게 될 것이다. 온 세상을 향한 하나님의 목적이 바로 내 인생의 목적이 되는 것을 발견하게 될 것이다. 그리고 그 목적이 내 인생을 이끌어 가는 목적 있는 삶에 동참하게 될 것이다.

단지 이 책을 공부하는 것에 그치지 말라! 이제부터는 작은 것 하나라도 실행하는 걸음을 내디디라. 첫 걸음을 내딛는 것이 힘들 수 있다. 그러나 첫 걸음을 내디디면 열려진 놀라운 문들을 발견하게 될 것이다. 내 걸음을 축복하는 많은 지지자와 예비하시는 하나님의 놀랍고 신비로운 섭리를 발견하게 될 것이다. 선교에 참여한다는 것은 바로 이 복을 누리는 흥분되고 기대되는 여정을 가는 것이다.

상상해 보라! 마지막 날 주님께서 재림하고, 이 세상의 모든 족속과 나라와 방언들이 손에 종려가지를 들고 보좌 앞과 어린 양 앞에 서서 "구원하심이 보좌에 앉으신 우리 하나님과 어린양에게 있도다"라고 하나님을 찬양하는 그 자리에 당신이 다가가 복음을 전한 그 민족도 와서 하나님을 찬양하고 있는 것을. 이 영광스러운 일에 하나님께서 우리를 초대하셨다.

부록 1 | 자료

이 부분의 주 편집자인 데이브 임보덴Dave Imboden, GoConnect.org과 존 맥베이John McVay, AskAMissionary.com에게 감사한다. 한국 관련 자료들을 정리해 준 김혜원 자매에게 감사한다. 자료들은 수시로 변경되므로 위의 웹사이트에서 업데이트를 참조하라. 「글로벌 미션 핸드북」의 온라인 자매지TheJourneyDeepens.com도 살펴보라.

세계 선교 여정의 다음 단계들

- www.goconnect.org/nextsteps: 모든 사람을 대상으로 함.
- www.psp.or.kr ➤ PMP Next Steps: 한국에서 퍼스펙티브스 과정 수료자를 대상으로 함.
- www.home.missionkorea.org ➤ Send me: 선교한국대회 수료자를 대상으로 함.
- www.PreparingToGo.com: 선교사 지망생을 위한 자료 센터.
- www.thejourneydeepens.com: 선교사 지망생을 위한 주말 리트리트와 월간 모임.
- www.finishers.org: 40-50대의 성인을 대상으로 함.

선교 기회

- The Journey Deepens: www.thejourneydeepens.com/opportunities.asp
- www.ShortTermMissions.com: 종합, 모든 연령대, 1주-3년 사역 기회.
- www.MNNonline.org ➤ Mission Trips: 종합, 모든 연령대.
- www.MissionFinder.org: 종합, 모든 연령대, 단기와 경력의 기회.

- www.urbana.org ➤ MSearch: 학생들을 위한 데이터베이스.
- www.RightNow.org ➤ ServeNow: 20-30대를 위한 기회와 상담.
- www.MissionNext.com: 24-40세를 위한 기회와 상담.
- www.Finishers.org: 중년을 위한 정보, 코칭, 진로.
- www.ServantOpportunities.net: 중년과 노년을 위한 정보와 기회.
- www.goconnect.org/opportunities, www.goconnect.org/strategies

행사

- www.missionkorea.org: 한국의 청년 선교 동원을 위한 적극적인 선교 대회.
- www.takeitglobal.org: 북미 선교 행사 일정.
- www.lausanneworldpulse.com: 북미와 국제 행사 일정.
- www.goconnect.org/conferences: 학생, 교회, 전 도시, 전 교회, 마치는 자들로 구분됨.
- www.brigada.org: 다가오는 행사에 대한 안내가 있는 주간 e-newsletter.

답변

- www.AskAMissionary.com: 선교사가 되는 것에 관한 400여 개의 답변, 블로그, 포드케스트, 비디오.
- www.urbana.org: 선교, 하나님의 뜻, 다른 주요 사안에 관한 수백 개의 답변.
- www.missionkoreapartners.org/qna/: 한국 선교 관련 종합 문의 및 답변.

기도와 나라에 관한 자료

- 「세계기도정보」: 패트릭 존스톤과 제이슨 맨드릭의 저서로 모든 나라에 대한 정보와

기도제목을 담았다.www.operationworld.org 한국어판은 죠이선교회에서 출간되었고, 매일 기도할 수 있는 앱을 개발했다.
- *Global Prayer Digest*www.global-prayer-digest.org: 월간 책자나 일간 이메일로 이용 가능하며, 선교사들의 이야기, 성경적 도전, 긴급 보고, 미전도 종족에 대한 내용을 실었다.
- *Prayerwalking: Praying On-site with Insight*(Creation House, 1993). 「그리스도인의 땅 밟기 기도」(예수전도단): 스티븐 호손의 저서로 지역과 선교 여행에서 땅 밟기 기도를 위한 실제적 통찰력을 갖게 한다.
- 「기도 24365」: 전 세계를 위해 365일 24시간 기도하는 운동이다. http://www.prayer24365.org

선교 훈련 과정 · 선교 훈련 기관

- 퍼스펙티브스Perspectives on the World Christian Movement: 12-15주 과정으로 세계에 대한 하나님의 계획과, 개인과 교회의 다양한 역할을 알게 한다. 모든 선교사 지망생들은 이 과정을 이수해야 한다. 한국에서는 매년 봄가을로 개설되고, 전 세계 한인교회 공동체에서도 한국어 과정을 개설하고 있다. 이 훈련의 참여와 개설은 한국퍼스펙티브스 본부(02-889-6400)로 문의하면 된다. 〈www.psp.or.kr〉를 참조하라.
- INSIGHTINtensive Study of Integrated Global History and Theology: 미국세계선교센터U.S. Center for World Mission의 1년 과정 대학 수준 훈련 프로그램으로 역사 속의 하나님의 계획을 집중적으로 연구함으로써 미래의 세계 기독교 지도자들을 준비하는 과정이다. 대학생 연령의 학생들이 1년 동안 역사를 연대기적으로 공부한다. 인류학, 철학, 문학, 성경, 선교도 함께 공부한다. 수업은 토론식으로 진행되고 독자적인 조사를 통한 학습에 초점을 맞춘다. 36학점을 이수하거나 성경과 선교 자격증을 딸 수도 있다. 미국 내 여러 지역에서 수강할 수 있다. 더 자세한 내용은 〈http://www.uscwm.org/insight〉를 참조하라. 혹은 선교한국파트너스에 문의하라.(02-889-6400)
- The World Christian Foundations: 이 프로그램은 주 교과과정인 전설적인 '리버럴 아츠' 과정을 선교 지향적인 관점으로 배운다. 이것은 대학교나 신학교에서 배울 수 있는 모든 것을 가르치고 4000년 세계 선교의 관점을 가르친다. 이 독특한 교과과정은 세계 어느 곳에서든지 자격을 갖춘 멘토와 일대일로 공부할 수 있다. 노스웨스턴 칼

리지Northwestern College는 대안교육부서Alternative Education department를 통해 학위를 마칠 수 있는 학부 수준의 과목을 개설한다. 윌리엄 캐리 국제 대학교William Carey International University는 대학원 교육 프로그램의 교과과정을 개설한다. 더 자세한 내용은 아래로 연락하라.

USCWM Mission Training Division

1539 E. Howard Street

Pasadena, CA 91104

Email: wfc@uscwm.org

Website: www.worldchristianfoundations.org

Phone: 626-398-2106

혹은 선교한국파트너스(02-889-6400)로 문의하라.

- Vision for the Nations: 13주 주일학교/성경공부 비디오 교과과정으로서 성경적·역사적·문화적·전략적 관점으로 선교를 소개한다. 이 프로그램에는 미국 제일의 선교 교육가들이 강의하는 13과, 유인물이 포함된 지도자 지침서, 그리고 독서, 연구 과제, 비디오 수업의 요약, 주요 동원 자료, 사역, 네트워크와 세미나의 개요가 포함된 참가자 교재가 포함된다. 더 자세한 내용은 〈www.uscwm.org/mobilization_division/resources/resources.html〉을 참조하라. 윌리엄 캐리 도서관 〈http://missionbooks.org/〉에서 주문할 수 있다. 한국어판은 한국 퍼스펙티브스에서 곧 개설할 예정이다.www.psp.or.kr

- Foundations of the World Christian Movement: 이 과정은 성경적 신앙과 기독교 운동의 세계적인 발전의 역사 문화적 측면을 연대순으로 개략적 설명을 하는데, 특히 성경적 기초에 주목해서 전 세계 인류의 문제의 뿌리를 다룬다. 인터넷을 통해 하나씩 수강할 수 있도록 1년 내내 온라인으로 개설한다.http://stores.lulu.com/foundations 한국어 과정은 한국 퍼스펙티브스에서 개설할 예정이다.www.psp.or.kr

- Experiencing God: Knowing and Doing His Will, rev. ed.(B&H Books, 2008).「하나님을 경험하는 삶: 하나님의 뜻을 알고 행하는 길」(요단출판사): 헨리 블랙가비Henry Blackaby의 저서로서 3개월 동안 매일 공부하도록 만들어졌다. 하나님을 아는 것은 프로그램, 공부, 방법론을 통해 생기지 않는다. 이것은 관계를 통해 하나님이 자신을 계시하시고, 자신의 선교와 방법을 나타내시고, 하나님이 이미 일하시는 곳에 동참하도록

당신을 부르시면서 생긴다.

- 인카운터 이슬람Encountering the World of Islam: 이슬람에 관한 한 학기 과정으로 이슬람 신앙에 대한 실용적인 지식을 갖게 하고 회교도에게 그리스도의 삶을 나누는 법을 알도록 한다. www.encounteringislam.org 한국어 과정도 진행된다. (02-518-0290) www.frontiers.or.kr

- 불교권 바로 알기 학교: 동남아시아, 일본, 티베트 등 불교권과 네팔 등 힌두교권 선교에 관심 있는 선교 후보생들과 단기 선교 팀을 돕기 위한 5주 프로그램이다. 봄가을에 연 2회 열린다. 문의는 선교한국파트너스로 하라. (02-889-6400)

- Boot Camp for Personal Support Raising: 2일 과정의 세미나로 기독교 사역자들에게 사역 과제에 신속하게 착수하는 법을 훈련하며, 전액 지원한다. www.thebodybuilders.net

- 텐트메이킹과 비즈니스 선교 세미나, 컨퍼런스, 과정들: Global Opportunities, www.globalopps.org Business as Mission Network. www.businessasmissionnetwork.com

- 장로교 합동측 총회신학교 선교 대학원: 선교학 석사 과정은 Th.M.과 M.A. 과정으로 학위를 수여하고, 국제 리더십, 선교목회 사역, 치유 사역, 전문인 사역의 4가지 전공으로 심화 과정의 연구가 이루어진다. (02-3479-0279) www.chongshin.ac.kr

- 아세아 연합신학대학교 대학원: 선교 대학원 석사 과정은 전공 국가에 대한 종교와 문화, 역사, 언어 등을 연구하며 재학 중 전공 국가에 대한 선교 훈련을 실습하고 각국의 선교 연구원과 연계해 각 나라에 대한 연구 및 선교에 관한 협의를 목표로 한다. (031-770-7793) www.acts.ac.kr/grad/

- 합동신학대학원대학교: 설립 목적은 교회가 필요로 하는 교역자와 지도자 양성이다. 이를 위해 개혁주의적 신학과 경건을 겸비한 목회자와 신학자, 세계 복음화의 열정을 가지고 헌신하는 선교사 양성을 교육 목표로 삼고 있다. (031-212-3694) www.hapdong.ac.kr

- GMTC(한국해외선교회 한국선교훈련원): 선교사 후보자 및 선교 지도자들로 하여금 선교에 관한 학문적 기초를 쌓을 뿐 아니라 실제 분야를 준비할 수 있도록 공동체 훈련을 통해 훈련하는 기관이다. (02-2649-3197, 070-4066-0114) www.gmtc.or.kr

- GPTI(한국전문인선교훈련원): 모든 복음주의 교회, 교단, 그리고 선교 단체와 협력하는 초교파 전문인 선교사 훈련원이며, 성경적 세계관을 가지고 본국과 타문화권에서 사역하는 전문인 선교 사역자를 양성하는 훈련기관이다. (02-2649-2720) www.gpti.or.kr

- MTI 선교 훈련원The Missionary Training Institute: 선교사에게 영어를 집중 훈련하는 기관으로 5개월 동안 합숙 훈련한다. 3월-7월, 9월-다음해 1월에 개설된다. 훈련 대상은 주로

안식년 선교사, 선교사 후보생, 선교 관심 청년이다. (061-684-4949, 4950) www.mtikorea.org

- 침례신학대학교 선교대학원: 선교사 및 교회 선교 지도자로 부름 받은 일꾼을 양성하기 위해 설립된 신학 계열의 특수 대학원이다. 선교학을 전공해 타문화권 선교와 교회 내 선교 목회, 기관의 선교 행정에 공헌할 전문인을 양성한다. (042-828-3372) www.kbtus.ac.kr

- 한국선교상담지원센터MCC, Member Care Center KOREA: 선교 후보자, 선교 관심자 및 선교사들에게 심리검사, 상담, 교육, 세미나 등을 통해 탈진, 선교지 조기 철수, 갈등 문제 등에 대한 예방 또는 그 해결에 도움을 주는 기관이다. (02-473-7875) www.mcckor.com

- 브니엘 상담 센터: 선교사, 선교 헌신자와 그 자녀들의 스트레스, 사역 탈진, 부부 또는 대인관계 갈등 등의 정신건강을 돌보고 관리하는 데 도움을 주는 곳이다. (070-7722-1402) www.benielcounseling.com

- 터닝 포인트 회복 센터: 선교사 회복 그룹, 디브리핑, 개인 상담, MK 상담(부모 자녀 놀이 치료와 미술치료), 부부 상담, 심리검사, 세미나(국내와 선교지 방문) 등을 통해 선교사를 돕고 섬긴다. (070-8269-5209) café.naver.com/tprcc

- 한국선교연구원KRIM: 한국해외선교회GMF의 연구기관으로서 선교지에 대한 정보 수집, 효과적인 선교 전략 연구, 국내외 선교 운동의 동향과 이슈 분석, 선교사 지망자에 대한 안내, 지역 교회를 위한 정책 자문, 선교 교육 등의 사역을 담당하고 있다. (02-2654-1006) www.krim.org

- 횃불트리니티신학대학원대학교 부설 한국 이슬람연구소: 이슬람 전문가의 강의를 통해 이슬람과 무슬림을 이해하는 중요한 통로를 제공한다. (02-570-7563) ttcis.ttgst.ac.kr

선교 과정 종합 안내

- www.goconnect.org/introtomissions
- www.AskAMissionary.com ➤ Courses
- www.psp.or.kr

선교 자료

- www.goconnect.org/resources: 선교에 필요한 모든 것을 요약해서 링크.
- www.missionaryresources.org: 소논문, 링크, 서적, 비디오, 토론 포럼 모음.
- www.missionresources.com: 전 세계 선교사와 그리스도인에 대한 모든 자료.
- www.mislinks.org: 실제적인 선교, 세계의 지역 등에 대한 안내.
- www.oscar.org.uk: 세계 선교에 대한 영국 정보 서비스.
- www.worldevangelicals.org/commissions/mc: 세계복음연맹의 선교위원회 웹사이트로서 128개 국 연맹과 50개 선교 운동에 연결되었다.

미전도 종족과 최소전도 종족

- www.ethne.net: 최소전도 종족에 초점을 맞추고, 남반구와 북반구의 주요 목소리를 담은 가장 최신의 세계적 네트워크.
- www.adopt-a-people.org: Adopt-A-People Campaign, 미국세계선교센터에서 운영하며, 미전도 종족을 입양하는 법에 대한 설명서, 사례 연구, 동참하는 파송 기관, 소개 비디오를 제공한다.
- www.adoptapeople.org: Adopt-A-People Clearing House, GAAPnet에서 운영하며, 종족 입양에 참여한 것을 알리거나 같은 종족을 입양한 사람들을 찾아 서로 네트워크를 형성해서 협력하고자 하는 사람들을 위한 사이트다. 종족 입양을 하려는 교회를 돕는다.
- www.joshuaproject.net: Joshua Project, 정규적으로 최소전도 종족에 대한 정보를 업데이트한다. 교회와 개인이 선교에 동참할 수 있도록 지도한다.
- www.upma21.com: 미전도종족연대UPMA, Unreached People Mission Alliance는 한국의 지역 교회들이 미전도 종족을 입양해 기도와 물질, 그리고 선교사 파송을 통해 복음화할 수 있도록 종족 입양 운동을 전략적으로 전개하는 초교파적인 사역 연대다. 한국 AAPwww.aap.or.kr, 전략정보선교사 네트워크 훈련학교, 종족과도시선교연구소www.impac.or.kr, 선교정탐훈련원www.meti.or.kr, 종족과선교정보센터www.aboutmission.com등의 사역과

연대한다. (02-815-4052)

교회를 위한 도움

- www.goconnect.org/goteam: 동원 사역, 자료, 컨퍼런스, 세미나, 자문과 코칭을 통해 당신의 교회가 깊은 선교의 뿌리를 내릴 수 있도록 돕는다.
- www.goconnect.org/networking: 미국 도시와 점차 증가하는 전 도시 선교 활동 네트워크의 지역 선교 훈련 기회와 연결할 수 있다.
- www.acmc.org: 선교 활동을 활발히 하는 교회와 조직들의 사역 네트워크로서 개교회의 세계 선교 요구에 맞는 구체적이고 실제적인 도움을 얻을 수 있다. ACMC Advancing Churches in Missions Commitment는 개교회 회중 동원, 비전 수립, 그리고 세계 복음화에 전략적으로 참여할 수 있도록 돕는다.
- www.psp.or.kr: 퍼스펙티브스 훈련을 주도하는 '선교한국파트너스'에서는 선교 교육, 멘토링 등 한국 교회의 선교 프로그램을 돕고 지역 교회들이 선교적 교회로 변화할 수 있도록 돕는다.
- www.kwma.org: 한국세계선교협의회KWMA는 세계 선교를 위한 한국 교회 교단과 선교 단체의 연합 기구로서 선교 정보, 훈련 및 개발 등 한국 교회의 전반적인 선교 사역을 위한 조정 및 연합 사역을 한다. (02-3280-7981)
- www.missiondaegu.org: 선교대구는 대구 지역의 선교 동원을 위한 교회와 선교 단체 그리고 학생 단체의 연합 운동이다. 선교 대회나 선교 학교 등을 개최하면 지역 교회의 선교 동원 사역을 돕는다. (053-425-2563)

정기 간행물 및 자료집

- *Ask A Missionary*: 계간 이메일 뉴스레터는 선교사가 되는 것에 대한 내용을 다루며, 답변, 선교 잡지, 서적, 컨퍼런스, 인터넷 사이트를 싣고 있다. www.AskAMissionary.com > Newsletters

- *Daily Connections*: 일간 이메일 또는 RSS feed www.goconnect.org/daily 로서, 북미 교회의 선교 동향, 컨퍼런스, 행사, 기사, 전략, 자료를 제공한다.
- *Lausanne World Pulse*: 월간 e-잡지 www.lausanneworldpulse.com 로서 선교와 전도 소식, 정보, 분석을 제공한다.
- *Mission Frontiers*: 미국세계선교센터에서 격월로 발행하는 잡지로서, 가능하면 모든 미전도 종족에 자생하는 토착 교회 개척 운동을 범세계적으로 조성하고 있다.
- *Connections: The Journal of the WEA Mission Commission*: 1년에 3회에 발행되는데, 전 세계 선교 지도자들과 저자들을 위한 토론의 장을 제공한다. 온라인 www.weaconnections.com 에서 모든 내용을 볼 수 있다.
- *Mission Maker Magazine*: 연 1회 발행되는데, 기사, 자료 목록, 선교 기회 목록, 선교 기관 색인을 제공한다. missionmakermagazine.org
- *Momentum*: 월간 e-잡지로서 신자들에게 대위임명령에 순종해서 열정을 가지고 신속하고 효과적으로 미전도 종족에게 복음을 전하도록 정보를 제공하고 격려한다. www.momentum-mag.org
- *Perspectives E-Megazine*: 격주간 e-잡지로서, 퍼스펙티브스 과정을 마친 사람들과 다른 사람들에게 간증과 실제적인 조언, 아이디어를 제공해 선교사로 나가거나 파송, 기도, 환영, 동원, 비즈니스 선교에 참여하도록 격려한다. www.psp.or.kr
- *Peter's Wife*: 선교사 아내와 어머니를 격려하기 위한 월간 이메일 뉴스레터다. www.peterswife.org
- *Women of the Harvest*: 격월 이메일 뉴스레터로서 새로운 문화와 언어 적응, 사역지를 찾는 어려움을 아는 여성들의 글을 싣고 있다. www.womenoftheharvest.com
- 어떤 선교사를 보낼 것인가: 선교한국파트너스에서 새로운 시대에 새로운 유형의 선교사를 보내는 것의 중요성을 깨닫고 2년간의 포럼을 통해 논의된 자료를 모아놓은 자료집이다. 변화하는 세계 선교 상황에 적합한 선교사 유형을 논의했다.
- 21세기 단기 선교 표준 지침서 및 해설집: 오늘날 새로운 형태의 단기 선교 여행을 위한 표준 지침서와 이에 따른 세부적인 실행 방안을 설명해 놓은 자료집이다. '21세기 단기선교위원회'가 2년 동안 포럼과 토론을 거쳐 제작한 최신 단기 선교 여행 자료집이다. 구입은 선교한국파트너스에 문의하라. (02-889-6400) www.psp.or.kr
- 단기선교핸드북: 단기 선교 및 선교 여행을 위한 안내서다. 선교 여행의 A부터 Z까지

모든 과정과 내용을 세부적으로 준비할 수 있도록 만든 매뉴얼이다. 단기 선교나 선교 여행에 관한 정의 및 주요 주제에 대한 글과 각종 정보들이 총망라되었다. 또한 각종 정보 및 도서, 자료 목록도 수록되었다. 구입은 선교한국에 문의하라.(02-563-2468) www.missionkorea.org

- MK Review^{Mission Korea Review}: 선교한국파트너스에서 발행하는 계간지로, 몇 개월 사이에 일어난 선교 관련 중요한 회의나 포럼에서 논의된 내용을 요약해 잡지 형태로 배포하는 자료다. 이 잡지를 통해 한국 안에서 일어나는 선교의 중요한 흐름을 이해할 수 있다. 〈http://missionkoreapartners.org/info/missionkorea-review〉에서 다운받을 수 있다. 잡지는 선교한국파트너스에 연락하면 된다.(02-889-6400)

- 한국선교 KMQ^{Korea Mission Quartley}: 연 4회(3/6/9/12월) 발행되는 계간지로 한국 교회 선교 활성화와 선교를 위한 전문 저널이다. 국내외 지역 교회, 선교 현장, 신학계 등의 다양하고 실용적인 글을 제공해 선교사와 선교 후보생, 교회 선교부에 실제적인 도움을 줄 수 있다.

- 파발마: 선교 연구 기관 크림^{KRIM}에서 발행하는 선교 정보지. 최신 정보와 기도 제목 그리고 통계 등을 다룬다.(02-2654-1006) www.krim.org

- 기도합주회 정보지: 영적 각성과 세계 복음화를 위한 중보기도 운동인 기도합주회 운동을 확산시키고 기도 정보를 제공하기 위해 선교한국에서 매달 발행하는 무료 기도 정보지다. 영적 각성과 세계 복음화를 위해 기도할 수 있는 다양한 방법과 기도 정보를 제공한다. 국가를 위한 기도, 세계를 품은 기도 등 최신의 기도 정보를 제공한다. 또 매년 2회 기도합주회 지휘자 훈련 학교를 개설해 선교를 위한 중보기도 운동을 확산해 간다. 웹페이지에서도 볼 수 있고 이메일로도 받아볼 수 있다. www.missionkorea.org

- GT^{GlobalTimes}: GTM에서 발행하는 QT용 책자인데, 매일 미전도 종족들을 품고 기도하도록 만들어졌다.(02-453-3818) www.gtm.or.kr

부록 2 | 참고문헌

주석을 첨가한 이 참고문헌은 「글로벌 미션 핸드북」에서 개발한 주제들을 다룬다. 이 목록을 준비하면서, 전 세계의 동료 20명에게 추천을 의뢰했다.

그렇다면 이 책들을 모두 읽어야 하는가? 그것은 당신이 결정할 일이다. 이것들을 습득해야 하는가? 그렇게 시작하는 것이 좋겠다. 장기적인 계획을 세워 독서함으로써 당신의 마음을 키우고 당신 앞에 놓인 세계 선교의 중대한 임무를 잘 준비하라.

더 자세한 내용은 〈www.missionbooks.org〉와 〈www.worldchristian.com〉을 참조하라.

우리가 사는 도전적인 세계

- Miriam Adeney, *Kingdom Without Borders: The Untold Story of Global Christianity*(Downers Grove, Ill.: InterVarsity Press, 2009).
  : 에드니는 세계 선교에 대한 당신의 마음을 확장시킬 것이다. 이 책은 어바나 09를 위해 쓴 그녀의 최근 저서로서 전 세계 그리스도인들을 조사한 것이다. 그녀의 폭넓은 타문화 경험을 토대로 라틴아메리카, 아프리카, 아시아, 회교권에 살고 있는 그리스도인들의 실제 어려움과 기쁨의 이야기들을 들려 준다. 그녀가 다루는 주제는 현지 신학, 토착화 리더십 훈련, 지속적인 발전, 교회 성장, 박해, 트라우마 상담, 생태학, 세계 종교, 노래에서부터 인터넷에 이르기까지의 교육 매체다. 최고의 기본 지침서다.

- Thomas Friedman, *The Lexus and the Olive Tree*(New York: Farrar, Straus and Giroux, 1999). 「렉서스와 올리브나무」(창해).

  _____, *The World Is Flat*(New York: Farrar, Straus and Giroux, 2005). 「세계는 평평하다」(21세기북스).

_____, *Hot, Flat and Crowded* (New York: Farrar, Straus and Giroux, 2008). 「뜨겁고 평평하고 붐비는 세계」(21세기북스).

: 프리드먼은 세계와 문화에 대한 통찰력을 가진 "뉴욕타임스" 정치 칼럼니스트다. 나는 이야기와 통계로 가득 찬 프리드먼의 세계화 입문서인 첫 번째 저서를 특히 좋아한다. 다른 책들도 비슷한 주제를 다룬다. 그러나 나는 그가 생각하는 것처럼 세계가 평평한지에 대해서는 의문이 있다.

- Jonathan Hill, *What Has Christianity Ever Done for Us?* (Downers Grove, Ill.: InterVarsity Press, 2007).

: 힐의 문화 조사는 사건과 사람들로 가득 차 있고 설명이 창의적이다. 그는 기독교가 서구 세계에 끼친 강력한 영향, 즉 문화, 사고, 예술, 풍경, 교육, 사회, 영성, 윤리, 사회 정의를 규명한다.

- Philip Jenkins, *The Next Christendom: The Coming of Global Christianity* (Oxford: Oxford University Press, 2002). 「신의 미래」(도마의 길).

: 기독교 확장에 관한 최고의 연구조사 개요다. 삼위 하나님이 북반구를 저버리지 않으시고 남반구로 이동하셨다. 이 책은 기독교 신앙에 부정적인 편견을 갖는 미디어와 학문 세계에 도전한다. 저자가 연구하고 저술한 내용은 세계 선교 공동체에 속한 우리들 대부분이 이미 알고 있다. 남반구 동료들 중에는 이 책에 대해 그렇게 열광하지 않는 사람들도 있다.

_____, *The New Faces of Christianity: Believing the Bible in the Global South* (Oxford: Oxford University Press, 2006).

: 남반구 그리스도인들은 포스트 계몽주의의 북반구 사람들과 어떻게 다르게 성경에 접근하는지 살피는 데 도움이 된다.

- David Lundy, *Borderless Church: Shaping the Church for the 21st Century* (Waynesboro, Ga.: Authentic Media, 2005).

: 아랍세계사역 Arab World Ministries의 국제 디렉터인 런디의 오랜 경험을 토대로 저술한 책이다. 나는 세계의 현실과 오늘날의 사역에 대한 그의 해석을 좋아한다. 그는 지역 교회의 사례연구를 통해 포스트모던주의와 세계화의 문제를 다룬다.

- Jason Mandryk, ed. *Operation World* (Authentic Publishing, 2010). 「세계기도정보」(죠이선교회).

: 더 많은 정보와 정확한 기도 제목으로 업데이트된 선교 고전의 최신판이다. 거의 모든 선교 리더들이 이 책의 이전 판을 소장하고 있을 것이다. 수십 년 동안 페트릭 존스톤이 편집해 오다가 젊은 캐나다 동료인 맨드릭에게 그 일을 넘겼다. 가장 최신판은 2001년에 발간되었는데, 그 후로 세상은 급속히 변했다.

- Stan Nussbaum, *A Reader's Guide to Transforming Mission* (Maryknoll, N.Y.: Orbis, 2005).

: 누스바움은 보쉬의 1991년도 걸작 *Transforming Mission: Paradigm Shifts in Theology of Mission*, 「변화하고 있는 선교」(기독교문서선교회)의 주요 주제들과 결부시키도록 돕고 있다. 누스바움의 책은 읽기 쉽고 적절하지만 결코 쉽지 않다.

- Bob Roberts Jr., *Glocalization: How Followers of Jesus Engage a Flat World* (Grand Rapids: Zondervan, 2007). 「T-월드: 변화된 교회와 변화된 세상을 위하여」(GLPI).

: 이 책은 프리드먼에 대응한 기독교적인 관점이다. 로버츠는 지역 교회가 어떻게 하나님의 세계적인 의제에 계속해서 고정되어 있을지에 대해 견고하게 성경적 이해를 하고 있는 목회자다.

- Richard Tiplady, ed., *One World or Many? The Impact of Globalisation on World Mission* (Pasadena, Calif.: William Carey Library, 2003).

: 젊은 영국 선교 리더인 티프레이디는 아시아, 라틴아메리카, 아프리카, 북미와 유럽의 복음주의 저자들과 함께 세계화에 대한 유일한 책을 편집했다.

- Gene Wood, *Going Glocal: Networking Local Churches for World wide Impact* (St. Charles Ill.: Church Smart, 2008).

: 지역 교회가 장소나 자원에 관계없이 어떻게 세계 사역에 참여할 수 있는지 새로운 시각으로 살펴본다. 저자의 목표는 10만 개의 지역 교회를 글로컬, 즉 지역적이고도 세계적으로 뿌리를 내리고 참여하게 하는 것이다.

전도: 종교 다원주의

- James Choung, *True Story: A Christianity Worth Believing In* (Downers Grove, Ill.:

InterVarity Press, 2008). 「냅킨 전도: 안티 기독교 친구와 나누는 복음 이야기」(한국 IVP).

: 정은 하나님의 위대한 이야기를 창의적으로 구성해서 복음을 새롭고 적절하게 제시한다.

- Don Everts and Doug Schaupp, *I Once Was Lost: What Postmodern Skeptics Taught Us About Their Path to Jesus* (Downers Grove, Ill.: InterVarsity Press, 2008). 「포스트모던보이 교회로 돌아오다: 열정과 용기에 지혜를 더한 전도」(포이에마).

: 예수님을 따르는 포스트모던 시대 사람들의 이야기와 신앙을 갖기 위해 넘어야 하는 '한계점들'.

- Ajith Fernando, *Sharing the Truth in Love: How to Relate to People of Other Faiths* (Grand Rapids: DiscoveryHouse, 2001).

: 아지스는 불교국 스리랑카에서 십대선교회 Youth for Christ 디렉터로서 동남아시아에서 평생 경험한 것을 바탕으로 전달하는 재능이 있는 전도자이자 변론자다.

_____, *The Christian's Attitude Toward World Religions* (Wheaton: Tyndale House, 1987).

: 스리랑카인으로서 불교 사회에서 기독교 신앙이 소수인 환경에서 쓴 책이다. 이 주제로 그와 같은 권위를 가지고 말하는 사람은 거의 없다.

- Terry Muck and Frances S. Adeney, *Christianity Encountering World Religions: The Practice of Missionin the Twenty-First Century* (Grand Rapids: Baker, 2009).

: 타 종교 사람과 관계를 맺는 것에 관한 최근의 저서로서 값없이 주시는 선물, 즉 복음의 메시지에 뿌리를 둔 '선물로서의 선교'에 초점을 맞추고 역사적인 예를 들고 있다.

- Lamin Sanneh, *Whose Religion Is Christianity? The Gospel Beyond the West* (Grand Rapids: Eerdmans, 2003).

: 감비아 태생으로 회교도에서 그리스도인으로 개종한 싸네는 예일 신학교 교수다. 그는 그리스도에 의해 세계를 보는 시각이 변화된 주목할 만한 예이며, 세계적인 기독교 신앙 변론자다. 이 저서는 기독교는 서구의 신앙이라는 도전에 대응할 수 있게 해준다.

- John G. Stackhouse Jr. ed., *No Other Gods Before Me: Evangelicals and the Challenge of World Religions* (Grand Rapids: Baker, 2001).

Timothy C. Tennent, *Christianity at the Religious Round table: Evangelicalism in Convedrsation with Hinduim, Buddhism, and Islam* (Grand Rapids: Baker, 2002).

: 이 두 책은 종교, 문화, 윤리, 그리고 개인적으로 급진적인 다원주의 세상에서 삼위일체 기독교의 유일성을 이해하는 데 도움이 되는 책이다.

선교와 성경: 상황화(Contextualization)

- Richard Bauckham, *Bible and Mission: Christian Witness in a Postmodern World*(Grand Rapids: Baker, 2003). 「세계화에 맞서는 기독교적 증언: 성경의 눈으로 선교 바라보기」(새물결플러스).
: 스코틀랜드의 세인트 앤드류 대학교St. Andrew University 신약 교수가 저술한 간결한 구성의 이 책은 탁월하다. 원래 영국과 에티오피아에서 강의한 내용인 이 책은 선교에 대한 진정한 기독교 사고의 표상이 된다.

- Paul Borthwick, *A Mind for Missions: 100Ways to Build Your World Vision*(Colorado Springs: NavPress, 1987).
: 이 얇은 책은 조금 오래되기는 했지만, 아직도 핵심을 지적하고 있고 제목이 말하는 바를 정확히 제공한다.

- Rose Dowsett, *The Great Commission*(London: Monarch Books, 2001).
: 나는 도우셋이 우리 주님의 대위임명령의 건장함을 다시 생각하는데 가장 훌륭한 일을 했다고 평가한다. 저자는 단순화(환원주의)를 배제하며 성경과 역사, 그리고 개인의 경험을 엮어서 대위임명령에 대해 명확하게 생각하도록 돕는다. 더 무엇이 필요하겠는가?

- James F. Engel and William A. Dyrness, *Changing the Mind of Missions: Where Have We Gone Wrong?*(Downers Grove, Ill.: InterVarsity Press, 2000).
: 새 천년의 출발점에 이 책을 쓰면서, 엥겔과 더네스는 교회와 파송 기관으로 하여금 급진적인 세계 선교의 변화와 씨름하도록 유도했다. 이 책은 건전한 논쟁과 토론을 불러일으켰다. 이 책에 동의하지 않는 사람들도 있지만, 읽을 가치가 있는 책이다.

- Samuel Escobar, *The New Global Mission: The Gospel from Everywhere to Everywhere*(Downers Grove, Ill.: InterVarsity Press, 2003).
: 베테랑 페루 선교학자요, 오랜 국제복음주의학생회International Fellowship of Evangelical

Students 사역자이고, 현재 스페인에 거주하는 에스코바의 훌륭한 저서다. 이처럼 품위 있는 언어와 내용으로, 이민자나 선교의 주변부에서부터 포스트 기독교와 포스트모던 세계에까지, 세계 선교의 새로운 모습을 제시하는 글을 쓰는 사람은 흔치 않다.

- A. Scott Moreau, Gary R. Corwin and Gary B. McGee, *Introducing World Missions: A Biblical, Historical, and Practical Survey*(Grand Rapids: Baker, 2004). 「21세기 현대 선교학 총론」(크리스챤).

: Mike Pocock, Gailyn Van Rheenen and Doug McConnell, *The Changing Face of World Missions: Engaging Contemporary Issues and Trends*(Grand Rapids: Baker, 2005)의 자매편이다. 이 책은 구약과 신약, 역사 속에서 발견한 선교의 개념을 발전시키고, 그 상황 속에서 선교 후보생, 파송 선교사, 파송자들을 탐구한다. 마지막 장은 현대 세계에 대한 강력한 내용으로 마무리한다.

- John Piper, *Let the Nations Be Glad! The Supremacy of God in Missions*(Grand Rapids: Baker, 2003). 「열방을 향해 가라」(좋은씨앗).

: 파이퍼가 '영광스러운 선교'라고 부르는 선교 신학에 대한 베스트셀러로, 이 세대의 영향력 있는 책이다. 그는 어떤 저자보다 예배를 교회의 궁극적인 목표와 선교의 목적으로 다음과 같이 명백히 통합한다. "예배가 없기 때문에 선교가 존재한다."

- Mike Pocock, Gailyn Van Rheenen and Doug McConnell, *The Changing Face of World Missions: Engaging Contemporary Issues and Trends*(Grand Rapids: Baker, 2005).

: 이 책 "세계의 캔버스"에 포함된 대부분의 주제들과 다른 여러 주제를 다루었다. 책 제목 그대로다.

- David Sills, *The Missionary Call: Find Your Place in God's Plan for the World*(Chicago: Moody Press, 2008). 「선교사 소명」(생명의말씀사).

: 이 주제에 대해 가장 완전하고 실제적이며 성경적인 내용의 책일 것이다. 어떤 부분은 오랜 시간 읽어야겠지만, 절대 후회하지 않을 만한 것이다. 미국 위클리프 성경번역 선교회 대표 밥 크리슨 Bob Creason 은 모든 선교사 후보생에게 이 책을 추천한다.

선교사의 생활과 사역: 타문화 커뮤니케이션

- Janet and Geoff Benge, *Christian Heroes: Then and Now* (Seattle: YWAM Publishing, 2006).

  : 각 200페이지에 달하는 선교사 30명의 전기를 실은 이 시리즈는 늘 곁에 두고 쉽게 읽을 수 있는 책이다. 아이들이 읽을 수 있도록 새롭게 씌었지만, 누구나 읽기에 풍부한 책이다.

- Thomas Hale, *On Being a Missionary* (Pasadena, Calif.: William Carey Library, 2003).

  : 베테랑 네팔 의료 선교사가 쓴 이 책은 선교사 100명 이상의 아이디어와 경험, 그리고 통찰을 읽기 쉽게 편집해 놓았다. 이 범주의 주요 도서다.

- Paul Hiebert, *Transforming Worldview: An Anthropological Understanding of How People Change* (Grand Rapids: Baker, 2008). 「21세기 세계와 세계관의 변화: 복음은 어떻게 사람을 바꾸는가」(복있는사람).

  : 히버트의 유작으로 사후 1년에 출판되었다. 지방 구전 사회에서부터 근대, 포스트모던, 포스트모던 후에 이르기까지 다른 세계관들을 이해하고자 하는 사람들을 위해 기독교적이고 인류학적으로 본질적인 설명을 한다. 필수적인 책이지만 결코 쉽게 읽을 수 있는 책은 아니다. (히버의 책은 어느 것이든 읽으라. 그러면 보다 나은 타문화 사역자가 될 것이다.)

- Glenn M. Penner, *In the Shadow of the Cross: A Biblical Theology of Persecution and Discipleship* (Barlesville, Okla.: Living Sacrifice Books, 2004).

  : 이렇게 깊이 있고 풍부한 책을 오래도록 기다렸다. 진지한 성경 연구에 근거해 고통, 박해, 순교에 대한 개인적인 기본 신학을 세우는 데 도움이 된다. 용기 없는 자에게는 맞지 않는 책이다.

- Tom Steffen and Lois McKinney Douglas, *Encountering Missionary Life and Word: Preparing for Intercultural Ministry* (Grand Rapids: Baker, 2009). 「선교사의 생활과 사역: 21세기 타문화 사역 입문서」(기독교문서선교회).

  : 수십 년 간의 경험을 토대로 제목이 말하는 바를 가장 종합적으로 논의한 책이다. 해일의 책과 함께 볼 수 있다.

- Richard Tiplady, ed., *Postmission: Mission by a Postmodern Generation* (Carisle, U.K.: Paternoster, 2002).

: 간결하고 흥미로운 주옥 같은 이 책은 2001년 X세대로 구성된 소그룹이 자신들의 세대를 위한, 자신들의 세대에 의한 선교에 대해 심사숙고했던 '홀리 아일랜드 모임'Holy Island Gathering에서 나온 것이다. 이 책은 몇몇 기성세대 선교 리더들을 거슬리게 하지만, 다른 많은 사람들에게는 희망을 갖게 했다.

총체적 선교

- Tim Chester, *Good News to the Poor: Sharing the Gospel Through Social Involvement*(Leicester, U.K.: InterVarsity Press, 2004).
  : 영국 티어펀드Tearfund의 전 국제 조사연구가 체스터는 교회가 없는 영국 지역 사회에 교회 선교 계획을 유도한다. 그는 이 책에서 다른 여러 나라의 익숙해진 빈곤함에 대해 얘기하며, 성경이 총체적인 선교를 명령한다는 사실을 탁월하게 드러낸다.
- Jayakumar Christian, *God of the Empty-Handed: Poverty, Power and the Kingdom of God*(Monrovia, Calif.: MARC, 1999).
  : 크리스천은 30년 이상 인도와 다른 지역에서 가난한 자들과 함께 일했고, 빈곤과 무능력의 관계를 연구해서 인류학, 사회학, 정치학, 성경신학을 뛰어나게 통합했다. 가난한 자를 위한 실용적인 답변 7가지와, 서민들을 위해 일하는 전문직 종사사와 그들과 함께 일하는 선교사들의 재정비를 위한 주요 지침을 제시한다.
- Tim Dearborn, *Beyond Duty: A Passion for Christ a Heart for Mission*(Monrovia, Calif.: MARC, 1997).
  : 디어본은 월드비전의 인스티튜트 포 글로벌 인게이지먼트Institute for Global Engagement를 총괄하기 전 장로교 선교 목회자였다. 이 책은 세계에서의 하나님 백성의 역할을 여섯 부문으로 나누어 소그룹으로 공부하도록 기획되었다.
- Gary A. Haugen, *Just Courage: God's Great Expedition for the Restless Christian*(Downers Grove, Ill.: InterVarsity Press, 2008). 「정의를 위한 용기」(한국IVP).
  _____, *Good News About Injustice: A Witness of Courage in a Hurting World*(InterVarsity Press, 1999).
  : 하우겐은 세계의 폭력, 성 착취, 노예, 억압의 피해자를 구출하는 사역인 국제정의선

교회International Justice Mission 총재다.

- John B. Hayes, *Sub-merge: Living Deep in a Shallow World*(Ventura, Calif.: Regal, 2006).

  : 가난한 자들 속에 기독교 수도원을 세운 헤이스는 현대의 급진적인 그리스도인들에게 '뛰어들라, 깊이 들어가라, 잠기라'고 한다. 구호품 배급 이상의 일이 무엇인지 배우라. 그리고 극빈자들 속에서 진정한 믿음의 관계를 맺는 법을 발견하라.

- Dewi Hughes, *God of the Poor: A Biblical Vision of God's Present Rule*(Carlisle, U.K.: Authentic Media, 1998).

  : 데위는 영국 티어펀드의 신학 고문이다. 이 책은 성경적 기초와 실제적 적용으로 나뉘어 있다.

- Bryant L. Myers, *Walking with the Poor: Principles and Practices of Transformational Development*(Maryknoll, N.Y.: Orbis, 1999). 「가난한 자와 함께하는 선교」(기독교문서선교회).

  : 베테랑 국제 개발 전문가인 마이어스가 총체적 개발에 관한 최고의 기독교 자료와 과학 자료를 이용해 성경적 통합과 적용을 이룬 걸작이다. 마이어스는 우리에게 가난한 자를 정중하게 끌어안음으로써 예수님을 따르라고 도전한다. 이것은 말씀 중심적인 복음주의 선교 단체들이 꼭 바로잡아야 하는 것이다.

영성 형성·영적 전쟁

- Clinton Arnold, *Three Crucial Questions About Spiritual Warfare*(Grand Rapids: Baker, 1997).

  : 성경과 현실에 근거한, 극단을 피한 균형 있고 도움이 되는 책이다.

- David G. Benner, *Surrender to Love: Discovering the Heart of Christian Spirituality*(Downers Grove, Ill.: InterVarsity Press, 2003). 「사랑에 항복하다」(한국 IVP).

  : 사랑에 항복하는 것이 우리로 하여금 다른 사람들에게 능력으로 사랑을 주게 한다.

- _____, *Sacred Companions: The Gift of Spiritual Friendship and Direction*(Downers Grove, Ill.: InterVarsity Press, 2002). 「거룩한 사귐에 눈뜨다」(한국 IVP).

: 교회가 예부터 실천해 오던 책임 있는 영적 관계가 되는 것에 대해 소개한다.

- Bruce A. Demarest, *Satisfy Your Soul: Restoring the Heart of Christian Spirituality*(Colorado Springs: NavPress, 1999). 「영혼을 생기 나게 하는 영성」(쉴만한물가).
: 훈련, 영성 형성, 지도에 큰 도움을 주는 개요가 되는 책이다.

- Richard Foster, *Celebration of Discipline*(San Francisco: Harper and Row, 1980). 「영적 훈련과 성장」(생명의말씀사).
: 퀘이커 영적 디렉터인 포스터의 고전이다. 이 책은 개인과 공동체가 그리스도를 닮아가기 위한 10가지 고전적인 영적 훈련을 제시한다.

- A. Scott Moreau, *Spiritual Warfare: Disarming the Enemy Through the Power of God*(Colorado Springs: Shaw Books, 2004).
: 귀납적 성경 연구에 기초해 12가지 주제에 대한 연구 지침을 제시한다. 선교 사역을 하는 사람들에게 보석과 같은 책이다.

　　　　　　, *Essentials of Spiritual Warfare: Equipped to Win the Battle*(Wheaton: Harold Shaw, 1997).
: 선교학자들은 이 책을 영적 전쟁에 관한 최고의 입문서로 추천한다. 성경에 기초한, 개인적이면서도 문화에 민감한 아주 균형 있는 책이다.

- M. Robert Mulholland Jr., *Invitation to a Journey: A Road Map for Spiritual Formation*(Downers Grove, Ill.: InterVarsity Press, 1993). 「영성 여행 길라잡이」(살림출판사).
: 영적 성장과 영성 형성의 여정을 의도적으로 시작하는 변화하는 본질에 관한 입문서다.

- Henri Nouwen, *In the Name of Jesus: Reflections on Christian Leadership*(New York: Crossroad, 2002). 「예수의 이름으로」(두란노).
: 참된 영성에 관한 가장 영향력 있는 책 중의 하나이며, 특히 기독교 리더나 리더가 되고자 하는 사람들에게 맞는 책이다. 내가 다른 사람들에게 가장 많이 나누어 준 책이다. 믿을 수 없을 만큼 얇다.

　　　　　　, *The Way of the Heart*(San Francisco: Harper San Francisco, 1991). 「마음의 길」(분도출판사).
: 예수님과 더욱 깊이 동행하는 핵심적인 원동력으로 고독과 침묵과 기도를 제안한다.

- Eugene Peterson, *A Long Obedience in the Same Direction: Discipleship in an*

Instant Society(Downers Grove, Ill.: InterVarsity Press, 2000). 「한 길 가는 순례자」(분도출판사).

: 북반구에서 가장 지혜롭고 경험이 풍부한 목자 중 한 사람의 영적 조언으로서, 즉석 영성과 리더십에 대한 우리의 기호를 바르게 해부하고, 우리에게 인내하고 견디며 평생을 신실한 제자로 살아가도록 한다. (피터슨의 책은 어느 것이든 우리에게 유익하다.)

- Dallas Willard, *Renovation of the Heart*(San Francisco: Harper, 2002). 「마음의 혁신」(복있는사람).

: 윌라드의 가장 읽기 쉬운 책으로 평가된다. 그리스도인의 삶을 여러 구성요소로 나누고, 이것들을 다시 개인 변화를 위한 지침에 따라 결합한다.

끝으로 영성에 관한 자료로서 반드시 갖고 있어야 할 두 권의 책을 소개한다. 어디를 가든 이 두 권의 책을 가지고 가라.

- Adele Ahlberg Calhoun, *Spiritual Disciples Handbook: Practices That Transform Us*(Downers Grove, Ill.: IVP Books, 2005). 「영성 훈련 핸드북」(한국IVP).

: 소그룹에 가장 적합한 책이다. 역사를 통해 하나님의 사람들을 빚어 온 영성 훈련의 고전을 소개한다.

- Gerald L. Sittser, *Water From a Deep Well: Christian Spirituality From the Early Martyrs to Modern Missionaries*(Downers Grove, Ill.: IVP Books, 2007).

: 이 책은 나의 영적인 생활을 깊이 성장하게 해주는 가장 풍부하고 훌륭한 자료다. 초대교회의 이야기만으로도 가치가 있지만, 우리를 오늘의 세계 속으로도 데려다준다.

부록 3 | 소그룹 리더를 위한 4가지 지침

1. 세계 선교 워크숍: 다음 단계의 현실을 탐구하는 실제적인 워크숍 Global Mission Workshop

스콧 화이트, 레이크 에버뉴 교회, 파사데나, 캘리포니아.

목표

하나님이 자신들을 타문화 사역으로 인도하시는지 진지하게 알아볼 수 있는 소그룹(최대 12명)을 만든다.

방법

세계 선교 워크숍은 IVP의 「글로벌 미션 핸드북」에 뿌리를 두고 있으며, 미래의 잠재적인 사역 기회들을 조사하면서 독자에게 개인, 영적인 면, 교육, 직업 평가에 대한 사안들을 검토하게 한다.

매주 한 장chapter을 검토하는데, 30페이지 정도를 읽고 워크시트를 작성한다. 읽은 것을 토론하지만 개인에 초점을 둔다. 그룹 구성원들은 서로 대화하며 씨름하면서, 선교에 순종함으로 인해 맞게 될 현실을 직시하게 된다.

참가자들은 매주 경험 많은 다른 선교 전문가들과 대화할 기회를 갖는다. 그들은 선교사로 섬기는 현실에 대해 토론하고 고려하는 것을 돕는 사람들로서 베테랑 선교사, 선교사 돌봄 전문가, 개인 제자훈련이나 개발 리더들이다.

워크숍은 이런 여러 요소들을 통해 다른 사람들과 함께 배우고, '겁이 나는' 질문도 하고, 미래를 알아보는 공간이 된다. 그 결과로 '선교사'를 만들어 내는 것은 아니지만, 참가자들이 개인적으로 선교의 다음 단계에 대해 고려하는 일을 돕는다.

세계 선교 워크숍은 초청이나 신청을 통해서만 진행한다. 수업은 봄 학기 퍼스펙티브스 과정을 마친 몇주 후부터 5주 동안 매주 화요일 저녁에 한다. 수업은 다음과 같이 진행된다.

전반부

핸드북에 따른 대화식 토론:
- 소그룹이나 대그룹을 이뤄 깊이 생각할 수 있는 주요 이슈나 질문을 찾는다.
- 참가자들은 대화와 주제를 준비하기 위해 모임 전에 숙제를 한다.

후반부

선교 전문가와의 대화:
본국에 와 있는 선교사들과 그 지역의 타문화 사역자들이 있다. 이들은 단지 기술적인 전문가들이 아니라 영성 형성이 성공에 대단히 중요하다고 믿는 현역 종사자들이다.

그 주의 구체적인 초점

- 교회 개척가: 개인적·전문적인 문제와 '부르심'.
- 선교사 돌봄 문제: 타문화 사역자로서의 개인적·감성적 현실과 어려움.
- 개인 개발: 영적 훈련, 멘토, 인생의 결정들.
- 개인 사명 선언문과 그에 대한 워크숍 코치들의 의견과 반응.

다른 주요 요소: 두 사람씩 짝을 이루어 워크숍 기간 동안 기도와 토론을 한다.

2. 저니 디픈스 월간 모임 Journey Deepens Monthly Fellowships

존 맥베이, TheJourneyDeepens.com.

이 월간 모임의 목적은 미래의 선교사들에게 그들을 선교 현지까지 가게 하는 수단을 제공하는 것이다. 이 모임의 그룹은 다음의 두 가지 신조에 기초한다.

- 내가 열방을 향해 나가는 여정에서 정규적으로 만나 나를 가장 격려해 줄 사람은 그 여정 중에 있는 또 다른 사람이다. 우리는 같이 헌신하고, 같은 어려움을 겪는다.
- 장래의 선교사들을 현지에 이르기까지 계속해서 도와줄 다른 수단이 현재는 없다. 이런 그룹에 정규적으로 참석하는 것이 그런 계속성을 갖게 한다.

회원

선교사가 되는 것을 진지하게 고려하는 사람은 누구나 받아들이라. 새 회원은 언제든지 들어올 수 있다. 현 회원들은 선교 현지에 가기 위해 그룹을 떠나지만, 그룹과 계속해서 관계를 맺는다. 회원이 여덟 명을 초과하면 새 그룹을 만든다.

촉진

리더십 은사가 있는 그룹 구성원들은 월간 모임을 시작, 조정, 촉진한다. 리더가 현지로 떠날 경우 그룹이 계속 유지될 수 있도록 공동 리더를 두도록 권장한다.

코칭

선교사, 훈련가, 모집가, 동원가 등 다양한 선교 전문가들을 초청해 구성원 코칭을 도울 수 있다. 구성원들과 선교 전문가들이 함께 구성원의 필요에 기초해서 월간 모임의 내용을 기획한다.

내용

「글로벌 미션 핸드북」은 이 그룹들을 위한 기본 참고 도구로서 다양하게 사용될 수 있다. 그 예를 들면 다음과 같다.

- 새로운 그룹의 시작: 첫 달에는 오리엔테이션을 갖고, 이후의 매 월간 모임에서 「글로벌 미션 핸드북」의 한 장chapter을 다루라. 매달 그룹 구성원들이 작성한 일지와 워크시트를 가지고 소그룹으로 토론하라.
- 필요에 따른 적용: 각자가 여정의 어느 부분에 있는지에 따라 핸드북에서 필요한 섹션을 선택하라. 이것은 외부 멘토의 지도에 따라 이루어질 수 있다. 다수의 구성원이 같은 내용을 선택했다면, 그 장이 월간 모임의 내용이 된다.
- 참고 지침서: 코치와 그룹 리더는 개인적으로 숙제를 정하고, 핸드북의 다양한 장에 기초해서 적용 아이디어와 단계를 제안한다. 이 방법은 그룹의 대부분이 이미 책 전부를 마치고 난 후 새 구성원들이 들어올 때 잘 맞는다.

※ 저니 디폰스 월간 모임은 미래 선교사들의 모임(Fellowships of Future Missionaries)이라 불리는 사역 카테고리를 수정

한 것이다. 이 접근법은 다른 지역 교회, 시 전역의 선교 네트워크, 기존의 동원 사역, 선교기관, 학원 사역에서 수정되어 다양한 이름과 형식을 갖는다 – 편집자 주.

3. 저니 디픈스 주말 리트리트 Journey Deepens Weekend Retreats

돈 패럿, 피니셔스 프로젝트(The Finisher's Project) · 존 맥베이

장래의 선교사들을 위한 저니 디픈스 주말 리트리트는 3가지 원칙에 입각한다.

떠남

참가자들은 주위가 산만하고 물질적인 메시지가 있는 그들의 일상 환경을 떠나 묵상, 기도, 그리고 새로운 것을 찾는 다른 사람들에게 귀를 기울이게 하는 환경으로 들어간다.

관계

성경은 하나님이 그의 백성과의 관계를 원하시고, 그의 계획을 이루시기 위해 그의 백성을 통해 일하신다고 가르친다. 저니 디픈스는 사람들이 공동 예배와 기도를 통해 하나님과 더 가까운 관계를 갖도록 돕는다. 이런 환경은 소그룹으로, 서로 일대일로, 선교사와 일대일로 토론하며 교류할 수 있는 시간을 많이 가질 수 있게 한다. 이런 상호교류를 통해 참가자들은 그들이 들은 것과 생각하고 있는 것을 처리하고, 선교사로의 부르심을 확인할 기회를 갖는다.

강화

도전적인 이야기, 소그룹 토론, 선교사들과의 대화, 책과 비디오 자료, 후속 커뮤니케이션은 참가자들에게 하나님이 부르신 길에 지속적으로 헌신하도록 돕는다. 어떤 훈련이든 대부분의 참가자들에게 가장 힘든 것은 그들이 배운 것을 적용하는 일이다. 퍼스펙티브스 디렉터는 리트리트에 대해 다음과 같이 말했다. "[여기에] 미래 선교사들에게 필요한 것이 있다. 즉 지원, 격려, 그리고 책임감이다. 많은 옵션이 필요하지 않다. 자리에 앉아서 다음 단계의 계획을 세워야 한다."

리트리트의 핵심은 여섯 명의 후보생과 두 명의 멘토로 구성된 토론 그룹이다. 이들은

주말에 네 번 만난다. 이 네 번의 모임에서 토론할 질문들은 「글로벌 미션 핸드북」의 여러 장에서 선택할 수 있다.

리트리트에서는 그룹이 분리되는데, 대학생과 고등학교 졸업반, 20대와 30대의 전문직 종사자들, 전 연령대의 성인, 독신과 기혼 부부로 구분된다. 이들은 자신들과 같은 다른 사람들과 관계를 갖고, 여정의 지도를 비교하고, 이미 선교의 길에 들어선 코치들과 방향에 대해 상의한다.

참석 인원은 50명에서 100명이다. 사람들이 선택할 것이 너무 많아서 당황할 일은 없다. 일반 모임, 소그룹, 선교사 멘토와의 일대일 만남에서 다루는 주제는 다음과 같다.

- 하나님이 나를 열방으로 이끄심을 느낀다. 이제 무엇을 해야 하는가?
- 다른 문화에서 나의 어떤 은사와 관심사를 사용할 수 있나?
- 학교 대출을 어떻게 처리해야 하나?
- 기도 후원, 자금 후원에 관련된 일은 어떤 것인가?
- 선교에 대해 가족과 교회와 어떻게 논의해야 하는가?
- 하나님이 다른 사람을 파송하도록 이끄시면, 어떻게 해야 하나?

「글로벌 미션 핸드북」의 연구 지침서가 추가로 개발되면, 이 책의 온라인 자매지 TheJourneyDeepens.com에 올릴 것이다.

4. PNS Perspectives Next Steps

「글로벌 미션 핸드북」은 선교 동원을 위해 한국 퍼스펙티브스 프로그램으로부터 파생된 다양한 프로그램과 사역들의 네트워크인 퍼스펙티브스 훼밀리 Perspectives Family의 일부다. 한국에서 퍼스펙티브스 훈련을 마친 이들은 「글로벌 미션 핸드북」을 가지고 후속 프로그램을 운영할 수 있다.

퍼스펙티브스 수료생들은 이 책을 가지고 순서에 따라 읽어 가서면 개인적으로 선교적 삶을 향한 여정을 갈 수도 있다. 그러나 가능하면 그룹으로 모여 함께 그 여정을 가는 것이 좋다. 또 다음과 같은 프로그램에도 참여할 수 있다.

- 퍼스펙티브스 수료생들 가운데 장·단기 선교사로 헌신한 이들을 돕기 위한 '예비 선교사 클럽'에서 「글로벌 미션 핸드북」을 가지고 현직 선교사들과 함께 3개월 동안 만남의 시간을 가지는 프로그램에 참여할 수 있다. 이 프로그램을 통해 선교 헌신자들은 이미 그 여정을 앞서 가고 있는 선교사와 소그룹으로 인격적인 만남을 가지면서 그 여정을 함께 발견해 갈 수 있다.
- PNS 10주 프로그램에 참여할 수도 있다. 「글로벌 미션 핸드북」에서 제시하는 10단계의 과정을 한 주에 한 번씩 함께 읽고 토론하고, 필요한 경우 추가의 강의를 제공하고, CTT(Creative Teaching Technic) 방법으로 함께 그 여정의 길을 발견하는 프로그램에 참여할 수 있다. 이를 위한 진행 매뉴얼과 가이드북이 곧 발간될 것이다. 이에 대한 정보와 연락은 퍼스펙티브스 한국 본부 사무실로 하면 된다(02-889-6400) www.psp.or.kr.

감사의 말

내 부모님 돈Don과 마사Martha 호크 선교사에게 이 책을 바친다. 평생 다른 사람들을 위해 사신 두 분의 헌신이 내게 목적을 따라 사는 삶의 본이 되었다. 두 분의 적절한 양육과 끝없는 격려가 열방을 향한 50년간의 내 여정을 인도했다. 나는 아직도 사람 중심의 사역을 하며 혼신을 다해 사랑하셨던 두 분의 경지에 이를 수 없다.

내 자녀 스테페니Stephenie와 크리스토퍼Christopher에게 이 책을 바친다. 그들은 선교사의 길이 아닌 다른 영역에서 영향력을 끼치도록 하신 하나님의 부르심을 좇아 살며, 이 세대 속에서 그리스도인으로서 책임감을 갖고 다른 사람들을 위해 기꺼이 그들의 시간과 재능을 내놓는다. 복음을 따라 성육신적인 삶을 사는 데 철저히 헌신하는 그들의 삶이 언제나 내게 도전이 된다. 나는 아직도 극빈자들과 언약의 공동체를 이루며 삶을 나누고자 하는 그들의 열심을 쫓아가지 못한다.

— 스티브 호크

부모님 빌Bill과 스텔라Stella 테일러 선교사에게 이 책을 바친다. 평생 종의 마음을 가진 리더로서 타문화 장기 베테랑 사역자의 본을 보이신 두 분을 깊이 존경한다. 두 분은 '그들의 주소를 영구히 바꾸셨고' 영원한 상급을 즐거워하셨다.

1967년부터 내 평생의 동반자가 되어 멘토이자 기쁨과 지혜의 원천, 사역의 동역자인 이본Yvonne에게 이 책을 바친다. 우리의 자녀들과 그들의 배우자, 크리스틴Christine과 클리프Cliff, 데이비드David와 패드라Phaedra, 스테파니Stephanie와 스크랜톤Scranton에게 이 책을 바친다. 그들은 나를 사랑하고, 내가 정직할 수 있게 해주었으며, 내 인생과 사역에 활력이 되었다.

경주를 잘 마친 필리스, 제럴 딘, 맥을 추모한다.

신실한 선교사이자 타문화 사역자로서 이미 엄청난 값을 치룬 내 친구들, 데이브와 자넷, 스탠리, 래이와 그웬, 잰과 로이, 도티와 칼톤, 데이브와 바바라, 카렌과 데이비드, 로스와 딕, 커크와 사라, 매트와 미셸, 로드와 제니퍼, 서지오와 린다, 덕과 리사, 버틸과 알지라, 데이비드와 도라 아말리아, 마이크와 스테파니, 키스와 엘스, 여녀사와 알폰신, 데이비드와 웬디, 키이스와 수잔, 케이와 프라밀라, 데이비드와 훈복, 리차드와 아이린, 라미로와 소니아, 마르코스와 로산젤라, 윌리와 리디아, 드와이트와 샌디, 팸, 제이미, 루디, 렉, 알렉스, 피어스, 스티브, 짐 등 다른 많은 사람들에게 경의를 표한다.

또 자녀들을 세계 선교로 보내 준 부모들에게 감사한다.

다음 세대들, 그리고 우리가 이 책을 쓰고 있는 중에 선교사로 나가는 브렌든, 사라, 테일러와 앨리슨, 앤, 웬디와 애런, 트래비스와 레슬리를 기대한다.

— 빌 테일러

퍼스펙티브스 과정을 마친 사람들과 다른 여러 선교 컨퍼런스와 경축 행사에 참석한 사람들, 그리고 다음 단계에 대해 알기 원하는 모든 사람들에게 이 책을 바친다. 당신은 은사와 권능을 받았고, 시험을 통과해 준비되어 보내지는, 여러 팀과 더불어 사역하며 기꺼이 섬기는 삶을 사는 고난의 길에 들어선 미래의 사역자들이다. 당신은 당신이 살고 있는 지역과 문화 안에서, 그리고 그곳을 떠난 곳에서 단기 또는 중기, 장기로 섬길 것이다.

— 스티브와 빌

옮긴이 양명호는 고든 콘웰 신학교(Gordon-Conwell Theological Seminary, M.Div)와 드류 대학교(Drew University, 예배학 Ph.D)에서 공부했고, 미국 장로교에서 목사 안수를 받았다. 웨스트민스터 장로교회(Westminster Presbyterian Church, 뉴햄프셔), 필그림 교회(뉴저지) 등에서 사역했다. 뉴욕 신학교(New York Theological Seminary)와 조지아 크리스천 대학교(Georgia Christian University)에서 예배학과 설교학을 강의하고 있다.

글로벌 미션 핸드북

초판 발행_ 2014년 7월 24일
지은이_ 스티브 호크, 빌 테일러, 한철호
옮긴이_ 양명호
펴낸이_ 신현기

발행처_ 한국기독학생회출판부
등록번호_ 제313-2001-198호(1978.6.1)
주소_ 121-838 서울시 마포구 동교로 156-10
대표 전화_ (02)337-2257 팩스_ (02)337-2258
영업 전화_ (02)338-2282 팩스_ 080-915-1515
직영서점 산책N잇다_ (02)3141-5321
홈페이지_ http://www.ivp.co.kr
이메일_ ivp@ivp.co.kr
ISBN 978-89-328-1350-9

ⓒ 한국기독학생회출판부 2014

책값은 뒤표지에 있습니다.
무단 전재와 복제를 금합니다.